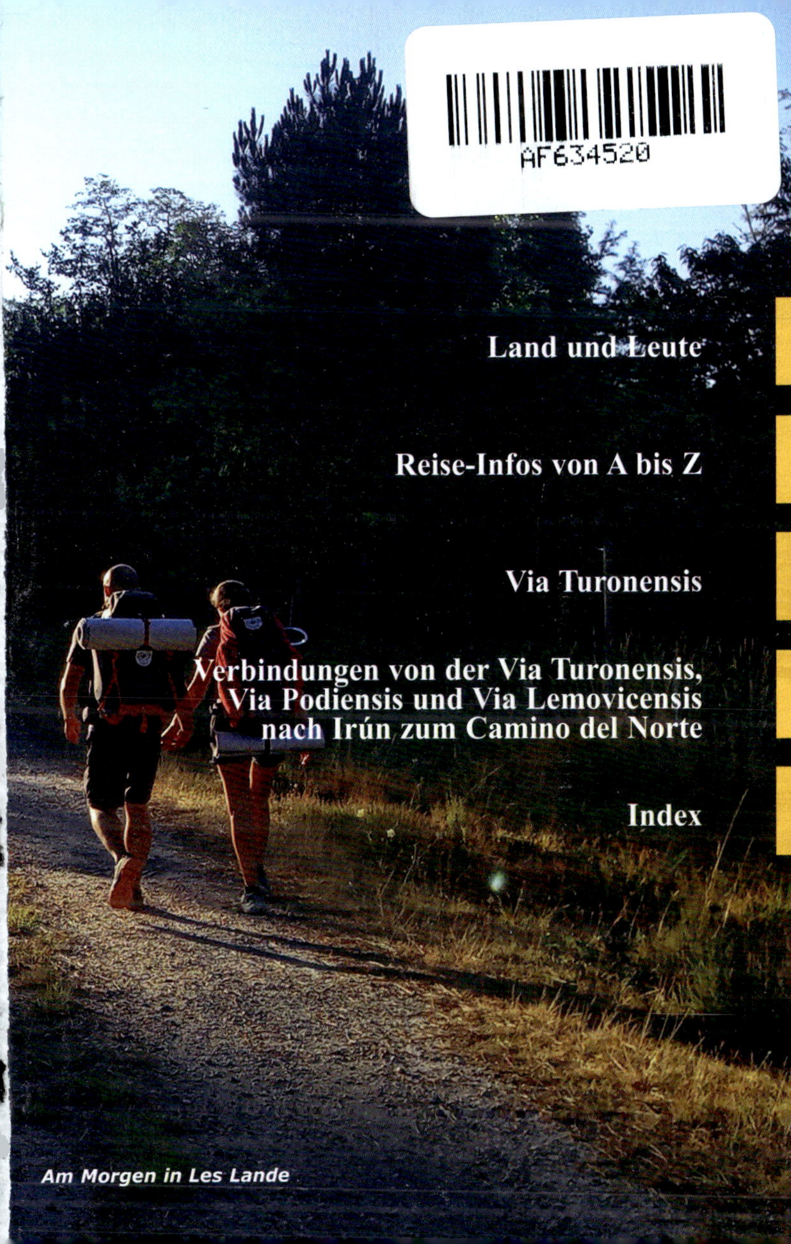

Am Morgen in Les Lande

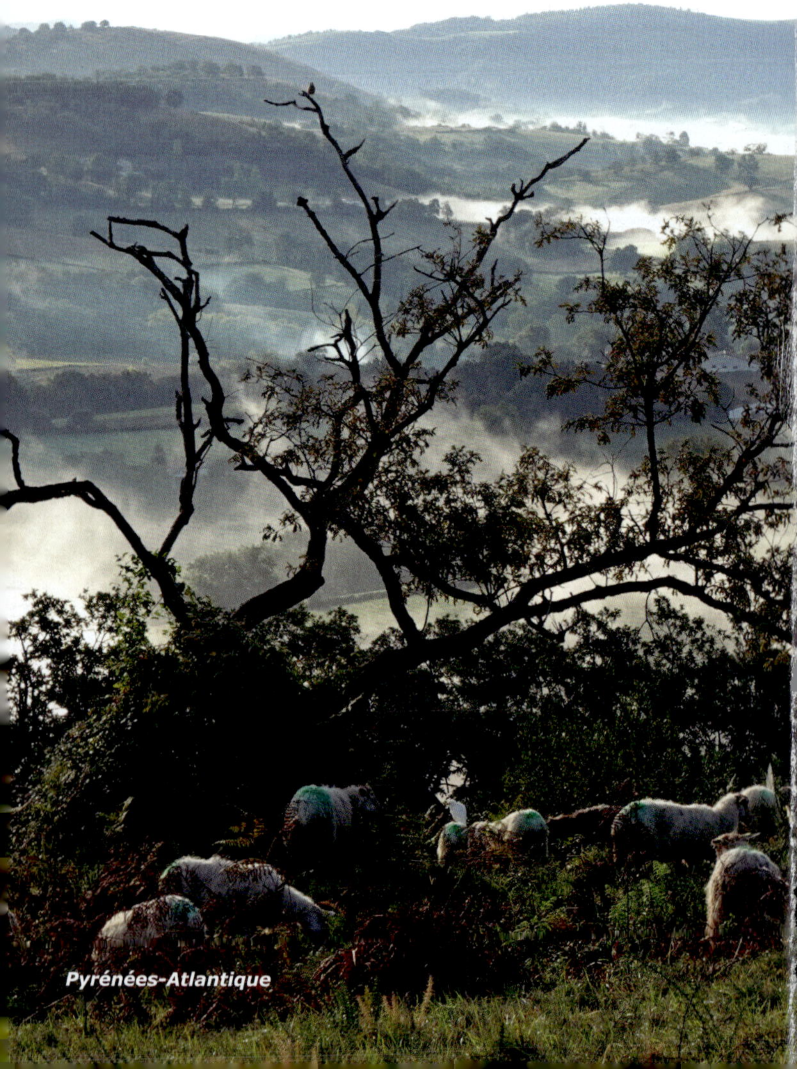

Pyrénées-Atlantique

Band 465

OutdoorHandbuch

Franz Felsner

Frankreich: Jakobsweg
Via Turonensis

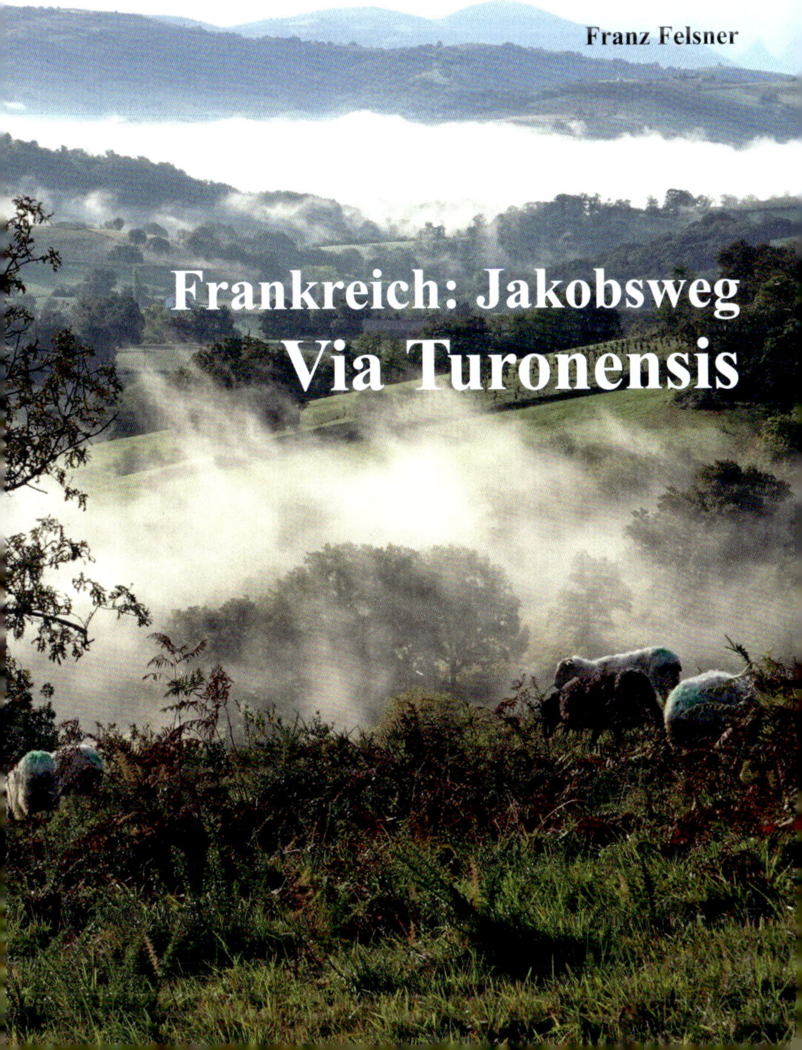

Frankreich: Jakobsweg

Dieses OutdoorHandbuch wurde konzipiert und redaktionell erstellt vom:

Conrad Stein Verlag GmbH
Kiefernstr. 6, 59514 Welver
☏ 023 84/96 39 12
info@conrad-stein-verlag.de
www.conrad-stein-verlag.de
www.facebook.com/outdoorverlag
www.instagram.com/outdoorverlag

Klimaneutral
Druckprodukt
ClimatePartner.com/53106-2308-1009

Als Outdoor-Verlag sind uns der Schutz und die Erhaltung der Natur seit jeher ein besonderes Anliegen. Auch in Sachen Klimaschutz haben wir eine Vorreiterrolle inne: Wir sind der einzige Buchverlag in Deutschland, der bereits seit 2008 seine Bücher konsequent klimaneutral in Deutschland produzieren und transportieren lässt. Dabei wird nicht nur klimaneutral, sondern auch nachhaltig, d. h. so umweltschonend wie möglich produziert, z. B. durch die Auswahl von umweltfreundlichen Materialien. Die bei der Produktion der Bücher entstandenen CO_2-Emissionen werden durch die Unterstützung von zertifizierten Klimaschutzprojekten ausgeglichen. Jedes Buch wird daher mit dem Logo „klimaneutral“ und einer Climate-Partner-Zertifikatsnummer versehen. Mithilfe dieser Nummer können Sie unter www.climatepartner.com Informationen zu der eingesparten CO_2-Menge und dem Projekt finden, das mit der Abgabe gefördert wird.

Das Engagement des Conrad Stein Verlags wurde im Rahmen des Projekts „Klimaneutraler Buchverlag“ mit dem Westenergie Klimaschutzpreis 2022 ausgezeichnet.

OutdoorHandbuch Band 465

ISBN 978-3-86686-673-7 1. Auflage 2023

Text und Fotos: Franz Felsner
Karten: Heide Schwinn
Lektorat: Anna-Lena Ebner
Layout: Alexandra Sauerland

Gesamtherstellung: AZ Druck und Datentechnik GmbH, Kempten

Dieses OutdoorHandbuch hat 256 Seiten mit 61 farbigen Abbildungen sowie 50 farbigen Kartenskizzen im Maßstab 1:150.000, 50 farbigen Höhenprofilen, 7 farbigen Stadtplänen und einer farbigen, ausklappbaren Übersichtskarte.

Autor und Verlag freuen sich über Ihr Feedback. Schreiben Sie Ihre Tipps und Verbesserungen an info@conrad-stein-verlag.de oder nutzen Sie unsere Social-Media-Kanäle. Bitte nennen Sie dabei Titel, Auflage und Seitennummer.

Dieses Buch ist im Buchhandel und in Ausrüstungsläden erhältlich und kann im Internet oder direkt beim Verlag bestellt werden.

Titelfoto: Le Prieuré de Cayac, Gradigna

Inhalt

☺ Eine **Übersichtskarte** des Weges, **Autorenprofil** sowie eine Liste aller verwendeten **Symbole** in diesem Buch finden Sie auf den vorderen und hinteren Umschlagseiten bzw. -klappen.

Die Via Turonensis

Die Via Turonensis ist der westlichste der vier großen Pilgerwege in Frankreich. Er ist mit ziemlich genau 1.000 km auch der längste. Heute beginnt der Weg in Paris und endet in Saint-Jean-Pied-de-Port. Benannt ist er nach der Stadt Tours an der Loire, die seit dem 4. Jh. auch das Grab des heiligen Martin beherbergt. Tours ist aus diesem Grund ein noch älteres Pilgerziel als Santiago de Compostela, wenngleich die Pilgernden auf dem Martinsweg von der Geburtsstadt des Heiligen in Ungarn nach Tours heute im Vergleich zu den Jakobspilgerinnen und Jakobspilgern arg in der Minderzahl sind. Tours war ursprünglich auch der Ausgangsort der Via Turonensis.

Heute beginnt der Weg in Paris und führt ab Orléans entlang der Loire bis Tours. Weinbau und Landwirtschaft wechseln sich auf dem mittleren Abschnitt über Poitiers und Saintes bis Bordeaux ab. Nach den Wäldern der Gascogne erwartet Sie das rustikal geprägte Baskenland bis zu den Pyrenäen. Der Weg endet in Saint-Jean-Pied-de-Port, dem Ausgangspunkt des Camino Francés.

Noch geht es auf der Via Turonensis relativ ruhig zu. Das eher spanische Problem, dass eine Herberge von Pilgerinnen und Pilgern schon vollständig belegt ist, wird man hier nicht erleben. Doch der Weg wird mehr und mehr entdeckt und auch die Infrastruktur wird immer besser ausgebaut. Jedes Jahr entstehen neue Herbergen, die oft von den Kommunen betrieben werden. Zudem werden „Les Amis du Chemin de St-Jacques de Compostelle“, die Freunde des Jakobsweges, immer aktiver und perfektionieren die Wegeführung und Beschilderung. Auch mit privaten Unterkünften wird ausgeholfen, wenn irgendwo eine Lücke vorhanden ist.

Ich möchte Sie daher ausdrücklich dazu einladen, Ihre Erfahrungen mit uns zu teilen und uns auf Veränderungen und Neuerungen an der Via Turonensis hinzuweisen. Sie leisten damit einen wertvollen Beitrag, über den sich kommende Jakobspilgerinnen und Jakobspilger sehr freuen werden. Die Informationen werden auf der Homepage des Verlages auf der Seite dieses Führers unter Updates zum Download bereitgestellt.

Die Verbindungen von der Via Turonensis, Via Podiensis und Via Lemovicensis zum Camino del Norte

Es gibt mittlerweile beschilderte Verbindungswege, um von den drei in Saint-Jean-Pied-de-Port ankommenden Jakobswegen zum Camino del Norte gehen zu können. In diesem Buch sind die Übergänge jeweils vollständig mit Karten und Unterkünften beschrieben.

Land und Leute

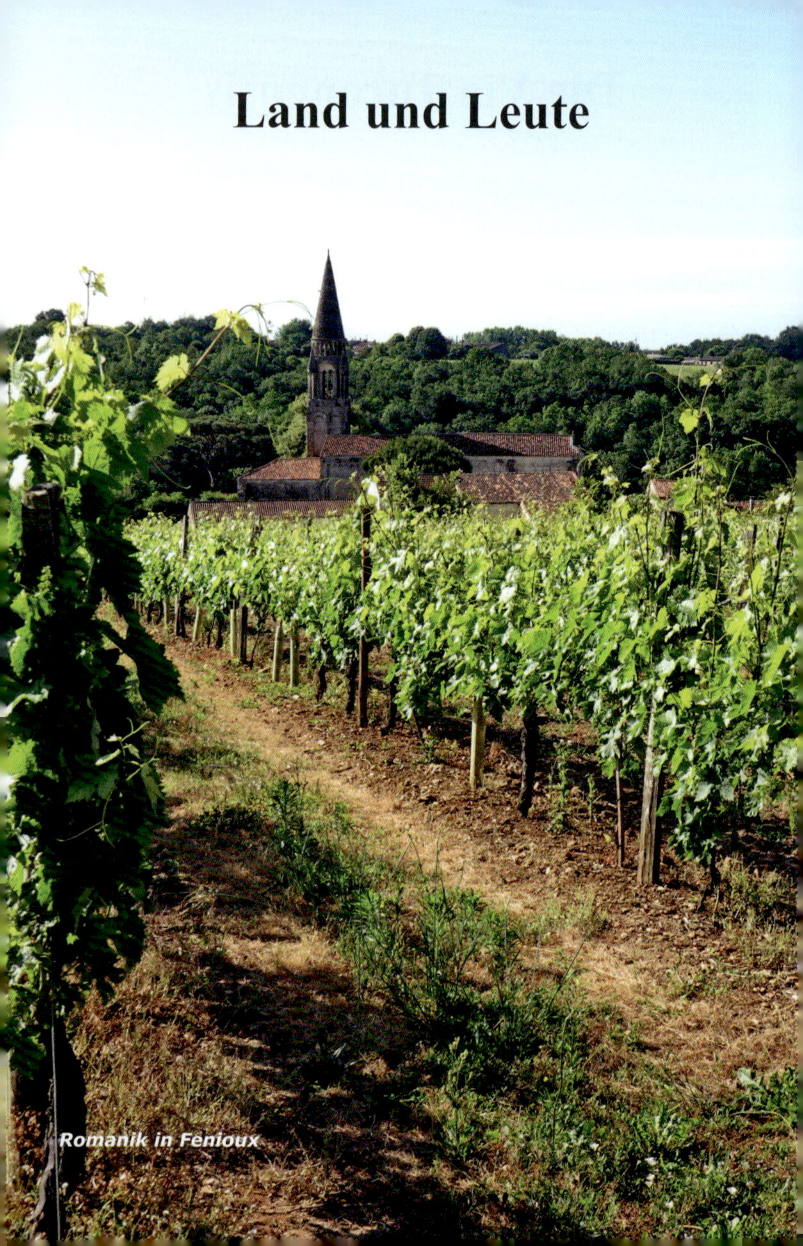

Romanik in Fenioux

Eine Weltmetropole wie Paris zu Fuß zu verlassen ist schon etwas Spezielles. Außer uns Pilgernden haben das wahrscheinlich nur wenige Leute gemacht. Doch es hat seinen Reiz, zu sehen, wie sich eine Stadt von innen nach außen verändert und entwickelt. Es ist ein schönes Gefühl, wenn man am Ende des Tages zur Belohnung freies Feld sieht. Die Hektik ist verschwunden und die Leute sind doch deutlich entspannter. Plötzlich grüßt man sich auch wieder. Die Wegeführung aus der Stadt ist gut gelegt und nutzt eine kleine Grünschneise, die auch breiter wird, je weiter man hinauskommt.

Landwirtschaft begleitet Sie bis Orléans, das Land leicht gewellt und mit dem ein oder anderen Wäldchen garniert. Die Kathedrale von Orleans bildet den mächtigen Auftakt für Ihre Wanderung entlang der Loire. Von zahlreichen Schlössern gesäumt fließt die Loire meist breit und still dahin, doch man sollte sich nicht täuschen lassen. Es kam nicht nur einmal vor, dass sie über ihre Ufer trat und ganze Landstriche unter Wasser setzte. Gehen Sie früh los, am Morgen kann die Stimmung am Wasser zauberhaft sein. Das Leben am Wasser ist auch etwas anders. Man mag es etwas mondäner, doch ist man auch der Natur stärker verbunden. Die Weine zwischen Loire und der südlich fließenden Cher sind nicht nur unter Kennerinnen und Kennern beliebt. Sie werden mehr als einen Heißluftballon über dem Wasser sehen, manchmal sogar auf Augenhöhe, wenn der Wind günstig steht. Es wird gepaddelt, geradelt, gewandert.

Bis Tours, der namensgebenden Stadt, führt die Via Turonensis weiter. Sie wird unterschätzt und ist selten im Bewusstsein der Reisenden. Doch viele Bauten aus vergangenen Jahrhunderten prägen das Bild. Die Einwohnerinnen und Einwohner sind gerne auf den belebten Straßen und genießen die Abende vor den zahllosen Restaurants und Kneipen. Mit der Grabstelle des heiligen Martin ist Tours als Pilgerort noch einige Jahrhunderte älter als Santiago de Compostela. Man pilgerte nach Tours! Erst später ging man weiter Richtung Spanien. Die Stadt macht Spaß. Nicht zu groß, nicht zu klein, hier passt vieles.

In Tours knickt der Jakobsweg ab in südliche Richtung. Es folgt wieder eine landwirtschaftlich geprägte Gegend, aber anders als vor Orléans. Man verlässt das Pariser Becken. Die Landschaft ist ursprünglicher, mit mehr Bäumen, Flüsschen und Bächen, und kleinteiliger. Die Wege sind abwechslungsreich, die Herbergen für Pilgerinnen und Pilger werden immer mehr, die Menschen hier sind nur noch freundlich, hilfsbereit, und freuen sich über jede Wanderin und jeden Wanderer. Verstehen Sie mich nicht falsch – auf dem Land ist man als Wandernder in ganz Frankreich immer willkommen und wird unterstützt. Wandern hat in Frankreich große Tradition. Das sieht man allein schon an dem dichten Netz der als GR – Grande Randonnée – bezeichneten Fernwanderwege durch das ganze Land.

Interessante Städte folgen: Châtellerault, Poitiers, Saint-Jean-d'Angély, Saintes – reich an Kultur und historisch Interessantem, jede Stadt mit ihrem ganz eigenen Charakter. Dominierender Kirchenbaustil ist klar die Romanik und das ein oder andere Juwel findet sich unverhofft in kleinsten Weilern.

Bordeaux ist mit 1,25 Mio. Einwohnerinnen und Einwohnern die fünftgrößte Stadt Frankreichs und ihr regionaler Einfluss ist schon nördlich der Gironde bemerkbar, hauptsächlich durch die Weinberge. Ihr Weg wird durch mit die besten Lagen führen. Die Stadt ist quirlig, lebendig und südländisch geprägt. Jeder Platz lädt mit Stühlen bestückt zum Verweilen ein – perfekt für einen Pausentag und zum Kräftesammeln.

Der Landstrich südlich davon bis Dax – Les Landes – war einst Sumpf und wird seit dem 19. Jh. mit intensivem Waldbau bewirtschaftet. Die lang gestreckten Wege durch die Pinienpflanzungen befördern die innere Einkehr, weswegen wir Pilgerinnen und Pilger uns ja ursprünglich auch auf den Weg machen. Meditativ, teilweise fordernd, etwas sandig und weitgehend eben.

Nach Queren der Adour bei Dax beginnt das Baskenland – der Kontrast könnte größer kaum sein. Die Pyrenäen schicken ihr Hügelland voraus. Rot, Weiß und Grün werden die dominierenden Farben. Hier können Französinnen und Franzosen plötzlich richtig gutes Bier brauen. „Naja, wir sind ja auch Basken", würde man hören. Die Bevölkerung ist stolz auf ihre Eigenart, sehr freundlich, immer hilfsbereit und irgendwie dem Leben zugewandter. Dann werden Sie endlich in die Pyrenäen eintauchen – ein schönes Gebirge mit manchmal vernebelten Tälern und herrlichen Ausblicken. Bis Saint-Jean-Pied-de-Port wird sicher schon der ein oder andere Geier über Ihrem Kopf kreisen. Willkommen an der französisch-spanischen Grenze.

Reise-Infos von A bis Z

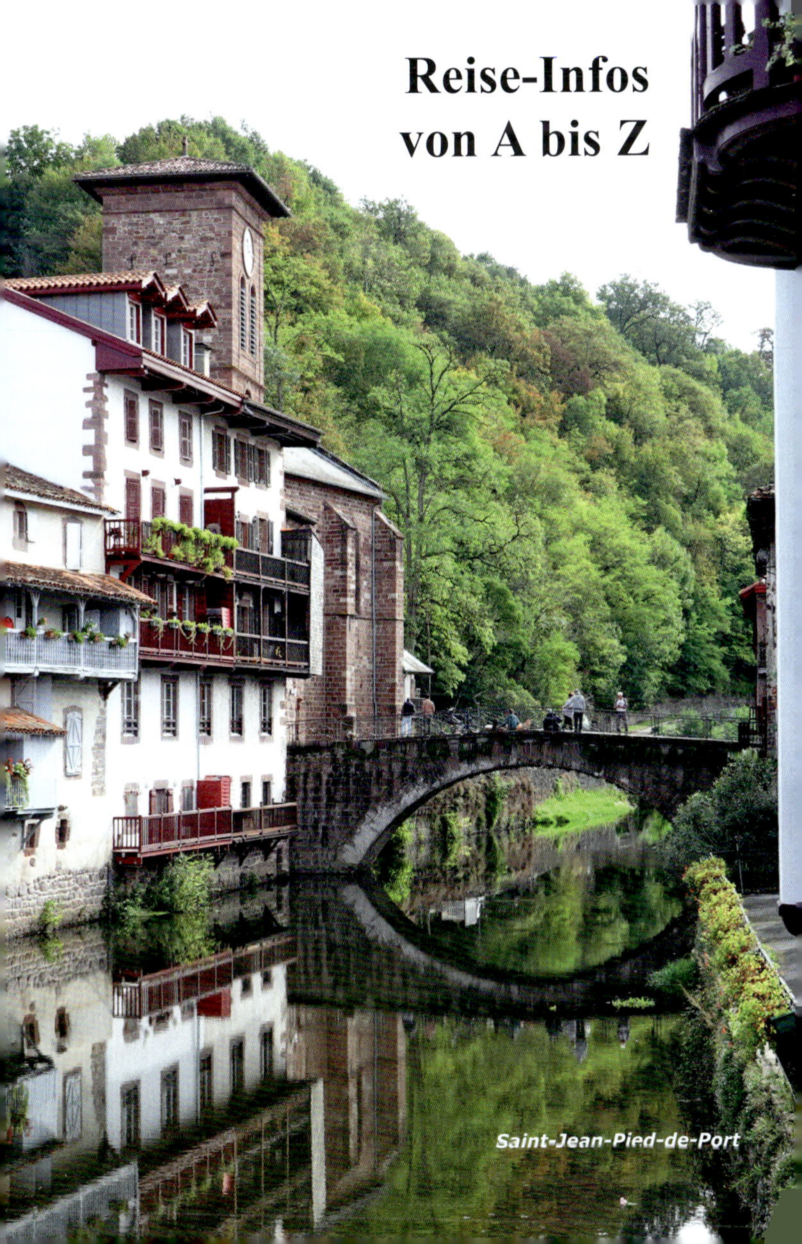

Saint-Jean-Pied-de-Port

An- und Abreise

Detaillierte Informationen zu den einzelnen Verkehrsmitteln in Frankreich mit hilfreichen Tipps finden Sie im Kapitel ☞ „Verkehrsmittel in Frankreich".

Anreise nach Paris

Nach Paris zu kommen ist wahrlich nicht schwierig. Es ist viel schwieriger, Paris auf einer Reise nach Frankreich zu vermeiden. Fast alle Wege in der nördlichen Landeshälfte führen über die Hauptstadt: Bahnlinien, Buslinien, Autobahnen, Flüge.

Die Anreise per Bahn ist sicherlich eine der angenehmsten Arten, um Paris zu erreichen. Aus Deutschland kommen Sie per TGV mit Hochgeschwindigkeit am Gare de l'Est an und sind damit für Paris schon relativ zentrumsnah. Natürlich ist die Stadt groß und „ein paar Häuserblocks" sind schon ein guter Fußmarsch. Aber die Bahnhöfe sind allesamt sehr gut öffentlich angebunden.

Um Ihnen ein Gefühl für die Entfernungen zu vermitteln: Das Zentrum mit der Kathedrale Notre-Dame auf der Île de la Cité an der Seine ist vom Bahnhof auf dem Boulevard de Strasbourg in direkter Fortsetzung nach 2,5 km zu erreichen. Mit einem Rollkoffer wäre es etwas mühsam, mit Ihrem Rucksack und den Wanderschuhen ist es eine schöne Etappe zum Aufwärmen.

Mit der Bahn

In Deutschland werden von Paris aus mit dem TGV die Strecken Paris – Saarbrücken – Kaiserslautern – Frankfurt sowie Paris – Straßburg – Karlsruhe – Stuttgart – Ulm – Augsburg – München bedient. Die durchgehenden Züge ohne Umsteigen sind jedoch auf wenige Male am Tag beschränkt.

Erster virtueller Anlaufpunkt hierfür ist die Homepage der Deutschen Bahn, 💻 www.bahn.de. Zweiter Anlaufpunkt ist die Homepage der französischen Bahn, ihr Kürzel ist SNCF und sie ist unter 💻 www.sncf.com zu erreichen. Beide Organisationen bieten eine durchaus funktionierende und hilfreiche App zum Download an. In beiden Apps ist es möglich, sich seine Tickets zu speichern. Der QR-Code auf dem Display wird allgemein akzeptiert und macht das Reisen sehr einfach. Ein Ausdruck der Tickets ist damit nicht mehr zwingend nötig. Auch die Buchungen funktionieren über die Apps sehr gut.

✋ Es kann im internationalen Verkehr erhebliche Preisunterschiede für die gleiche Verbindung geben. Checken Sie beide Homepages. Auch kann es hilfreich und preisgünstiger sein, sich seine Züge getrennt zu ordern. Grenzübergreifende Verbindungen sind meist günstiger über DB zu buchen, rein französische Fahrten über SNCF.

Wissen sollte man, dass die überregionalen Tickets der SNCF immer sitzplatzgebunden sind und Züge durchaus ausgebucht sein können. Die Preise steigen wie bei Flugtickets zum Teil massiv, je später sie buchen. Rechtzeitig zu planen und zu reservieren kann hier viele Euro sparen.

☺ Oftmals werden Tickets der 1. Klasse für nur wenig mehr angeboten. Der Zugewinn an Komfort ist auch in französischen Zügen nicht zu unterschätzen.

Französische Züge sind fast immer sehr pünktlich und warten nicht auf verspätete Zubringer. Züge aus Deutschland sind eher weniger zuverlässig. Planen Sie unbedingt ausreichend Puffer ein, wenn Sie aus Deutschland kommend einen Anschlusszug erreichen wollen.

Züge in Frankreich sind oft sehr schnell und halten eine Reisegeschwindigkeit von über 300 km/h. Das gilt nicht nur für die Kategorie TGV, sondern auch für die TGV INOUI und mitunter auch für die OUIGO. Es werden auch extra schnelle Verbindungen angeboten, die mit „grande vitesse" (= hohe Geschwindigkeit) markiert sind.

Paris hat keinen einzelnen Hauptbahnhof in dem Sinne. Wenn Sie in Paris den Zug wechseln wollen, müssen Sie mit höchster Wahrscheinlichkeit auch den Bahnhof wechseln. Und es kann dauern, bis man in der richtigen Metro sitzt und seine 10 Stationen zurückgelegt hat. Planen Sie auch dafür ausreichend Zeit ein. Ich handhabe das immer sehr entspannt, rechne zwei Stunden ein und genieße in der überschüssigen Zeit einen Kaffee in Paris.

Viele Städte in Frankreich haben einen eigenen Bahnhof für die Hochgeschwindigkeitszüge, der meist etwas außerhalb liegt und mit Gare TGV bezeichnet wird. Achten Sie bei Ihrer Planung darauf, um nicht am falschen Bahnhof stehend Ihren Zug zu verpassen.

Mit dem Fernbus

In Paris gibt es viele Anlaufstationen für Fernbusse. Allein Flixbus bedient neun verschiedene, je nach Verbindung und Himmelsrichtung der Reise. Es macht daher wenig Sinn, hier alle aufzulisten. Darauf sollten Sie bei Ihrer Reiseplanung selbst ein Auge haben.

Mit dem Flugzeug

Mit dem Flugzeug erreichen Sie Paris aus Berlin, München, Frankfurt am Main, Hamburg und Düsseldorf ohne Zwischenstopp. Paris hat zwei Flughäfen – Paris-Orly für Inlandsflüge und Paris-Charles de Gaulle für Auslandsflüge. Bei Anschlussflügen müssen Sie auch hier den Flughafen wechseln.

Fliegen innerhalb Frankreichs macht generell wenig Sinn, da die Zugverbindungen am Ende meist deutlich schneller und günstiger sind.

Der Transfer vom Flughafen Charles de Gaulle in die Innenstadt funktioniert am besten mit einem regionalen Zug RER zum Bahnhof Gare du Nord und dauert etwa 35 Minuten. Folgen Sie am Flughafen der Beschilderung „Paris by Train“ und steigen Sie in der Stadt in die Metro um.

Mit dem eigenen Auto

Mit dem Auto nach Paris zu reisen kann man natürlich machen, doch ist es keine gute Idee. Der Verkehr in Paris ist ausgesprochen großstädtisch und man muss ihn schon gewohnt sein. Ihr Fahrzeug während eines Caminos in Paris abzustellen, wird richtig teuer. Einen kostenlosen Parkplatz werden Sie in einigermaßen sicheren Vierteln nicht finden. Die Stadt ist einfach komplett überfüllt und Verkehr und Parken entsprechend reguliert.

Nahverkehr Paris

In Paris stehen Ihnen U-Bahnen, Straßenbahnen und Busse zur Verfügung. Die Infos hierzu mit Netzplänen und Verbindungsauskunft sind erfreulicherweise auf einer Homepage zusammengefasst: 💻 www.ratp.fr.

Nahverkehrsmittel Nummer eins ist die Metro, wie die Pariser U-Bahn genannt wird. Gutes Netz, enge Zugtaktung, schnell, laut – und zu Hauptverkehrszeiten sehr voll, wie es sich für eine echte Weltmetropole gehört.

Ich empfehle Ihnen, sich entweder ein Tagesticket für etwa € 8 zu holen oder eine wiederaufladbare Karte im Scheckkartenformat für einmalig € 2 und € 1,90 pro Fahrt. Warum?

✋ Man kann sein Ticket an besetzten Schaltern, Ticketautomaten oder an reinen Aufladeautomaten erwerben. Doch nur an einem der Abgänge zu einer Metro-Station sind besetzte Schalter zu finden, am anderen Abgang nur Automaten. An kleineren Stationen sind oft nur Automaten installiert, an denen Sie ausschließlich eine Karte wiederaufladen können. Dann bleibt nichts anderes übrig als ein Fußmarsch an der Oberfläche zu einem anderen Eingang, unten versperren Ihnen Schranken den Weg.

Bus und Trambahn sind ebenfalls relativ zuverlässig und haben natürlich den Vorteil, dass Sie etwas von der Stadt sehen. Doch die Pünktlichkeit ist abhängig von der Verkehrslage, nicht immer sind die Fahrbahnen getrennt.

Abreise Saint-Jean-Pied-de-Port

Ihr Reisemittel der Wahl ist der Zug von Saint-Jean-Pied-de-Port mit Endstation in Bayonne. Hier haben Sie Anbindung an das landesweite Netz der Bahn inklusive TGV. Zudem ist Bayonne eine schöne Stadt und einen Bummel absolut wert.

Der nächstgelegene internationale Flughafen ist in Bordeaux und per Bahn von Bayonne aus gut zu erreichen. In Deutschland wird von dort jedoch nur Berlin direkt angeflogen.

Ausrüstung

Zum Thema Packliste sind im Internet schon viele Foren gefüllt worden und sie werden dutzendweise zum Download angeboten. Sich damit im Vorfeld intensiv auseinanderzusetzen ist notwendig, macht Spaß und steigert die Vorfreude auf die Unternehmung. Damit hat Ihr Jakobsweg eigentlich schon begonnen.

Ich möchte Ihnen aus meinen persönlichen Erfahrungen von vielen Tagen auf den Wegen und zahlreichen Übernachtungen in unterschiedlichstem Ambiente die wertvollsten Tipps weitergeben. Dabei konzentriere ich mich auf die Dinge und Themen, die Sie im Internet eher selten finden werden.

Gewicht und Anzahl

Lesen Sie bei den Packlisten zwischen den Zeilen und achten Sie vor allem darauf, was keiner dabeihat und demnach auch Sie NICHT brauchen werden. Dabei ist das Gewicht selbstredend ein entscheidender Faktor.

Nicht zu unterschätzen ist aber auch die Anzahl der Dinge, die Sie dabeihaben. Gehen Sie davon aus, dass Sie Ihren Rucksack praktisch jeden Abend fast vollständig leeren und am Morgen wieder zusammenpacken. Dann eine Vielzahl an Einzelteilen verstauen zu müssen, kann richtig nervig werden.

Beutel und Packsäcke

- ▷ Kleine Dinge kann man gut themenweise in leichten Netzbeuteln zusammenfassen. Die technische Ausrüstung, wie Ladekabel und Ohrhörer zum Beispiel, ist dann schnell und vor allem vollständig zur Hand. Auch erleichtert es das Finden eines bestimmten Utensils in der Nacht oder wenn es einmal schnell gehen muss, zum Beispiel bei einem spontanen Regenguss.
- ▷ Für die zweite Kleidungsgarnitur, die trockene Abendgarderobe, macht ein dünner und halbwegs wasserdichter Packsack durchaus Sinn. Sie kosten im Outdoor-Fachhandel nicht viel, sind leicht, haltbar und in unterschiedlichen Größen und Farben erhältlich. Mit einem Packsack bleibt Ihre Kleidung draußen auch bei Sturzregen trocken und der Beutel lässt sich bequem zum Duschen in das Bad mitnehmen und dort aufhängen. Ihre Kleidungsstücke liegen nicht einzeln auf nassen Ablagen herum und können nicht auf den Boden rutschen.
- ▷ Eine Plastiktüte täte es natürlich auch. Nehmen Sie aber keine mit Aufdruck, da dieser bei Nässe manchmal sehr effektiv abfärben und hubsche

Muster generieren kann, wo man sie gar nicht haben möchte. Zudem reißen die Henkel irgendwann aus. Auch rascheln sollten sie nicht, das wird von Ihren Nachbarinnen und Nachbarn nachts nicht gut verdaut.

▷ Lebensmittel sollten Sie in einem guten Beutel zusammenfassen. Bei 8 Stunden Fußweg in der Sonne nimmt Käse ganz wunderliche Formen an und verteilt sich schneller als gedacht. Manche Verpackung fettet bei Hitze auch außen sehr ordentlich ab. Kein Spaß im Rucksack. Zudem wissen Sie auf einen Blick, wie viel Vorräte Sie noch an Bord haben. Ich fand auf meinem ersten Camino eines Abends drei Äpfel auf dem Grund meines Rucksacks, die ich über vier Tage mitgetragen habe. War in dem Moment nicht sooo witzig.

Ausrüstung vor Ort reduzieren

Legen Sie nach zwei Wochen Ihre komplette Ausrüstung offen nebeneinander und werfen Sie einen kritischen Blick auf jedes einzelne Teil. Jetzt haben Sie schon Erfahrung und wissen selbst am besten, was Sie davon tatsächlich verwendet haben oder noch brauchen könnten. Alles andere ist Ballast und kann weg. Es ist erstaunlich, mit wie wenig man auskommen kann. Sortieren Sie aus und schicken Sie den ganzen Krempel zurück nach Hause. Es macht keinen Sinn, Ballast wochenlang mitzuschleppen, nur weil man ihn mal eingepackt hat. Symbole für Postämter finden Sie im Führer jeweils neben den Ortsnamen.

Nasse Füße

Grundsätzlich hat man das Problem, dass man auch am Fuß schwitzt und dann buchstäblich im eigenen Saft steht und geht. So entstehen durch die Reibung der feuchten Socken auf der Haut an den Druckstellen die ersten Blasen. Das sollte man unbedingt vermeiden. Dazu müssen Schuhe und Socken als Einheit funktionieren.

Schon wenn Sie während des Gehens auch nur eine Druckstelle an Ihren Füßen bemerken, sollten Sie sofort reagieren – noch auf dem Weg, hier und jetzt. Ziehen Sie die Schuhe aus, sehen Sie nach Fremdkörpern, nach Falten in den Socken etc. Waschen Sie sich den Schweiß von den Füßen, trocknen Sie sie wieder gut ab und lassen Sie sie noch ein wenig an der Luft nachtrocknen. Wechseln Sie gegebenenfalls auch die Socken.

Zur Mittagspause heißt es: Schuhe aus, Innensohlen raus, Socken aus. Auch ein kühles Fußbad in einem Brunnen an einem heißen Tag ist nicht verboten. Lassen Sie alles lüften und gut trocknen. Danach sieht die Welt wieder anders aus.

Achilles

Um täglich lange Strecken zu gehen, brauchen Sie nicht nur Muskeln und Kondition. Ihr Körper hat auch noch Sehnen, die die Gliedmaßen miteinander verbinden – mal ganz grob gesprochen. Diese werden ebenfalls massiv beansprucht.

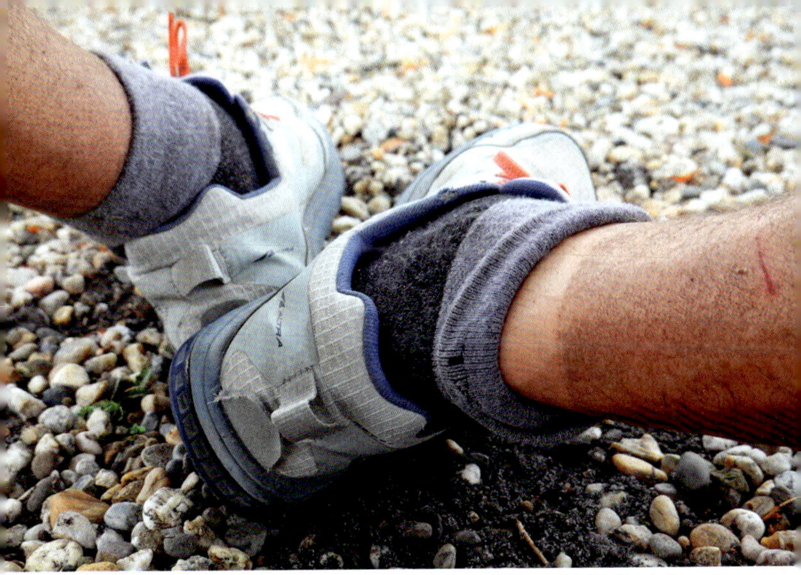

Pilgern hinterlässt Spuren

Achten Sie unbedingt auf ein Ziehen von Ihren Fersen nach oben. Ihre Achillessehnen melden sich! Diese jeden Abend und Morgen zu spüren und die ersten Schritte neben dem Bett deretwegen nur etwas holprig machen zu können, ist schon auch normal. Das geht vielen so, es ist aber dennoch ein wirklich ernst zu nehmendes Zeichen für die zu hohe Belastung.

Die Beschwerden können in kürzester Zeit massiv werden und Sie haben keine Chance, diese auf dem Weg auszukurieren. Eine fortgeschrittene Entzündung der Achillessehnen auszukurieren kann nach eigener Erfahrung mehrere Monate dauern und Sie fahren zurück, bevor Sie richtig angefangen haben.

Die Ursachen sind entweder zu hohe Schuhe mit harten Sohlen ohne Abrollverhalten oder schlicht Überlastung, obwohl Sie ansonsten körperlich fit sind. Gehen Sie dann kürzere Etappen oder legen Sie einen Pausentag ein. Werden Sie achtsam und registrieren Sie auch die kleinen Hinweise Ihres Körpers.

Schuhe

Wenn Sie Probleme mit den Knöcheln haben oder diese gerne geschützt wissen, greifen Sie zu knöchelübergreifenden Schuhen. Achten Sie unbedingt auf eine gut biegsame Sohle, Ihr Fuß muss problemlos abrollen können.

Forsten Sie nicht nur die Bergsportabteilung von Sporthäusern durch, sondern auch die Regale mit Trailrunning-Schuhen, für Läuferinnen und Läufer abseits von Straßen. Diese Schuhe sind ausreichend stabil und erheblich leichter. Es gibt sie auch knöchelhoch. Selbst die mehrere Tausend Kilometer langen Trails in den USA über Stock und Stein werden hauptsächlich mit Trailrunnern bestritten.

Leder kann ich als durchgängiges Obermaterial gar nicht empfehlen. Das bekommen Sie über Nacht nur sehr schwer wieder trocken. Und am Morgen in einen noch nassen Schuh zu steigen ist nicht lustig. Zudem ist Leder schwer.

Bemerken Sie schon bei der Anprobe eines Schuhs erste Druckstellen, dann stellen Sie ihn sofort wieder zurück in das Regal. Ihr Schuh muss sich von vornherein so bequem anfühlen wie Ihre Pantoffeln vor dem Kamin.

Kaufen Sie Ihren Wanderschuh größer und länger als für Sie normal. Ihre Zehen brauchen Platz. Ihre Füße werden jeden Tag anschwellen. Das ist normal, will aber beim Schuhkauf schon bedacht sein.

Ein Fuß latscht sich durch langes Gehen nicht durch. Im Gegenteil. Nach anfänglicher Gewöhnung wird sich Ihr Fuß aufrichten und richtig kräftig werden – so wie jeder andere Teil unseres Körpers auch, den wir trainieren. Dann brauchen Sie im Schuh ebenfalls mehr Platz.

Eine Schuhsohle hält etwa 1.000 km, fast egal unter welchem Schuh. Wenn Sie länger unterwegs sind, könnten Sie zwischendurch nachrüsten müssen. Einseitig abgelaufene Absätze sollten Sie so schnell wie möglich zwischendurch erneuern. Diese führen zu massiven Problemen an den Knien und auch Hüften.

Als Fazit kann man sagen, dass die Antwort auf die Frage nach dem „richtigen“ Schuh jede bzw. jeder für sich selbst finden muss. Richtig und falsch gibt es da nicht. Was passt, ist erlaubt, was nicht mehr passt, muss unterwegs gewechselt werden.

Socken

Schenken Sie der Auswahl Ihrer Socken ebenso viel Beachtung wie der Auswahl Ihrer Schuhe. Ganz grundsätzlich sollten Sie Ihre Socken jeden Abend waschen. Das Material muss so beschaffen sein, dass die Socken über Nacht trocknen – unbedingt noch zu Hause testen.

Achten Sie auf engen Sitz. Die Socken dürfen auf keinen Fall bei ganztägiger Benutzung ausleiern. Damit sind Falten und Blasen vorprogrammiert.

Je höher der Kunstfaseranteil einer Socke ist, umso besser transportiert sie Feuchtigkeit – und die muss von der Haut weg. Die Extreme sind hier Nylonstrümpfe auf der einen Seite und dicke Wollsocken auf der anderen. Wenn Sie mehrere übereinander anziehen, gilt: Kunstfaser auf die Haut, Wolle nach außen.

Socken aus Baumwolle kleben bei Feuchtigkeit und Schweiß auf der Haut, werden dann kalt und trocknen zudem über Nacht nicht – sind also absolut ungeeignet.

Socken aus Kunstfaser mit Baumwollanteil sind nicht schlecht, verlieren aber schnell ihre Form und werfen dann Falten. Sie können sie auf keinen Fall zwei Tage hintereinander anziehen, ohne sie zu waschen. Wenn es diese Art unbedingt sein muss, dann achten Sie speziell hier auf engen Sitz.

Socken aus Schafwolle mit Kunstfaseranteil sind heute der Stand der Technik. Der Sitz ist enger und man kann sie zur Not auch zwei Tage ohne Waschen tragen. Zudem vermindert Schafwolle die Geruchsbildung. Fast alle Exemplare trocknen über Nacht.

Bei sehr kalten Temperaturen haben sich auch knielange Kompressionsstrümpfe mit hohem Schafwollanteil bewährt. Eingeführt wurden sie im Bereich der Ultraläuferinnen und Ultraläufer. Diese Strümpfe sind zugegebenermaßen nicht jedermanns Sache, werfen aber mit Sicherheit keine Falten und transportieren die Feuchtigkeit sehr gut. Die Beine ermüden nicht so schnell und bleiben beim Gehen länger frisch.

Neu auf dem Markt sind Zehensocken. Jede einzelne Zehe hat ihren eigenen kleinen Tunnel. Damit kann sich ein Nagel nicht mehr in die Nachbarzehe eingraben. Auch Blasen zwischen den Zehen werden vermieden. Ich habe sie viele Tage getestet und bin begeistert.

Ich persönlich habe zwei unterschiedliche Paar Wandersocken aus Schafwolle und ein Paar dichte schwarze Nylonstrümpfe dabei. Die Nylonstrümpfe sind für den Abend, wenn ich meinen Fuß auf keinen Fall mehr einengen möchte, es ohne aber zu kühl wäre.

Kleidung

Sie brauchen eine Garnitur Kleidung zum Gehen und eine zweite Garnitur für den Abend. Das reicht. Gehen Sie davon aus, dass Sie Ihre Kleidung Tag für Tag durchschwitzen. Gewaschen wird jeden Abend, gewöhnen Sie sich an den Gedanken, es hilft nichts.

Kleiden Sie sich nach dem Zwiebelprinzip. Die dicke Daunenjacke bleibt zu Hause, mehrere Schichten übereinander geben die gleiche Wärme. Im Notfall nehmen Sie zum Gehen eben noch ein Teil aus der Abendgarderobe dazu oder umgekehrt.

Schafwolle ist das Material Ihrer Wahl. Erstens ist Schafwolle enorm geruchshemmend. Ein solches T-Shirt kann über Nacht statt gewaschen auch mal nur gelüftet werden und riecht am nächsten Morgen trotzdem nicht. Machen Sie das mal mit einem T-Shirt aus reiner Kunstfaser. Aus den sogenannten Funktionsshirts bekommen Sie den intensiven Schweißgeruch bei wochenlanger Nutzung selbst bei täglicher Maschinenwäsche nicht mehr heraus. Viel Spaß bei dem Moment, in dem Sie am nächsten Vormittag wieder ins Schwitzen kommen. Ich habe deswegen schon Shirts im Mülleimer versenkt und mich neu eingekleidet. T-Shirts aus Schafwolle trocknen normal über Nacht, probieren Sie das aber trotzdem schon zu Hause aus – Handwäsche, auswringen, über eine Stuhllehne hängen. Schafwolle reguliert die Wärme und ist bei Hitze und Kälte gleichermaßen angenehm zu tragen. Achten Sie beim Kauf darauf, dass das Material auf der Haut nicht juckt. Billige Ware hat hier ihren Haken.

Regenschutz

Für die Tage mit Regen hat sich ein Regenponcho bewährt. Achten Sie hierbei auf eine gute Länge. Die Knie sollten mindestens erreicht werden. Auch ist eine Öffnungsmöglichkeit am Hals wichtig. Wenn Sie mit dem Kopf nur gerade so durchkommen, ist der Poncho absolut ungeeignet. Der Dampf kann nicht hinaus und man bekommt ein beklemmendes Erstickungsgefühl. Zwingend sollte ein Poncho so geschnitten sein, dass er den Rucksack mit abdeckt. Wenn Sie den Rucksack über dem Poncho tragen, wird Ihnen der Regen den Rücken hinunterlaufen und den Rucksack von der Rückenseite her durchnässen. Da hilft Ihnen eine separate Rucksackabdeckung leider auch nichts.

Regenjacke und Regenhose haben das Problem, dass man darin spätestens bei der ersten Anstrengung unfassbar ins Schwitzen kommt. Dann ist die Kleidung darunter trotzdem nass. Manche gehen mit Regenschirm, durchaus eine ernst zu nehmende Ergänzung. Aber es ist auch wieder Gewicht. Ich persönlich bevorzuge einen Poncho und lasse Regen- bzw. Hardshelljacke zu Hause. Wenn es lange regnet, wird man über kurz oder lang sowieso bis auf die Knochen durchnässt, völlig unabhängig von der Schutzkleidung. Man lernt, damit zu leben.

Wanderstöcke

Tun Sie sich einen Gefallen und nehmen sie ein Paar Teleskopstöcke mit. Zwei! In der Länge verstellbar, möglichst leicht und mit angenehmem Griff ohne harte Kanten (Blasengefahr an den Händen!). Das Gehen mit Stöcken entlastet den ganzen Gehapparat und speziell Ihre Knie. Bergauf und bergab bieten sie eine echte Erleichterung und verleihen zudem mehr Stabilität auf etwas schlechterem Untergrund.

Mit Stöcken in der Hand geht man aufrechter. Dies macht sich hauptsächlich am Nachmittag bemerkbar, wenn der Rucksack den Körper zu beugen beginnt. Durch die Bewegung der Arme schmerzen die Gurte auf den Schultern spürbar weniger und Ihr Oberkörper ist am Abend deutlich weniger verspannt. Auf langen Etappen bleibt man bis zum Abend gut im Rhythmus und kann die Geschwindigkeit besser halten.

Jakobus den Älteren erkennt man unter den Aposteln an Wanderstab, Kalebasse und Schlapphut mit Muschel. Ein solcher Wanderstab mag für manchen aus romantisch verklärter Sicht erste Wahl sein. In physiotherapeutischen Kreisen gilt er eher als Katastrophe, da der Körper permanent einseitig belastet wird. Und mal ehrlich: Die Kalebasse ersetzen Sie ja auch durch eine Flasche mit Schraubverschluss.

Schlafsack

In den meisten Herbergen gibt es keine Bettwäsche, sondern nur die blanken Matratzen unterschiedlichen Herstellungsdatums. Für einen gewissen Hygienestandard müssen Sie also selbst sorgen. Ein dünner und leichter Schlafsack aus Seide oder Mischgewebe wird hierfür gerne genommen, ein sogenanntes „Inlett“

oder „Hüttenschlafsack". In Frankreich bezeichnet man ihn als sac à viande – wörtlich übersetzt ein „Fleischsack". Damit ist man schon mal etwas geschützt. Immer mehr Herbergen stellen mittlerweile Einwegleintücher aus dünnem Gewebe zur Verfügung. Diese haben kaum Gewicht und sind bei zarter Behandlung durchaus auch viele Nächte nutzbar – eine absolut sinnvolle Ergänzung. Nehmen Sie den ersten mit, den Sie bekommen können. In kälteren Jahreszeiten kann auch ein kompakter, leichter Daunenschlafsack hervorragende Dienste leisten, da bei Weitem nicht alle Unterkünfte wohlig beheizt sind. Manchem mag eine einzelne Wolldecke auch etwas kühl erscheinen.

Tatsächlich ist im Sommer manchmal nicht einmal eine Wolldecke vorhanden. Dann hilft nur ein alter Bergsteigertrick. Nehmen Sie Ihr wärmstes Oberteil, schließen Sie den Reißverschluss und, wenn vorhanden, ziehen Sie das Band am Kragen zu. Dann schieben Sie die Füße hinein und verknoten die Ärmel um die Knöchel. Warme Füße sind die halbe Miete für etwas Schlaf in der Kälte.

Kleine Helferlein, an die man vielleicht nicht denken würde:

- ▷ Sicherheitsnadeln. Damit lassen sich Textilien außen am Rucksack befestigen, ohne sie zu verlieren. So manch einzelne Socke wurde am Weg schon gefunden.
- ▷ Dünne Reepschnur mit 2 mm Stärke und 4 m Länge. Eine Wäscheleine ist damit schnell improvisiert, zum Beispiel vom Fenstergriff zum Schrankscharnier. Außerdem ist sie verwendbar als Ersatz für Schnürsenkel, Gürtel usw. und nass mit ein paar Knoten versehen zum Reinigen von unappetitlich gewordenen Trinkschläuchen.
- ▷ Ein leichter Blechbecher kann nicht schaden. Daraus schmecken Suppe, Müsli, Wasser, Kaffee, Bier und Wein in Weiß und Rot gleichermaßen gut. Außerdem kann man damit eine hohe Wasserflasche auch an niedrigen Wasserhähnen befüllen!

📖 **Pilgern auf den Jakobswegen** – Packliste · Anfängertipps · Wegauswahl von Raimund Joos, Conrad Stein Verlag, Band 197, ISBN 978-3-86686-394-1, € 12,90

Beschilderung

Die Markierung eines Jakobsweges erfolgt traditionell mit dem stilisierten Symbol einer gelben Muschel vor blauem Hintergrund. Idealerweise wird das Zeichen so gedreht, dass der Wirbel der Muschel am Zusammentreffen der „Strahlen" die Richtung des Weges anzeigt. Darauf kann man sich aber keinesfalls verlassen. Oft sind zusätzlich Pfeile angebracht oder das Symbol klebt nur am richtigen Pfosten in der richtigen Straße und weist so den Weg.

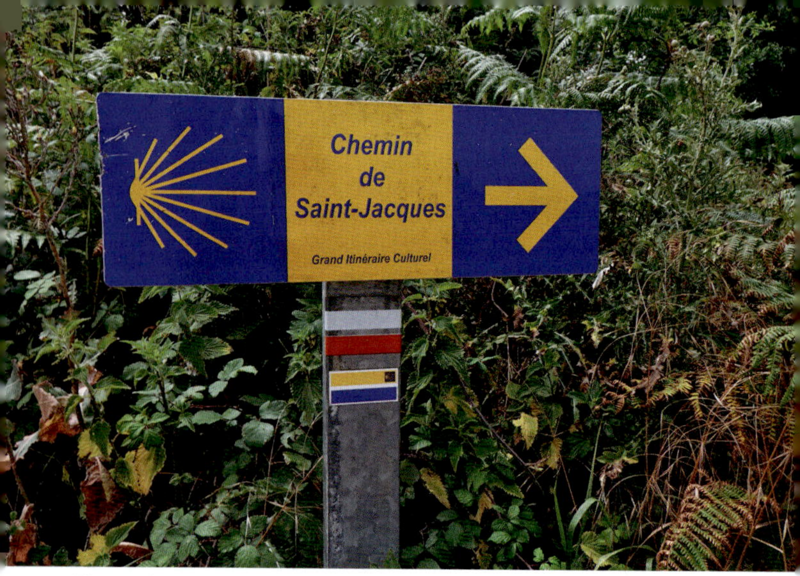

Wegmarkierungen

Auf der Via Turonensis wird der Jakobsweg vielfach mit zwei übereinanderliegenden Streifen in den Farben gelb und blau angezeigt. Die Symbolik orientiert sich dabei an den weiß-rot markierten GRs, den Grande Randonnées. Wenn der Jakobsweg einem GR folgt, wird auf die Farben gelb und blau auch gerne verzichtet.

Der Weg geradeaus wird mit zwei Querstreifen angezeigt, eine Richtungsänderung mit einem darunterliegenden zusätzlichen Pfeil nach links oder rechts. Falsche Richtungen werden in den Farben des Weges ausgekreuzt und sind oftmals die beste Hilfe an etwas unübersichtlichen Stellen.

Radwege sind in Frankreich mit einem weißen Radfahrer vor grünem Hintergrund gekennzeichnet.

Entlang der Loire verläuft der hervorragend beschilderte Radweg EuroVelo 3. Sein Symbol besteht aus der Nummer des Weges, umgeben von den 12 Sternen der europäischen Flagge, vor einem dunkelblauen Hintergrund.

Von Tours bis Saint-Jean-Pied-de-Port gibt es einen beschilderten Radweg des Vereins Europafietsers aus Holland. Sie werden die runden gelb-blauen Aufkleber mit dem Fahrrad, der Muschel und der Aufschrift „Route St. Jacques Haarlem – Santiago" immer wieder am Wegesrand antreffen. In diesem Führer wird teilweise auf diese Streckenführung Bezug genommen, da sie sich deutlich näher an der beschilderten Route für Fußpilgerinnen und Fußpilger orientiert als der EuroVelo 3 und oft die nächste sinnvolle Ausweichroute darstellt.

Crédentiale

Das wirklich wichtige Utensil für Pilgernde ist der Pilgerausweis mit der Sammlung von Stempeln, in Frankreich wird er Crédentiale genannt. Den Stempel holt man sich bei jeder Übernachtung bei seinen Herbergsleuten ab und lässt sich das Datum der Ankunft dazuschreiben. Dazu bekommen Sie in den großen Kirchen und Kathedralen sehr schöne Stempel, die ein Crédentiale bereichern, es etwas gliedern und oft mit den Herbergsleuten zu netten Gesprächen führen. Auch in den Rathäusern wird sehr bereitwillig gestempelt.

Wenn man nach vielen Kilometern in Santiago de Compostela in Spanien angekommen ist, erhält man nach Vorlage des Stempelpasses seine Compostela, eine Urkunde mit Namen und den gegangenen Kilometern. Dabei ist es unerheblich, ob man den Weg in einem durchgegangen ist oder ihn in mehrere bis viele Abschnitte auf diverse Jahre unterteilt hat. Gegangen ist gegangen. Um eine Compostela zu erhalten, müssen Sie mindestens die letzten 100 km lückenlos nach Santiago gegangen sein – oder natürlich mehr.

Auch wenn Sie jetzt noch nicht planen, bis an das nordöstliche Ende Spaniens zu gehen, sollten Sie Ihr Crédentiale mitführen. Vielleicht finden Sie ja Geschmack am Pilgern und würden es dann bereuen.

Es hat aber noch einen ganz wesentlicheren Grund. In fast allen Pilgerherbergen werden Sie ohne ein aktuelles Crédentiale gar nicht eingelassen, genauso ist es bei einigen privaten Unterkünften. Zudem geben viele Ihrer privaten Herbergsleute teils ordentliche Preisnachlässe für Pilgerinnen und Pilger, die sich bei der Länge des Weges durchaus summieren können.

Bei allen Preisangaben in diesem Führer sind die Rabatte für Pilgernde bereits eingerechnet und es wird davon ausgegangen, dass Sie Ihr Crédentiale bei sich tragen und auch regelmäßig stempeln lassen. Ohne Pilgerausweis können Sie also nicht erwarten, eine durchgängige Beherbergungskette vorzufinden, oder Sie bezahlen ein Vielfaches.

Idealerweise bestellen Sie sich für die Via Turonensis Ihr Crédentiale vorab im Internet, da der Erwerb in Paris sehr umständlich ist. Entsprechende Online-Shops gibt es genug, die Stichworte „Pilgerpass Jakobsweg“ reichen aus, um fündig zu werden. Selbst gebastelte Pilgerausweise werden auf dem Weg und in Santiago nicht akzeptiert, die Verlängerung eines Originals um mehrere Seiten zur Aufnahme der kompletten Sammlung schon.

Achten Sie darauf, den Ausweis sicher und trocken zu verstauen – ein Gefrierbeutel mit Zip-Verschluss im Inneren des Rucksacks ist angesagt. Unterwegs aus der Deckeltasche gleiten soll es ja auch nicht.

Diplomatische Vertretungen

Ⓓ Botschaft der Bundesrepublik Deutschland in Frankreich, 13/15 Avenue Franklin D. Roosevelt, 75008 Paris, ☏ +33/(0)1 53 83 45 00, www.allemagne-en-france.diplo.de

Ⓐ Botschaft der Republik Österreich in Frankreich, 6 Rue Fabert, 75007 Paris, ☏ +33/(0)1 40 63 30 63, paris-ob@bmeia.gv.at, www.amb-autriche.fr

(CH) Botschaft der Schweizerischen Eidgenossenschaft, 142 Rue de Grenelle, 75007 Paris, ☏ +33/(0)1 49 55 67 00, paris@eda.admin.ch, eda.admin.ch/paris

Ⓓ Botschaft der Französischen Republik in Deutschland, Pariser Platz 5, 10117 Berlin, +49/(0)30/590 03 90 00, de.ambafrance.org

Ⓐ Botschaft der Französischen Republik in Österreich, Technikerstraße 2, 1014 Wien, ☏ +43/(0)1/50 27 50, at.ambafrance.org

(CH) Botschaft der Französischen Republik in der Schweiz, Schosshaldenstraße 46, 3006 Bern, +41/(0)31/359 21 11, ch.ambafrance.org

Einkaufen

Auf der Via Turonensis sind Sie mitunter in relativ verlassenen Gegenden unterwegs. Einkaufsmöglichkeiten Fehlanzeige. Auch gibt es oft nur einen einzigen Laden in einer Ortschaft. Verlassen Sie sich auf dem Land nie darauf, dass Sie geplant einkaufen können. Manches Abendessen könnte ausfallen. Ich habe oft eine kleine Packung Nudeln und ein Glas Pesto dabei. Egal was, nehmen Sie einen mikrowellentauglichen Vorrat für den Notfall am Abend mit, ebenso etwas für unterwegs. Sie muten Ihrem Körper ja einiges zu. Ein spontaner Anfall von Unterzuckerung kann immer passieren, das lässt sich gar nicht vermeiden. Daher ist ein Müsliriegel o. Ä. für die schnelle Power zwischendurch Pflicht. Doch auch ein kleiner Vorrat an normaler Nahrung schadet nicht. Sie werden für sich herausfinden, wie viel und was Sie brauchen.

Im Führer sind die Einkaufsmöglichkeiten neben den Ortsnamen symbolisiert. Das Symbol bedeutet, dass auch tatsächlich ein Supermarkt vorhanden ist. Das Symbol steht entweder für einen kleinen Lebensmittelladen mit dem Nötigsten für den täglichen Gebrauch – die *épicerie* – oder für eine Bäckerei oder Metzgerei. Diese haben oft ein kleines Zusatzsortiment, das über Backwaren und Fleisch hinausgeht. Auch die ☞ Wochenmärkte sind mit diesem Symbol gekennzeichnet.

Nahezu alle kleineren Läden machen in Frankreich eine Mittagspause und öffnen erst wieder zwischen 15:00 und 16:00 Uhr!

Montags sind in Frankreich fast alle Läden geschlossen, dafür haben Lebensmittelläden des Öfteren auch am Sonntagvormittag ein paar Stunden geöffnet.

Planen Sie also mit den Übernachtungen auch Ihre Verpflegung und Ihren Einkauf.

Elektrizität

Die elektrische Spannung an einer „normalen" Wandsteckdose liegt wie in Deutschland auch bei 220-230 Volt. Sie können also alle mitgebrachten elektrischen Geräte bedenkenlos einstecken. Flache Euro-Stecker ohne Nullleiter/Erdung passen in jede Steckdose. Bei den runden Steckern mit Erdung sieht es eventuell anders aus. Achten Sie darauf, dass Ihr Stecker nicht nur die beiden herausstehenden Pins zur Stromführung hat, sondern auch noch ein Loch für den runden Pin zur Erdung, der aus französischen Steckdosen heraussteht. Bei allen einigermaßen zeitgemäßen Geräten sollte dies aber ohnehin der Fall sein.

☺ Stecken Sie ihr Mobiltelefon in einen Ihrer Wanderschuhe, wenn Sie es nachts laden. So können Sie es am nächsten Morgen auf keinen Fall vergessen, auch nicht an einer weit entfernten Steckdose. Ohne Telefon geht man schon mal los, mit nur einem Schuh an den Füßen niemals.

Essen und Trinken

Meist wird bei privaten Unterkünften Abendessen und Frühstück mit angeboten. Dies ist eine für Pilgernde recht praktische Möglichkeit, ohne großen Aufwand zu einer ausreichenden und meist auch preisgünstigen Mahlzeit zu kommen. Gehen Sie davon aus, ein 3-Gänge-Menü zu bekommen. Sie werden dabei des Öfteren mit den Herbergsleuten zusammensitzen und gemeinsam essen. Nutzen Sie diese Gelegenheit, um vom Wissen der Einheimischen zu profitieren. Man erfährt etwas über die Spezialitäten der Region sowie die kulturell und geschichtlich wichtigen Ereignisse.

Für Sie als Pilgerin oder Pilger ist noch wichtiger, was der nächste Abschnitt des Weges bringt und welche Dinge dabei zu beachten sind. Diese Informationen aus erster Hand sind Gold wert und sparen Zeit und Kilometer.

Das Frühstück (*petit-déjeuner*) besteht in Frankreich traditionell aus Weißbrot, Butter und Marmelade. Dazu gibt es Kaffee oder Tee. Nur selten wird Ihnen darüber hinaus auch etwas Herzhaftes wie Wurst oder Käse angeboten werden. Ein französisches Frühstück reicht keinesfalls für den ganzen Tag. Auf ein Frühstücksbuffet mit reichhaltiger Auswahl können Sie sich nur in Hotels freuen, und auch das nicht immer.

Eine Eigenheit in Frankreich ist das Gedeck zum Frühstück. Einen Teller werden Sie dazu nicht oft aufgelegt bekommen. Eine Papierserviette als Unterlage für Ihr Marmeladenbrot ist normal, manchmal ist es auch einfach nur die Tischplatte – mit oder ohne Tischdecke.

Vor dem Zubettgehen wird oft ein Tee oder Kräuteraufguss angeboten. Als *thé* gelten hier nur schwarzer, grüner, weißer und gelber Tee, gewonnen aus einer Teepflanze. Was in Deutschland als Kräutertee bezeichnet wird, nennt sich in Frankreich *tisane* oder gleichbedeutend im Sprachgebrauch auch *infusion*, wird warm getrunken und immer frisch zubereitet.

Geld

Auf dem Jakobsweg stehen Ihnen bei Weitem nicht in allen Orten Geldautomaten zur Verfügung. Den Hinweis darauf finden Sie in diesem Führer als Symbol BANK bei jeder Ortsbeschreibung. Kein Symbol – kein Geldautomat.

Führen Sie daher immer ausreichend Bargeld in kleinen Scheinen mit sich. Zwei bis drei Tage sollten Sie schon durchkommen können. Scheine lassen sich bequem auf Rucksack, Geldbörse und z. B. einen Geldgürtel mit integriertem Reißverschluss aufteilen. Pilgerherbergen und private Unterkünfte sind immer in bar zu bezahlen und haben nur selten Wechselgeld zur Verfügung. Fast in allen Geschäften können Sie mit Debit- und Kreditkarten bezahlen, nur im kleinen Laden von Oma auf dem Land brauchen Sie noch Bargeld.

Jakobsmuschel

In früheren Zeiten galt die mit nach Hause gebrachte Jakobsmuscheln als Beweis dafür, dass der Pilger den Weg auch bis an die Küste zu Ende gegangen war. Heute ist es üblich, sich eine Muschel als Zeichen für die Pilgerschaft außen an den Wanderrucksack zu hängen. Ich kann es nur wärmstens empfehlen.

☺ Die Muschel ist bei den Einheimischen ein echter Türöffner und nicht selten der Anfang vieler guter Gespräche am Wegesrand. Mit Muschel am Rucksack wird Ihnen immer geholfen, egal, was Sie benötigen. Dieses Symbol ist an Wert nicht zu unterschätzen.

Karten und GPS

Meiner Meinung nach ist es nicht sinnig und auch nicht notwendig, für den kompletten Weg Landkarten mitzuschleppen. Im Maßstab 1:100.000 wären dies aus der Serie Top 100 des IGN oder „L'Institut national de l'information géographique et forestière", wie es ausgeschrieben heißt, schon 9 Blätter, beidseitig bedruckt. In einem vernünftigen Maßstab zum Wandern hätten Sie eine halbe Bibliothek dabei. Die Via Turonensis ist gut beschildert und mit den Karten in diesem Buch sind Sie ausreichend ausgestattet.

Idealerweise führen Sie ein Smartphone mit GPS-Funktion mit und bestücken es mit einer Navigations-App für Wanderer. Damit können Sie im Falle einer Unsicherheit kurz draufgucken und wissen auch ohne Mobilfunkempfang genauestens, wo Sie sind und hinmüssen. Mittlerweile werden etliche Apps angeboten, auch für Wanderinnen und Wanderer aufbereitetes Kartenmaterial gibt es umsonst.

☞ Downloaden Sie die Karten und den GPS-Track noch zu Hause auf Ihr Smartphone, Sie werden definitiv nicht auf der ganzen Strecke eine Netzverbindung und damit Zugriff auf das Internet haben. Zudem sind die Karten für Frankreich Nord und Süd je etwa 800 MB groß.

☺ Eine Karte sei zur Planung wärmstens ans Herz gelegt: Das Blatt IGN 922 Les chemins vers Saint-Jacques de Compostelle im Maßstab 1:1.000.000. Es bietet einen sehr schönen Überblick über alle Jakobswege in Frankreich, auch die Via Turonensis.

☺ Die Kartenempfehlung wurde von der Geobuchhandlung Kiel überprüft. ☎ 04 31/942 49

GPS-Tracks

Die GPS-Tracks zu den beschriebenen Wegen können Sie von der Internetseite des Verlags (💻 www.conrad-stein-verlag.de) herunterladen.

📖 Tipps zum Umgang mit dem GPS-Gerät finden Sie in dem Ratgeber „**GPS – Grundlagen · Tourenplanung · Navigation**" von Michael Hennemann, Conrad Stein Verlag, Basiswissen für draußen, Band 375, ISBN 978-3-86686-769-7, € 12,90

Klima und Reisezeit

Ab Mitte März bis spätestens Anfang April öffnen die Herbergen, Ende September bis Mitte Oktober schließen sie wieder für die Wintermonate. Daher sei diese Zeit für den Weg empfohlen. Gehen können Sie einen Jakobsweg auch im Winter, aber übernachten können Sie nicht. Einzig der Camino Francés in Spanien bietet auch im Winter eine durchgängige Kette an offenen Herbergen.

Klima und Wetter im Westen Frankreichs auf der Via Turonensis unterscheiden sich nicht dramatisch von Deutschland. Natürlich sind Sie etwas weiter südlich – Paris liegt auf der Höhe von Stuttgart und das Ende des Weges an den Pyrenäen auf der Höhe von Florenz. Es wird daher wärmer sein als in Deutschland, aber noch nicht übernatürlich heiß wie in Spanien. Wenn Sie einen Durchmarsch bis

Santiago planen, sollten Sie sich aber dringend vorab mit den zu erwartenden Temperaturen in Spanien auseinandersetzen.

Durch die Nähe zum Atlantik kann es etwas mehr Wind geben, auch der ein oder andere Regenschauer kommt schneller heran. Doch genauso schnell zieht er meist über einen hinweg und erneut folgt Sonnenschein.

Medizinische Versorgung

Vor Ihrer Reise sollten Sie sich mit dem Thema Krankenversicherung beschäftigen. Die gesetzlichen Krankenversicherungen übernehmen in der Regel die Behandlung im Ausland bis zu der Höhe, die die Behandlung in Deutschland gekostet hätte. Eine internationale Reisekrankenversicherung mit Rücktransportoption macht auf jeden Fall Sinn.

✋ Auslandskrankenversicherungen sind in der Regel auf eine bestimmte Aufenthaltsdauer am Stück beschränkt, die um die 40+ Tage liegt. Das kann für die Via Turonensis mit Pausentagen schon eng werden. Wenn Sie planen, bis nach Santiago durchzugehen, benötigen Sie auf jeden Fall eine spezielle Langzeitversicherung. Hier lohnt sich ein Preis- und Leistungsvergleich.

Für die akute Versorgung kleinerer Handicaps sollten Sie eine kleine Reiseapotheke mitführen. Schließlich sind Sie über Stunden irgendwo im Gelände und je nach Gegend und Tageszeit auch allein unterwegs.

Blasen an den Füßen gehören wohl zu den unangenehmsten Malaisen, die Pilgerinnen und Pilgern widerfahren können. Lesen Sie hierzu auch die Hinweise unter ☞ „Schuhe und Socken“. Blasenpflaster werden meiner Erfahrung nach meist viel zu spät eingesetzt. Ein Blasenpflaster gehört schon auf eine Druckstelle, noch bevor die Blase richtig entstanden ist.

☺ Zur Aufbringung eines Blasenpflasters gibt es einen Trick. Kleben Sie es auf und drücken Sie mit der Handfläche vollflächig darauf. Nehmen Sie die Hand erst weg, wenn Haut, Pflaster und Hand gleichmäßig körperwarm durchgewärmt sind. An einem kalten Regentag führte das schon dazu, dass ich 20 Minuten in einer leeren Kirche saß und Pflaster, Hand und Fuß zu erwärmen versuchte. Es lohnte sich, das Pflaster hielt 3 Tage und mehrere Duschen. Täglich zu wechseln ist nicht nötig und geht auch ins Geld, da die Dinger nicht billig sind.

Notruf

Über die europaweit einheitliche Notfallnummer 112 erreicht man auch in Frankreich Krankenwagen, Polizei und Feuerwehr. Dies funktioniert aus dem Festnetz und Mobilnetz. Vergessen Sie nicht die internationale Vorwahl, also +33/112.

Post

Postämter sind in Frankreich noch recht häufig anzutreffen. In kleineren Orten sind die Öffnungszeiten jedoch oftmals auf wenige Stunden in der Woche beschränkt. Wenn Sie also etwa überflüssige Ausrüstung nach Hause senden möchten, planen Sie dies für den Aufenthalt in einer der größeren Städte ein. Der Versand von Paketen nach Deutschland ist nicht billig. Für einen vollen Schuhkarton können Sie mit circa € 20 rechnen. Beim Ausfüllen des Formulars müssen Sie als Absender eine Adresse in Frankreich angeben. Da man als Pilger diese meist nicht hat, tut es auch die Adresse Ihrer aktuellen oder letzten Unterkunft mit einem Hinweis auf Ihren Namen.

Radpilgern

In diesem Führer wird selbstverständlich auch auf die Bedürfnisse von Radpilgerinnen und Radpilgern eingegangen.

Sollte ein Wegabschnitt mit einem Fahrrad nicht vernünftig zu bewältigen sein, finden Sie zu Beginn der Etappenbeschreibung die Hinweise auf alternative Routen. Diese sind mit dem Symbol gekennzeichnet. Gibt es diesen Hinweis nicht, ist die Strecke mit einem stabilen Reiserad gut zu bewältigen. Ein Mountainbike ist dafür nicht notwendig. Die Tatsache, dass Sie auf dem Fahrrad auch Gepäcktaschen mitführen, ist dabei berücksichtigt.

Bei der Festlegung der alternativen Routen wurde darauf geachtet, möglichst kleine Straßen mit wenig Autoverkehr zu wählen. Dadurch kommen Sie oft in den Genuss von wirklich idyllischen Sträßchen durch abwechslungsreiche Landschaften mit kleinen, pittoresken Orten. Die Qualität des Straßenbelages ist dabei fast immer hervorragend und Sie können das Rad laufen lassen. Viel Spaß.

Fahrräder für die Nacht sicher zu verstauen ist bei den meisten Übernachtungsmöglichkeiten kein Problem und Ihre Herbergsleute werden Ihnen gerne hilfreich zur Seite stehen.

Telefon und Internet

Die Telefonnummern in Frankreich beginnen immer mit einer Null und sind immer achtstellig. Wenn Sie aus dem Ausland anrufen oder von Ihrem Handy eine Nummer in Frankreich anrufen, lassen Sie die Null weg und setzen Sie die internationale Vorwahl von Frankreich davor. Diese ist 0033. Je nach Anbieter und Vertrag funktioniert der Rufaufbau auch ohne die internationale Vorwahl. Französische Nummern mit einer 06 oder 07 am Anfang weisen auf eine Mobilfunknummer hin.

Die Landesvorwahl für Deutschland bei Anrufen aus dem Ausland ist die 0049.

In diesem Führer sind alle Nummern ohne die internationale Vorwahl angegeben. Festnetzanschlüsse sind mit dem Symbol ☏ gekennzeichnet, Mobilfunknummern mit dem Symbol 📱.

Auf dem Land kann es gut auch über weite Strecken vorkommen, dass Sie keine Verbindung bekommen. Tipp eins: Buchen Sie Ihre nächste Herberge mit Mobilfunkempfang in einer Ortschaft und nicht draußen in der Pampa. Tipp zwei: Versetzen Sie tagsüber während des Gehens Ihr Smartphone in den Flugmodus. Das spart Akku und bringt Ruhe in Ihr Leben. Dennoch können Sie alle wichtigen Funktionen wie Kamera, Offline-Navigation und Notizbuch bequem nutzen.

Kostenloser Internetzugang – in Frankreich Wifi genannt und genauso gesprochen wie geschrieben – ist wie überall in Europa mittlerweile sehr oft verfügbar – neben Cafés und Restaurants auch kostenlos in allen Touristen-Informationen.

Bei Vorhandensein von kostenfreiem Wifi in den Unterkünften wird dies in dem Führer mit dem Symbol @ angezeigt. Die Geschwindigkeit jedoch lässt leider sehr oft zu wünschen übrig. Dazu können Sie keinesfalls davon ausgehen, dass die Verbindung auch in Ihrem Zimmer klappt. Auch bieten Übernachtungsmöglichkeiten oft nur Internetzugang in einem bestimmten Bereich des Hauses. Dem Streaming-Genuss eines Filmes am Abend zum Beispiel sind somit klare Grenzen gesetzt. Dies ist auch in Hotels des Öfteren so. Besser, Sie schlafen sich aus.

Trinkwasser

Zu Ihrem eigenen Wohlergehen ist es absolut wichtig, dass Sie sowohl auf dem Weg als auch am Abend Ihrem Körper ausreichend Flüssigkeit zuführen. Das Leitungswasser ist wider Erwarten oft von sehr guter Qualität und kann problemlos getrunken werden. Nur in Sondersituationen bei großer Hitze etc. wird das Wasser gechlort. Das werden Sie schon schmecken, trinkbar bleibt es dadurch aber prinzipiell immer noch. Lassen Sie an lange nicht genutzten Wasserhähnen zuerst das in der Leitung abgestandene Wasser durchlaufen und nehmen Sie frisches.

Betreiben Sie sogenanntes Cameling, wie es die amerikanischen Fernwanderfreundinnen und -freunde auf den großen Trails machen. Der Begriff leitet sich vom Kamel ab und bedeutet, dass Sie bei günstiger Gelegenheit so viel Wasser in sich hineintrinken, wie nur irgendwie geht. Was getrunken ist, muss nicht getragen werden. Zudem reicht Ihr Vorrat länger.

Eine 1-Liter-Flasche sollten Sie immer bei sich haben. Mindestens. Im Wegabschnitt zwischen Bordeaux und Dax sollte es mehr sein. Ein auf jede beliebige Flasche aufschraubbarer Trinkschlauch zur Befestigung am Schultergurt Ihres Rucksacks ist im Handel mit diversen Adaptern erhältlich und erhält bei mir den Vorzug vor einem Wasserbeutel mit Schlauch. Eine Plastikflasche kann man in jedem Supermarkt ersetzen und bei Bedarf auch einfach zwei mitnehmen. Einen Wasserbeutel dagegen müssen Sie jeden Abend reinigen und über Nacht lüften lassen. Das ist nach einem langen Wandertag sehr nervig.

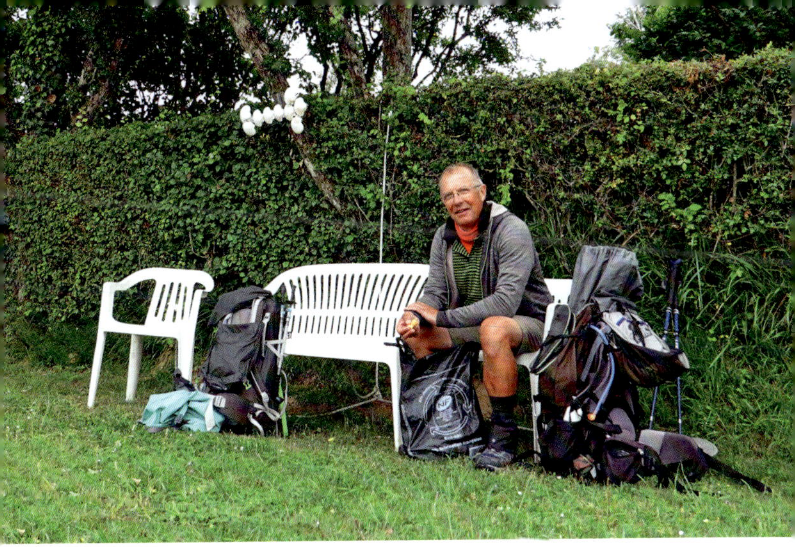

Pilgerpause vor Marcay

Mit etwas Erfahrung beim Fernwandern werden Sie wissen, wann Sie wieder auffüllen müssen und ob ein zweiter Liter für die nächste Etappe notwendig sein wird. Vor langen Wegabschnitten ohne Ortsdurchquerung sollten Sie immer frisch auffüllen. Behalten Sie daher Ihre aktuelle Weg- und Wassersituation immer etwas im Hinterkopf.

Trinkwasserbrunnen gibt es auf der Via Turonensis praktisch nicht. Die Bevölkerung ist Pilgerinnen und Pilgern gegenüber jedoch sehr freundlich eingestellt und niemand wird Ihnen eine Füllung mit Leitungswasser verwehren. In jedem Ort ist jemand zu finden, der dem gerne nachkommt. Erzählen Sie, woher Sie kommen und wohin Sie gehen, und Ihnen werden Tür und Tor offenstehen.

Unterkunft

Die günstigen Übernachtungsmöglichkeiten für Pilgerinnen und Pilger von Paris bis vor Orléans und entlang der Loire sind noch etwas dürftig gesät. Dies hängt damit zusammen, dass die Via Turonensis historisch gesehen eigentlich in Tours begann. In Orléans und entlang der Loire sind die „Freunde des Jakobsweges", also die Menschen, die den Weg beschildern und sich um das Wohl der Pilgernden kümmern, sehr aktiv und bieten viele private Quartiere an. Ab Tours ist die Kette an Pilgerherbergen deutlich besser ausgebaut. Hier kommen jedes Jahr neue Herbergen in den Ortschaften hinzu und auch die Anzahl an Pilgerinnen und Pilgern steigt moderat, aber kontinuierlich. Ein ruhiger Weg ist es nach wie vor.

Bei diesem Symbol finden Sie Übernachtungsmöglichkeiten, die oft speziell auf die Bedürfnisse von Pilgerinnen und Pilgern ausgelegt sind und immer die preisgünstigste Unterbringung bieten.

Als Gîte municipal werden Herbergen für Wandernde und Pilgernde bezeichnet, die von der jeweiligen Kommune betrieben werden. Die Ausstattung ist mal komfortabel, mal sehr einfach, aber immer ausreichend. Die Kontaktadresse ist meist das Gemeindeamt selbst, beachten Sie hier unbedingt die Öffnungszeiten zur Anmeldung. Die Preise sind sehr gemäßigt. Manchmal bekommen Sie telefonisch einen Zahlencode für einen kleinen Schlüsselkasten neben der Eingangstür der Gîte. Man bedient sich selbst, hinterlässt die Gîte sauber und hängt den Schlüssel am nächsten Morgen zurück in das Kästchen.

Gîtes d'étape sind ursprünglich für Wanderinnen und Wanderer auf den GRs angelegt und werden ebenfalls meist von den Kommunen betrieben. Selbstverständlich sind diese auch für Pilgernde offen. Es gibt aber auch private Gîtes d'étape, die nur an Gruppen vermietet werden und auch nur für einen längeren Zeitraum. Diese sind in diesem Führer nicht gelistet.

Manch klerikale Einrichtungen wie Klöster oder (ehemalige) Priesterseminare nehmen ebenfalls gerne Pilgerinnen und Pilger auf. Die Atmosphäre ist meist angenehm und entspannt, in den Städten immer eine empfehlenswerte Oase der Ruhe. Die Teilnahme an Gottesdiensten und gemeinschaftlichen Gebeten wird entweder schon beim Empfang angeboten oder auf Nachfrage meist gerne gewährt.

Das Symbol kennzeichnet sowohl Privatzimmer oder private Pensionen als auch Hotels.

In Frankreich gibt es eine große Tradition der Vermietung von Privatzimmern, Chambre d'hôtes genannt. Auch Freunde des Jakobsweges, die ausschließlich Pilgernde in ihre privaten Räume aufnehmen, sind so gekennzeichnet. Die Atmosphäre ist sehr familiär, die Ausstattung meist üppig. Fast immer wird Frühstück und Abendessen mit angeboten. Man sitzt oft mit der Familie an einem Tisch und genießt ein Drei-Gänge-Menü. Sollten Sie manche Speisen vermeiden oder gegen bestimmte Lebensmittel allergisch sein, sprechen Sie dies bei Ihrem ersten Kontakt am Telefon schon an. Eine Anmeldung ist immer erforderlich, allermindestens einen Tag im Voraus. Bedenken Sie, dass Ihre Gastgeberinnen und Gastgeber Privatpersonen sind, die sich auf Ihren Besuch einstellen möchten und den Einkauf auf die Anzahl der Gäste ausrichten müssen.

Hotels werden im Titel auch so benannt und sind im Führer leicht zu erkennen. Hier gelistet ist eine Auswahl an Hotels mit noch moderaten Preisen oder speziellen Konditionen für Pilgernde. Manchmal sind auch etwas hochpreisigere darunter, wenn es keine andere Möglichkeit gibt. Informationen über weitere Hotels in den größeren Städten erhalten Sie am einfachsten über die jeweiligen Tourismusbüros, deren Angestellte meist auch Deutsch und Englisch sprechen.

Campingplätze sind in Frankreich an touristischen Hotspots zahlreich, aber sie sind auch auf dem Land vorhanden. Die Qualität ist fast immer gut bis sehr gut, die Ausstattung sauber und ausreichend. Werden fest installierte Hütten oder Caravans vermietet, ist dies in der Beschreibung erwähnt. Manche privaten Gastgeberinnen und Gastgeber erlauben das Aufstellen von mitgebrachten Zelten in ihrem Garten, auch darauf ist jeweils hingewiesen. Viele Bauersleute auf dem Land haben auf Nachfrage ebenfalls nichts dagegen, wenn Sie Ihr Zelt für eine Nacht auf deren Grund aufstellen.

Die Vorlage eines Pilgerpasses (☞ Crédentiale) wird bei fast allen Unterkünften vorausgesetzt, entweder um den ermäßigten Preis zu erhalten oder um überhaupt aufgenommen zu werden. Führen Sie unbedingt einen mit und legen Sie ihn unaufgefordert bei der Ankunft vor. Die entsprechenden Ermäßigungen sind in die angegebenen Preise bereits eingearbeitet.

Updates

Der Conrad Stein Verlag veröffentlicht Updates zu diesem Wanderführer, die direkt vom Autor oder von den Leserinnen und Lesern des Buches stammen. Sie finden diese auf der Verlagshomepage www.conrad-stein-verlag.de. Der rechts abgebildete QR-Code führt Sie direkt dorthin.

Verkehrsmittel in Frankreich

An-/Abreise entlang der Via Turonensis

Die ganze Via Turonensis ist sehr gut an das Netz der französischen Bahn angeschlossen. Tatsächlich sind alle großen Städte in direkter Verbindung von Paris aus erreichbar (Orléans, Blois, Tours, Châtellerault, Poitiers, Saintes, Bayonne). Regionalzüge begleiten oder touchieren immer wieder die Route des Jakobsweges, binden die meisten Städte und viele Ortschaften dazwischen gut ein und machen ein Fortkommen bei Bedarf relativ einfach. Die Orte sind im Führer mit den entsprechenden Symbolen markiert. Auf den kleineren Strecken sind die Verbindungen aber nicht über den ganzen Tag durchgetaktet, sondern orientieren sich am tatsächlichen Bedarf der Bevölkerung.

Bahn

Die französische Bahn heißt SNCF und sie ist unter www.sncf.com zu erreichen. Es wird eine durchaus funktionierende und hilfreiche App zum Download angeboten. Es ist möglich, sich seine Tickets auf dem Smartphone zu speichern.

Der QR-Code auf dem Display wird allgemein akzeptiert und macht das Reisen sehr einfach. Ein Ausdruck der Tickets ist damit nicht mehr zwingend nötig. Auch die Buchungen funktionieren über die Apps sehr gut. Wenn Sie kein Smartphone mit sich führen sollten, müssen Sie sich ihr Ticket in größeren Bahnhöfen am Schalter oder Ticketautomaten holen. Kleinere Bahnhöfe und regionale Haltestellen verfügen nur noch über Automaten.

Viele Städte in Frankreich haben einen eigenen Bahnhof für die Hochgeschwindigkeitszüge, der meist etwas außerhalb liegt und mit Gare TGV bezeichnet wird. Achten Sie bei Ihrer Planung darauf, um nicht am falschen Bahnhof stehend Ihren Zug zu verpassen.

Die Regionalzüge in Frankreich heißen TER, die Züge vor Ort RER. Auch diese sind über die Homepage der SNCF zu buchen. Eine Sitzplatzreservierung ist nicht möglich. Die Züge sind bei Pendlerinnen und Pendlern sehr beliebt, versuchen Sie daher Ihre Fahrt auf die ruhigeren Zeiten dazwischen zu verlegen. Und natürlich sind auch diese Züge im Allgemeinen sehr pünktlich. Die Buchung empfiehlt sich auch hier über die App der SNCF. Das Ticket haben Sie dadurch automatisch dabei und es ist auf dem Display abrufbar. An kleineren Bahnhöfen ist meist kein besetzter Ticketschalter vorhanden, maximal ein Ticketautomat.

Regionalbusse

Regionale Busverbindungen können Sie an der Via Turonensis in der Nähe von Städten nutzen. In manchen Abschnitten begleitet Sie auch eine Buslinie von Ort zu Ort. Die Hinweise hierzu finden Sie in der Ortsbeschreibung mit Angabe der für Sie relevanten Linien. Hier die jeweiligen Internetseiten zu den Betreibern von Nord nach Süd:

- Paris, ÖPNV: RATP, www.ratp.fr
- Paris, Region: ILEDEFRANCE, www.iledefrance-mobilites.fr
- Orléans, ÖPNV: TAO, www.tao-mobilites.fr
- Tours, ÖPNV: FILBLEU, www.filbleu.fr
- Châtellerault, ÖPNV: BUSTAC, www.bustac.com
- Poitiers, ÖPNV: VITALIS, www.vitalis-poitiers.fr
- Melle, Region: NOUVELLEAQUITAINE, transports.nouvelle-aquitaine.fr
- Saintes, ÖPNV: BUSS, www.buss-saintes.com
- Bordeaux, ÖPNV: TBM, www.infotbm.com
- Saint-Paul-lès-Dax/Dax, ÖPNV: TRANSLANDES, www.trans-landes.fr
- Bayonne, ÖPNV und Region: TXIK TXAK, www.txiktxak.fr

Fernbusse

Flixbus betreibt auch in Frankreich das weitverbreitetste Fernbusnetz und fährt aktuell folgende Städte an der Via Turonensis an: Arpajon, Blois, Bayonne,

Bordeaux, Châtellerault, Étampes, Hendaye, Orléans, Paris, Paris-Flughafen Charles-de-Gaulle, Poitiers, Saint-Jean-de-Luz, Saintes, Tours. Das Angebot kann sich aber ändern. Achten Sie im Vorfeld Ihrer Planungen darauf.

Wochenmärkte

In ganz Frankreich gibt es die Tradition der Wochenmärkte (*marché hebdomadaire*). Am zentralen Platz im Dorf stehen einmal die Woche etwa von 7:00 bis 13:00 Uhr die fahrenden Händlerinnen und Händler dichtgedrängt und bieten eine bunte Palette an Waren an. Für Pilgernde ist dies eine schöne Möglichkeit, sich mit frischen regionalen Lebensmitteln der Saison zu versorgen und die ein oder andere Spezialität der Region kennenzulernen. Oft werden auch warme Speisen angeboten. In größeren Städten haben die Wochenmärkte enorme Ausmaße und Sie bekommen nahezu alles, was zum Leben und im Haushalt benötigt wird.

Wortschatz und Sprachen

Die Landessprache in Frankreich ist Französisch. Die Sprache ist nicht leicht zu erlernen, da das gesprochene Wort vom geschriebenen stark abweicht. Dennoch schadet es nicht, sich als Pilgerin oder Pilger mit einem gewissen Grundwortschatz vertraut zu machen. Schließlich bestellen Sie jeden Tag Ihre Unterkunft im Voraus und möchten sich sicher auch mit den Herbergsleuten ein wenig unterhalten.

Unter jungen Französinnen und Franzosen ist die Beherrschung einer zweiten Sprache ein wenig weiter verbreitet als im Landesdurchschnitt. Das sagt eigentlich schon alles. In Städten kommen Sie mit Englisch noch besser durch als auf dem Land.

Im südlichen Teil der Via Turonensis betreten Sie etwa ab Sorde-l'Abbaye das Baskenland. Als Erstes wird Ihnen die zweisprachige Beschilderung an den Straßen und Hinweisschildern auffallen. Für Ungeübte sind die Namen kaum lesbar, wahre Zungenbrecher. Die baskischen Ortsnamen haben mit den französischen nichts gemein. Hier sollten Sie ein Augenmerk auf beide Varianten haben, wenn Ihre Navigation einmal unklar werden sollte. Ganz im Süden kommen Sie mit Spanisch ebenfalls durch.

Bei Telefonaten zur Bestellung einer Unterkunft hat sich bewährt, Fragen zu stellen, die mit Ja oder Nein beantwortet werden können. Wenn die Antwort bei Ihnen unklar ankam, machen Sie aus der Frage eine Behauptung und fragen Sie dann nach, ob das so korrekt ist. Dann haben Sie immer eine klare Aussage und wissen, ob Ihr Bett für die Nacht gesichert ist. Ja oder nein? Oui ou non?

Fragen

Hier der Anfang dieses Fragesatzes und ein paar pilgerrelevante Vervollständigungen:

Ist es möglich … (spricht man in etwa „Ess ke se possieble")	Est ce-que c'est possible …
… bei Ihnen zu übernachten?	… de passer la nuit dans votre maison?
… ein Abendessen/Frühstück zu bekommen?	… d'avoir un diner/un petit-déjeuner?

Redewendungen

Ich bin Pilgerin/Pilger auf dem Jakobsweg.	Je suis pèlerine/pèlerin sur le chemin de Saint-Jacques.
Ich heiße…	Je m'appelle…
Ich bin Deutsche/Deutscher.	Je suis Allemande/Allemand.
Ich spreche nur ein wenig Französisch.	Je ne parle qu'un peu de francais.
Sprechen Sie Deutsch oder Englisch?	Parlez-vous allemand ou anglais?
Ich verstehe das nicht !?	Je ne comprends pas.
Wie viel kostet …?	Combien coûte …?
Ich suche …	Je cherche …
Wo ist …?	Où est …?

Vokabeln

ja/nein	oui/non
hallo	salut
guten Tag/guten Morgen	bonjour
guten Abend	bonsoir
gute Nacht	bonne nuit
auf Wiedersehen	au revoir
vielen Dank	merci beaucoup
bitte	s'il vous plait
bitte sehr	de rien
Entschuldigung	pardon
Apotheke	la pharmacie
Ärztin/Arzt	la/le médicin
Bäckerei	la boulangerie
Bahnhof	la gare
Bank	la banque
Bett	le lit
Bettwäsche	les draps de lit
Bushaltestelle	l'arrêt de bus

Decke	la couverture
Geldautomat	le bancomat
Kirche	l'église
Kissen	l'oreiller
Kloster	le cloître
Krankenhaus	l'hôpital
Lebensmittelgeschäft	l'épicerie
Markt	le marché
Metzgerei	la boucherie
Museum	le musée
Pilgerin/Pilger	la pèlerine/le pèlerin
Pilgerausweis/Stempelpass	la créanciale
Rathaus	la mairie
Rucksack	le sac à dos
Supermarkt	le supermarché
Wanderschuhe	les chaussures de randonnée
Wanderstöcke	les bâtons
Waschmaschine	le lave-linge
Waschmittel	la lessive

Zeit

In Frankreich gilt die Mitteleuropäische Zeit MEZ und im Sommer die Mitteleuropäische Sommerzeit MESZ. Sie müssen Ihre Uhr nicht umstellen.

Zoll

Sie dürfen Gegenstände und Güter für den privaten Gebrauch von und nach Frankreich ein- und ausführen. Es gibt Beschränkungen für Tabak, Alkohol, Kaffee, Medikamente und Bargeld. Die Grenzwerte liegen jedoch so hoch, dass Sie die Mengen mit Sicherheit in Ihrem Rucksack nicht mitführen wollen. Genauere Informationen hierzu finden Sie zum Beispiel sehr leicht auf den Seiten der Europäischen Union unter 💻 www.europa.eu/youreurope im Menüpunkt Reisen.

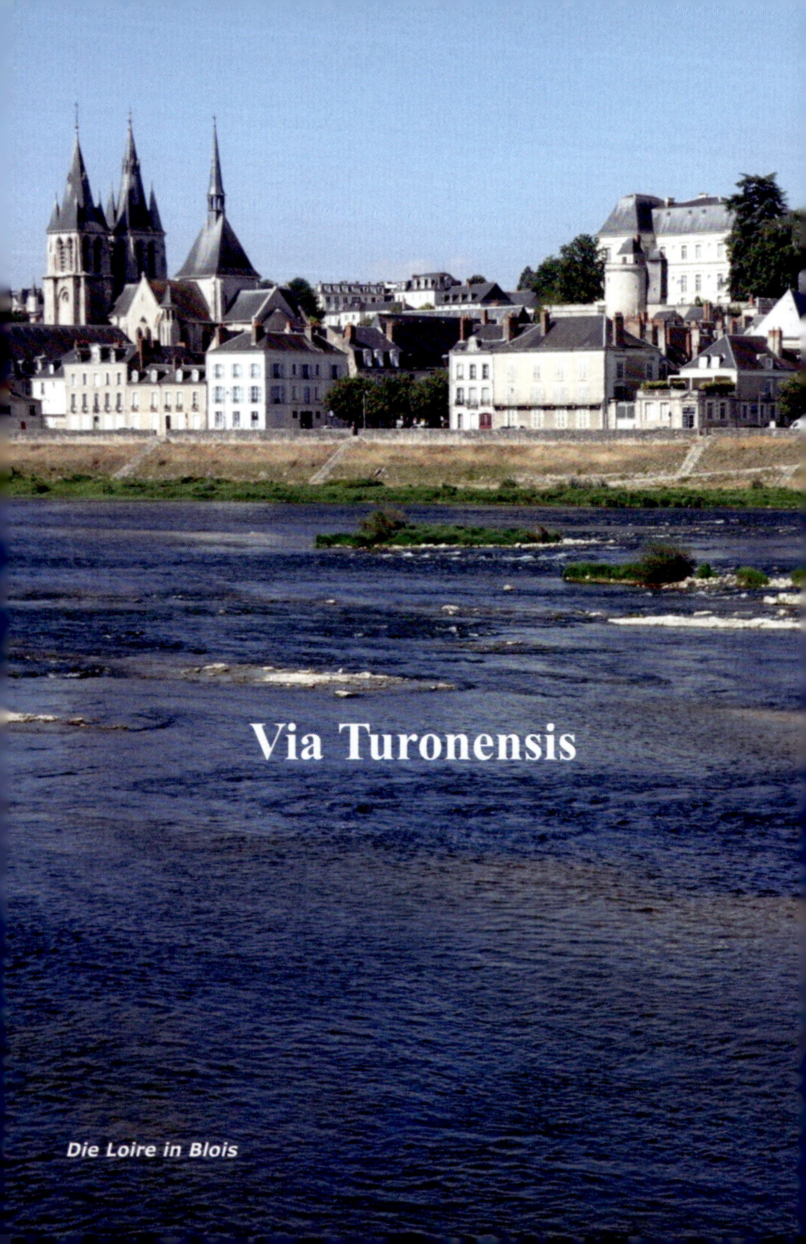

Die Loire in Blois

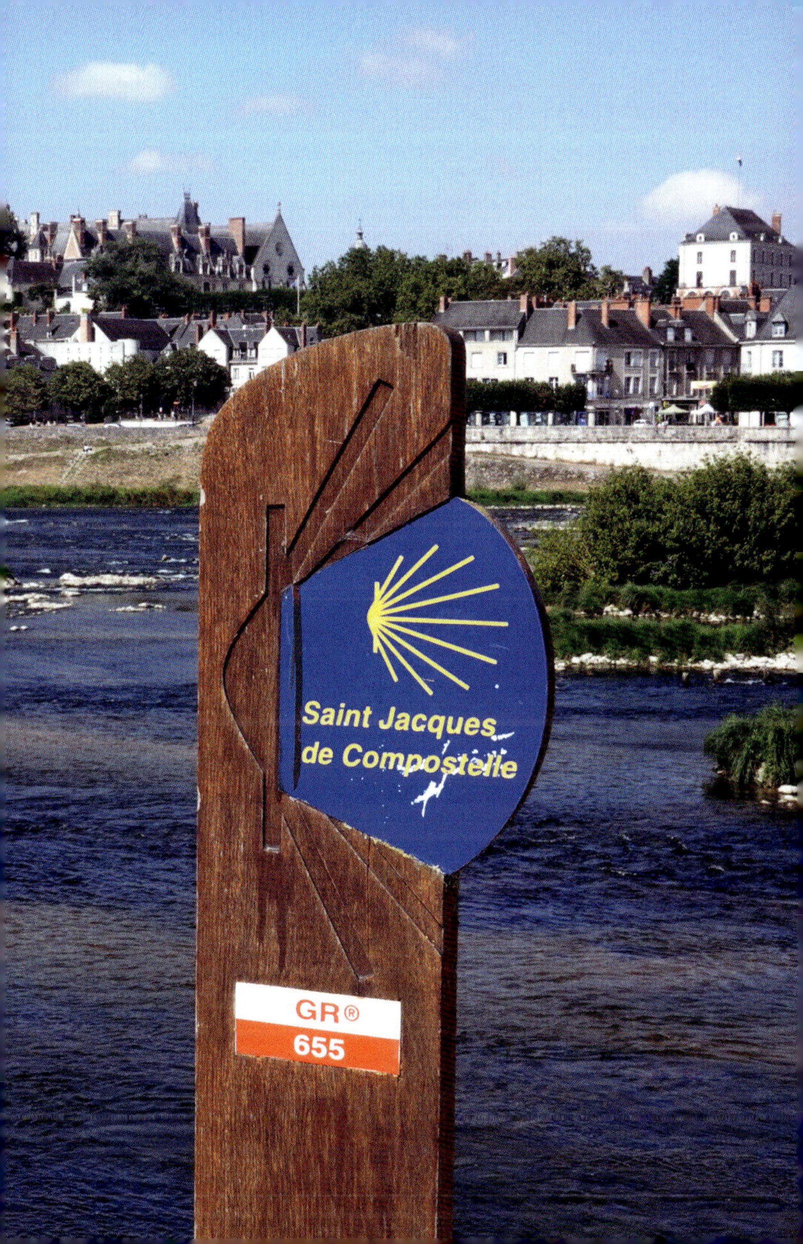
Saint Jacques
de Compostelle
GR®
655

Anreise Paris

Paris ist als Weltstadt mit allen Verkehrsmitteln bestens zu erreichen. Genauere Infos zur Anreise finden Sie im Kapitel „Reise-Infos von A bis Z" unter ☞ „An- und Abreise" sowie „Verkehrsmittel in Frankreich".

Paris

⛫ 36 m, 2.165.450 Ew.

- Office de Tourisme Paris – Hôtel de Ville, 29 Rue de Tivoli, 75004 Paris, über die Homepage, www.parisinfo.com, täglich 10:00-17:50, direkt links neben dem Rathaus, 300 m östlich des Tour Saint-Jacques
- ♦ Office de Tourisme Paris, 18 Rue de Dunkerque, 75010 Paris, über die Homepage, www.parisinfo.com, täglich 10:00-17:50, direkt im Bahnhof Gare du Nord
- Mije Auberge de Jeunesse, 6 Rue de Fourcy, 75004 Paris, ☏ 01 42 74 23 45, über die Homepage, www.mije.com, Hostel in alten Gemäuern in 3 Häusern im Marais (Verteilung nach Belegung), Dusche im Zimmer, WC auf dem Flur, sauber, für Paris unschlagbar günstig, @, Frühstück, Ü Schlafsaal ab € 35,50 (nach Saison und Belegung), ganzjährig, Reservierung notwendig, Metro-Station Linie 1 „Saint-Paul", im 4. Arrondissement/Marais
- ♦ The People Hostel Marais, 17 Bd Morland, 75004 Paris, ☏ 01 81 22 40 88, über die Homepage, www.thepeoplehostel.com, Hostel mit Privatzimmern und Schlafsälen mit Kojen, Sanitär im Zimmer, modern, sauber, @, Frühstück, Ü Schlafsaal ab € 46 (nach Saison und Belegung), ganzjährig, Reservierung notwendig, Metro-Station Linie 7 Sully-Morland, im 4. Arrondissement/Marais
- ♦ The People Hostel Bercy, 28 Boulevard de Reuilly, 75012 Paris, ☏ 09 67 21 41 41, über die Homepage, www.thepeoplehostel.com, Hostel mit Privatzimmern und Schlafsälen mit Kojen, Sanitär im Zimmer, modern, sauber, @, Frühstück, Ü Schlafsaal ab € 46 (nach Saison und Belegung), ganzjährig, Reservierung notwendig, Metro-Station Linie 8 Daumesnil, Aufgang Rue de Reuilly, 12. Arrondissement/Bercy
- RATP, ÖPNV Paris
- Gare de l'Est: SNCF, internationale Verbindungen nach Deutschland und in die Schweiz; Gare Austerlitz und Gare de Lyon: TER, überregionale direkte Verbindung Paris – Orléans, TER, regionale Verbindung Paris – Étampes – Orléans, der Bahnhof zur Abfahrt/Ankunft in Paris wechselt je nach Zugverbindung; Gare Montparnasse: SNCF, überregionale Verbindung TGV Paris – Tours – Poitiers – Bordeaux

⌘ Turm Tour Saint-Jacques, 16. Jh., Square de la tour Saint-Jacques / Rue Saint-Martin

- ♦ ☏ 01 78 90 26 67, https://boutique.toursaintjacques.fr/bin/index.php, Besichtigung nur mit Führung möglich, Anmeldung ausschließlich online

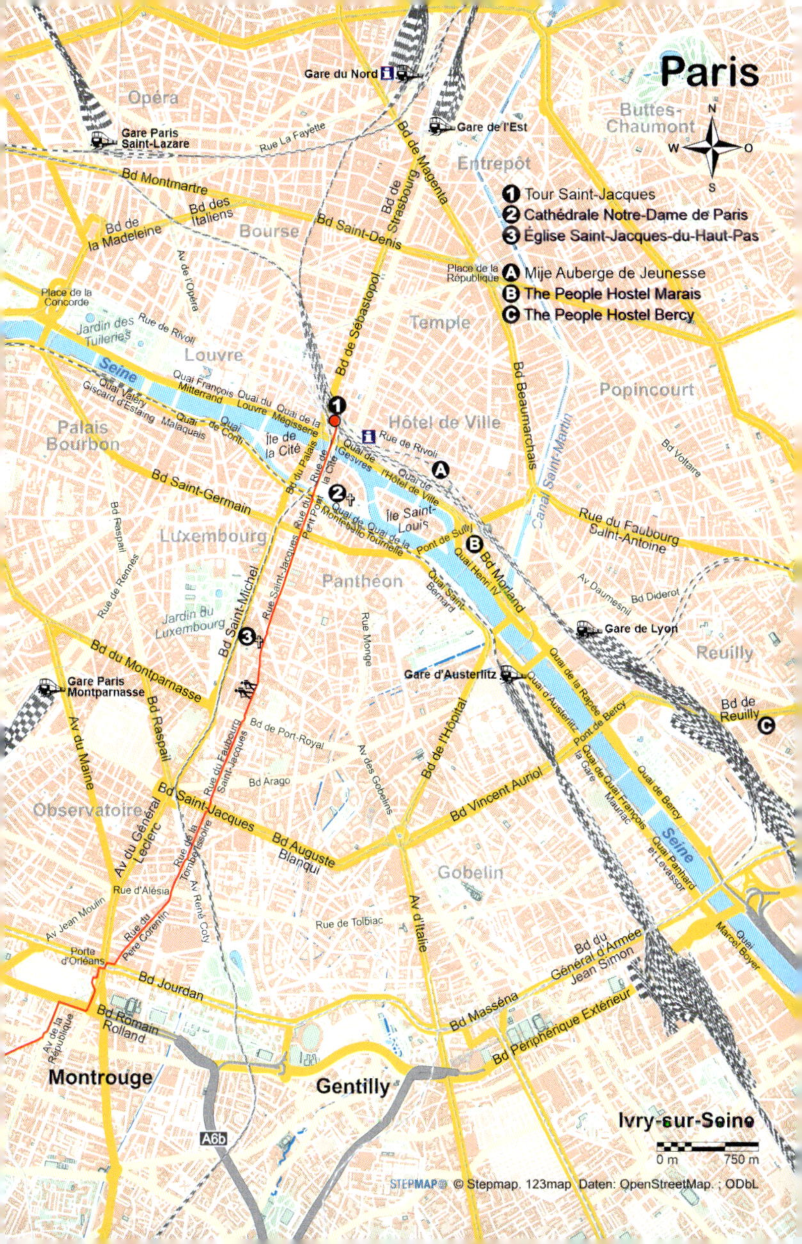
Paris
N
O
S
W
1 Tour Saint-Jacques
2 Cathédrale Notre-Dame de Paris
3 Église Saint-Jacques-du-Haut-Pas
A Mije Auberge de Jeunesse
B The People Hostel Marais
C The People Hostel Bercy
Gare du Nord
Gare de l'Est
Gare Paris Saint-Lazare
Gare de Lyon
Gare d'Austerlitz
Gare Paris Montparnasse
Opéra
Buttes-Chaumont
Entrepôt
Bourse
Temple
Louvre
Popincourt
Hôtel de Ville
Palais Bourbon
Luxembourg
Panthéon
Reuilly
Observatoire
Gobelin
Montrouge
Gentilly
Ivry-sur-Seine
Seine
Île de la Cité
Île Saint-Louis
Jardin des Tuileries
Jardin du Luxembourg
Place de la Concorde
Place de la République
Porte d'Orléans
Canal Saint-Martin
A6b
0 m
750 m
STEPMAP © Stepmap. 123map Daten: OpenStreetMap. ; ODbL

✞ Cathédrale Notre-Dame de Paris, 6 Parvis Notre-Dame / Place Jean-Paul II, 💻 notredamedeparis.fr, Besichtigung aufgrund des Brandes am 15.04.2019 zum Zeitpunkt der Drucklegung dieses Buches nicht möglich

Was soll man über Paris schreiben. Über 2 Millionen Einwohnerinnen und Einwohner, Hauptstadt von Frankreich, pulsierende Weltmetropole. Zur Gründung der Stadt gibt es mehrere Legenden, ich beginne die kurze Betrachtung aber erst mit der keltischen Siedlung Lutetia aus dem 3. Jh. v. Chr. Erwähnt wurde der Name des Ortes erstmals 57 v. Chr. im sechsten Buch der Reihe „De Bello Gallico“ von Gaius Julius Caesar sowie erstmals in Band X „Asterix in Lutetia“ von Uderzo und Goscinny. Die Römer wollten nach ihrem Sieg über die Keltinnen und Kelten vom Stamme der Parisii nicht auf die Île de la Cité und bauten ihre Befestigung am Südufer der Seine. Der Beginn der Straße von Lutetia nach Aurelianum, dem heutigen Orléans, ist die Rue Saint Jacques und auch der Weg Ihrer Wahl aus Paris hinaus Richtung Süden. Dieser alten Römertrasse werden Sie im Laufe Ihrer Wanderung noch des Öfteren begegnen. Der Tours Saint-Jacques, der heute offizielle Beginn der Via Turonensis, liegt etwas nördlich davon in direkter Verlängerung auf der Nordseite der Insel. Erbaut wurde er in

Die Seine in Paris

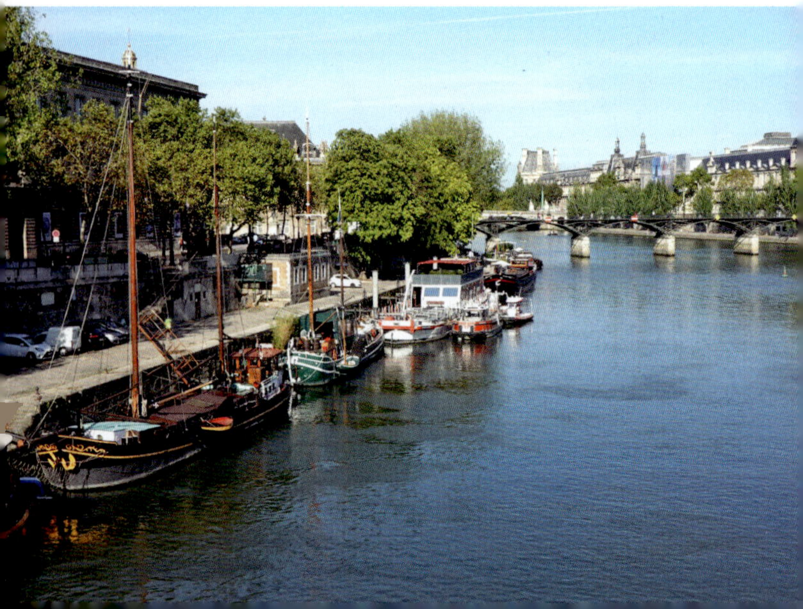

spätgotischem Stil als Glockenturm zur Église Saint-Jacques-la-Boucherie und war von Anfang an Sammelort für Pilgernde auf dem Weg nach Tours zum Grab des heiligen Martin sowie für die Jakobspilgerinnen und Jakobspilger auf ihrem Weg nach Santiago de Compostela. Der Turm ist Teil des UNESCO-Weltkulturerbes.

Auf der Île de la Cité, der Hauptinsel in der Seine und damit dem absoluten Zentrum der Stadt, kommen Sie direkt an der unübersehbaren Cathédrale Notre-Dame de Paris vorbei. Die Ausmaße der Kirche wirken auch heute noch gigantisch. Man muss sich die umgebende Stadt zu Zeiten der Errichtung der Kathedrale von 1163-1345 vorstellen. Fachwerkhäuser mit wenigen Stockwerken, nur die Erdgeschosse in Stein gemauert, die Hauptstraßen vielleicht befestigt, der Rest der Straßen bei Regen in Dreck und Schlamm versunken. Dann beginnt man die Gewaltigkeit eines solchen Bauwerks zu begreifen und auch die damit verbundene Bedeutung für die Bevölkerung. Ganz abgesehen von der Demonstration der Macht der katholischen Kirche in dieser Zeit. Aber das gilt im Wesentlichen für alle großen Kirchen, die Sie auf Ihrem Camino noch sehen werden.

Zur weiteren Erkundung der Stadt empfehle ich eines von Hunderten von Büchern, die über die Metropole schon geschrieben wurden und erspare Ihnen hier etwas Gewicht in Ihrem Rucksack.

Paris – Massy 17,3 km

Die Via Turonensis beginnt am Turm Tours Saint-Jacques, der mitten im Zentrum nahe der Seine und der Kathedrale Notre-Dame an der Rue de Rivoli steht. Ein kleiner Park gibt ihm etwas Luft und wirkt wie eine Oase im Trubel der Großstadt. Wenden Sie sich vom Süd-Ost-Ausgang auf der Rue Saint-Martin der Seine zu. Auf der Île de la Cité führt Sie Ihr Weg gerade an der Westfront der Kathedrale Notre-Dame vorbei und nach der zweiten Brücke auf der Rue du Petit Pont gen Süden. Ab hier weisen Ihnen auf dem linken Gehweg blankpolierte bronzene Bodenplaketten mit einem Muschelsymbol den Weg aus der Stadt hinaus, die nächsten 3 km geradeaus. Die Straße wird zur Rue St. Jacques und Sie haben hier nochmals gute Einkaufsmöglichkeiten für den täglichen Bedarf. Nach vielen Kreuzungen und einem lang gezogenen Anstieg auf einen der Hügel von Paris erreichen Sie die roten Pforten der Église Saint-Jacques-du-Haut-Pas. Hier befand sich schon vor Jahrhunderten eine Anlaufstelle für Pilgerinnen und Pilger mit Hospital, seit dem 16. Jh. mit einer eigenständigen Kirche.

Nach dem kreuzenden Boulevard Port-Royal wird die Rue St. Jacques zur Rue du Faubourg und die Wegmarkierung wechselt von den Bodenplaketten zu den weißen und roten Streifen des Weitwanderweges GR 655. Diese Nummer wird Sie im Laufe der Via Turonensis noch häufiger begleiten. In Paris weichen Jakobsweg und GR 655 jedoch häufiger voneinander ab. Der Jakobsweg stellt die direktere Variante dar.

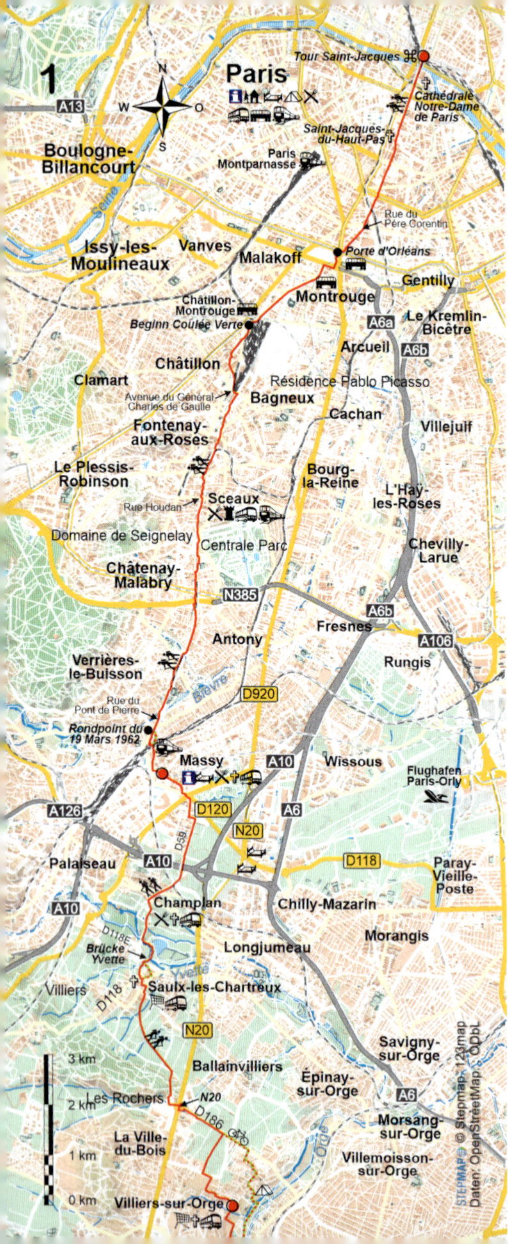

Über den schräg kreuzenden Boulevard Arago kommen Sie auf den Place St. Jacques am Boulevard St. Jacques. Die Rue de la Tombe Issoire führt geradeaus weiter. Die Stelle nach den Trambahnschienen an der schräg kreuzenden Avenue René Coty ist etwas verwirrend, doch im Prinzip müssen Sie nach wie vor nur schnurgerade weitergehen. Zur Orientierung kann ein Blick zurück helfen, aber natürlich auch das Straßenschild der Rue de la Tombe Issoire. Noch geradeaus über die Rue d'Alésia, dann folgen Sie der zweiten Straße, der kleinen Rue du Père Corentin, schräg nach rechts. Sie führt durch bis zum Boulevard Jourdan und der Porte d'Orléans, einer platzartig erweiterten Großkreuzung. Gehen Sie ganz vor und orientieren Sie sich links an dem Standbild von General Leclerc – Sie müssen rechts daran entlanggehen, die tiefer liegende Périphérique, also die Paris umzirkelnde Stadtautobahn, überqueren und gleich danach auf dem Boulevard Romain Holland rechts bis zur Avenue de la République wandern.

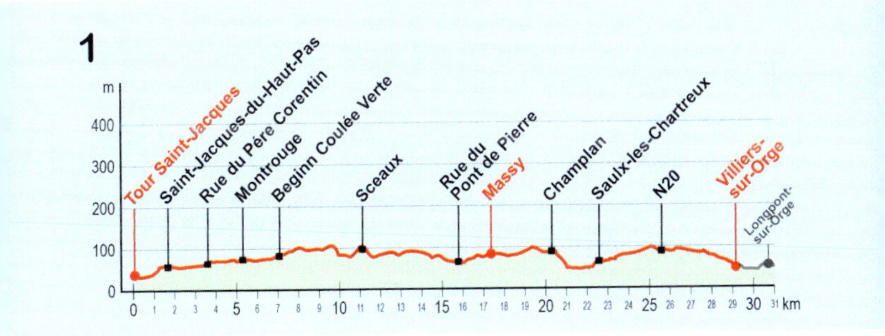

Hier links erreichen Sie das Zentrum des Stadtteiles Montrouge mit Metrostation und Versorgungsmöglichkeiten.

Schräg rechts über den Platz wird die Avenue Jean Jaures Ihr neuer Begleiter. Folgen Sie ihr durch den Park und die Häuserschlucht bis zu den hochliegenden Gleisen von Metro und Fernverkehr an der Station „Châtillon-Montrouge". Gehen Sie den Fußgängertunnel am Metro-Zugang unter den Gleisen durch und danach geradeaus weiter.

Hier beginnt ein Grünzug zwischen den Häusern, der das Verlassen des Stadtgebietes deutlich angenehmer macht – die Coulée Verte, ein Fuß- und Radweg bis hinaus nach Massy. Gekennzeichnet ist der Weg mit einem blauen Schild auf einem niedrigen Pfosten und dahinter einer Stele mit der Zeichnung des Weges. Nach 1,5 km überqueren Sie an der Avenue du Général Charles de Gaulle nach links die Bahnstrecke und wenden sich dahinter wieder rechts. Der Weg wird hier auch Promenade des Vallons de la Bièvre genannt. Nach der querenden Rue Robert Marchand schwingt sich der Weg über eine weitere Bahnlinie und führt schließlich bis zur querenden Rue Houdan (D60). Hier ⇘ weist ein Schild nach links zum direkt anschließenden Zentrum von Sceaux. Ein guter Punkt, um sich nochmals zu versorgen oder auch eine Pause einzulegen.

Sceaux ⇧ 88 m, 6.240 Ew.

RATP, ÖPNV Paris

Ab hier wird es parkartiger und luftiger. Etwas unvermittelt öffnet sich linker Hand der Blick auf das Schloss und den Park von Sceaux aus dem 17. Jh. Bequeme Bänke laden zum Verweilen ein, am nächsten Kreisverkehr finden Sie ein öffentliches WC und 400 m danach mehrere Picknicktische. Folgen Sie der Coulée Verte, bis Sie an der querenden Rue du Pont de Pierre rechts das Ortschild von Verrières-le-Buisson sehen. Hier geht es noch vor der Bahnunterführung weiter geradeaus.

🚲 Am Kreisverkehr Rondpoint du 19 Mars 1962 fahren Sie mit dem Rad besser links durch die Unterführung und danach auf der Avenue de Verrières rechts und nochmals unter den Gleisen durch bis auf die Avenue de la Gare.

Zu Fuß nehmen Sie den oberen der beiden Wege nach dem Kreisverkehr und gelangen am Ende links hinunter zur Unterführung am Bahnhof von Massy und auf die Avenue de la Gare. Halten Sie sich an der Gabelung rechts auf der Rue André Nicolas und nach 300 m auf der Rue de la Division Leclerc links. An der nächsten Kreuzung haben Sie das Zentrum von Massy erreicht. Im Ort leiten Sie wieder Plaketten am Boden, keine Streifenmarkierung.

Massy

BANK ⇧ 80 m, 50.600 Ew.

Office de Tourisme Massy, 85 Av. Raymond Aron, 91300 Massy, ☎ 01 69 20 08 27, info@destination-paris-saclay.com, www.destination-paris-saclay.com, Di, Mi, Fr, Sa 10:00-12:00 und 13:30-17:00, im TGV-Bahnhof

B&B Hotel Massy Gare TGV, 15 Rue Galvani, 91300 Massy, ☎ 01 76 91 91 60 und 08 92 23 36 49 (nicht kostenfrei), bb_4633@hotelbb.com, www.hotel-bb.com, Business-Hotel, @, Frühstück € 8,50, Ü DZ ab € 85, ganzjährig, auf der Rue du 8 Mai 1945 D121 rechts und nach Kreisverkehr links

Markierung bei Saulx-les-Chartreux

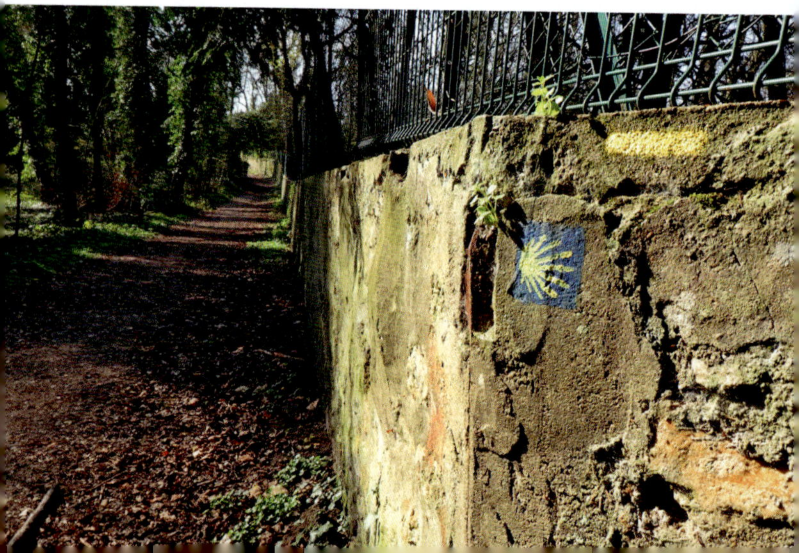

Ibis style Massy Opéra, 6 Rue de L'Opéra, 91300 Massy, ☏ 01 60 11 55 54, ibisstyles.massy@dalmatahospitality.com, all.accor.com, Business-Hotel, @, ÜF ab € 85, ganzjährig, im Zentrum von Massy auf der Rue de Longjumeau, Rue des États Unis und deren Verlängerung bis zur Rue du Théatre und links, 1,2 km entfernt

RATP, ÖPNV, Paris

SNCF, TGV Paris – Massy – Tours

☺ Wenn Sie in Massy nicht unterkommen, können Sie auch mit wenig Umweg in Chilly-Mazarin übernachten.

Hotel F1 Chilly Mazarin les Champarts, ZA De La Butte Au Berger, 91380 Chilly-Mazarin, ☏ 08 91 70 52 22, H2476@accor.com, all.accor.com, einfachstes Billighotel, Ü DZ ab € 46, ganzjährig, am Ortsende auf der D120 weiter, nach der N20 links, 1 km vom Weg

♦ Ibis Budget Chilly Mazarin, 2 Route de Longjumeau, 91380 Chilly-Mazarin, ☏ 08 92 68 89 00, ibisbudget.chilly@dalmatahospitality.com, all.accor.com, Business-Hotel, Ü ab € 74, ganzjährig, am Ortsende auf der D120 weiter, an der N20 rechts und gleich links halten, 1,5 km vom Weg

Massy – Villiers-sur-Orge 11,8 km

Die Rue de la Division Leclerc geht in die Rue Fustel de Coulanges über, die Markierungen sind auf der linken Straßenseite angebracht. Folgen Sie der Straße im Bogen bis zur Avenue de l'Europe (D120). An der Autobahnunterführung kann man sie gefahrlos überqueren und erreicht nach der Unterführung rechts die Rue du Buisson aux Fraises, die im Linksbogen an einem Kreisverkehr endet. Gehen Sie rechts auf der D59 (Avenue du Marechal Juin) über die A10 und zur etwas verworrenen Kreuzung im Zentrum von Champlan.

Champlan ⇧ 88 m, 6.240 Ew.

Île-de-France mobilités, 199 Paris-Palaiseau (RER)

Auf diesem Abschnitt haben Sie erstmals freies Feld erreicht und die Häuserschluchten von Paris damit hinter sich gelassen. Manch tiefer Überflieger zeugt vom nahe liegenden Flughafen Paris-Orly. An der Zentrumskreuzung führt Sie die Rue de l'Yvette nach links bis zur Rue de Saulx, die zur Route de Champlan wird. Gehen Sie am Ende des Sportplatzes noch vor der Brücke links am Bach entlang, über ein Stauwehr und dahinter zwischen See und Bach entlang und rechts über eine kleine Brücke bis zur Route de Champlan (D118E).

Parallel zur D118E führt die weniger befahrene Rue de Champlan links und abknickend in den Ort. Am ersten Platz rechts gelangen Sie auf der D118 bis zur Kirche.

Zu Fuß führt nach Überquerung der D118E ein aufgeständerter Holzweg durch den Park direkt zur Kirche im Zentrum von Saulx-les-Chartreux.

Saulx-les-Chartreux

⇧ 88 m, 6.240 Ew.

Île-de-France mobilités, DM12 Massy (SNCF, RER)

Links der Kirche geht es auf der Rue Antoine Léonardi bis zum Friedhof, dahinter links auf dem Chemin du Cimetière und am Ende rechts auf der Rue de l'Arpajonnais bis zur Rue Léon Chartier. Links und gleich wieder rechts auf der Rue de la Gare erreichen Sie wieder freies Feld. Der Weg heißt hier Chemin de l'Arpajonnais und führt im Linksbogen durch die Felder. Lassen Sie sich von nach links weisenden weißen Muscheln an den Pfosten nicht verrückt machen und folgen Sie dem Weg ohne Markierung geradeaus weiter, überqueren Sie die erste Straße und gehen Sie an der nächsten Kreuzung rechts Richtung Saulx – Ortsteil Les Rochers – bis zum Ende der Straße. Auf der Avenue Sadi Carnot kurz rechts und gleich wieder links erreichen Sie den ersten großen Kreisverkehr mitten im Einkaufszentrum. Gehen Sie hier links, bleiben Sie auf dem Gehweg und achten Sie gut auf den Autoverkehr. Ein kleiner Zebrastreifen führt nach 100 m rechts hoch zur Brücke und bringt Sie sicher über die N20. Jetzt wollen Sie eigentlich nur auf der anderen Straßenseite geradeaus weiter, dazu müssen Sie aber die Auffahrtsschleife nach links hinunter, unter der D186 durch und direkt hinter der anderen Schleife links auf einer kleinen, geteerten Straße an den Industriezäunen entlang zurück zur D186 und dann erst weiter bis zum nächsten Kreisverkehr.

Mit dem Rad fahren Sie hier durch bis zu den Häusern von Villiers-sur-Orge und orientieren sich kurz nach dem Ortsanfang auf einem reinen Fuß- und Radweg mit expliziter Beschilderung rechts Richtung Longpont-sur-Orge.

Nach 650 m beginnt der zweite Feldweg rechts mit einer Schranke, noch vor dem Ort. Folgen Sie ihm bis zur nächsten Straße, gehen Sie links und zwischen zwei Gartenmauern auf einem kleinen, aber gut markierten Pfad wieder rechts. Gehen Sie nach 300 m an einer verfallenden Schlossgartenmauer links bis zur Rue du Verdun, dort rechts und auf dem Chemin de Charretières gleich wieder links und durch bis zum Ende. Hier auf der Rue de la Seigneurie rechts kommen Sie am Ende an die Rue Jean Jaures.

Villiers-sur-Orge

⇧ 88 m, 6.240 Ew.

Camping Paris Beau Village, 1 Voie des Prés, 91700 Villiers-sur-Orge, 01 60 16 17 86, www.campingaparis.com, Preis auf Anfrage, ganzjährig, Reservierung notwendig, am Ende der Rue de la Seigneur links, dann rechts und wieder links, 1 km entfernt

Île-de-France mobilités, DM06a Geneviève-des-Bois (RER)

Villiers-sur-Orge – Longpont-sur-Orge 1,6 km

Folgen Sie der Rue Jean Jaures rechts bis zum Knick, dann dem Feldweg geradeaus und nach 50 m dem ersten Feldweg links bis zu einem kleinen Rinnsal am Anfang eines Gehölzes. Der Weg nach rechts bringt Sie zu den ersten Häusern von Longpont-sur-Orge. Auf der kleinen Ruelle de Nozay rechts und nach 200 m links auf der ebenfalls kleinen Rue de l'Horloge sehen Sie schon die Kirche von Longpont.

Longpont-sur-Orge ⇧ 64 m, 6.380 Ew.

Accueil chrétien Basilique Notre-Dame-de-Bonne-Garde, Maison Notre-Dame, Place des Combattants, 91310 Longpont-sur-Orge, 06 62 19 92 57, gegen Spende, ganzjährig, Reservierung notwendig, direkt neben der Kirche

Île-de-France mobilités, DM9s Saint-Michel-sur-Orge (RER), DM17A Geneviève-des-Bois (RER)

Die Basilika Notre-Dame-de-Bonne-Garde war einst Zentrum einer weitläufigen Klosteranlage, die im 11. Jh. mit der Entsendung von 22 Mönchen aus Cluny im Burgund ihren Anfang fand. Im 18. Jh. wurde die Anlage verkauft, die meisten Häuser abgetragen und heute stehen nur noch die Basilika und im Süden das durchaus beeindruckende Zehntgebäude zur Lagerung der Abgaben der Bevölkerung. Die Kirche ist ein schönes Beispiel romanischer Baukunst und auch wegen ihrer Marienstatue und den Reliquien absolut sehenswert.

♦ 9 Place des Combattants

An der Kirchenpforte

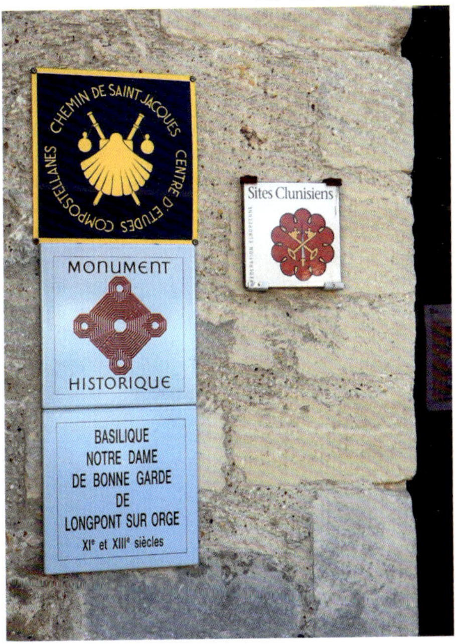

Longpont-sur-Orge – Arpajon 9,2 km

Zwischen Basilika und dem zugehörigen Maison Notre-Dame mit Pilgerunterkunft geht es über die Wiese weiter zu einer Brücke am Anfang eines Parks, dahinter rechts haltend zwischen Weiher und der Orge entlang (nicht über die zweite Brücke links) leicht hügelan und nach 100 m links zur Straße.

🚲 Mit dem Fahrrad halten Sie sich hier rechts und gleich wieder links auf dem Chemin des Epicières.

Ein kleiner Weg entlang der Orge auf der anderen Straßenseite dreht nach 600 m nach rechts oben ab und endet an der Rue de Brétigny. Diese neigt sich links nach unten und führt wieder zur Orge. Nach dem Ortsausgangsschild am Fluss gehen Sie einen kleinen Weg nach rechts in den Wald, am Ende rechts haltend unter der N104 hindurch und gerade zwischen dem Bassin du Carouge und nach wie vor der Orge geradeaus weiter. Nehmen Sie die nächste Brücke nach rechts über den Fluss, nach dem Spielplatz die nächste Brücke links, nochmals die nächste Brücke links und kurz danach rechts den Weg entlang des nächsten Weihers, dem Bassin du Petit Paris. An dessen Ende halten Sie sich rechts aus dem Wald heraus, gehen bis zur Straße, dort links auf die Mühle zu und vor dem Bach La Grande Boële rechts. Nach etwa 1,2 km zeigt eine gelb-rote Markierung geradeaus und für Sie wichtig eine gelb-blaue Markierung für den Jakobsweg nach rechts. An der nächsten Brücke halten Sie sich links und an der Straße an dem Bahngleis mit Haus wieder links. Folgen Sie dem Weg entlang des Baches, über eine kleine Holzbrücke, entlang der ersten Häuserreihen und bis zur querenden Rue Rène Dècle. Gehen Sie rechts, folgen Sie dem Linksbogen der Straße entlang des Parkzaunes und gehen Sie geradeaus an Rathaus und Kirche vorbei (öffentliches WC) in die Rue Ernest Labbé. Ab hier wechselt die Wegmarkierung wieder zu den Bodenplaketten.

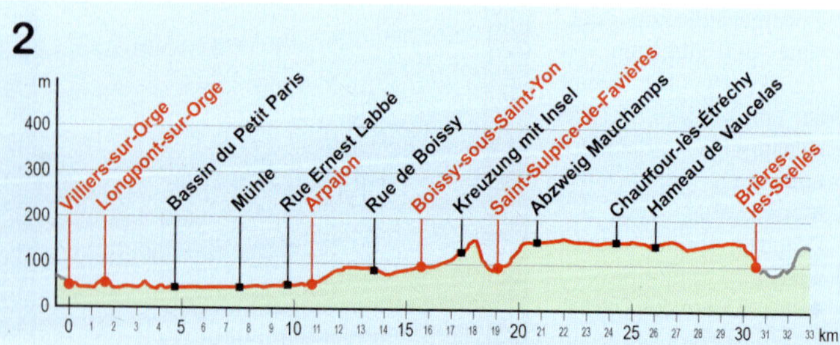

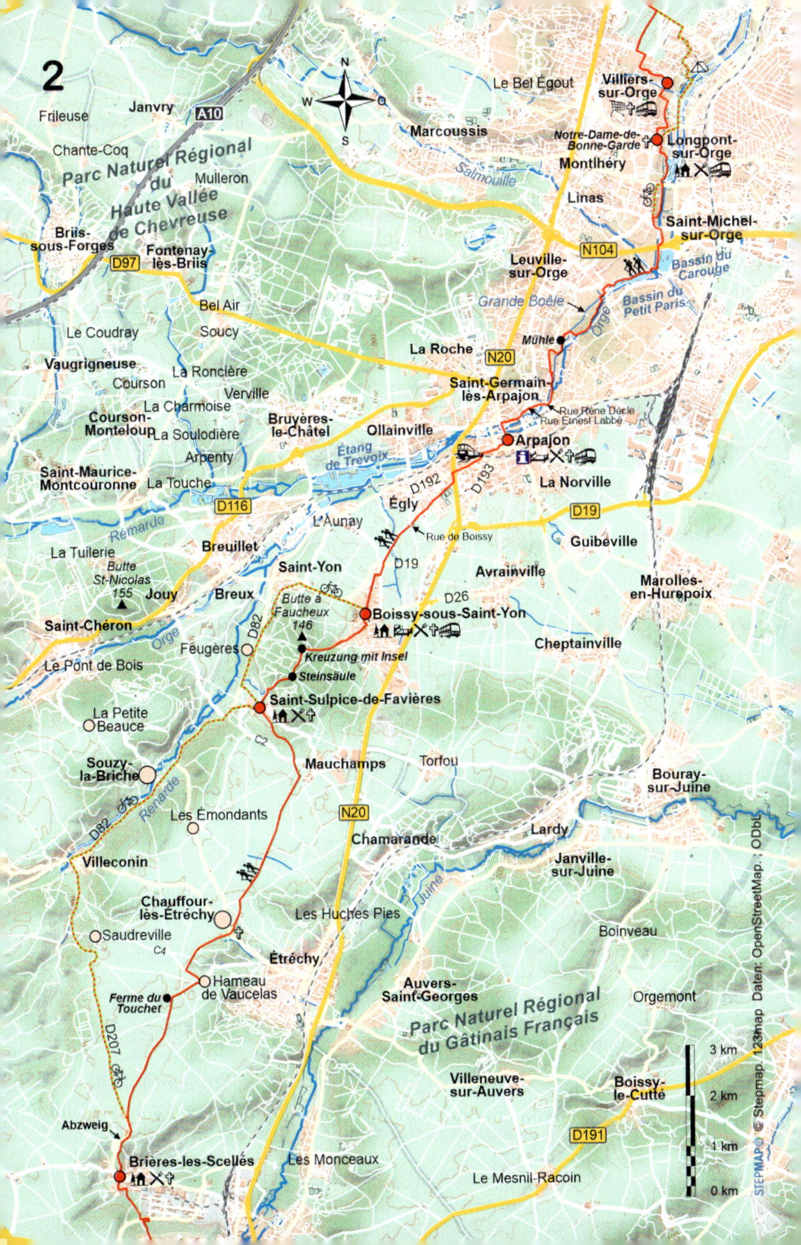
2
N
W
O
S
Parc Naturel Régional du Haute Vallée de Chevreuse
Frileuse
Janvry
A10
Chante-Coq
Mulleron
Briis-sous-Forges
Fontenay-lès-Briis
D97
Bel Air
Le Coudray
Soucy
Vaugrigneuse
Courson
La Roncière
Verville
La Charmoise
Courson-Monteloup
La Soulodière
Arpenty
Saint-Maurice-Montcouronne
La Touche
D116
Remarde
La Tuilerie
Butte St-Nicolas 155
Jouy
Saint-Chéron
Breuillet
Breux
Orge
Le Pont de Bois
Feugères
D82
La Petite Beauce
Souzy-la-Briche
Renarde
Les Émondants
Villeconin
Chauffour-lès-Étréchy
Saudreville
C4
Ferme du Touchet
D207
Abzweig
Brières-les-Scellés
Le Bel Égout
Villiers-sur-Orge
Marcoussis
Notre-Dame-de-Bonne-Garde
Longpont-sur-Orge
Montlhéry
Salmouille
Linas
Saint-Michel-sur-Orge
N104
Leuville-sur-Orge
Bassin du Carouge
Grande Boële
Bassin du Petit Paris
Mühle
La Roche
N20
Saint-Germain-lès-Arpajon
Rue René Décle
Rue Ernest Labbé
Bruyères-le-Châtel
Ollainville
Arpajon
Etang de Trevoix
D192
D193
La Norville
Égly
D19
L'Aunay
Rue de Boissy
Guibeville
Saint-Yon
Avrainville
Marolles-en-Hurepoix
Butte à Faucheux 146
D26
Boissy-sous-Saint-Yon
Kreuzung mit Insel
Cheptainville
Steinsäule
Saint-Sulpice-de-Favières
C2
Mauchamps
Torfou
Bouray-sur-Juine
Chamarande
Lardy
Janville-sur-Juine
Juine
Les Huches Pies
Boinveau
Étréchy
Hameau de Vaucelas
Auvers-Saint-Georges
Orgemont
Parc Naturel Régional du Gâtinais Français
Villeneuve-sur-Auvers
Boissy-le-Cutté
D191
Les Monceaux
Le Mesnil-Racoin
3 km
2 km
1 km
0 km
STEPMAP © Stepmap, 123map Daten: OpenStreetMap, ODbL

Auf der Rue du Docteur Louis Babin links gelangen Sie immer geradeaus zur querenden Grande Rue. Das Zentrum von Arpajon mit Läden und Restaurants beginnt hier und erstreckt sich nach links. An der Verzweigung der Grande Rue links haltend auf der Rue Guinchard finden Sie am Place du Marché die alte hölzerne Markthalle aus dem 15. Jh. und den Platz für den Wochenmarkt.

Arpajon

⇧ 55 m, 10.900 Ew.

Office de Tourisme Arpajon, 22 Bd Abel Cornaton, 91290 Arpajon, ☏ 01 75 59 06 53, tourismecoeuressonne@gmail.com, www.ot-coeuressonne.fr, Di 9:30-12:00 und 15:00-18:00, Mi-Fr 9:30-12:00, am Place du Marché auf der Rue Gambetta nach Süden zur nächsten Kreuzung

Chambre d'hôtes Le Relais de Pierre, 25 Rue de la Croix d'Ègly, 91290 Arpajon, 06 43 59 03 86, relaisdepierre@gmail.com, Preis auf Anfrage, ganzjährig, nach dem Bahnhof auf der D193 weiter, letzte Straße vor Überquerung der N20 links

♦ Chambre d'hôtes Le Mas des Loups, 112 Avenue de Verdun, 91290 Arpajon, 06 82 31 14 62, pascaljac@aol.com, Frühstück € 7, Preis für Ü auf Anfrage, ganzjährig, vor dem Bahnhof auf der D193 1 km geradeaus und dann rechts

♦ Hotel Arpège, 23 Boulevard Jean Jaurès, 91290 Arpajon, ☏ 01 69 17 10 22, arpajon@kyriaddirect.fr, direct-arpajon.kyriad.com, Frühstück € 9,30, Ü EZ ab € 69, Ü DZ ab € 74, ganzjährig, nach dem Zentrum an der Kreuzung der D152 und D193 rechts

Île-de-France mobilités, 68.05b Boissy-sous-Saint-Yon

RER, Arpajon – Paris

Arpajon – Boissy-sous-Saint-Yon 4,9 km

Der Jakobsweg führt vom Place du Marché rechts auf der Rue Raspail zurück zur Grande Rue. Folgen Sie ihr links und gleich wieder rechts bis zu einem Kreisverkehr am Rande des Ortskerns. Die Avenue Aristide Briand bringt Sie rechts zum Bahnhof. Vor dem Gebäude führt links eine Unterführung für Fußgängerinnen und Fußgänger zur Route d'Egly (D192). Gehen Sie rechts und direkt nach Überquerung der N20 von Paris nach Toulouse links auf den Zubringer, die Rue du Stade. Bleiben Sie aber rechts oben und folgen Sie der Anwohnerstraße am Ende rechts um die Häuserecke.

Zwischen den Häusern führt ein Fuß- und Radweg geradeaus und dahinter wieder auf freies Feld. Entlang der herankommenden Rue de Boissy haben Sie bis zum Kreisverkehr vor dem nächsten Ort einen bequemen Weg neben der Straße zur Verfügung. Gehen Sie links der Häuser von Boissy-sous-Saint-Yon bis zur Rue de Châtres und folgen Sie ihr bis zur Kirche im Ortszentrum an der Rue Courtanesse (D26).

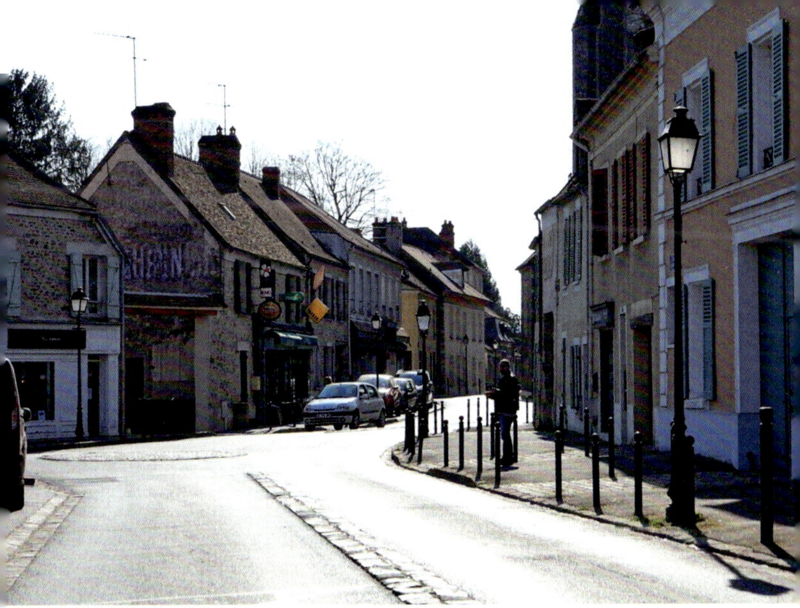

Zentrum von Boissy-sous-Saint-Yon

Boissy-sous-Saint-Yon

⇧ 92 m, 3.830 Ew.

Gite d'étape du centre équestre, 42 Rue de Châtres, 91790 Boissy-sous-Saint-Yon, 01 64 91 31 14, lacourbette@wanadoo.fr, Preis auf Anfrage, direkt am Weg

Le Mas de Sources, 20 Rue du Puits Grès, 91790 Boissy-sous-Saint-Yon, 06 82 31 14 62, pascaljac@aol.com, Appartement für 4 P. € 60-70, ganzjährig, im Ort nach der Kirche direkt am Weg

Île-de-France mobilités, 68.05b Arpajon (RER)

Boissy-sous-Saint-Yon – Saint-Sulpice-de-Favières 3,4 km

Der nächste Abschnitt durch den Wald ist wegen des tiefen, sandigen Bodens mit dem Rad nicht zu machen. Fahren Sie an der Kirche auf der D26 nach Westen bis zum Ortsanfang von Saint-Yon. Am Ortsbeginn zweigt links die Rue des Cosnardières ab. Folgen Sie ihr im Bogen durch den Ort bis zur D82 und dieser weiter Richtung Süden, bis links die Chaussée des Grands Étangs abzweigt und direkt zur Kirche von Saint-Sulpice-de-Favières führt.

Zu Fuß verlassen Sie den Ort über die Rue du Puits Grès an der Kirche, dann die Rue du Val links und die Rue de Sablons wieder rechts. Halten Sie sich an der Verzweigung nach 500 m rechts und folgen Sie der Rue du Clos bis zum Waldrand. Nach 150 m markiert eine Schranke den Weg nach rechts, die rot-weiße Markierung ist hier leicht zu übersehen. An der nächsten Kreuzung gehen Sie auf dem Chemin de la Ferté geradeaus. Die Wegnamen sind auf großen, alten Schildern verzeichnet und nicht zu übersehen. An der zweiten Kreuzung mit einer kleinen Verkehrsinsel halten Sie sich schräg links bis zu einem Schild am Chemin de la Sablonnière. Gehen Sie hier rechts den Hohlweg hoch, oben links haltend weiter und an einer kleinen Steinsäule rechts. Der Weg neigt sich ab hier nach unten und zwischen den Bäumen ist schon die überraschend beeindruckende Kirche von Saint-Sulpice-de-Favières zu erkennen. Der Weg endet an einem einzelnen Haus im Wald, eine Teerstraße führt direkt bis zur Kirche.

Saint-Sulpice-de-Favières ⇧ 91 m, 290 Ew.

Accueil chrétien Communauté du Chemin Neuf, 1 Route de Guillerville, 91910 Saint-Sulpice-de-Favières, 07 67 67 41 41, saintsulpice@chemin-neuf.org, saint-sulpice-de-favieres.chemin-neuf.fr, Wohn- und Gebetshaus der katholisch-ökumenischen Gemeinschaft „Neuer Weg“, @, gegen Spende, ganzjährig, Ostern und Weihnachten geschlossen, Reservierung notwendig, Aufnahme um 18:30 Uhr, an der Kirche auf der Rue aux Fèves und rechts auf der Rue de Rochefontaine zum Ortsrand

♦ Gîte entier La Maison du Néflier, 4 Chemin du Néflier, 91910 Saint-Sulpice-de-Favières, 06 08 53 34 40, contact@olivierpetrilli.com, www.airbnb.com/h/lamaisonduneflier, @, Ü 6 P. € 190-225, 2 Nächte Minimum, ganzjährig, am Ortsende direkt am Weg

✝ Der gotische Stil der Église Saint-Sulpice wird als „gothique rayonnant“ bezeichnet. Ein Merkmal ist die Helligkeit des Innenraumes, mit der auch diese Kirche überrascht. Möglich wird dies durch die Unterteilung und Stützung der Fensterflächen durch feines, steinernes Maßwerk, also Stützen, Bögen und Rosetten, die ab dieser Zeit zudem auch zu rein dekorativen Zwecken scheinbar ohne konstruktive Funktion eingesetzt wurden. Man wollte weg von dem Fenstertypus „Loch in der Wand“ und hin zu etwas Dreidimensionalem, Nach-oben-Strebendem, um so die Verbindung zu Himmel und Gott noch mehr zu betonen. Vertrauen in Gott ist auch dringend nötig, wenn man den Blick an die Decke der Kirche richtet. Ein Stoßgebet, dass die Balken doch bitte oben bleiben mögen, solange man darunter steht, kommt einem beim Anblick der Baufälligkeit fast unwillkürlich über die Lippen.

♦ 2-6 Place de l'Église

Saint-Sulpice-de-Favières – Brières-les-Scellés 11,5 km

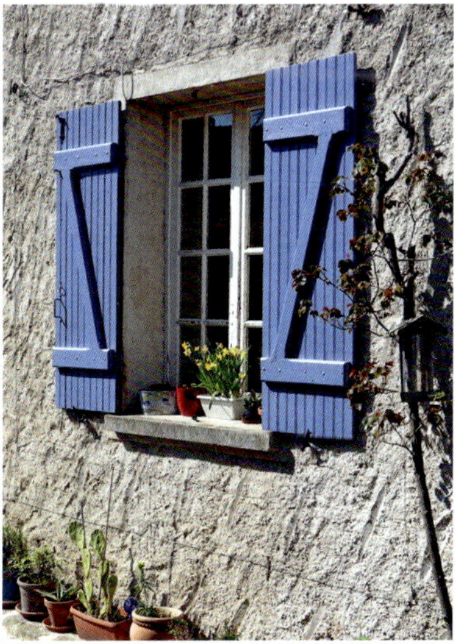

Einfach schön

🚲 Mit dem Fahrrad nehmen Sie gegenüber dem Kirchenportal die Rue aux Fèves und rechts die Rue de Rochefontaine wieder zur D82 und folgen ihr bis nach Villeconin. Die D207 im Ort führt geradewegs nach Brières-les-Scellés und weiter nach der Bahn auf den Boulevard Saint-Michel kurz vor der N20. Folgen Sie ihm nach Süden hinein nach Étampes.

Der Jakobsweg führt nach Südwesten an einem Restaurant vorbei auf dem Chemin du Néflier aus dem Ort und nach einem Abschnitt auf freiem Feld durch ein Wäldchen hoch zu einer Straße, links liegt der Ort Mauchamps. Zweigen Sie hinter der Straße am Ende des Weges auf den zweiten Feldweg rechts ab und gehen Sie auf der Route de Mauchamps, nach einiger Zeit auf Teer, geradeaus durch bis zur Kirche von Chauffour-les-Étréchy. Folgen Sie dem Weg auf der anderen Straßenseite 1,3 km bis zum Ende und wenden Sie sich auf der C4 nach links, hinein in den Weiler Hameau de Vaucelas. Im Ort führt eine Straße scharf rechts nach oben zur Ferme du Touchet, gelb-blau und mit Muschel markiert. Andere Wege sind hier ausgekreuzt. Es geht an der Farm links vorbei und parallel zur Stromtrasse geradeaus, bis der Weg schräg in die Route de Villeconin (D207) mündet. Nach dem kleinen Weiler zweigt links der Chemin des Poislées ab und bringt Sie geradewegs zur Kirche von Brières-les-Scellés. Bleiben Sie auf der Straße, der markierte kleine Weg daneben ist sehr verwurzelt, unangenehm zu gehen und zeigt nur zwei alte gefasste Wasserstellen.

Brières-les-Scellés 95 m, 1.260 Ew.

Accueil Pèlerin Thierry Lanoë, 91150 Brières-les-Scellés, die genaue Adresse erhalten Sie bei Reservierung, ☎ 01 64 94 03 48, 📱 06 89 11 15 28, 🚗 max. 5 km, Frühstück, Preis auf Anfrage, ganzjährig, Reservierung notwendig, im Ort

Brières-les-Scellés – Étampes 3,9 km

Gehen Sie an der Kirche weiter nach unten und etwas versetzt auf der Rue des Monceaux bis zur links abgehenden Rue de la Sente D'Auneau. Nach 200 m geht rechts ein Feldweg zwischen den Häusern ab, führt über freies Feld und gegenüber durch ein Hölzchen unterhalb des Hanges links bis zu einem großen, befestigten Weg. Dieser führt rechts geradeaus zur Avenue du Colonel Arnaud Beltrame, einer befahrenen Umgehungsstraße, die man links am Kreisverkehr bequem überqueren kann. Gegenüber steigt ein Pfad, teils mit Stufen, steil an. Sie müssen hinauf und oben am Rande der ersten Häuser von Étampes auf dem Chemin de Larris geradeaus weiter, an der großen Kreuzung über die D191 und dahinter auf der Avenue Henri Farman an einem Sportplatz vorbei bis zu einem Kreisverkehr am Beginn eines Parks. Auf der linken Seite führt ein Fußweg, die Promenade de Guinette, um die Reste des mittelalterlichen Donjons herum und entlang der Gleise bis zu einem aufgeständerten Fußgängerübergang über die kompletten Gleisanlagen hinüber zum Zentrum von Étampes. Gehen Sie kurz links Richtung Bahnhofsgebäude, dann rechts die kleine Rue Elias Robert entlang, links ein paar Meter zur Église Saint-Basile-d'Étampes und auf der Rue Sainte-Croix vor der Kirche rechts bis zum Place de l'Hôtel de Ville.

Étampes

BANK ⇧ 77 m, 25.500 Ew.

Office de Tourismе Étampes, Place de l'Hôtel de Ville, 91150 Étampes, 01 69 92 69 00, tourisme@caese.fr, http://www.etampois-sudessonne.fr/fr/information/973/office-tourisme, April-Oktober Di-Fr 9:00-12:00 und 14:00-17:00, Sa 9:00-18:00, So 14:00-17:00, November-März So geschlossen, am Rathausplatz

Comfort Hotel Étampes, Avenue de Coquerive, 91150 Étampes, 01 60 80 04 72, über die Homepage, www.choicehotels.com, @, Abendessen, Frühstück, Ü ab € 54, ganzjährig, nach dem Bahnhof die Rue Louis Moreau links bis zum Kreisverkehr und dort rechts, nach der N20

♦ Hotel Ibis Étampes, 14 Rue du Rempart, 91150 Étampes, 01 64 94 04 32, h7285@accor.com, all.accor.com, @, Frühstück, Ü ab € 69, ganzjährig, nach dem Bahnhof die Rue Louis Moreau links bis zum Kreisverkehr und dort rechts

Île-de-France mobilités, 332 Méréville

TER, Paris – Étampes – Orléans

Étampes – Boissy-la-Rivière 9,6 km

Das spitze Ende des Rathausplatzes mündet in die Rue Aristide Briand. Diese wird zur Rue Saint-Antoine, in der Verlängerung zur Rue Paul Doumer und endet an der Avenue de la Libération. Folgen Sie etwas links versetzt einem Fußweg in der

Grünanlage entlang eines Baches bis zur Unterführung der N20 auf der linken Seite.

🚲 Mit dem Rad biegen Sie hier links ab und fahren nach der N20 auf der Rue de Bressault und in ihrer Verlängerung der Rue du Petit Saint-Mars bis zum Abzweig des Ancien Chemin de Saclas rechts an einem kleinen Anstieg, dem Sie folgen. Fahren Sie die Straße mehrere Kilometer weiter bis nach Saclas, dort links und danach rechts haltend an der Kirche vorbei bis zur Avenue Jean Jaures (D40).

Zu Fuß bleiben Sie vor der N20 rechts auf dem kleinen Chemin du Pont Percé, queren an dessen Ende die N20 über eine Metalltreppe an der Bahnlinie und gehen die Rue des Maraîchers durch bis zur Rue du Petit Saint-Mars. Im Anstieg zweigt rechts der Ancien Chemin de Saclas ab. Hier befinden Sie sich auf der Trasse einer alten Römerstraße, der Sie 4 km folgen. Nach einem Bauernhof auf der rechten Seite zweigt der Weg am Ende eines Wäldchens etwas unvermittelt links ab. Am Ende des Weges geht es links nach unten und Sie kommen wieder an die Bahnlinie. Bleiben Sie davor rechts auf dem

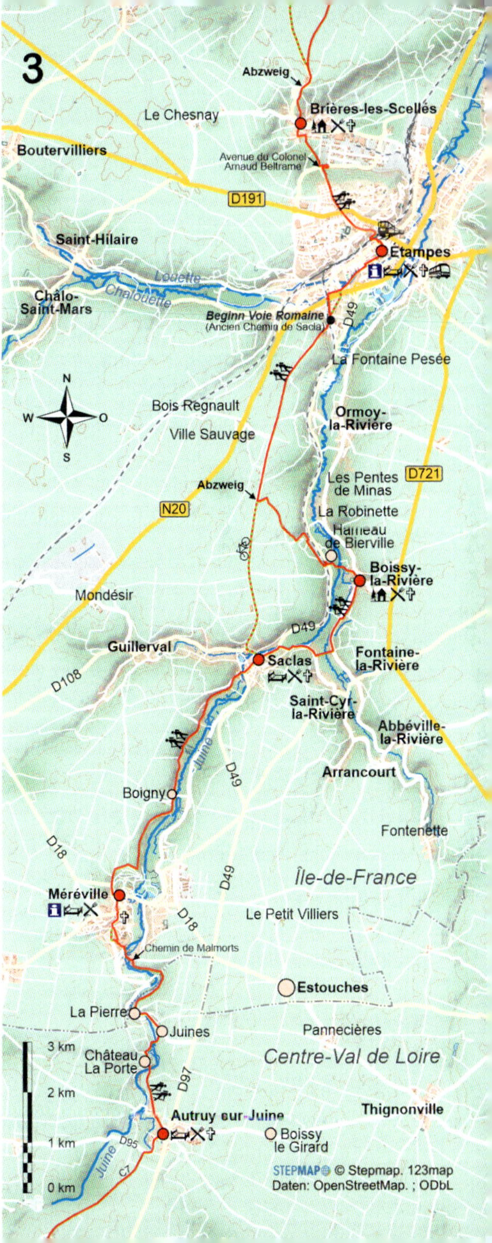

3

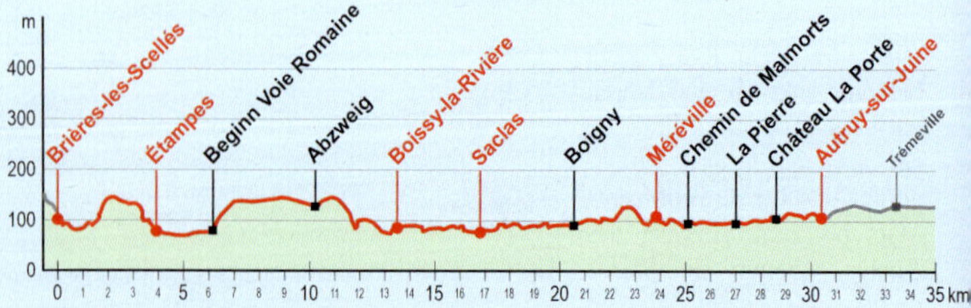

Weg und steigen Sie nach 150 m rechts etwas steil den Hang nach oben zu dem kleinen Turm. Sollte es nass sein, können Sie sich den etwas glitschigen Anstieg auch ersparen und hinter der Bahnlinie an der D49 weitergehen. Der Weg im Wald führt ab dem Turm nach links weiter und ist gelb-rot markiert. An einer kleinen Steinpyramide geht es links wieder hinunter, über die D49 und etwas rechts versetzt auf dem Sentier de l'Essonne auf das Schloss von Boissy zu. Rechts haltend kommen Sie zur Kirche von Boissy-la-Rivière.

Boissy-la-Rivière — 86 m, 510 Ew.

Gîte d'étape municipal l'Épi d'or, 5 Rue de la Fraternité, 91690 Boissy-la-Rivière, ☏ 01 64 95 63 19 (Mairie), mairie@boissy-la-riviere.fr, 30 Pl in 4 Schlafsälen, @, Ü € 15, ganzjährig, Reservierung notwendig Mo-Sa 8:30-12:00, Mi/Do auch 13:30-17:30, direkt an der Kirche

Boissy-la-Rivière – Saclas — 3,3 km

An der Kirche rechts vorbei auf der Rue de la République führt parallel links die etwas ruhigere Rue des Sauciers nach Süden. An deren Ende kommen Sie wieder zur Hauptstraße, ab hier die Rue de la Garenne, und gehen links nach Süden weiter. An einem Stoppschild bei den paar Häusern von Fontaine führt rechts ein Weg durch die Flussaue zur Rue de Voisins. Folgen Sie ihr nach rechts bis zur D49 und dieser links hinein bis nach Saclas.

Saclas — BANK — 79 m, 1.860 Ew.

La Ferme des Prés de la Cure, 17 Rue Jean Moulin, 91690 Saclas, ☏ 01 60 80 92 28, 06 38 83 32 55, @, ÜF EZ € 60, ÜF DZ € 70, ganzjährig, Reservierung notwendig, mitten im Ort rechts auf der D108 Richtung Kirche

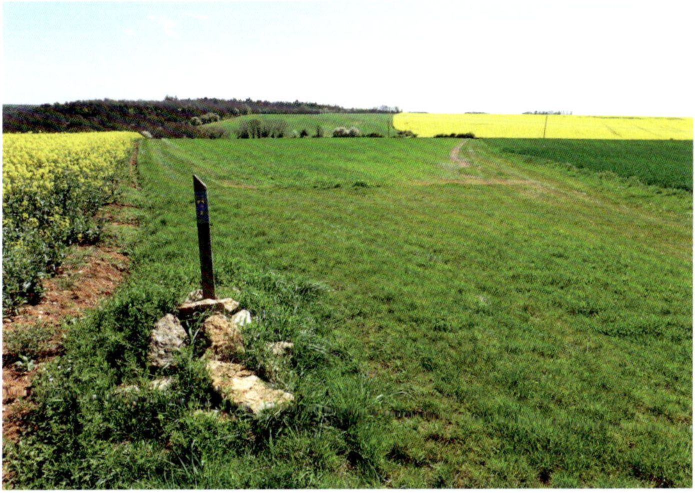

Typische Markierung des Weges

Saclas – Méréville 7,0 km

Am Linksknick der D49 nach dem Ortszentrum nehmen Sie die Rue Julien Bidochon geradeaus über die kleine Juine und folgen der Straße links weiter für die nächsten 3,5 km.

↳ Um zu den Unterkünften im östlichen Teil von Méréville zu kommen, überqueren Sie in Boigny auf der Rue du Pont de Boigny die Juine und wenden sich auf der Rue de Méréville nach rechts. Diese wird zur Route de la Vallée.

Am Ende der Häuser von Boigny ist rechts ein kleiner Steinbruch mit einigen interessanten Hinweistafeln zu geologischen Besonderheiten der Region. Gegenüber führt der Impasse des Cailles zwischen zwei Zäunen nach unten auf den Wald zu. Folgen Sie dem Pfad im Wald nach links für etwa 1,5 km, wenden Sie sich an der Mauer des Schlossparks von Méréville rechts, an den Knicken der Mauer zweimal links und schließlich auf der Teerstraße noch einmal. So gelangen Sie nach Méréville.

Die beidseitig baumbestandene Avenue du Général de Gaulle (D18) links führt zum Rathaus.

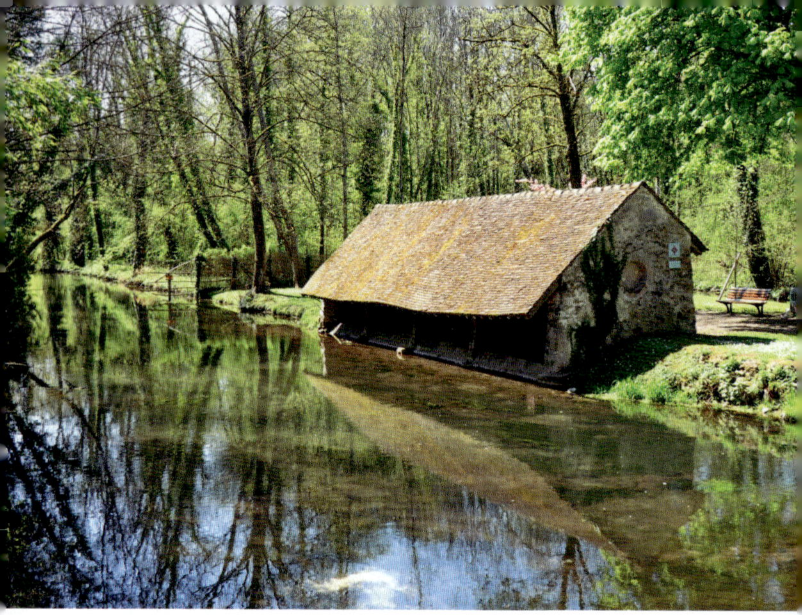

Historischer Waschplatz in Méréville

Méréville

91 m, 3.060 Ew.

Office de Tourisme Méréville, Place de la Halle, 91660 Méréville, ☏ 01 69 78 36 87, tourisme@caese.fr, http://www.etampois-sudessonne.fr/fr/information/973/office-tourisme, April-Oktober Mi-So 14:00-18:00, November-März Fr und Sa 14:00-17:00, gegenüber der Markthalle

Chambre d'hôtes Les Sources, 48 Route de la Vallée, 91660 Le Mérévillois, ☏ 01 64 95 04 80, 06 80 40 77 16, contact@legitedessources.com, www.legitedessources.com, @, ÜF EZ € 48, ÜF DZ € 62, ganzjährig, Reservierung notwendig, 1,3 km nach der Brücke über die Juine

♦ lieu-dit Le Petit Parc, 50 Rue de St-Cyr, 91660 Le Mérévillois, ☏ 01 64 95 06 34, 3 Zi auf dem Land, Ü DZ € 50, ganzjährig, Reservierung notwendig, auf der Route de le Vallée nach dem Gestüt links zur D145 und dort rechts

Méréville – Autruy-sur-Juine

6,6 km

☺ Für den Besuch der Altstadt mit der alten Markthalle gehen Sie vom Rathaus links die Rue Pasteur nach oben, halten sich rechts und auf der Rue Corpechot schräg links.

Der Jakobsweg führt an der Rathausfront entlang des Place de L'Hôtel de Ville und in Verlängerung der Rue Carnot nach Süden zur Kirche des Ortes. Gehen Sie auf der Rue Charles Lefèvre und Rue de Renonval an ihr vorbei bis zur Rue de la Sente Manicroche.

🚲 Mit dem Rad bleiben Sie auf der Rue de Renonval, nehmen die Rue de la Fontaine nach links und treffen mit dem Abzweig der Rue des Moulins wieder auf den beschilderten Weg.

In der Rue de la Sente Manicroche geht ein kleiner Grasweg rechts zwischen Gärten über den kleinen Hügel und trifft am Ende auf die Rue de la Fontaine. Gehen Sie rechts, dann nach 50 m links die Rue des Moulins in einer Linksschleife nach unten, über die Juine und auf der anderen Seite wieder hoch. Der Chemin des Malmorts zweigt hier rechts ab und begleitet die Juine ein wenig. Am Ende des Weges geht es für Sie rechts und gleich danach wieder links. Nach 1 km treffen Sie in La Pierre auf die Rue de Méréville und folgen ihr nach links. Am Ende des nächsten kleine Ortes, Juines, gehen Sie geradeaus Richtung Autruy, am kleinen Château La Porte vorbei und in den Ort bis zur Rue des Essarts, wo es rechts zur Kirche geht.

Autruy-sur-Juine

🛏 ✕ ✞ ⇧ 112 m, 700 Ew.

🛏 ✕ Hôtel-Restaurant du Cygne, 17 Rue de la Libération, 45480 Autruy-sur-Juine, ☎ 02 38 32 52 78, ✉ presse.diffuseur0274@orange.fr, 🖥 @, Abendessen € 13, Frühstück € 4,50, Ü € 38, 🚪 ganzjährig, am zentralen Platz im Ort

Autruy-sur-Juine – Bazoches-les-Gallerandes 16,4 km

Auf der Rue de l'Église entlang der Kirche und dahinter rechts auf der Rue du Château d'Eau können Sie Autruy wieder verlassen. Nach dem kleinen Anstieg zweigt links die C7 nach Trémeville und Erceville ab.

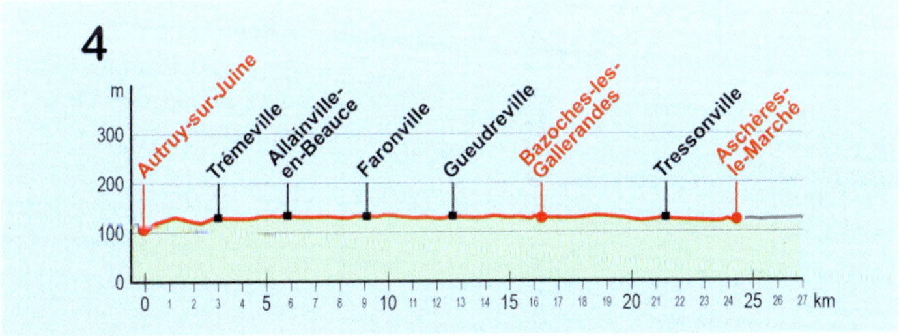

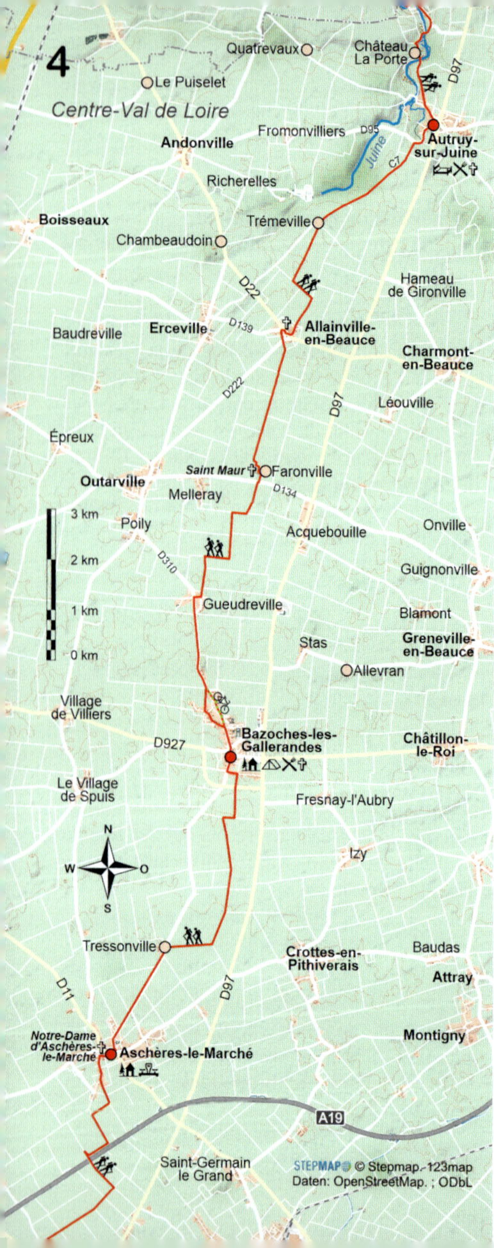

Bei den wenigen Häusern von Trémeville führt an der Rechtskurve der C7 ein Feldweg geradeaus weiter. Gehen Sie bis zu seinem Ende, dann links, den zweiten Weg wieder rechts und auf der Rue de Bel Air in den nächsten Ort. Halten Sie sich auf der Rue Saint Pierre (D22) rechts, nach der Kirche auf der D139 links und bei der ersten Straße, der Rue des Ouches, wieder links. Nach der Querung der D222 gehen Sie auf dem Feldweg am Abzweig nach rechts und kommen nach 2,5 km geradeaus in den Weiler Faronville mit der Kirche Saint Maur aus dem 17. Jh. Nach der Überquerung der D134 gehen Sie den Feldweg bis zu seinem Ende, dann rechts, den ersten Weg wieder links bis zum Ende, dort rechts und wieder den ersten Weg nach links. Sie können auch nach Sicht navigieren, der kleine Ort Gueudreville ist von Weitem schon zu sehen. Die D310 Richtung Süden bringt Sie an den Ortsrand von Bazoches.

Mit dem Rad fahren Sie auf der Grande Rue (D310) durch bis zur Kirche.

Die offizielle Beschilderung führt am Ortsanfang auf einer Nebenstraße geradeaus, folgt links der Rue de Donville zurück zur Grande Rue (D310) und führt ebenfalls zum Zentrum mit Kirche und ein paar Läden.

Bazoches-les-Gallerandes

⇧ 131 m, 1.550 Ew.

Halte pèlerin Presbytère, 5 Place de l'Église, 45480 Bazoches-les-Gallerandes, ☏ 02 38 39 40 24, 06 33 20 02 12, dellorto.guiseppe@wanadoo.fr, Zelten im Garten erlaubt, HP gegen Spende, ganzjährig, im Ort südlich der Kirche

✝ Die Kirche überrascht mit einer durchaus sehenswerten Inszenierung der Himmelfahrt Mariens, die in den barocken Hauptaltar integriert ist.

♦ Place de l'Église

Bazoches-les-Gallerandes – Aschères-le-Marché

8,0 km

Von hier geht es auf einem Grünstreifen neben der Straße weiter Richtung Süden, auf der Rue de Poussinière links und auf dem ersten Feldweg rechts wieder in die Felder. Gehen Sie am Ende des Weges rechts, gleich wieder links und dann durch, bis rechts ein Feldweg direkt zum Weiler Tressonville führt. Die kaum befahrene Straße nach Süden führt hinein nach Aschères-le-Marché. Nach Umrundung eines Petanque-Platzes kommen Sie rechts auf der Grande Rue (D11) zur Kirche und alten Markthalle im Zentrum des Ortes.

Aschères-le-Marché

⇧ 125 m, 1.140 Ew.

Halte pèlerin salle d'accueil communale, 31 Grande Rue, 45170 Aschères-le-Marché, ☏ 02 38 39 20 38, mairie-ascheres@wanadoo.fr, gegen Spende, ganzjährig, Reservierung notwendig, 50 m westlich der Kirche auf der linken Seite

✝ An der mächtigen Basilika fällt sofort der ungewöhnliche Turm mit seiner Schieferdeckung auf. Gehen Sie unbedingt in den Vorraum unter dem Turm und sehen Sie sich das innen liegende romanische Portal zum Hauptschiff mit Triptychon und Mittelsäule mit Mariendarstellung an. Ein seltenes Motiv, wie man es nur in großen Kirchen – allen voran natürlich die Basilika in Vézelay – findet. Auch der Hauptaltar überrascht mit einer außergewöhnlichen Säule als zentrales Motiv.

♦ 4 Rue Gauthier 1er de Nemours

Aschères-le-Marché – Saint-Lyé-la-Fôret 10,7 km

Auf dem Platz vor der Kirche bietet die Markthalle unter ihrem enormen Dach perfekte Zimmermannskunst aus dem 15. Jh. An ihrer Längsseite geht der Jakobsweg weiter bis zur Rue Fleurie. Folgen Sie ihr nach rechts, dann der Rue de Glatigny links und halten Sie sich an der Verzweigung links auf dem Impasse de Bardy bis zum Ende des Teers.

Ein Feldweg rechts und wieder links führt an die A19 heran, dort rechts und eine Brücke über die Autobahn hinweg. Auf der anderen Seite zuerst geradeaus durch die Felder und auf dem ersten Weg rechts gelangen Sie nach Villereau, wo Sie links abbiegen. Gehen Sie vor der Kirche auf der Rue Meslée rechts, einen kleinen Weg gegenüber dem Rathaus rechts durch die Häuser und dann links auf dem Chemin des Bordes Givry aus dem Ort. Überqueren Sie den kleinen Bach, halten Sie sich nach dem Wald links und wieder rechts an dessen Rand und gehen Sie am Waldende rechts durch zur Teerstraße. Diese bringt Sie links zur D106 und diese links hinein nach Saint-Lyé-la-Fôret. Die Kirche steht rechts am Knick der Rue des Déportés. Folgen Sie ihr nach links zur Route d'Orléans (D97).

Saint-Lyé-la-Forêt 127 m, 1.190 Ew.

Accueil sommaire Salle des Rives du Nan, 13bis Route d'Orléans (Mairie), 45190 Saint-Lyé-la-Forêt, ☏ 02 38 91 84 72, mairie.de.st.lye@wanadoo.fr, 2 Pl, Preis auf Anfrage, ganzjährig, Reservierung 48h vorab, auf der D97 40 m links und rechts in den Hof hinter dem Rathaus

Saint-Lyé-la-Fôret – Orléans 20,6 km

Gehen Sie auf der Route d'Orléans nach Süden und bei den letzten Häusern links auf der Rue Neuve aus dem Ort. Am Ende der Rue Neuve beginnt der Fôret Domaniale, der Staatsforst von Orléans.

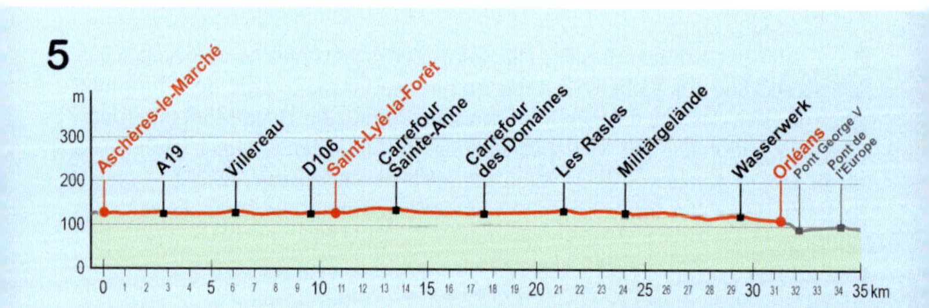

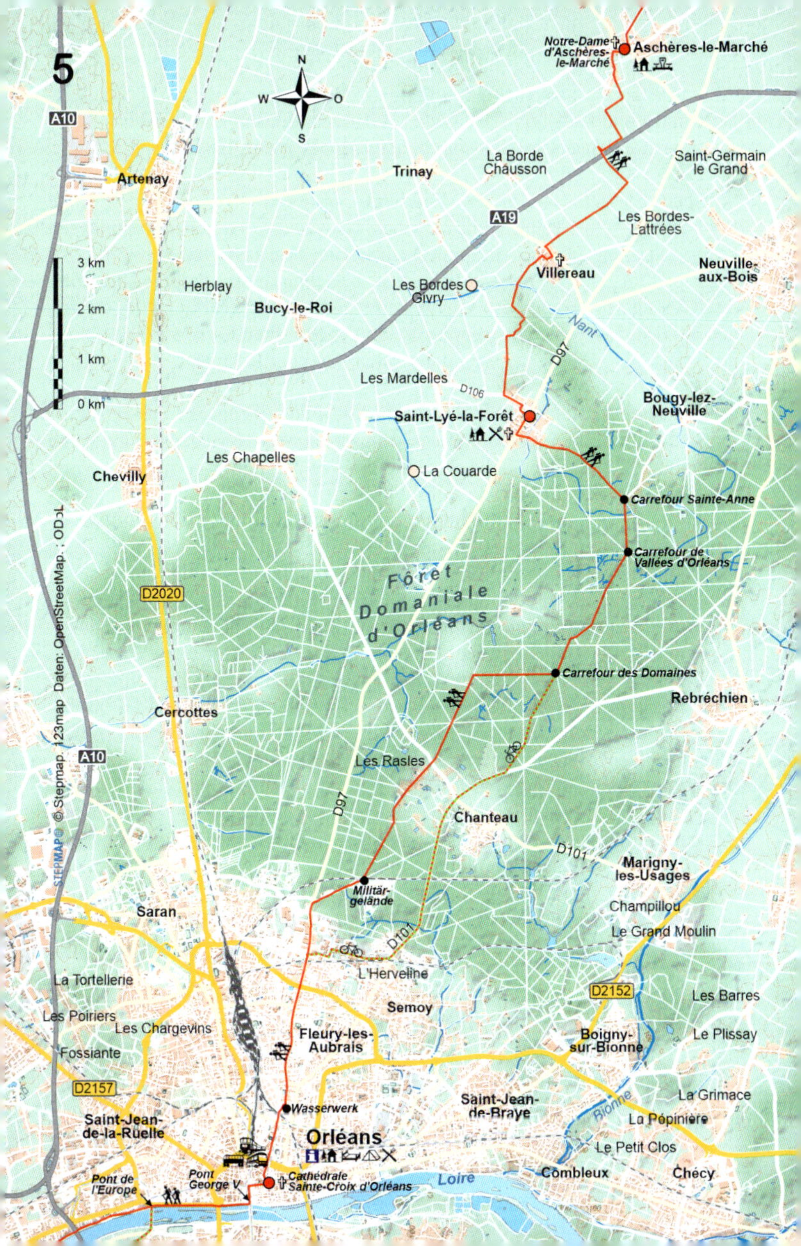
5
N
W
O
S
A10
Artenay
Trinay
La Borde Chausson
Saint-Germain le Grand
Notre-Dame d'Aschères-le-Marché
Aschères-le-Marché
A19
Les Bordes-Lattrées
Villereau
Neuville-aux-Bois
3 km
2 km
1 km
0 km
Herblay
Bucy-le-Roi
Les Bordes Givry
Nant
D97
Les Mardelles
D106
Saint-Lyé-la-Forêt
Bougy-lez-Neuville
Les Chapelles
La Couarde
Chevilly
Carrefour Sainte-Anne
Carrefour de Vallées d'Orléans
Forêt Domaniale d'Orléans
D2020
Carrefour des Domaines
Rebréchien
Cercottes
Les Rasles
D97
Chanteau
D101
Marigny-les-Usages
Militärgelände
Saran
Champillou
Le Grand Moulin
D101
L'Herveline
La Tortellerie
Semoy
D2152
Les Barres
Les Poiriers
Les Chargevins
Fleury-les-Aubrais
Boigny-sur-Bionne
Le Plissay
Fossiante
D2157
Saint-Jean-de-Braye
La Grimace
Wasserwerk
Saint-Jean-de-la-Ruelle
Orléans
Bionne
La Pépinière
Le Petit Clos
Pont de l'Europe
Pont George V
Cathédrale Sainte-Croix d'Orléans
Loire
Combleux
Chécy
STEPMAP © Stepmap 123map Daten: OpenStreetMap ; ODbL

Halten Sie unbedingt die Augen und Ohren wegen vorbeizischenden Radfahrerinnen und Radfahrern offen, die auf den teils geteerten Wegen ohne Autoverkehr mit enormer Geschwindigkeit ihrem Hobby nachgehen.

Gehen Sie geradeaus in den Wald hinein, bis Sie nach 1,6 km an die große Kreuzung Carrefour Sainte-Anne mit einem Haus und fünf ankommenden Wegen enden. Nehmen Sie die Teerstraße rechts, eine Sackgasse für Autos, bis zur nächsten Kreuzung. Hier weist halb rechts eine Schranke den Weg, dahinter überqueren Sie einen kleinen Bach. An der nächsten Kreuzung geht es geradeaus, folgen Sie dem hier geteerten Weg, bis Sie an der Kreuzung Carrefour des Domaines ankommen. Das Schild steht am rechten Rand der Lichtung.

Mit dem Rad fahren Sie hier geradeaus auf dem Teer weiter, auf der nächsten Teerstraße rechts, auf der von links kommenden D101 geradeaus und durch bis zum zweiten Kreisverkehr. Folgen Sie der Rue de la Fôret rechts bis zur viel befahrenen D97, einer der nördlichen Einfallstraßen nach Orléans.

Zu Fuß nehmen Sie am Carrefour des Domaines den rechten Weg neben dem gleichnamigen Schild, bis der Weg an einem Feld endet. Ein Wiesenpfad zwischen Feld und Gehölz führt nach links nach 300 m wieder in den Wald. Wenn Sie geradeaus weitergehen und die sternförmige Kreuzung mit acht ankommenden Wegen ebenfalls geradewegs überschreiten, treffen Sie auf die ersten Häuser des Stadtteils Les Rasles. Wieder am Waldrand biegt die Teerstraße an der nächsten Kreuzung links ab, Sie halten sich schräg rechts. Die Beschilderung des Jakobsweges ist hier schon ein wenig in den Baum eingewachsen, aber vorhanden. Der Zaun nach der Bahnlinie gehört zu einem Militärgelände, an dem Sie rechts vorbeigehen. Laufen Sie bis zur D97 durch und auf dieser links in die Stadt hinein. Ab jetzt gehen Sie immer geradeaus, auch entlang der kleine Rue Moine entgegen der Fahrtrichtung. An einer kleinen Verkehrsinsel vor einem großen Industriegebäude, das die Wasserversorgung von Orléans sicherstellt, biegen Sie rechts auf die Rue des Ateliers, die sich auch gleich wieder nach links der Stadt zuwendet. Nach Überqueren der tief liegenden Bahnstrecke und danach des Boulevard Guy Marie Riobé begleiten Sie die Schienen der Straßenbahn. Folgen Sie ihnen bis zur Kathedrale. Willkommen in Orléans und im Val de Loire.

Orléans

BANK ⇧ 95 m, 116.500 Ew.

Office de Tourisme Orléans, 23 Place du Martroi, 45000 Orléans, ☏ 02 38 24 05 05, über die Homepage, www.tourisme-orleansmetropole.com, täglich 9:30-19:00, am Platz mit der Statue von Jeanne d'Arc

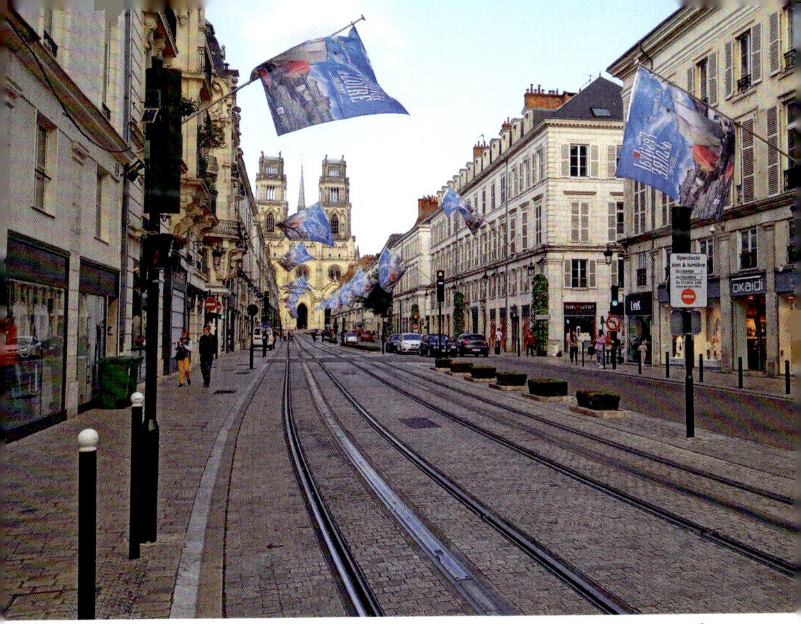

Rue Jeanne d'Arc, Orléans

Accueil pèlerin Halte Jacquaire, 24 Rue Saint-Etienne, 45000 Orléans, 06 77 81 67 70, compostelle45@gmail.com, @, Ü € 12, ganzjährig, Reservierung notwendig, an der Kathedrale südlich vorbei und in der kleinen Straße links. Die Hospitaliérs sind meist bestens über tagesaktuelle private Übernachtungsmöglichkeiten entlang der Loire informiert und helfen gerne.

Hotel Restaurant Coligny, 80 Rue de la Gare, 45000 Orléans, 02 38 53 61 60, hotelcoligny@yahoo.fr, eher einfacher Standard, @, Frühstück € 5, Ü ab € 35, ganzjährig, von der Rue Eugène Vignat nach Überquerung der tief liegenden Bahnlinie rechts, ca. 900 m

Hotel Marguerite, 14 Place du Vieux Marché, 45000 Orléans, 02 38 53 74 32, reservation@hotel-marguerite.fr, www.hotel-marguerite.fr, frisch renoviertes 3-Sterne-Hotel, auf Nachfrage 24h vor Ankunft, **T** auf Nachfrage 24h vor Ankunft, @, Frühstück € 9, Ü DZ ab € 75, ganzjährig, auf der Rue Royale rechts, 100 m vor der Loire

TAO, ÖPNV Orléans

TAO, ÖPNV Orléans

TER, überregionale direkte Verbindung Orleans – Paris; TER, regionale Verbindung Orléans – Étampes – Paris; TER, regionale Verbindung Orléans – Tours (SNCF)

✞ Cathédrale Sainte-Croix d'Orléans. Die Kathedrale wurde in gotischem Stil, aber erst relativ spät ab 1601 erbaut. Dennoch ist die Kirche ein prägendes Highlight der Stadt. Die Dimensionen sind gigantisch, den Innenraum muss man einfach gesehen haben und auf sich wirken lassen. An Sommerabenden wird sie um 23:00 Uhr farbig illuminiert.

♦ Place Sainte-Croix/Rue Jeanne d'Arc

⌘ Maison de Jeanne d'Arc. Das wiederaufgebaute Haus, in dem Johanna während ihrer Zeit in Orléans untergekommen war, zeigt alles zu ihrem Leben und Wirken. Es findet sich am 3 Place du Général de Gaulle, in direkter Linie von der Kathedrale auf der Rue Jeanne d'Arc bestens erreichbar.

♦ 💻 www.orleans-metropole.fr/culture/musees-expositions/la-maison-de-jeanne-darc, 🚪 Mai-September Di-So 10:00-13:00 und 14:00-18:00, Oktober-April Di-So 14:00-18:00

Bei den Römern hatte der Ort den Namen Aurelianum, der sich zur heutigen Stadt Orléans entwickelte. Die Hauptachse der Stadt bildet sicherlich die Rue Jeanne d'Arc von der Kathedrale zum Place Charles de Gaulle und über die Rue de la Hallebarde kommt man zum großen Place du Martroi, mit Cafés gesäumt und unübersehbarem Standbild der Befreierin. Eine Art Fußgängerzone mit Läden und Restaurants finden Sie in der Rue de Bourgogne südlich der Kathedrale, parallel zum Fluss. Doch auch die Arkaden auf der Rue Royale zur Loire hinunter laden zum Flanieren ein. Nicht fehlen darf ein ruhiger Moment am Ufer Ihrer neuen Begleiterin, der Loire.

Johanna von Orléans

Jeanne d'Arc, wie Johanna von Orléans in Frankreich heißt, wurde vermutlich im Jahr 1412, sicher aber in Domrémy in Lothringen geboren. Im Alter von 13 Jahren hatte sie ihre ersten Visionen und hörte die Stimmen der heiligen Katharina, des Erzengels Gabriel und der heiligen Margareta. Von ihnen wurde sie aufgefordert, Frankreich von den Engländern zu befreien und den Dauphin Karl VII. nach Reims zur Königssalbung zu geleiten. Sie bekam eine Rüstung und führte als erste Tat einen Versorgungszug in das belagerte Orléans. Anschließend ritt sie an der Spitze eines Ausfalls in die Schlacht und blieb trotz einer Verletzung durch einen Pfeil auf dem Schlachtfeld. Dadurch motiviert gewannen ihre Streiter, Orléans war befreit und Johanna ab dem 8. Mai 1429 berühmt. Die Befreiung von Paris allerdings misslang und der mittlerweile zum König ernannte Karl VII. wandte sich von ihr ab. Nach einem politisch motivierten Prozess wurde sie 1431 in Rouen verbrannt. Auf Betreiben ihrer Mutter rollte man die ganze Sache wieder auf. 1456 wurde Johanna von Orléans vollständig rehabilitiert, genutzt hat es ihr persönlich allerdings nichts mehr. 1909 wurde sie seliggesprochen und 1920 heilig.

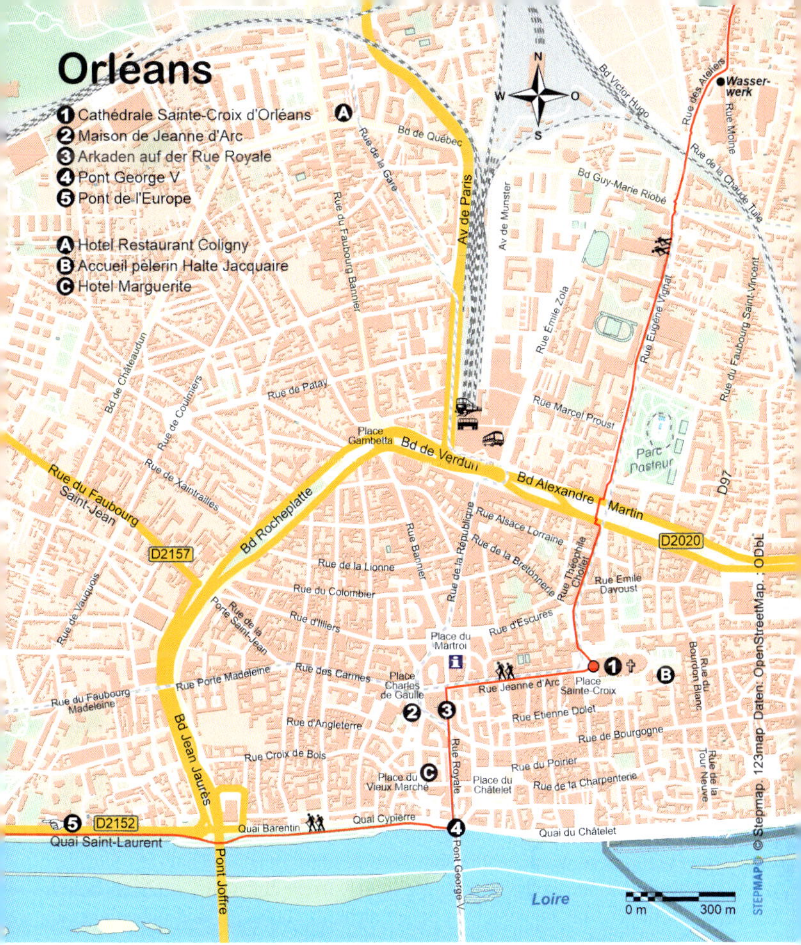

Für die Französinnen und Franzosen war sie wohl schon seit 1429 eine Heilige. Man findet Hunderte von Standbildern in Kirchen und auf Plätzen über ganz Frankreich verteilt. Meist wird sie in Rüstung mit Fahne und Schwert gezeigt, obwohl sie als überzeugte Katholikin niemals eine Kirche mit Rüstung betreten hätte. In Orléans feiert man die Befreiung jährlich mit einem einwöchigen Spektakel um den 8. Mai, gipfelnd in einem lebendigen Zug mit Johanna von Orléans hoch zu Ross durch die Straßen der Stadt.

Orléans – Meung-sur-Loire 19,6 km

🚲 Von Orléans bis Tours gibt es einen hervorragend ausgeschilderten Radweg entlang der Loire, der Teil des europaweiten Radwegenetzes EuroVelo ist. Der EuroVelo 3 führt in Frankreich im Prinzip auch entlang der Via Turonensis, entfernt sich aber in Teilen sehr weit von der Pilgerstrecke. In diesem Abschnitt bis Tours jedoch bleibt der Radweg eng an der Loire und differiert nur in Teilbereichen vom Fußweg. Die Empfehlung ist eindeutig: Folgen Sie mit dem Rad dem EuroVelo 3 bis Tours. Die Beschilderung ist halbhoch angebracht und besteht aus der Nummer des Weges – 3 – mit den 12 Sternen der Flagge der EU auf blauem Hintergrund und ist oftmals noch mit der Beschilderung des französischen nationalen Radweges entlang der Loire kombiniert. Den Weg hier nochmals komplett zu beschreiben ist nicht nötig, da die Hinweise allgegenwärtig und unübersehbar angebracht sind.

Mit der beeindruckenden Westfront der Kathedrale von Orléans im Rücken beginnen Sie den Weitermarsch auf der fast immer fahnenbehangenen Rue Jeanne d'Arc. Auf der Rue Royale wenden Sie sich links und gehen hinaus bis zur Loire. Auf halber Strecke finden Sie die erste Bäckerei zur Stärkung und Erstversorgung. Bleiben Sie am Nordufer und wenden Sie sich rechts nach Westen. Es gibt hier neben den Joggerinnen und Joggern am Morgen immer wieder nette Sitzgelegenheiten. Eine Wegbeschreibung erübrigt sich fast, der Weg ist als GR 3 wie üblich mit weiß-roten Streifen markiert und führt immer zwischen der Loire und der begleitenden Straße am Hochufer entlang.

🚲 Der Radweg folgt dem Fußweg auf der Nordseite der Loire, aber nur bis zur Pont de l'Europe. Es ist die zweite Brücke nach der zentralen Pont George V., an der Sie auf die Loire trafen.

⌘ Die Brücke wurde 2000 vom Büro des spanischen Architekten Santiago Calatrava entworfen und realisiert. Sie ist mit ihrem zur Seite geneigten Bogen und den harfenartig angebrachten Seilen nicht zu übersehen und unbedingt der Betrachtung wert

Die Kirche von La Chapelle-Saint-Mesmin nach etwa 2,8 km liegt direkt neben dem Weg.

La Chapelle-Saint-Mesmin

⇧ 104 m, 10.250 Ew.

🚌 TAO, ÖPNV Orléans

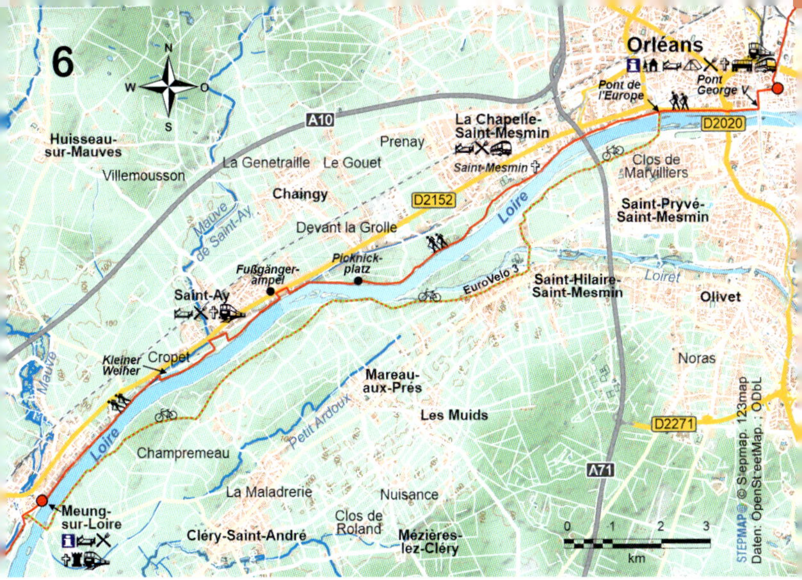

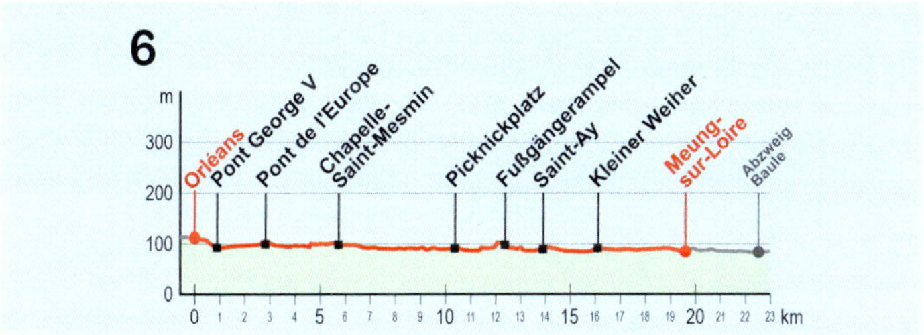

✞ Im 11. Jh. erbaut bietet die Kirche einen sehr schönen romanischen Innenraum, original aus der Erbauerzeit und gänzlich ohne die oftmals recht verunstaltenden Einbauten aus späteren Jahrhunderten. Damit ist sie eine romanische Rarität, die Sie sich auf keinen Fall entgehen lassen sollten.

♦ Rue de l'Église

Am Markstein des Jakobsweges nach spanischer Art vorbei achten Sie nach 600 m am Kinderspielplatz auf einen Abzweig nach schräg rechts, vom Teer ab auf Schotter und nach Durchquerung des Gehölzes hoch auf einen alten Damm. Folgen Sie ihm und den anschließenden breiten Wegen für mehrere Kilometer nach Westen, bis Sie an einem etwas rechts liegenden großen Parkplatz mit Picknickbänken ankommen.

Der Weg führt links an den Picknickbänken vorbei wieder direkt an der Loire entlang. Er wird zum Pfad und endet frontal an einem Haus. Sie müssen rechts weiter bis zur D2152 am Ortsanfang von Saint-Ay, können aber nach 250 m an einer Fußgängerampel wieder hinaus zum Hochufer. Etwa 1,5 km später führt die Beschilderung wieder nach rechts, diesmal zum Zentrum von Saint-Ay.

Saint-Ay ⇧ 98 m, 3.510 Ew.

TER, regionale Verbindung Orléans – Tours (SNCF)

Wenn Sie nichts brauchen, geht es auch unten am ehemaligen Campingplatz vorbei und weiter. Der markierte Weg umgeht diese Wiese entlang der Häuser. Umrunden Sie den kleinen Weiher am Ende und gehen Sie den kleinen Pfad weiter entlang einer endlosen Stützmauer bis zur breiten Uferpromenade von Meung-sur-Loire.

An deren Ende führt nach der Mauve die Rue Emmanuel Troulet hoch in die engen, mittelalterlichen Gassen zu Schloss und Läden.

Meung-sur-Loire ⇧ 87 m, 6.500 Ew.

Office de Tourisme Meung-sur-Loire, 1 Rue Emmanuel Troulet, 45130 Meung-sur-Loire, ☏ 02 38 44 32 28, über die Homepage, www.tourisme-terresduvaldeloire.fr, April-Mai Mi-Sa 10:00-12:30 und 14:00-17:30, So 10:00-13:00, Juni-August Mo-So 9:30-18:00, September Di-Sa 10:00-12:30 und 14:00-17:30, So 10:00-13:00, Oktober und Dezember-März Sa 10:00-12:30 und 14:00-17:00, nach der Brücke über die Mauve gleich links

Hotel Restaurant Le Relais Louis XI, Quai Jeanne d'Arc, 45130 Meung-sur-Loire, ☏ 02 38 44 27 71, info@louis11.com, www.louis11.com, sehr chic in alten Gemäuern mit Loire-Terrasse und Innenhof, @, Ü DZ ab € 80, ganzjährig, am Ende der langen Mauer und Ortsanfang direkt an der Loire

TER, regionale Verbindung Orléans - Tours

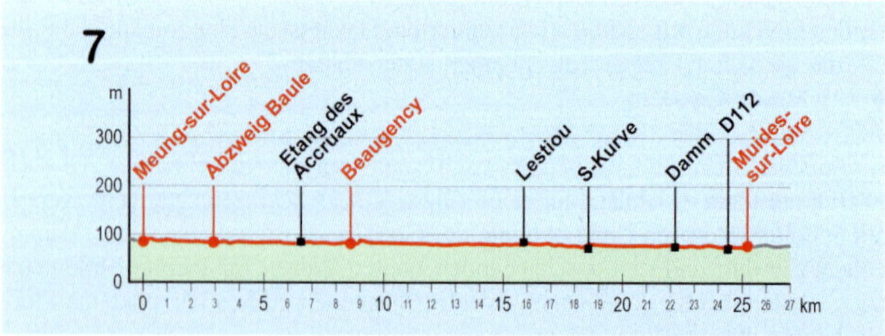

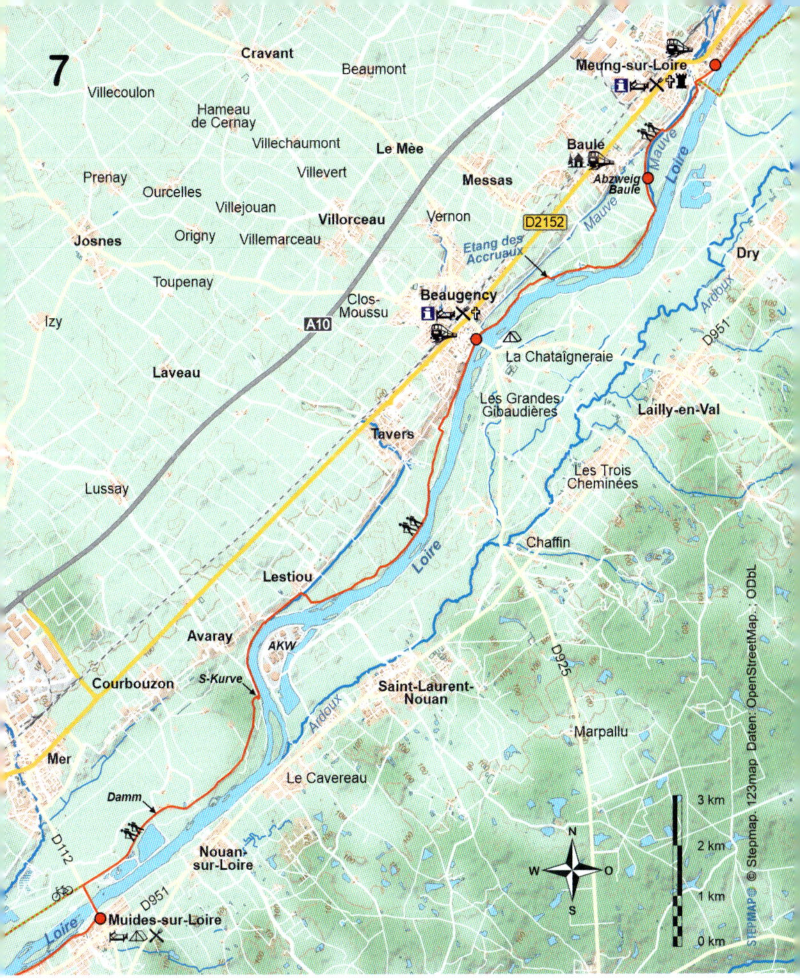

♜ Das Schloss von Meung-sur-Loire verschwindet fast ein wenig hinter seinen umgebenden Mauern, ist aber allemal einen Besuch wert. Einst war es der Sitz des Bischofs von Orléans. Es werden viele Räume mit den Möbeln aus mehreren Jahrhunderten gezeigt und das ganze Jahr über finden Veranstaltungen in Schloss und Hof statt.

♦ Die Öffnungszeiten differieren stark und sind aktuell unter 💻 www.chateau-de-meung.com abrufbar.

Meung-sur-Loire – Baule 2,9 km

Der Jakobsweg geht noch vor der Brücke über die Mauve zwischen Spielplatz und Wiese weiter.

Die Häuser von Baule liegen rechts von Ihnen am hier etwas entfernten Hochufer.

Baule 102 m, 7.350 Ew.

Accueil Pèlerin Gîte Les Larris de Garenne, 13 Rue de la Garenne, 45130 Baule, 06 71 64 24 64, über die Homepage, www.giteloiretleslarrisdegarenne.com, max. 10 km, T @, gegen Spende, Bettwäsche € 10, ganzjährig, Reservierung notwendig, nach Meung nach Überqueren des Baches auf dem Damm auf Sichthöhe von Baule rechts über einen Feldweg in den Ort und oben links

TER, regionale Verbindung Orléans – Tours

Die Loire bei Baule

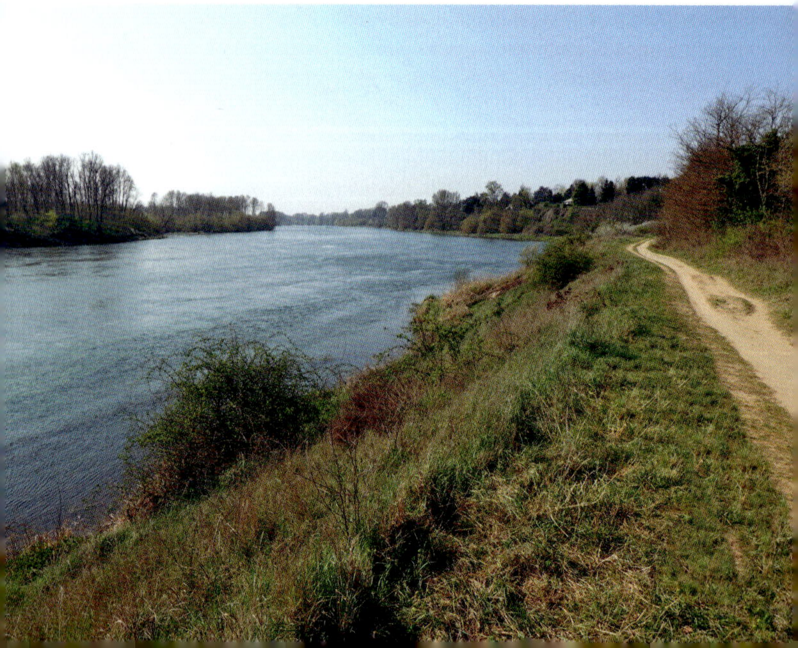

Baule – Beaugency 5,7 km

Der Weg entlang der Loire ist kaum zu verfehlen und verläuft die meiste Zeit in Sichtweite des Flusses. Einmal passieren Sie zu Ihrer Rechten einen kleinen See (Etang des Accruaux), wenden sich an dessen Ende links wieder dem Fluss zu und gehen erneut daran entlang bis zur Brücke von Beaugency.

Beaugency

102 m, 7.350 Ew.

Office de Tourisme Beaugency, 3 Place du Docteur Hyvernaud, 45190 Beaugency, 02 38 44 32 28, über die Homepage, www.tourisme-terresduvaldeloire.fr, April-Mai Mi-Sa 10:00-12:30 und 14:00-17:30, So 10:00-13:00, Juni-August Mo-So 9:30-18:00, September Di-Sa 10:00-12:30 und 14:00-17:30, Oktober und Dezember-März Sa 10:00-12:30 und 14:00-17:00, von der Brücke auf die Rue du Pont, links in die Rue de la Cordonnerie und rechts in die Rue du Change zum Rathausplatz

Gîte d'étape Une Étape à Beaugency, 1bis Place Saint-Firmin, 45190 Beaugency, 09 83 03 08 17, 06 64 90 98 49, sjarreau@orange.fr, @, Ü 2 P. € 68, Ü 3 P. € 83, Ü 4 P. € 98, mit Bettwäsche, mindestens 2 Übernachtungen!, ganzjährig, Reservierung notwendig, an der Loire nach der Brücke die erste Straße rechts

♦ Hotel Le Relais des Templiers, 68 Rue du Pont, 45190 Beaugency, 02 38 44 53 78, info@hotelrelaistempliers.com, www.hotelrelaistempliers.com, 2-Sterne-Hotel in altem Steinhaus, @, Frühstück € 9,90, Ü DZ ab € 56 (nach Saison und Belegung), ganzjährig, von der Brücke geradeaus in die Stadt, 300 m entfernt

Gîte-Camping du Val de Flux, Route de Lailly, 45190 Beaugency, 02 38 14 72 06, camping.beaugency@gmail.com, www.camping-beaugency.fr, direkt an der Loire mit schönem Blick auf die Stadt auf der anderen Seite, Wohnzelte vorhanden, € 5, **T** € 3, @, Ü € 8, Ü Wohnzelt 2 P. € 25-35, April-Mitte September, über die Loire und links

TER, regionale Verbindung Orléans – Tours

Die heute eher klein wirkende Stadt war einst reich, über Jahrhunderte von hoher strategischer Bedeutung, und deshalb entsprechend oft stark umkämpft. Berühmt ist ihre Befreiung von den Engländern 1429 in der Schlacht von Beaugency mit Beteiligung von Jeanne d'Arc, ab dann gehörte die Stadt zum Herzogtum Orléans. Optisch dominant ist natürlich der Donjon Tour César, der große Wehrturm aus dem 11. Jh. Doch auch etliche weitere Gebäude wie z. B. das Augustinerkloster mit Kirche aus dem 12. Jh. gleich neben dem Donjon oder das Rathaus mit seiner beeindruckenden Renaissancefassade brauchen sich keinesfalls zu verstecken. Viele alte Wohn- und Geschäftshäuser, ebenfalls oft noch aus Mittelalter und Renaissance, ergänzen das Bild und laden zum Schlendern durch die Gassen ein.

Historische Loire-Brücken

Brücken über die Loire gibt es aus allen Zeiten und in vielen Bauarten. Die Brücke bei Beaugency ist mit ihren 23 Bögen und 435 m Länge sicher eine der beeindruckendsten unter den historischen Brücken. Ihre Geschichte ist exemplarisch und beginnt mit der ersten Erwähnung im 13. Jh. Damals gab es in der Mitte der Loire noch eine Insel mit einer Zollstation und einer Kapelle zum Empfang der Jakobspilgerinnen und Jakobspilger. Bei einem der großen Loire-Hochwasser wurde die Insel jedoch vollständig weggespült und heute gibt es keinen Bogen und kein Fundament mehr, das über die Jahrhunderte nicht schon mindestens einmal saniert werden musste. Die unterschiedlichen Breiten der beiden Brückenhälften, die verschiedenen Bogenausbildungen und natürlich der nahe der Stadt gelegene breitere Schifffahrtsbogen geben der Brücke ihren ganz eigenen Charakter.

Durch eine Brücke war der Markt plötzlich mit Wagen direkt erreichbar, die Zahl der Reisenden nahm schlagartig zu, man konnte Zoll verlangen und schnell entwickelte sich ein kleiner Ort zu einem Umschlagplatz für Waren aller Art und oft zu einem überregionalen Zentrum. Die Brücke war zu damaliger Zeit das Fundament für den Aufstieg und Reichtum einer Stadt.

Beaugency – Muides-sur-Loire 16,6 km

Am Nordufer der Loire geht es weiter Richtung Südwesten, an einer kleinen Kläranlage kurz links und wieder rechts, bis Sie sich gegenüber dem AKW Saint-Laurent-Nouan nach rechts Richtung Lestiou wenden. Am Ortsrand links auf der Rue Basse und Rue André Spire kommen Sie nach etwa 700 m an eine S-Kurve, hier laufen Sie geradeaus auf der kleinen Straße weiter und folgen der Loire-Schleife. Die Straße macht eine weitere S-Kurve, der Sie diesmal folgen, und an einem kleinen Bauernhof vorbei erreichen Sie auf einem Damm die querende D112. Rechts liegt der Ort Mer, Sie wenden sich nach links und stehen direkt nach der Loire-Brücke am Ortsrand von Muides-sur-Loire. Einkaufsmöglichkeiten liegen entlang der D951 drei Straßen weiter parallel zum Fluss.

Muides-sur-Loire ⇧ 88 m, 1.235 Ew.

Le Brâme de Sologne, 4 Route de Sologne, 41500 Muides-sur-Loire, ☏ 02 55 59 05 24, contact@lebramedesologne.com, www.lebramedesologne.com, 3-Sterne-Hotel mit Sauna, @, Frühstück € 15, Ü DZ ab € 89, ganzjährig, von der Loire geradeaus nach Muides, kurz nach der D951

Camping municipal Bellevue, Rue de la Mairie, 41500 Muides-sur-Loire, ☏ 02 54 87 01 56, 07 84 62 01 64, campingmunicipalbellevue@orange.fr, www.muides.fr, € 5, T € 4,50, Ü € 8, 01. April-15. September, direkt nach der Brücke rechts

Muides-sur-Loire – Saint-Dyé-sur-Loire 3,6 km

Noch vor dem ersten Haus weist die Beschilderung des Weges an der Avenue de la Loire nach rechts.

Nehmen Sie an der Verzweigung rechts den weiter flach verlaufenden Chemin du Mène und folgen Sie dem Weg entlang der Loire aus dem Ort und geradeaus weiter bis nach Saint-Dyé-sur-Loire. Auch hier liegen die wenigen Geschäfte entlang der nahen D951.

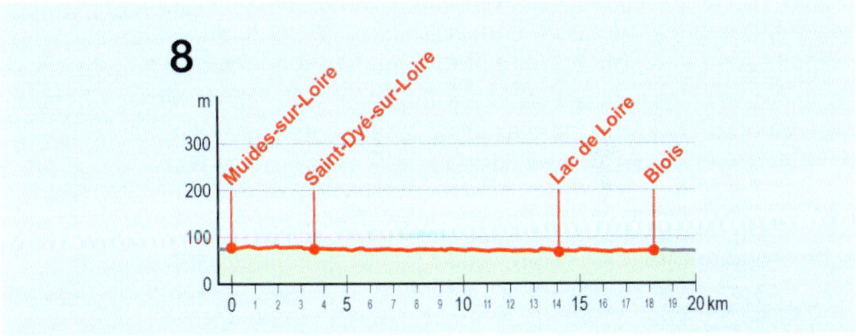

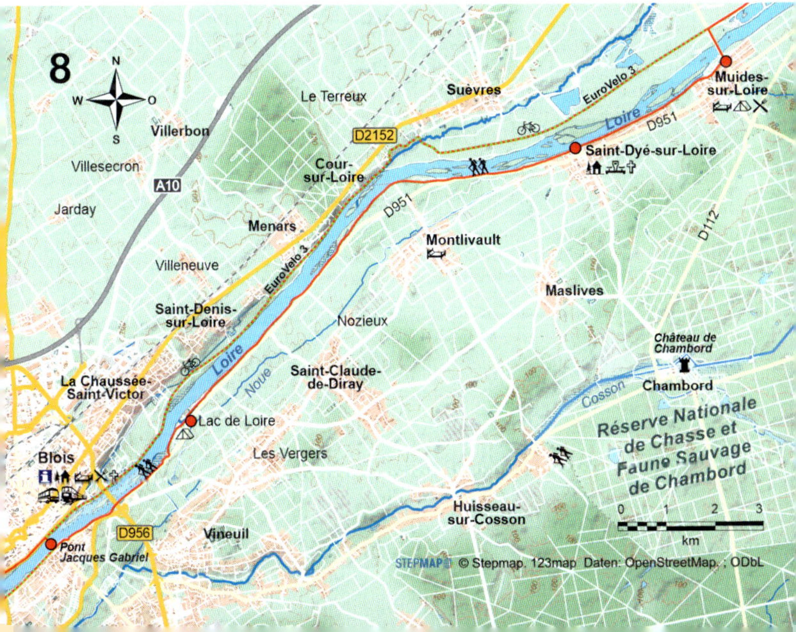

Saint-Dyé-sur-Loire

84 m, 1.140 Ew.

Gîtes La Boisselée, 114 Rue Nationale, 41500 Saint-Dyé-sur-Loire, 06 77 43 03 03, cedrik.rousseau@laboisselee.fr, max. 10 km, @, Ü Gîte 3 P. ab € 25, ganzjährig, Reservierung notwendig, im Ort an der Hauptstraße D951

Château de Chambord. Man muss es ja erwähnen, das Renaissanceschloss Chambord aus dem 16. Jh., das von hier aus nur 4 km südlich zu finden ist. Es ist groß und in seiner Anlage mit den runden Eckpfeilern und einem ganzen Wald von aufgepfropften Türmchen und Kaminchen sicherlich einzigartig und schön anzuschauen, wenn man sich für derlei Zierrat begeistern kann. In Inneren jedoch finden Sie für einen durchaus stolzen Eintrittspreis außer einem witzigen Treppenhaus, ein paar Ölbildern und sehr wenig Möbeln meist nur gähnende Leere vor.

♦ 41250 Chambord, www.chambord.org, ganzjährig 9:00-17:00

☺ Eine weitere Unterkunft finden Sie im Ort Montlivault.

Chambre d'hôtes Les Salamandres, 1 Rue de Saint-Dyé, 41350 Montlivault, 02 54 20 69 55, 06 52 14 76 06, salamandres41350@gmail.com, www.chambre-hotes-chambord.fr, private Zimmer mit Charme, max. 10 km, € 5, **T** @, Abendessen € 13-25, ÜF 1 P. ab € 79, 2 P. ab € 85, 3 P. ab € 110, 4 P. ab € 125, 5 P. ab € 140, ganzjährig, Reservierung notwendig, am Ortsende von Dyé von der D951 schräg links auf der Route de l'Ecuelle 3 km geradeaus bis ins Zentrum von Montlivault

Saint-Dyé-sur-Loire – Lac de Loire 10,5 km

Sie bleiben am Fluss auf dem Quai de la Loire, gehen geradeaus aus dem Ort und können den Weg zwischen dem Fluss und dem Damm der D951 bis Blois nicht mehr verfehlen. Nach 10,5 km erreichen Sie den Bootsanlegeplatz Lac de Loire und den Campingplatz Val de Loire.

Camping Val de Loire, Lac de Loire, 41350 Vineuil, 02 54 79 93 57, contact@camping-loisir-blois.com, www.camping-loisir-blois.com, **T**, kleiner Lebensmittelverkauf, Ü im eigenen Zelt € 10,80, Ü 2 P. im Wohnzelt ab € 28, April-September, an der Loire direkt am Weg, 3,5 km vor Blois

Lac de Loire – Blois 4,1 km

An der Anlegestelle für Kajaks gehen Sie zwischen dem Campingplatz und der Loire weiter bis Blois. Die historische Pont Jacques Gabriel führt direkt in das Zentrum der Stadt.

Blois

73 m, 45.900 Ew.

Office de Tourisme Blois, 5 Rue de la Voûte, 41000 Blois, 02 54 90 41 41, über die Homepage, www.bloischambord.com, April-September täglich 9:00-13:00 und Mo-Sa 14:00-19:00, rechts neben dem Schloss

L'Association Compostelle Loir-et-Cher, 41000 Blois, 07 83 19 47 72, 06 23 47 03 90, Unterbringung bei verschiedenen Familien in Blois nach Möglichkeit, ganzjährig, Reservierung 48h vorab

♦ Auberge de Jeunesse Ethic Étape, 37 Rue Pierre et Marie Curie, 41000 Blois, 02 54 52 37 00, accueil@ethicetapes-blois.fr, www.ethicetapes-blois.fr, Zimmer für 1-6 Personen, gemeinschaftliche Atmosphäre, € 3,50, **T** € 1,50, @, Abendessen € 8,30-11,15 im Restaurant vor Ort, Frühstück € 4,75, Lunchpaket € 9,90, Ü EZ mit Bad € 36,70, ganzjährig, Reservierung notwendig, rechts vom Bahnhof unter den Gleisen durch und auf der Rue Michel Bégon 400 m weiter, dann rechts, 1,5 km von der Loire und dem Zentrum

Hotel Brasserie Le Pavillon, 2 Avenue du Président Wilson, 41000 Blois, 02 54 74 03 36, hotellepavillon@free.fr, www.hotelrestaurant-lepavillon.com, sauberes Hotel mit unschlagbarem Blick auf die Loire und Blois, @, Abendessen, Frühstück, Ü DZ ab € 55 (nach Saison und Verfügbarkeit), ganzjährig, direkt am südlichen Ende der Brücke Jacques Gabriel

Hotel Ibis Blois Centre Château, 3 Rue Porte Cote, 41000 Blois, 02 54 74 01 17, h0920@accor.com, all.accor.com, 3-Sterne-Hotel, @, Ü ab € 68, ganzjährig, von der Brücke Jacques Gabriel geradeaus in die Stadt, vor der Treppe links

Fernbusbahnhof neben dem SNCF-Bahnhof

TER, regionale Verbindung Orléans – Tours

Blois – Valloire-sur-Cisse 14,0 km

Der EuroVelo 3 verläuft ab Blois auf der Südseite der Loire bis Amboise und ist wieder perfekt ausgeschildert.

Gehen Sie in Blois zum Nordende der historischen Brücke und wenden Sie sich auf der D952 nach Südwesten. Bleiben Sie auf dem Gehweg oben an der Straße, der Weg unten am Fluss lohnt nicht. Nach 2 km stehen erstmals Häuser zwischen Fluss und Straße. An der einzigen Bushaltestelle der Linie 1 zweigt der Chemin de la Route Aux Ânes ab und führt unter der Bahnlinie durch nach oben auf das Hochufer und zwischen ein paar Gebäuden entlang bis zur Rue Albert 1er. Gehen Sie links und nach einem kurzen Stück bergab links auf den Chemin des Billarderies, nach 500 m auf den Chemin de Pomone rechts und dann auf die Rue des Moriers links. Nach 300 m wenden Sie sich rechts in die Rue des Poutils. Die Beschilderung führt Sie an der zweiten Straße, dem Chemin des Aventures, links und dann rechts auf dem Chemin de Bellevue zwischen den Wohngebäuden durch. Ein eher sinnfreier Umweg. ☞ Gehen Sie einfach die Rue des Poutils geradeaus durch. Am Ende der Rue des Poutils gehen Sie rechts zur Rue de

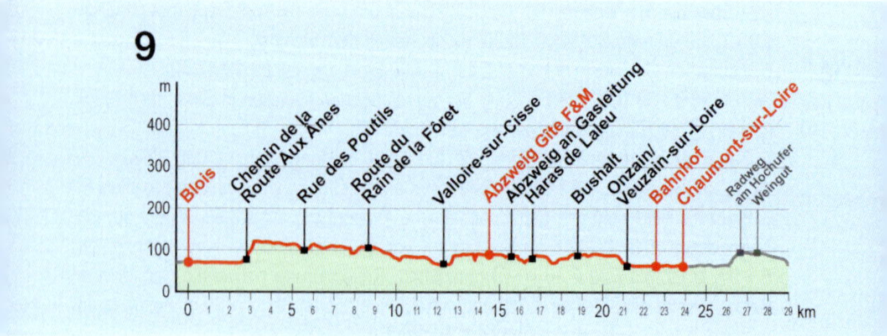

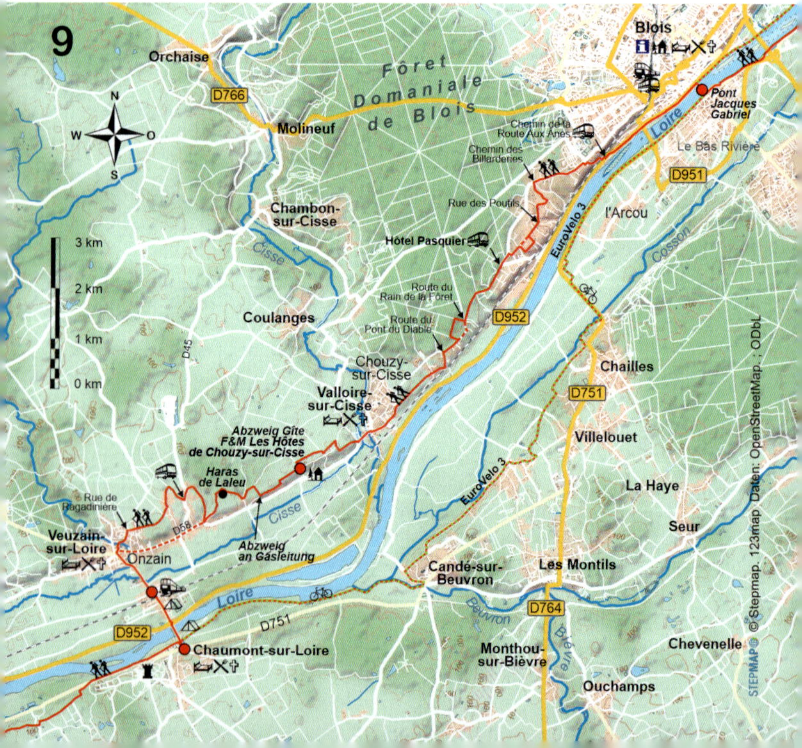

l'Amiral Querville am Waldrand. Hier biegen Sie links ab und wandern bis zur Bushaltestelle „Hôtel Pasquier“, an der Tisch und Bank für eine Rast zur Verfügung stehen. Geradeaus geht es auf dem Impasse de l'Orée du Bois weiter und am Ende der Häuser etwas steil hinab in den Wald. Wieder auf Teer geradeaus weiter erreichen Sie die Allée de Saint-Lubin à la Vicomte bzw. die Route du Rain de la Fôret. ↳ Auch hier könnten Sie einfach schräg links der Straße folgen. Offiziell führt der Weg auf Schotter nach schräg rechts entlang des Waldrandes weiter, noch vor der Kuppe etwas versteckt links auf einen kleinen Waldpfad und an der nächsten Kreuzung links wieder zurück zur Straße.

An der Route du Pont du Diable gehen Sie links, nehmen unmittelbar vor der Bahnstrecke rechts den Chemin de L'Isle Vert, der in Verlängerung zum Chemin des Argençons wird, und folgen am Ende dem Feldweg bis zur Route de la Champagne, der ersten Straße von Valloire-sur-Cisse. Diese bringt Sie nach links an einen Kreisverkehr und die Rue de la Poste führt in das Zentrum des Ortes.

Auf der Rue de l'Église geht es weiter Richtung Westen aus dem Ort und am Ende nach dem Dorfweiher (öffentliches WC am Parkplatz) gleich zu Beginn der Rue de Tertre hinter einem einzelnen Häuschen den Hang hoch durch etwas Gehölz zu einem Feld. Umrunden Sie dieses links und gehen Sie an der Straße rechts bis zum Ende des Gartens eines frei stehenden Hauses. Nach dem Zaun geht ein Feldweg nach links ab. Gehen Sie am Ende rechts und wieder links und am Ende des Weges erneut links bis zur Route de Villesavoir.

Valloire sur-Cisse 88 m, 310 Ew.

Gîte Chambre d'hôtes F&M Les Hôtes de Chouzy-sur-Cisse, 3 Route des Marchais, 41150 Valloire sur-Cisse, 06 25 06 82 06, info@leshotesdechouzy.com, www.leshotesdechouzy.com, Pool von Mai bis September, Sauna und Jacuzzi gegen Gebühr, in der Gîte, @, in der Gîte, Abendessen € 30, Mahlzeit zum Aufwärmen € 4-6, Frühstück € 8, Ü Gîte 2-3 P. € 65-95, Ü DZ € 40-45, Ü DZ Cabane € 35-50, ganzjährig, Reservierung notwendig, 1,7 km nach Valloire-sur-Cisse links, dann links in die Route des Marchais, 600 m ab vom Weg

Valloire sur-Cisse – Onzain/Veuzain-sur-Loire 8,6 km

Folgen Sie ihr nach rechts und im Anschluss dem Feldweg, bis kurz vor einem Gehölz nach einem Pfosten mit gelbem Dach zur Markierung einer Gasleitung ein Weg nach rechts abzweigt. Am Waldrand links gelangen Sie in eine kleine Siedlung und nach rechts auf dem geteerten Chemin de Laleu an die burgähnlichen Gemäuer des Haras de Laleu. Gegenüber dem Haupttor führt ein Weg leicht rechts versetzt entlang einer Pferdekoppel über Felder, schwenkt am Waldrand nach links und endet an der Rue de Chouzy (D58).

Diese führt geradewegs ins Zentrum von Onzain und ist nicht ganz so hübsch zu gehen, spart aber 1,7 km Wegstrecke.

Die offizielle Beschilderung leitet kurz vor der D45 nach rechts auf den Chemin des Caves, der an einer Teerstraße endet. Hier geht es links und an der Bushaltestelle rechts auf einen Schotterweg. Nach 500 m dreht der Weg mit dem gleichen Belag nach links ab, Sie ebenfalls. Geradeaus wäre es etwas zugewachsener. Auf der geteerten Rue de Plessis halten Sie sich links und nach 100 m zwischen zwei Gebäuden rechts und die Rue de Bosseries empfängt Sie am Ortsrand von Onzain. Die kleine Rue de Ragadinière führt nach unten direkt zum kleinen wasserumgebenen Schlösschen von Onzain und gegenüber der Zufahrt auf die Insel führt die Rue du Château auf den Dorfplatz, den Place de l'Église.

Vom Place de l'Église führt gegenüber der Rue du Château die Rue Gustave Marc (D1) in einem Linksbogen zur Tankstelle und zum Supermarkt und dahinter als Avenue de la République direkt auf den Bahnhof von Onzain zu.

Onzain/Veuzain-sur-Loire

BANK

⇧ 67 m, 3.400 Ew

Café Hotel Restaurant de la Gare, 19 Avenue de la République, 41150 Onzain, ☏ 02 54 20 70 12, 06 61 49 36 05, contact@hotel-restaurant-41.fr, www.hotel-restaurant-41.fr, angenehmes Familienhotel, @, Frühstück € 8, Ü 2 P. DZ € 57, Ü 3 P. € 72, Appartement € 77-100, ganzjährig, vor der Bahnlinie rechts, direkt am Weg

Chambre d'hôtes Les Éléphants Bleus, 5 Place de la Croix Fougère, 41150 Onzain, ☏ 02 18 14 15 13, 06 99 76 67 63, familiär, Massageangebot im Haus, @, ÜF ab € 59, ganzjährig, Reservierung notwendig, direkt vor den ersten Häusern von Onzain rechts, die Erste links und am Parkplatz rechts, 300 m ab vom Weg

Camping municipal, Rue des Robiniers, 41150 Onzain, ☏ 02 54 20 85 15, camping-onzain@orange.fr, campingmunicipal@onzain.fr, € 5, Ü € 3,20, in lokalem Zelt € 13,20, 20. Juni-20. September, nach der Bahn auf der Rue de la Liberté links und am Ende rechts, 200 m ab vom Weg

TER, regionale Verbindung Orléans – Tours

Onzain/Veuzain-sur-Loire – Chaumont-sur-Loire

1,3 km

Geradeaus weiter geht es auf die Loire zu. Überqueren Sie die Brücke und Sie kämen rechts auf der Rue du Maréchal de Lattre de Tassigny (D751) in das lang gezogene Zentrum von Chaumont-sur-Loire. Der Jakobsweg führt offiziell gleich auf der ersten Straße rechts wieder zur Loire und am Ufer entlang, am Ende des Ortes trifft aber alles wieder zusammen.

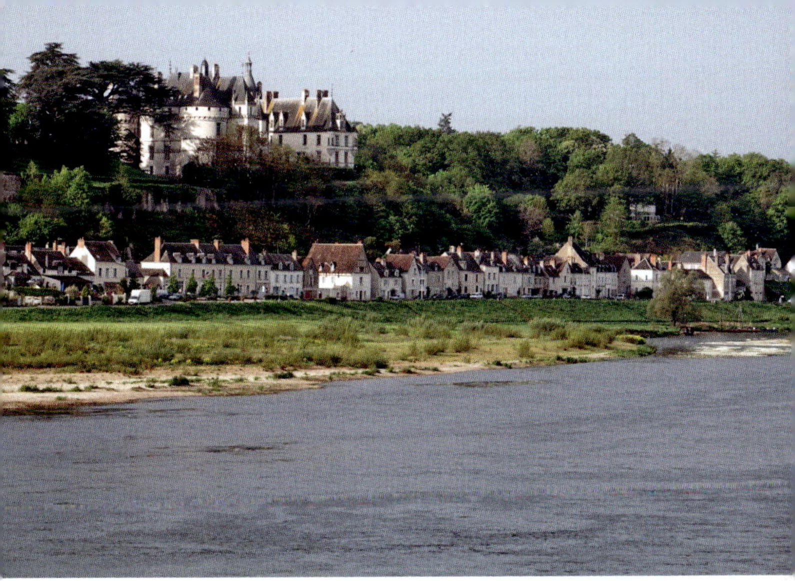

Schloss und Ort Chaumont-sur-Loire

Chaumont-sur-Loire

70 m, 1.080 Ew.

Chambre d'hôtes Les Hauts de Chaumont, 2 Rue des Argillons, 41150 Chaumont-sur-Loire, 02 54 33 91 45, 06 82 67 35 78, contact@leshautsdechaumont.fr, 3 Zi, Pool, max. 15 km, @, ÜF DZ € 89 (einzelne Übernachtung nur November-April), ÜF DZ € 170 (zwei Nächte), ganzjährig, Reservierung notwendig, von der Hauptstraße am Eingang zum Schlosspark links die Rue du Village Neuf hoch, 600 m ab vom Weg

Camping municipal, 02 54 20 95 22, information@camping-chaumont-sur-loire.com, € 5,15, € 3,60, Ü Zelt € 5,50, 20. Juni-30. September, nach der Brücke rechts, die erste Straße rechts bis zu Loire und wieder rechts unter der Brücke durch, 400 m ab vom Weg

Domaine de Chaumont-sur-Loire. Das über der Loire thronende Schloss Chaumont ist von innen und außen sehenswert. Der Park ist sehr schön durchsetzt von modernen Skulpturen. Etwas weiter hinten in der Anlage finden Sie noch einen Marstall, der seiner Zeit weit voraus war, und einen sehenswerten botanischen Garten. Die Domaine mit Weinverkauf der zugehörigen Ländereien darf natürlich auch nicht fehlen.

♦ www.domaine-chaumont.fr, Ende April-Ende Januar 10:00-19:00

Chaumont-sur-Loire – Mosnes 8,1 km

Der Weg westlich von Chaumont zwischen der Loire und der D751 quert am Ende die Straße nach links und zieht sich in zwei Windungen das Hochufer nach oben. Dort geht ein Fuß- und Radweg parallel zur Loire geradeaus weiter. Er durchquert ein Weingut in einer Links-rechts-Kombination, hier schon wieder geteert, und bringt Sie nach einem guten Kilometer am Ende rechts hinunter zur Kirche von Rilly-sur-Loire. Halten Sie sich nach der Kirche links und gehen Sie auf der Route de Vallières (D28a) links hoch, bis der Chemin des Moineaux rechts abgeht. Nach 1 km auf freiem Feld müssen Sie am Ende des Weges rechts um einen großen Sendemast herum und auf dem Weg am Waldrand nach unten bis zur Route de la Godiniére. Gehen Sie hier links und am ersten Abzweig rechts bis zu einer Bushaltestelle an einem einzelnen Haus.

↳ Wenn Sie in Mosnes übernachten, gehen Sie hier rechts und nach unten.

Mosnes ⛺ ✕ ⇧ 67 m, 800 Ew.

⛺ Camping La Poterie, Rue du Pont/La Poterie, 37530 Mosnes, ☎ 02 47 30 50 11, 📱 06 79 43 58 85, ✉ campinglapoterie37@gmail.com, 💻 www.camping-la-poterie-37.com, @, Frühstück Brötchenservice, Preis auf Anfrage, 08. April-23. September, auf der Rue de la Picardière rechts Richtung Loire zur Rue Nationale (D751), dort links und dann rechts in die Rue du Pont, 1 km ab vom Weg

Mosnes – Souvigny-de-Touraine 6,6 km

Der Jakobsweg führt ab der Bushaltestelle auf dem Feldweg nach links. Nach 400 m biegen Sie kurz vor dem Wald rechts ab und gehen im Linksbogen in den Wald. An dessen Ende geht ein Feldweg rechts diagonal zwischen zwei Feldern hindurch. Als Markierung dient ein gesprayter Pfeil am Boden, der immer mal wieder erneuert wird. Nach einem weiteren kurzen Waldstück kommen Sie an ein Gehöft und umgehen es nach links und auf der Straße rechts, bis von rechts eine weitere Straße herankommt. An dieser Kreuzung führt die Beschilderung nach links und wieder rechts auf Feldwegen zurück zur Straße, ↳ Sie können also auch auf der Straße geradeaus durchgehen. Folgen Sie der Straße bis zum Ortsanfang von Souvigny-de-Touraine.

Souvigny-de-Touraine ⇧ 86 m, 390 Ew.

Gîte de l'Amasse, 1 ter Rue Nationale, 37530 Souvigny-de-Touraine, 📱 06 73 26 49 95, ✉ gitedelamasse@gmail.com, 14 Pl in 5 Zi, @, Abendessen € 10, Frühstück € 5, Ü € 25, mit Bettwäsche, ganzjährig, der C5 links in den Ort folgen und rechts bis zur Kirche

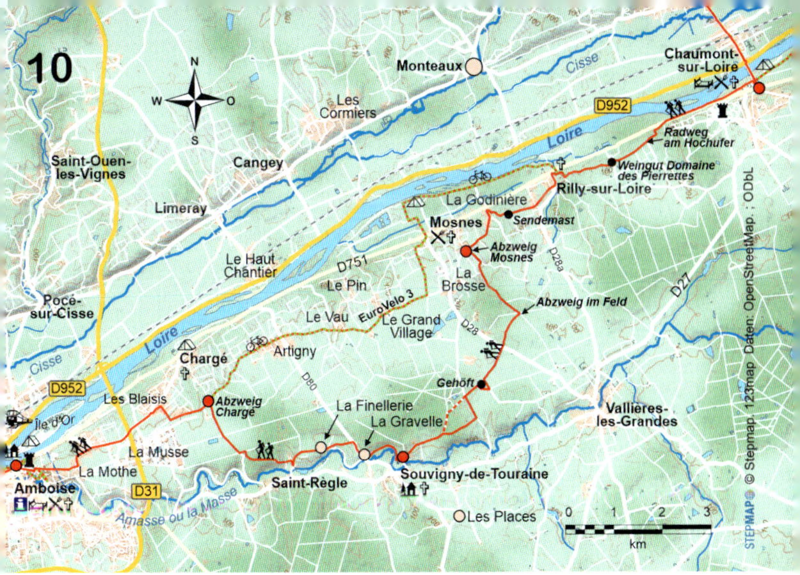

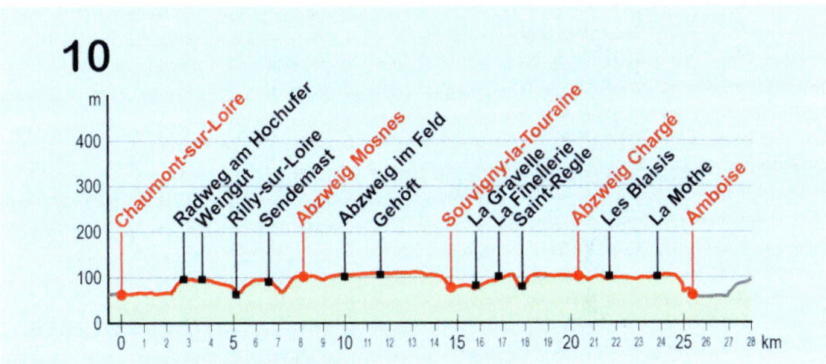

Souvigny-de-Touraine – Chargé 5,6 km

Hier halten Sie sich rechts, bis Sie an den Häusern von La Gravelle auf die D80 treffen. Gehen Sie rechts und nach 500 m links Richtung La Finellerie, durch den Hof und auf der kleinen Teerstraße durch bis Saint-Règle. Etwa 100 m vor der Brücke zweigen Sie scharf nach rechts hinten auf die Rue de Mazeure ab und kurz darauf links auf den Chemin du Baboisseau. Am Ende des Waldes führt der Feldweg nach links zu einer Teerstraße und diese führt rechts auf den Ort Chargé zu.

Chargé

64 m, 1.300 Ew.

Camping municipal Le Verdeau, 37530 Chargé, 02 47 57 04 22 (Camping) und 02 47 57 04 01 (Mairie), 06 33 49 12 78, camping-charge@orange.fr, www.charge37.fr, Platz an der Loire mit Zeltmiete, @, Mikrowelle, Ü € 5,32, Mietzelt Ü € 8,42, Mitte April-September, auf der Route Chargé geradeaus in den Ort Richtung Loire, an der D751 kurz rechts und wieder links

Chargé – Amboise

5,1 km

Gehen Sie noch vor dem Ort an der nächsten Kreuzung auf der Rue des Têtes Noires links, am Wasserturm dem Teer folgend rechts und zwischen den Häusern von Les Blaisis auf der Rue du Clos du Saule wieder links. Am Ende führt die Rue de la République links über die D31. Folgen Sie nach 1 km der Linksbiegung der Straße und am ersten Abzweig rechts der Rue Augustin Thierry, bis Sie unvermittelt an der oberen Zufahrt des Schlosses von Amboise ankommen und einen schönen Blick über die Stadt genießen können. Eine kleine Treppe rechts des Aussichtsplatzes führt steil nach unten direkt auf die Rue Victor Hugo. Rechts weiter entlang der mächtigen Burgbefestigung sehen Sie schon das Zentrum von Amboise.

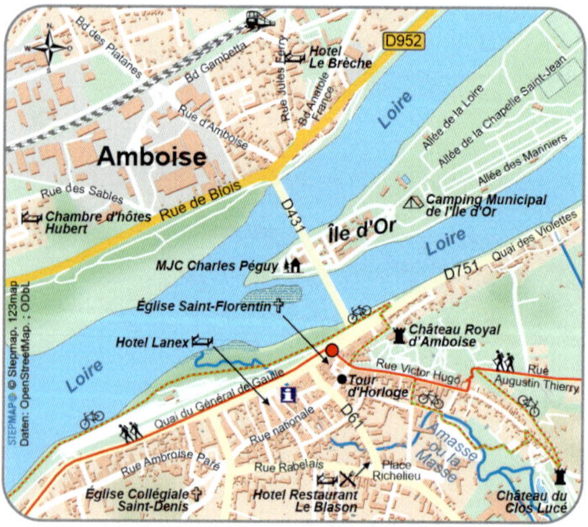

Amboise

61 m, 12.700 Ew.

Office de Tourisme Amboise, Quai du Général de Gaulle, 37000 Amboise, 02 47 57 09 28, über die Homepage, www.amboise-valdeloire.com, April-Oktober 10:00-13:00 und 14:00-17:00, in der Häuserzeile an der Loire, 200 m westlich der Burg

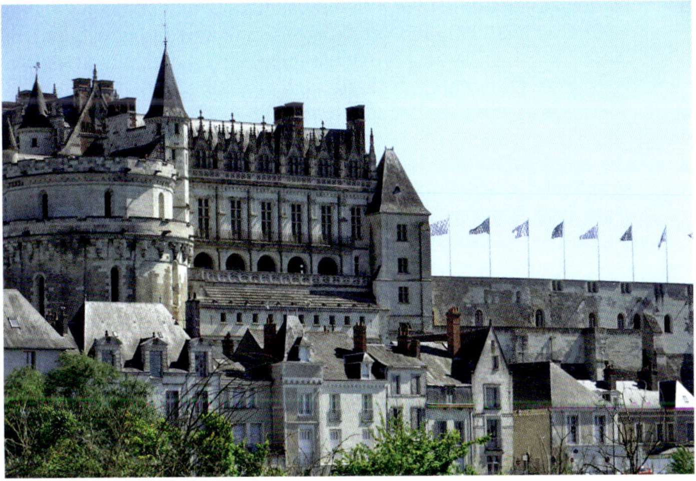

Château Amboise

MJC Charles Péguy, 1 Rue Commire, 37400 Amboise, Île d'Or, ☏ 02 47 30 60 90, tourisme@mjcdamboise.fr, www.iledor-amboise.fr, Jugendherberge mit Zimmern für 2-6 Personen, teils mit eigenem Bad, @, ÜF € 23, ganzjährig, Reservierung notwendig, am Südende der Insel Île d'Or in der Loire

Hotel Restaurant Le Blason, 11 Place Richelieu, 37400 Amboise, ☏ 02 47 23 22 41, www.leblason.fr, mit Charme in alten Mauern, @, Ü ab € 50, Ü DZ ab € 75, ganzjährig, von der D751 an der Loire nach der Kirche links auf die Rue Jean-Jacques-Rousseau und am Place Richelieu rechts

Chambre d'hôtes Hubert, 3 Rue de l'Ancien Vélodrome, 37530 Nazelles-Négron, ☏ 02 47 30 19 20, 06 52 23 40 32 und 06 33 68 21 84, robin.hubert37530@gmail.com, 2 Zi, Shiatsu-Massage im Haus, T @, Abendessen € 10, ÜF € 15, März-Oktober, am Nordufer der Loire links auf die D952, rechts auf den Chemin des Sables, die erste Straße links und wieder links, 1 km vom Zentrum

♦ Hotel Le Brèche, 26 Rue Jules Ferry, 37400 Amboise, ☏ 02 47 57 00 79, über die Homepage, www.logishotels.com, @, Abendessen ab € 35, Frühstück € 15,50, Ü DZ ab € 72, ganzjährig, am Nordufer der Loire rechts und am Kreisverkehr links, 800 m vom Zentrum

♦ Hotel Lanex, 4 Rue Voltaire, 37400 Amboise, ☏ 02 47 57 11 38, über die Homepage, www.logishotels.com, @, Ü DZ ab € 65, ganzjährig, von der D751 an der Loire nach der Touristeninformation links

Camping Municipal de l'Ile d'Or, 4 Allée des Mariniers, 37400 Amboise, 02 47 57 23 37, camping@ville-amboise.fr, www.camping-amboise.com, April-Oktober, auf der Insel Île d'Or in der Loire rechts auf den Quai du Maréchal Foch und am Kreisverkehr rechts halten

TER, regionale Verbindung Orléans – Tours

Die Festung von Amboise. Schloss/Château ist eigentlich der falsche Begriff für die sichtlich wehrhafte Burg. Teile gewannen durch die markante Erweiterung durch König Karl VIII. im 15. Jh. im spätgotischen Flamboyant-Stil etwas an Leichtigkeit und die während der Italienfeldzüge angeworbenen italienischen Künstler und Architekten brachten den hierzulande noch weitgehend unbekannten Stil der Renaissance mit. Die Anlage dominiert optisch die ganze Stadt, hoch thronend über dem Fluss, und mit den Fahnen stolz im Wind wehend gibt sie von der Loire-Insel ein prächtiges Fotomotiv ab. Die Aussicht von den Zinnen und Terrassen ist einfach großartig, sowohl über die Stadt als auch flussauf und flussab, und man kann verstehen, warum Könige hier leben wollten.

Leonardo da Vinci kam auf Einladung von König Franz I. an den Königshof nach Amboise und wurde offiziell zum „ersten Maler, Architekten und Ingenieur" des Königs ernannt. Man stellte ihm das Château du Clos Lucé zur Verfügung, nur 400 m vom Königsschloss entfernt. Er lebte hier von 1516 bis zu seinem Tod 1519. Ein Besuch des kleinen Schlosses sei unbedingt empfohlen, viele Modelle seiner Arbeiten sind hier zu sehen und die Arbeitsräume sind noch weitgehend original eingerichtet, einschließlich vieler Gerätschaften und Malutensilien.

Lassen Sie sich bei einem Bummel durch die Gassen auch die etwas westlich gelegene Kirche Église Collégiale Saint-Denis aus dem 12. Jh. und den Tour d'Horloge – den Uhrturm über einem der alten Stadttore in der Fußgängerzone – nicht entgehen.

Amboise – Montlouis-sur-Loire 17,8 km

Um Ihren Weg fortzusetzen, gehen Sie am Südufer der Loire entlang bis zur Rue Vau de Bonin, die etwa 1,5 km nach der Burg links nach oben führt und als Radweg nach Dierre und Chenonceaux sowie zum Cimetière de la Grille Dorée ausgeschildert ist. Am Ende der Straße folgen Sie dem Radweg geradeaus bis zum Linksknick und halten sich hier rechts. Der Grasweg führt in einem kleinen Links-rechts-rechts-links-Zickzack durch das Wäldchen. Am Schotterweg angekommen gehen Sie links bis zu seinem Ende an der D83. Hier gehen Sie rechts auf dem etwas größeren Schotterweg etwa 1,5 km bis zur nächsten Teerstraße und auf ihr, der Route de L'Ormeau Vigneau, links. Vorsicht, die Straße ist eng und wird

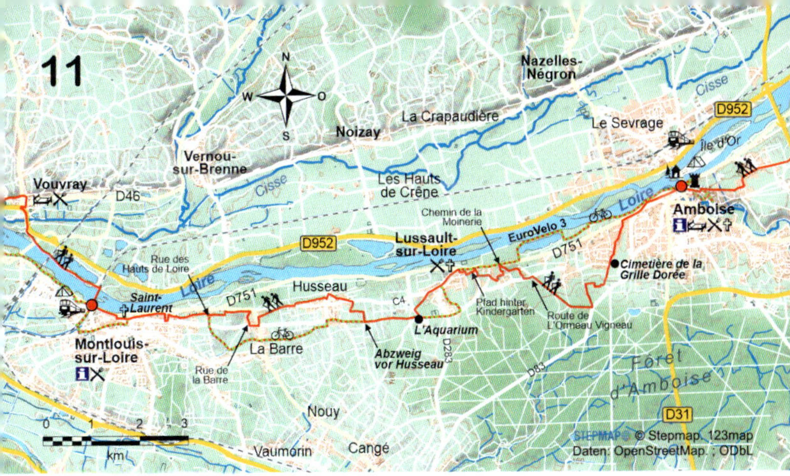

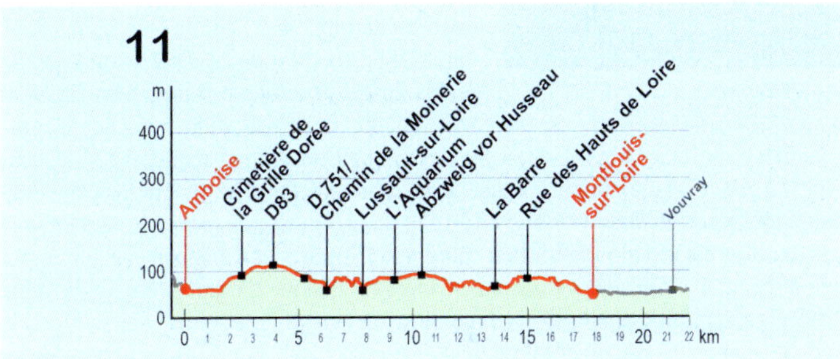

schnell befahren. Nach 200 m zweigt rechts der Chemin du Bas Chandon ab und führt zu einer kleinen Teerstraße. Gehen Sie links, an dem kleinen Schlösschen Le Châtelier vorbei, bis Sie die D751 wieder erreichen. Nehmen Sie hier scharf links zurück den Chemin de la Moinerie wieder nach oben und in Windungen durch ein paar Häuser bis zu einer Querstraße. Hier gehen Sie rechts und an der nächsten Kreuzung auf dem Chemin de la Coudre geradeaus weiter. An dessen Ende führt rechts eine Treppe geradewegs durch den Vorgarten eines weiteren Wohnhauses wieder hinunter zur D751. Links hinter dem Kindergarten führt ein kleiner und steiler Grasweg den Hang hinauf und hinter ein paar Häusern vorbei. Etwas versteckt weist die Beschilderung vor dem letzten Haus rechts in einen Pfad mit nur 1 m Breite, der in die wieder geteerte Impasse des Villas mündet, die rechts unten bei der Kirche von Lussault-sur-Loire ✕ ✝ an der bekannten D751 endet. Ein Restaurant mit Bar und auch Tischen im Freien lädt zur Pause ein – wenn auch nicht immer ganz leise.

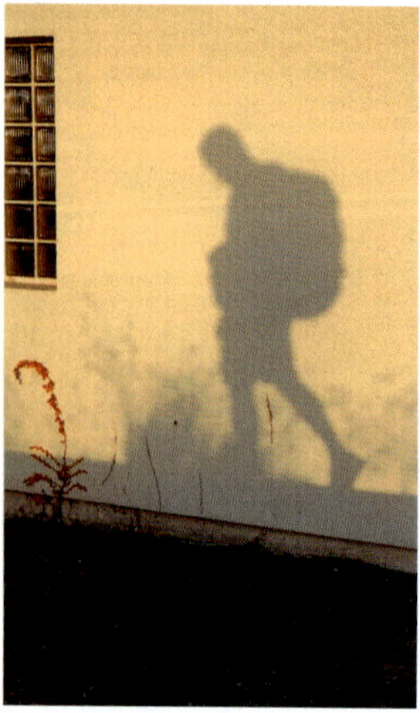

In Gedanken

An der gleichen Kreuzung führt die Rue du Village links wieder das Hochufer hinauf und nach 450 m zweigt rechts die Route de Husseau (C4) ab. Folgen Sie ihr bis zum Abzweig der Allée des Grillons links und gehen Sie nach etwas Grasweg an deren Ende auf der D283 nach links. Nach wenigen Metern stoßen Sie auf das Grand Aquarium de Touraine, eine durchaus sehenswerte Unterwasserwelt (💻 www.grandaquariumdetouraine.com).

Gehen Sie rechts weiter und gleich wieder rechts auf dem Fahrradweg Richtung Montlouis. Nach 1,2 km weist eine etwas zarte Beschilderung unvermittelt in einen Feldweg nach rechts, am nächsten Abzweig geht es links und dann wieder nach rechts bis zur Rue des Rocheroux, der Sie links folgen. Kurz darauf führt die Rue de la Vallée Moret schräg rechts durch die äußeren Häuser von Husseau und hinunter zu La Grande Rue, der Hauptzufahrtsstraße des Ortes. Gehen Sie wieder links hoch und rechts einen kleinen Weg an einer Mauer hoch. Dieser Weg führt am Fuße eines Hanges entlang, durch etwas sonderliche Gärtlein und an in die Wand eingehauenen Kavernen vorbei. Ignorieren Sie die nach oben führenden Straßen und bleiben Sie unten auf den Wegen, bis Sie wieder auf einer Teerstraße sind, die an ihrem Ende ohne Abzweig nach links oben zur Rue des Bouvineries führt. Wenden Sie sich rechts und Sie haben Husseau erfolgreich umgangen. Nach gut 300 m gehen Sie in einer Rechtskurve geradeaus auf einem Feldweg bis zum Chemin Creux, wenden sich kurz nach links und auf der Rue de Chapitre wieder rechts bis zur Rue de la Barre. Hier rechts bis zum Gehölz und vor dem Abstieg wieder links auf einem Feldweg entlang des Gestrüpps können Sie die Höhe diesmal halten und müssen nicht wieder runter. Der Weg macht einen kleinen Schlenker nach links und rechts, bevor er am Ende auf die Rue des Hauts de Loire trifft. Gehen Sie quasi geradeaus und bleiben Sie erneut oben, auch an der nächsten Kreuzung an der Rue du 4 Août 1789. Diese endet nach einer Linkskurve an der Rue Madeleine Vernet. Gehen Sie wieder nach Westen und gleich wieder rechts auf dem Chemin de Bellevue la Loire. Wie der Name schon sagt, haben Sie wieder direkt an der Kante des Hochufers einen schönen Blick auf den Fluss. Die Kirche Saint-Laurent markiert das Zentrum von Montlouis. Das Zentrum des Ortes mit Einkaufsmöglichkeiten liegt eine Parallelstraße weiter links. Der Jakobsweg geht am Ende des Kirchplatzes auf der Rue du Cygne la Loire nach unten weiter, am Ende rechts bis zu D751 und hier links bis zur Bahnbrücke über die Loire.

Montlouis-sur-Loire

⇧ 71 m, 10.830 Ew.

- Office de Tourisme Montlouis-sur-Loire, 4 Rue Abraham Courtemanche, 37270 Montlouis-sur-Loire, ☎ 02 47 45 85 10, über die Homepage, https://www.tourisme-montlouis-vouvray.fr, April-September 9:00-12:30 und 14:00-17:30, Mitte Juli-September auch So 9:00-12:30, vor der Kirche Saint-Laurent rechts nach unten zur Loire
- Camping Les Peupliers, D751, 37270 Montlouis-sur-Loire, ☎ 02 47 50 81 90, camping.montlouis@aquadis-loisirs.com, Ü ab € 12,50, April-Oktober, auf der D751 unter der Eisenbahnbrücke durch, 250 m entfernt
- TER, regionale Verbindung Orléans – Tours

✝ Im 12. Jh. wurde schon ein Vorgängerbau der Kirche ersetzt, die romanische Apside stammt noch aus dieser Zeit. Über die Jahrhunderte wurde der Bau an diesem markanten Platz über der Loire immer wieder erweitert und saniert. Sehenswert sind auch die Fenster aus dem 20. Jh., hier wird u. a. die Bombardierung der Stadt im Jahr 1944 thematisiert. Außerdem finden Sie über dem Hauptportal die Inschrift „Freiheit, Gleichheit, Brüderlichkeit", eine in Frankreich seltene Verquickung von Staat und Kirche.

♦ 3 Rue Abraham Courtemanche

Brücke bei Montlouis-sur-Loire

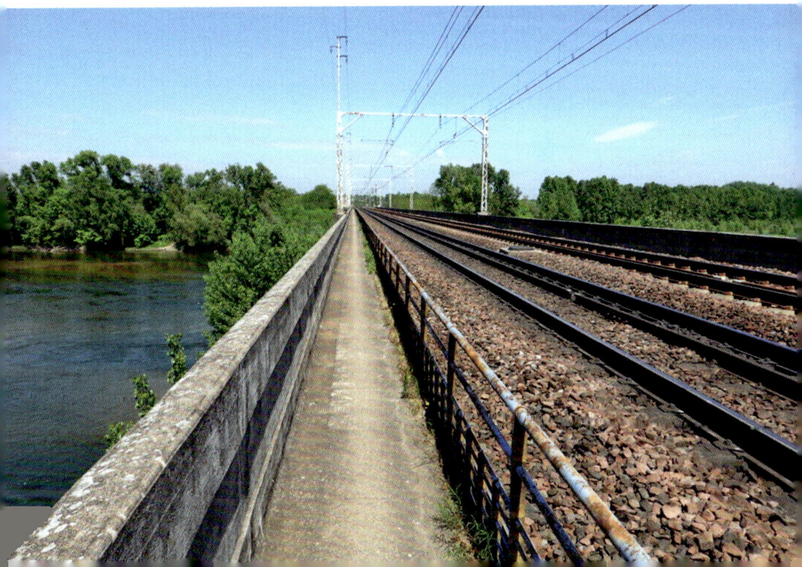

Montlouis-sur-Loire – Tours 13,7 km

Direkt hinter der Eisenbahnbrücke führt eine Treppe nach links hoch zu den Gleisen. Queren Sie den Fluss auf dem schmalen Steg direkt neben der Bahntrasse. Es ist etwas eng und der Weg ist auch ausgesetzt. Die Begegnung mit einem Zug direkt über dem Wasser könnte auch eine spannende Erfahrung werden. Am nördlichen Brückenende führt links ein unbefestigter Weg steil nach unten zum Uferweg, der Abstieg ist nicht ganz ohne. Gehen Sie nach Westen weiter, unter zwei großen Brücken durch und auf der D952 über die Cisse hinein nach Vouvray. Auf der D46 nach rechts Richtung Monnaie, dann rechts auf der Rue de la Verrine und wieder links auf der Avenue Maginot gelangen Sie in das Zentrum von Vouvray 🛏 ✕ ⛺. Sie gehen auf der Rue de la République nach links und in ihrer Verlängerung bringt Sie die Rue du Petit Coteau aus dem Ort, wenngleich die Bebauung aufgrund der Nähe zu Tours nun schon immer dichter wird.

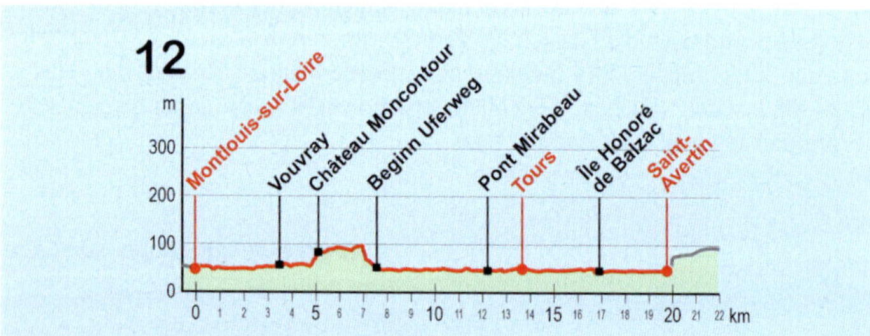

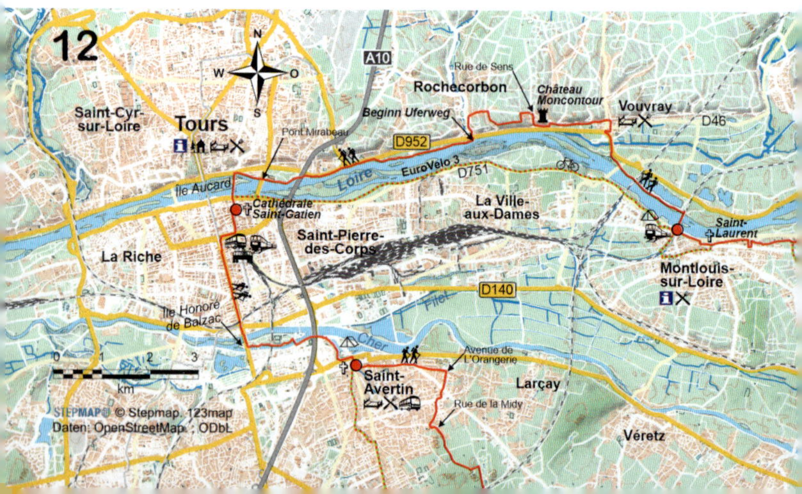

Am Ende der Straße links und gleich wieder rechts auf dem schmalen Sentier des Patys kommen Sie an mehreren kleinen Häusern und in den Hang gegrabenen Kavernen vorbei. Hier wohnte früher das Gesinde des Schlosses und es wurde für die Herrschaft die Arbeit geleistet. Halten Sie sich an den Abzweigen immer rechts oben, bis der Chemin de Sens vor dem Schloss nach rechts oben führt. Nach der Schlossmauer links ↳ könnten Sie auf der Rue de Sens geradeaus durchgehen, die offizielle Beschilderung umkurvt das Feld auf der linken Seite etwas sinnfrei. Folgen Sie der Rue du Peu Boulin am Ende nach links unten und gehen Sie durch bis zur Loire. Ein Uferweg führt direkt am Wasser entlang. Nach 5 km, einer Autobahnunterführung und einer Straßenunterführung an der Pont Mirabeau sehen Sie schon eine kleinere Hängebrücke, die zur Île Aucard und weiter über die Loire führt.

Werfen Sie noch einen letzten Blick auf die Loire, die Sie hiermit verlassen werden, und gehen Sie auf der Rue Lavoisier geradeaus weiter bis zur Kathedrale. Willkommen in Tours.

Tours

⇧ 53 m, 137.100 Ew.

Office de Tourisme Tours, 78-82 Rue Bernard Palissy, 37000 Tours, ☏ 02-47-70-37-37, über die Homepage, www.tours-tourisme.fr, Mo-Sa 8:30-19:00, So 9:30-12:30 und 14:30-17:00, gegenüber dem Bahnhof neben dem Kongresszentrum

L'association des amis de St-Jacques, 143 Rue Giraudeau, 37000 Tours, 07 70 63 10 00, amis.stjacques.centre@wanadoo.fr, Service der Freunde des Jakobsweges von Tours, Unterbringung in Familien nach Möglichkeit, Preis je nach Unterkunft, ganzjährig, Reservierung notwendig

♦ Accueil chrétien chez le Bénédictines de St-Martin, 7 Rue Baleschoux, 37000 Tours, ☏ 02 47 05 63 87, renseignements@basiliquesaintmartin.fr, Abendessen auf Anfrage möglich, Frühstück auf Anfrage möglich, gegen Spende, ganzjährig, Reservierung notwendig, nach der Kathedrale am Place Francois Sicard in die Rue de la Scellerie, 700 m entfernt

♦ The People Hostel, 84 Avenue de Grammont, 37000 Tours, ☏ 02 36 43 50 74, tours@thepeoplehostel.com, www.thepeoplehostel.com, Hostel mit Privatzimmer und Schlafsälen mit Kojen, modern, sauber, @, Mikrowelle, Abendessen € 16,50, Frühstück € 6,90, Schlafsaal Ü ab € 25, Ü DZ ab € 45, Bettlaken inklusive, ganzjährig, Reservierung notwendig, kurz nach dem Zentrum direkt am Weg

Aux Chambres Jolivet, 15 Rue du Général Carpentier, 37000 Tours, 07 66 04 99 99, auxchambres.jolivet@yahoo.com, www.cybevasion.fr/ch16984, 3 Zi, familiär und sehr freundlich, € 7,50, **T** € 7,50, @, Mikrowelle, Abendessen € 20 auf Anfrage, ÜF € 47, ÜF 2 P. € 57-69, ganzjährig, Reservierung notwendig, links vom Bahnhof auf die Rue Édouard Vaillant, links auf die Rue Jolivet, dann rechts auf die Rue Louis David, 1,7 km vom Bahnhof

Hôtel Le Saint-Éloi, 79 Boulevard Béranger, 37000 Tours, ☏ 02 47 37 67 34, hotelsainteloi@gmail.com, www.hotelsainteloi37.com, schlicht, aber sauber, Frühstück € 7, Ü EZ € 40, Ü DZ € 50, Ü 3-Bett-Zi € 70, ganzjährig, am Place Jean Jaurès, dem Anfang der Avenue de Grammont, auf dem Boulevard Béranger 900 m nach Westen

FILBLEU, ÖPNV Tours; Fernbusbahnhof, an der östlichen Seite des SNCF-Bahnhofs

SNCF, überregionale Verbindung TGV Paris – Tours – Poitiers – Bordeaux; TER, regionale Verbindung Orléans – Tours

✞ Cathédrale Saint-Gatien, 13.-16. Jh. Die Kathedrale wurde im spätgotischen Flamboyant-Stil errichtet und gehört zweifellos zu den großen französischen Kirchenbauten des Mittelalters. Es sind nicht nur die Proportionen des Baus, die so beeindrucken, sondern auch die Fenster. Die beiden Maßwerkfenster mit riesigen Rosetten in der Westfront über dem Eingang und an der Nordseite in der Fassade des Querhauses sind in Größe und Schönheit kaum zu übertreffen.

Gönnen Sie sich einen Besuch bei vollem Sonnenschein. Dann erstrahlt der ganze Innenraum in farbigem Glanz und bietet ein einzigartiges Schauspiel.

♦ Rue Lavoisier/Place de Cathédrale, www.paroisse-cathedrale-tours.fr, ein Crédentiale für Ihre Stempelsammlung bekommen Sie an der Information.

✞ Basilique Saint-Martin de Tours, 19. Jh. Die heutige Basilika wurde in neobyzantinischem Stil errichtet und beherbergt in ihrer Krypta das Grab des heiligen Martin. Mehrere Kirchenbauten wurden an dieser Stelle schon errichtet und immer wieder zerstört. Von der größten, romanischen Basilika stehen heute nur noch zwei Türme, der Tour Charlemagne und der Tour de l'Horloge. Beachten Sie eine Schautafel zwischen den Türmen vor der Basilika, die die Dimensionen dieses Baus anschaulich verdeutlicht.

♦ Rue des Halles/Rue Descartes, ein Crédentiale für die Stempelsammlung auf Ihrem Pilgerweg bekommen Sie hier am Shop in der Kirche.

Der Name der Stadt geht auf den gallischen Stamm der Turoner zurück, die hier am Zusammenfluss der Loire und der Cher siedelten. Natürlich waren die Römerinnen und Römer auch da, der Name Caesarodunum konnte sich aber nicht durchsetzen. Die neuere Stadtgründung geht auf den heiligen Martin im 4. Jh. zurück. Sein Grab wurde schnell zur Pilgerstätte und damit ist Tours ein noch älteres Pilgerziel als Santiago de Compostela. Der Martinsweg – die Via Sancti Martini – von Szombathely in Ungarn, dem Geburtsort von Martin, nach Tours wird als Pilger- und Kulturweg in den heutigen Tagen ebenfalls wieder populärer.

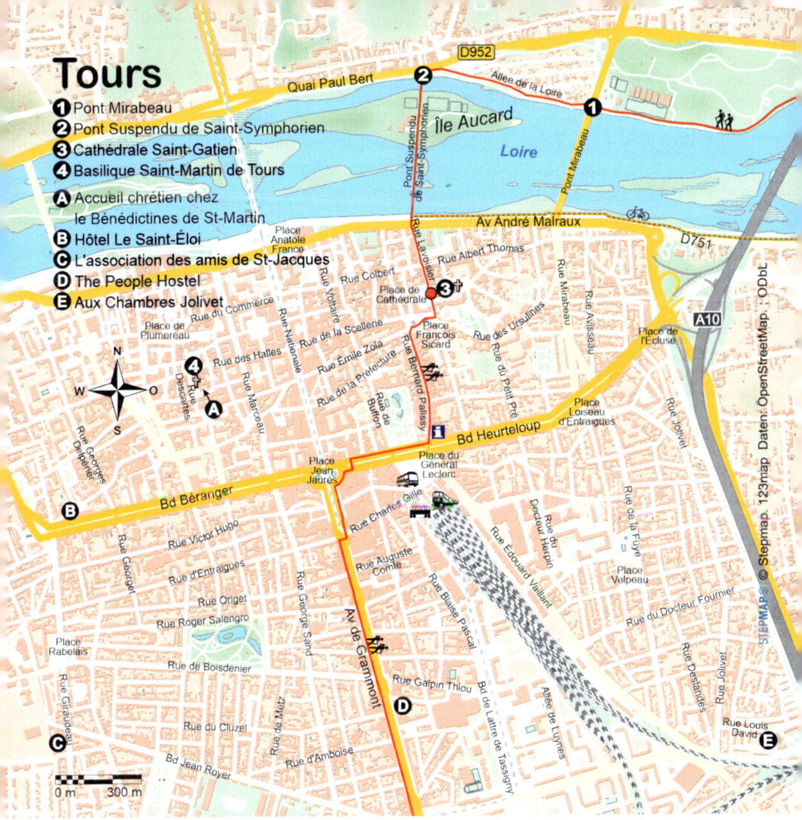

Selbstverständlich sammelten sich hier Pilgerinnen und Pilger aus ganz Europa auf ihrem Weg nach Spanien und so bekam einer der Hauptpilgerwege durch Frankreich den Namen Via Turonensis. Gemessen an dem kulturhistorischen Reichtum der Stadt findet sie im französischen und europäischen Reisebewusstsein der Franzosen und Europäer viel zu wenig Beachtung und hätte mehr verdient.

Restaurants und Leben am Abend finden Sie in zwei Bereichen von Tours: einmal in der Rue Colbert, beginnend an der Rue Lavoisier nördlich der Kathedrale, aber auch in direkter westlicher Verlängerung der Rue Colbert, die in die Rue du Commerce übergeht und am Place de Plumereau endet. Das ganze Viertel um den Platz bietet mit seinen Fachwerkhäusern ein wirklich nettes Ambiente für einen lauen Sommerabend.

Tours – Saint-Avertin 6,1 km

Der Weg aus Tours führt auf der Rue Lavoisier an der Westfront der Kathedrale vorbei nach Süden, nach dem ersten Haus schon rechts diagonal durch den kleinen Park über den Place Francois Sicard und links in die Rue Bernard Palissy bis zu ihrem Ende. Nach dem modernen Kongresszentrum des französischen Stararchitekten Jean Nouvel aus dem Jahr 1993 gehen Sie auf dem zweispurigen Boulevard Heurteloup rechts bis zum Place Jean Jaurès und biegen links, den Gleisen der Straßenbahn folgend, auf die Avenue de Grammont ab. Auf den ersten paar Hundert Metern finden Sie nochmals gute Versorgungsmöglichkeiten. Nach etwa 2,2 schnurgeraden Kilometern erreichen Sie die lang gezogene Brücke über die Cher, den zweiten großen Fluss in Tours. Wechseln Sie dringend noch auf die linke Brückenseite und nehmen Sie den Weg hinunter zur Insel Île Honoré de Balzac.

Sie wenden sich nach Osten, halten sich immer am südlichen Rand der Insel, gehen unter zwei Brücken hindurch und verlassen die Insel über die kommende Fußgängerbrücke nach Süden. Sie gehen links am Ufer der Cher weiter und nach der Autobahn rechts den Damm hinauf, diagonal über den Kreisverkehr, gegenüber hinunter in die Grünanlage und an dem See rechts entlang bis zum Quai Sadi Carnot. Sie gehen kurz links, dann führt an der Brücke rechts die Rue de Rochepinard in das Zentrum von Saint-Avertin. Hier haben Sie wieder alle Einkaufsmöglichkeiten.

Saint-Avertin

BANK

53 m, 15.000 Ew.

Le Hameau du Moulin à Vent, 5 Allée Eugène Delacroix, 37550 Saint-Avertin, 02 47 27 51 50, 06 44 90 33 06, hameaudumoulinavent@gmail.com, 3 Zi im Privathaus, vom Zentrum Saint-Avertin und Bahnhof Saint-Pierre-de-Corps, € 3, **T** € 3, @, gemeinsames Kochen möglich, Ü € 30, ganzjährig, Reservierung notwendig, kurz vor Ende der Stadt auf der Rue de l'Ormeau rechts, die Rue du Moulin à Vent links und wieder links

♦ Chez Mme Monika Picaud, 12 Allée du l'Ormeau, 37550 Saint-Avertin, 02 47 25 87 47, 2 Zi im Privathaus mit Garten, @, HP € 40, ganzjährig, Reservierung notwendig, kurz vor Ende der Stadt auf der Rue de l'Ormeau rechts

Camp Tours Val de Loire, 61 Rue de Rochepinard, 37550 Saint-Avertin, 02 47 27 87 47, contact@onlycamp.fr, www.onlycamp.fr, Bettlaken € 9-12, **T** @, Frühstück Brötchenservice am Morgen, Ü Zelt € 6, Ü Zelt zur Miete ab € 18, Ü Mobilehome 4 P. ab € 80, Februar-Mitte Dezember, auf der Rue de Rochepinard nicht rechts ins Zentrum von Saint-Avertin, sondern links über die Brücke, 300 m entfernt

FILBLEU, 10 Tours-Zentrum

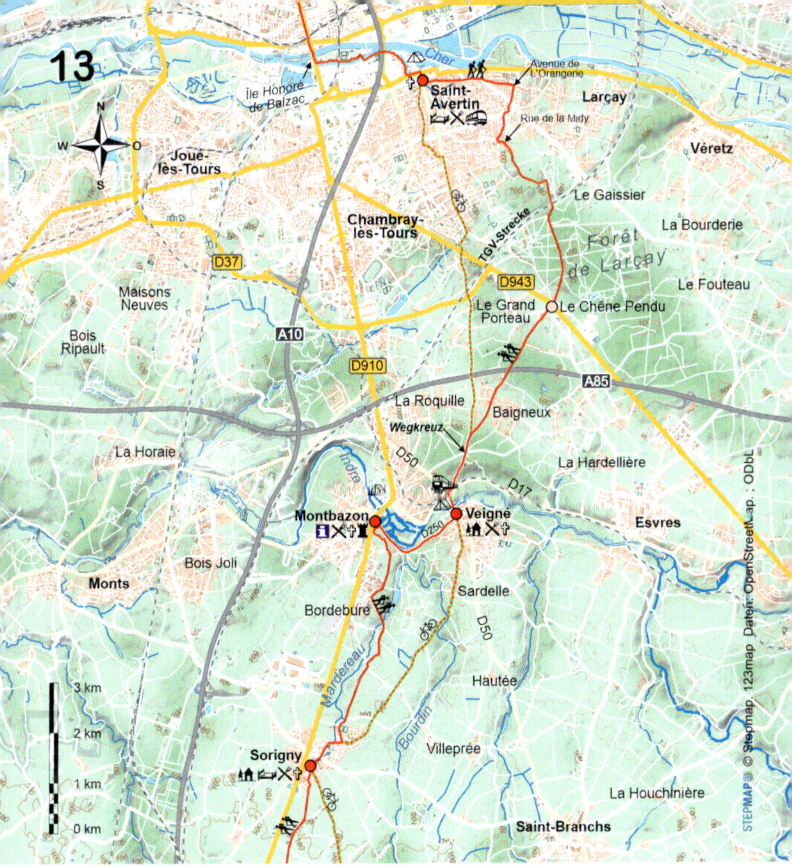
13
N
W
O
S
Cher
Île Honoré de Balzac
Saint-Avertin
Avenue de L'Orangerie
Larçay
Rue de la Midy
Véretz
Joué-lès-Tours
Le Gaissier
La Bourderie
Chambray-lès-Tours
TGV-Strecke
Forêt de Larçay
D37
D943
Le Fouteau
Maisons Neuves
Le Grand Porteau
Le Chêne Pendu
Bois Ripault
A10
D910
A85
La Roquille
Baigneux
Wegkreuz
La Horaie
D50
Indre
La Hardellière
D17
Montbazon
Veigné
Esvres
D250
Bois Joli
Monts
Sardelle
Bordebure
D50
Mardereau
Hautée
Bourdin
3 km
2 km
Villeprée
Sorigny
1 km
La Houchinière
0 km
Saint-Branchs
STEPMAP © Stepmap, 123map Daten: OpenStreetMap, ODbL

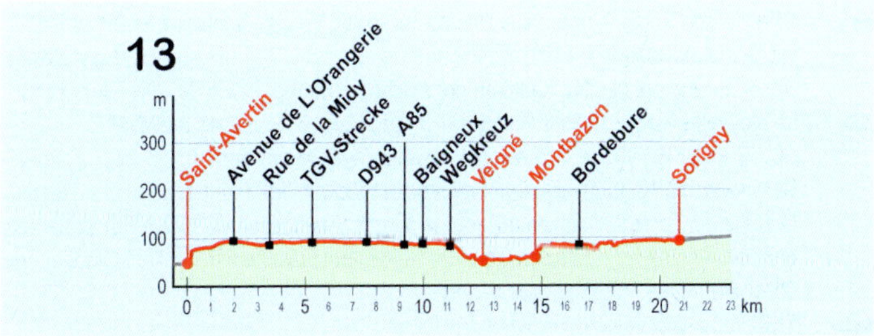
13
m
300
200
100
0
Saint-Avertin
Avenue de L'Orangerie
Rue de la Midy
TGV-Strecke
D943
A85
Baigneux
Wegkreuz
Veigné
Montbazon
Bordebure
Sorigny
0 1 2 3 4 5 6 7 8 9 10 11 12 13 14 15 16 17 18 19 20 21 22 23 km

Saint-Avertin – Veigné 12,5 km

Fahren Sie die Rue de Rochepinard geradeaus hoch bis zur Kirche und am Beginn der Einbahnstraße auf der Rue Léon Brulon rechts parallel weiter. An der Verzweigung am Ende halten Sie sich links auf der Rue des Cicottées und gleich wieder links auf der Rue de la Chalonniére bis zur Rue de Cormery. Fahren Sie rechts bis zu einem Kreisverkehr schon außerhalb der Häuser, dort nach links und nach der kreuzenden D943 beginnt die Rue de Barillers, der Sie bequem über die TGV-Strecke und Autobahn bis zum großen Wegkreuz vor Veigné folgen können.

Die Wegmarkierung auf der Hauptstraße nach links in die kleine Rue Saint Michel kann leicht übersehen werden. Folgen Sie ihr und am Ende dem Fußweg nach oben. Der Weg wird wieder zur Straße, später Rue de Cangé genannt. Folgen Sie dieser etwas 2 km, bis Sie schließlich auf die Avenue de L'Orangerie treffen, wo Sie sich nach rechts wenden. Ein Fußweg am Ende bringt Sie zur Avenue du Général de Gaulle. Rechts am Kreisverkehr beginnt an der Avenue Nelson Mandela ein kleiner Pfad und führt zwischen den Gärten hindurch bis zur Rue de l'Ormeau. Gehen Sie links, dann über den Kreisverkehr und kurz darauf rechts in die Rue de la Midy. Dieser folgen Sie bis zum Ende und dann dem anschließenden Schotterweg, bis Sie am Ende nach rechts die TGV-Strecke überqueren können. Halten Sie sich dahinter rechts, nach 200 m wieder links Richtung Süden und gehen Sie geradeaus durch bis zur D943. Nach der Unterführung zweigt die zweite Straße schräg links als Sackgasse ab, wird zum Feldweg und trifft nach der Autobahn auf die ersten Häuser von Baigneux. Sie gehen geradeaus weiter und auf einer viel befahrenen Straße leicht links bis zur nächsten Kreuzung mit großem Wegkreuz. Gehen Sie geradeaus durch nach unten, am Bahnhof von Veigné links und Sie haben mit Überqueren der Indre das Zentrum von Veigné erreicht.

Veigné ⇧ 57 m, 6.400 Ew.

Gîte d'étape Pèlerin, 14 ter Rue Principale, 37250 Veigné, ☏ 02 47 34 36 36 Mairie, lemaire@veigne.fr, 3 Pl, kleine Küche, gegen Spende ab € 5, ganzjährig, Reservierung notwendig, direkt an der Kirche

La Nouvelle Plage, 1a Rue Principale, 37250 Veigné, ☏ 02 47 34 95 39, 07 61 23 56 94, campinglanouvelleplage@gmail.com, www.campinglanouvelleplage-veigne.com, Bademöglichkeit in der Indre, Restaurant, kleiner Lebensmittelverkauf, € 4, @, Abendessen € 15-25, Frühstück € 7, Ü Zelt 1 P. ab € 10, Ü Wohnwagen 2 P. € 38, Bettwäsche € 7, April-Oktober, vor der Indre rechts, direkt am Ort

TER, regionale Verbindung Veigné – Tours

Veigné – Montbazon 2,2 km

Fahren Sie nach Kirche und Parkplatz auf der D50 weiter, bis kurz vor dem Linksbogen rechts an der Avenue de Touraine sofort links die Rue des Grandes Vignes beginnt. Sie wird zur Rue de Sardelle. Dieser können Sie immer geradeaus bis Sorigny folgen. Montbazon verpassen Sie dadurch, aber ganz ehrlich …

Verlassen Sie Veigné nach der Kirche und dem zentralen Parkplatz rechts auf der Rue Jules Ferry. Diese wechselt zweimal ihren Namen und führt nach gut 2 km direkt in den Ort Montbazon.

Durch das Stadttor und an der Hauptstraße rechts wäre das Zentrum mit Einkaufsmöglichkeiten erreicht, falls Sie etwas benötigen.

Montbazon BANK 54 m, 4.500 Ew.

Office de Tourisme Montbazon, Esplanade de la grange rouge, 37250 Montbazon, 02 47 26 97 87, über die Homepage, www.azay-chinon-valdeloire.com, Mai-September 10:00-12:30 und 14:00-17:30, Oktober-April Di-Sa 10:00-12:30, an Feiertagen geschlossen, 150 m nordöstlich der Indre-Brücke

La Vallée de l'Indre, Parc la Grande Rouge, 37250 Montbazon, 02 47 26 06 43, contact@camping-montbazon.com, www.camping-montbazon.com, kleiner Lebensmittelverkauf, € 5, T € 2, @, Mikrowelle, Ü Zelt 1 P. € 7-11, Ü in eingerichtetem Zelt 2 P. € 20-70, April-Oktober, auf der D910 über die Indre, gleich links am Flussufer

Montbazon

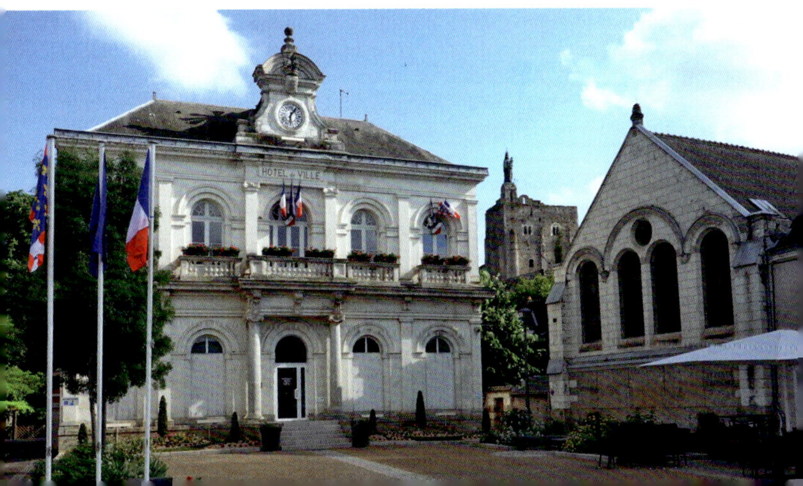

Montbazon – Sorigny 6,1 km

Kurz vor dem alten Stadttor führt ein Fußweg links bergan hoch zur Rückseite der Burg. Ein Wegweiser des GR 655 mit weiß-roten Streifen und Muschel zeigt den Abzweig. Oben gehen Sie auf der Straße links nach oben weiter und am Abzweig links bis zu einem Feldweg, der vor dem letzten Haus nach rechts führt. An dessen Ende geht es nach dem Fabrikgelände rechts, dann an der Straße links wieder am Waldrand entlang und anschließend auf der Teerstraße bis zu ihrem Ende. Hier links und gleich wieder rechts führt ein weiterer Feldweg bis zu den ersten Häusern von Sorigny. Am Kreisverkehr nehmen Sie die erste Ausfahrt rechts, die Rue de Genevray. Nach dem etwas kastenartig geratenen Gemeindesaal folgen Sie der Rue de la Voie Dieu nach links und in Verlängerung der Rue Château Gaillard bis zur Kirche von Sorigny. Bäcker und Supermarkt finden Sie hier rechts nach 200 m, die Herberge nach wenigen Metern links in der Rue de Louans.

Sorigny BANK 94 m, 2.700 Ew.

Hâlte Pèlerin Gîte municipal, 9 Rue de Louans, 37250 Sorigny, ☏ 02 47 34 27 70 (Mairie), 06 73 24 11 21 (M. Robin), robinoss@orange.fr, schöne Pilgerherberge in kleinem Haus im Ort, , Ü € 12, mit Bettwäsche, April-Oktober, Reservierung notwendig, nach der Kirche 50 m links, direkt am Weg

Sorigny – Sainte-Catherine-de-Fierbois 14,3 km

Von der Kirche auf der Rue de Louans an der Herberge vorbei zweigt rechts die Rue des Écoles ab.

Mit dem Velo fahren Sie auf der Rue de Louans geradeaus weiter aus dem Ort und durch Cesnay. 3 km dahinter geht auf freiem Feld links eine gut beschilderte Seitenstraße ab. An deren Ende fahren Sie rechts und kommen Sie an die TGV-Strecke, die Sie etwas weiter links auf der D101 queren können. Sie erreichen Sainte-Catherine-de-Fierbois.

Gegenüber der Schule nehmen Sie einen Grasweg hinaus auf die Felder. An der ersten Kreuzung halten Sie sich rechts, kommen an eine abknickende Teerstraße und gehen auf ihr nach links durch die Häuser von La Martin bis an das Ende der Straße. Hier geht es auf einem Feldweg durch etwas Gehölz, dann rechts an dessen Rand entlang bis zur nächsten Teerstraße und etwas rechts versetzt wieder zwischen Feld und Bäumen weiter. Die ganze Strecke hier ist über Kilometer hinweg ziemlich grasig und kann am Morgen leicht für nasse Füße sorgen.

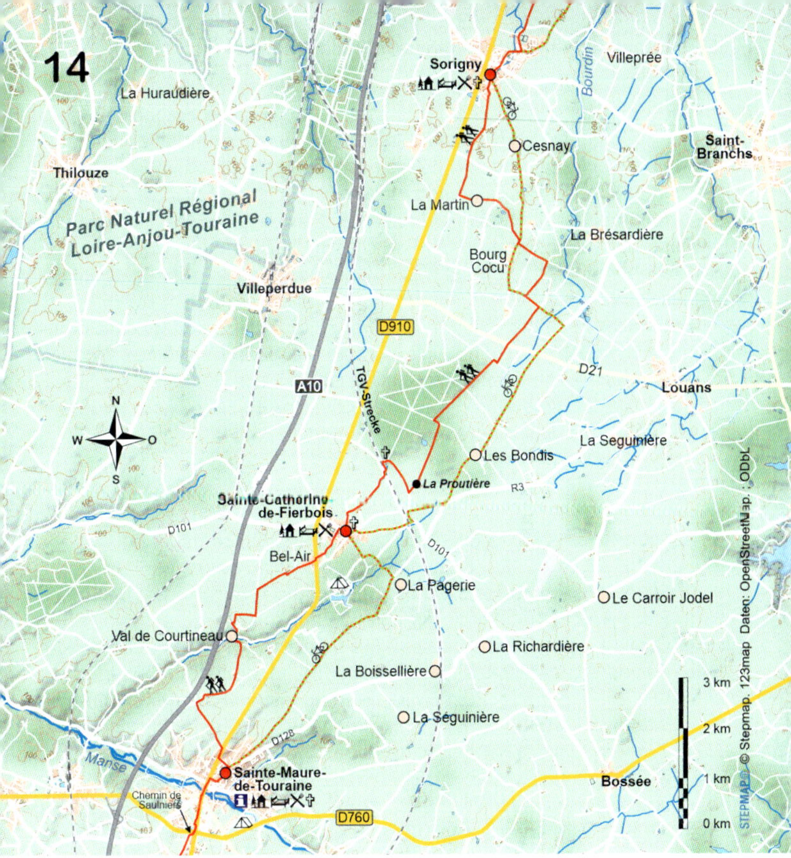

14
Sorigny
Villeprée
Bourdin
La Huraudière
Cesnay
Saint-Branchs
Thilouze
La Martin
Parc Naturel Régional
Loire-Anjou-Touraine
La Brésardière
Bourg
Cocu
Villeperdue
D910
D21
A10
TGV-Strecke
Louans
N
W
O
S
La Seguinière
Les Bondis
La Proutière
R3
Sainte-Catherine-de-Fierbois
D101
D101
Bel-Air
La Pagerie
Le Carroir Jodel
Val de Courtineau
La Richardière
La Boissellière
La Séguinière
3 km
2 km
1 km
0 km
D128
Manse
Sainte-Maure-de-Touraine
Bossée
Chemin de Saulniers
D760
STEPMAP © Stepmap. 123map Daten: OpenStreetMap: ODbL

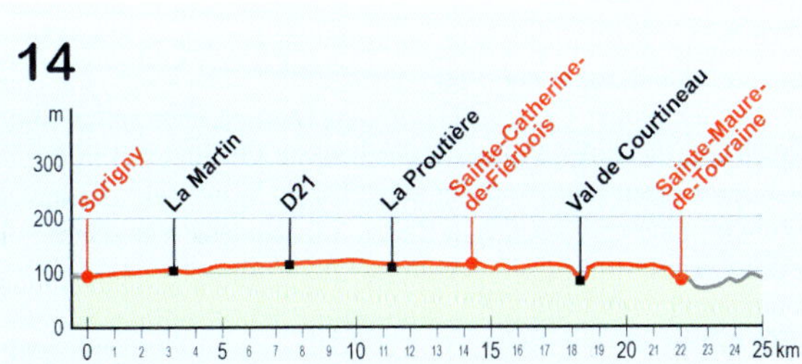

14
m
300
200
100
0
Sorigny
La Martin
D21
La Proutière
Sainte-Catherine-de-Fierbois
Val de Courtineau
Sainte-Maure-de-Touraine
0 1 2 3 4 5 6 7 8 9 10 11 12 13 14 15 16 17 18 19 20 21 22 23 24 25 km

Gehen Sie auf dem zweiten Weg nach rechts, auf der Straße kurz links und den nächsten Weg schon wieder rechts und wieder durch bis zur Straße – diesmal immerhin die D21, aber viel los ist hier draußen auch nicht. Wandern Sie geradeaus drüber weg, am Ende rechts und gleich wieder links am Waldrand entlang. Am Ende des Wegs links und gleich wieder rechts kommen Sie am Hof La Proutière vorbei und werden vielleicht ein Päuschen einlegen wollen. Die Anwohnenden stellen hier meist ein Tischchen mit Stühlen auf und servieren kostenloses Obst für Pilgerinnen und Pilger. Herzlichen Dank für diese Geste an dieser Stelle!

Weiter geht es an der nächsten Teerstraße nach rechts zu einer protestantischen Kirche im Wald, hier links und unter der TGV-Strecke hindurch. Nehmen Sie den Feldweg leicht links versetzt entlang eines kleinen Baches bis zur Straße und gehen Sie dort links hinein nach Sainte-Catherine-de-Fierbois, wo Sie Johanna von Orléans auf dem Hauptplatz schon erwartet.

Sainte-Catherine-de-Fierbois

⇧ 115 m, 760 Ew.

Accueil pèlerin, 37800 Sainte-Catherine-de-Fierbois, ☏ 02 47 65 43 26, 06 73 06 57 40, aurin.danielle@gmail.com, Service der Freunde des Jakobsweges von Sainte-Catherine, Unterbringung in Familien nach Möglichkeit, Preise je nach Unterbringung, ganzjährig

Chambre d'hôtes L'Arum Antique, 2 Rue Boucicault, 37800 Sainte-Catherine-de-Fierbois, ☏ 02 47 65 49 66, 06 71 48 26 34, larumantique@live.fr, ÜF € 35, ganzjährig, Reservierung notwendig, ab der Kirche auf der D101 nach Westen bis zur D910

Camping Le Parc de Fierbois, Parc de Fierbois, 37800 Sainte-Catherine-de-Fierbois, ☏ 02 47 65 43 35, contact@fierbois.com, www.fierbois.com, 5-Sterne-Zeltplatz mit Schwimmbad, € 6, T € 4, @, Abendessen € 10 (zum Mitnehmen), Ü Zelt 1 P. € 20, Mai-August, an der D101 links und auf der Allée du Comacre geradeaus weiter, nach 550 m rechts

✞ Die Kirche aus dem 15. Jh. zeigt an der Westfront sehr schöne Ornamente und Verzierungen im spätgotischen Stil „Flamboyant", einer sehr französischen Ausprägung der Spätgotik, die man in anderen Ländern eher selten findet. Ein Hauptmerkmal sind die vielen kleinen Türmchen mit Ornamenten, die scheinbar sinnfrei nach oben ragen und an dieser sonst kahlen Wand sehr plakativ wirken. Ein Beichtstuhl im Inneren verdeutlicht diesen Stil ebenfalls sehr schön.

♦ Rue Jules Baric

Der kleine Ort ist alt, man sieht es an den Häusern im Dorfkern, und schon 1415 gab es hier eine Pilgerstation, wie eine Tafel an dem Unterstand für Pilgernde erzählt.

Sainte-Catherine-de-Fierbois – Sainte-Maure-de-Touraine 7,7 km

🚲 Südöstlich der Kirche führt die Allée de Comacre aus dem Ort. Am Ende fahren Sie links, an der nächsten Kreuzung vor La Pagerie rechts und landen geradewegs im Zentrum von Saint-Maure-de-Touraine.

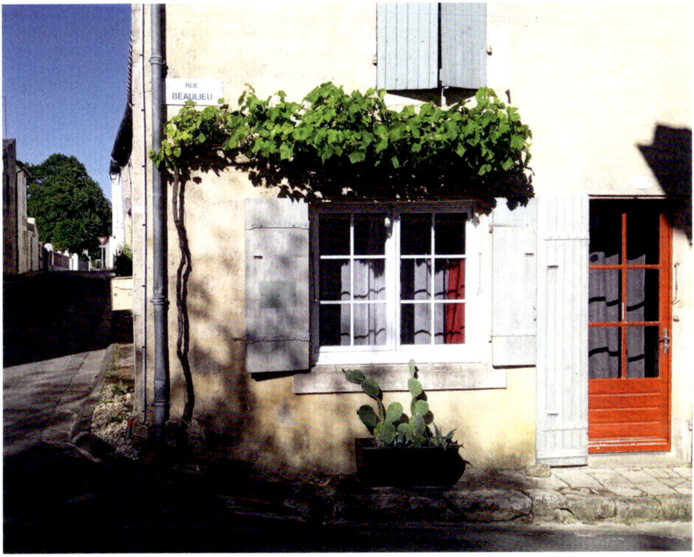

In Sainte-Maure-de-Touraine

Gehen Sie auf der Hauptstraße des Dorfes nach Westen, die erste Straße links ist die Rue du Stade, in Verlängerung Rue des Perruches, die hinaus zur D910 führt. Vorsicht beim Queren! Links versetzt gehen Sie die Straße Richtung Sables bis zum letzten Hof und direkt davor auf einem Feldweg nach links weiter. An der nächsten Kreuzung gehen Sie nach links auf den Feldweg, dann den ersten Weg rechts und vor dem ersten Haus links der Teerstraße folgend nach unten in das Val de Courtineau. Geradeaus und den Hang hoch folgen Sie dem Weg immer weiter, vorbei an zwei Farmen, bis Sie der Autobahn sehr nahe kommen. Hier links, auf der D910 kurz rechts, auf der Rue Saint-Michel wieder links hinauf und an der D128 rechts haben Sie das Zentrum von Sainte-Maure-de-Touraine erreicht.

Sainte-Maure-de-Touraine

90 m, 4.200 Ew.

Office de Tourisme Sainte-Maure-de-Touraine, 77 Av. du Général de Gaulle, 37800 Sainte-Maure-de-Touraine, ☏ 02 47 65 66 20, über die Homepage, www.azay-chinon-valdeloire.com, Mai-September 10:00-12:30 und 14:00-17:30, Oktober-April Di-Sa 10:00-12:30, an Feiertagen geschlossen, am ersten Kreisverkehr südlich der Stadt an der D910/D368

Halte pèlerin Le Grand Vaux, Rue du Grand Vaux, 37800 Sainte-Maure-de-Touraine, ☏ 02 47 65 66 20, 4 Pl, kleines, uriges Haus, Pilgerinnen und Pilger zu Fuß werden bevorzugt, Ü € 12, 15. April-15. Oktober, von der D910 rechts auf die D210 und rechts auf der Rue du Grand Vaux bis zur ersten Straße rechts im OT Grand Vaux

♦ Accueil Pèlerin L'Escale Sainte-Maurienne, 10 Rue du 8 Mai 1945, 37800 Sainte-Maure-de-Touraine, 06 62 07 86 97, nathalie.bossut@laposte.net, 3 Pl in 1 Zi, auf Anfrage, T auf Anfrage, @, gegen Spende, April-Oktober, links hinter der Markthalle nach Südosten, im Ort

Chambre d'hôtes La Chuchotière, 3 Rue Auguste Chevallier, 37800 Sainte-Maure-de-Touraine, ☏ 02 47 65 59 87, 06 16 94 40 44, philippe.lekain@laposte.net, Abendessen € 15, ÜF DZ € 75, ganzjährig, Reservierung notwendig, im Rechtsbogen der Rue du Docteur Patry nach links, im Ort

Camping municipal du Parc Robert Guignard, 7 Rue Toizelet, 37800 Sainte-Maure-de-Touraine, ☏ 02 47 65 44 93, camping@sainte-maure-de-touraine.fr, € 4, @, Ü Zelt 1 P. € 13, 2 P. € 17, April-Oktober, ab der D910 links auf die Rue de Loches und Rue des Coteaux, 1 km

Sainte-Maure-de-Touraine – Les Nauzerolles (Draché) 8,6 km

Vom Hauptplatz in Sainte-Maure, dem Place du Marechal Leclerc, führt an der Südwestecke die Rue du Docteur Patry nach Süden und im Rechtsbogen zurück

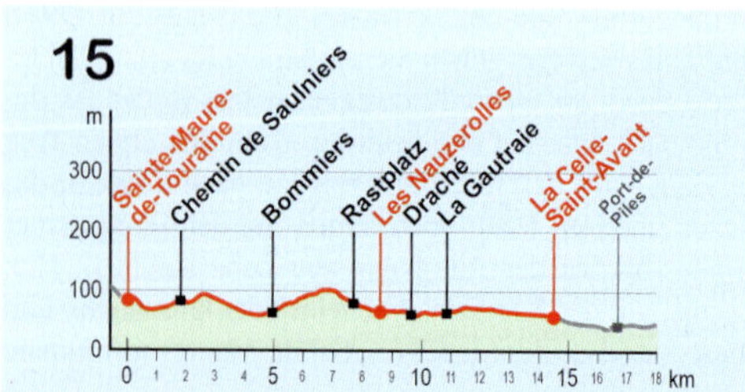

zur D910, der Avenue du Général de Gaulle (es gibt derer wirklich viele in Frankreich …). Folgen Sie ihr links nach Süden bis zum dritten Kreisverkehr an der Kreuzung mit der D760. Überqueren Sie rechts

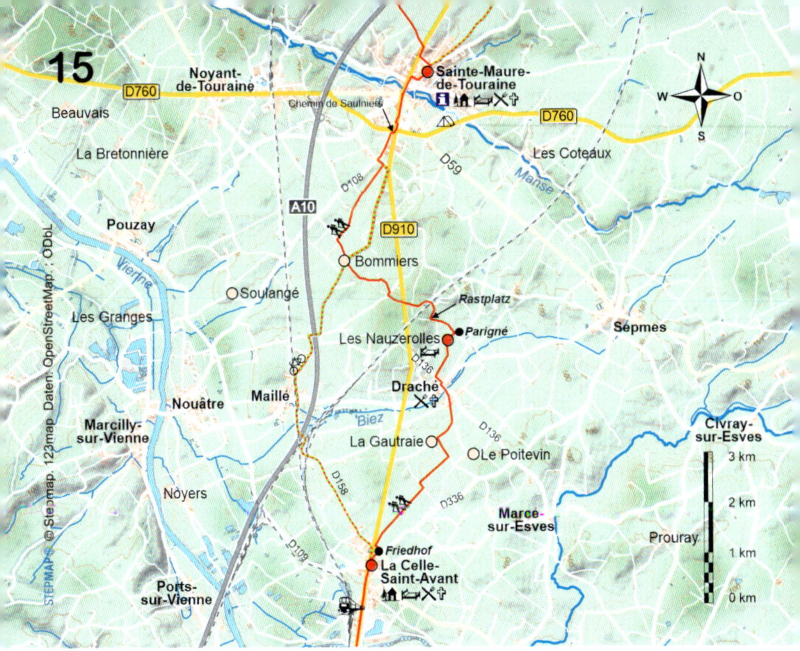

die D760 und folgen Sie der kleineren D108, dem Chemin des Saulniers, rechts herunter zwischen den Märkten hindurch und am nächsten Kreisverkehr der D158 nach links Richtung Maillé. Ein Steinkreuz aus längst vergangenen Zeiten weist rechts den alten Weg über die Felder.

Mit dem Rad fahren Sie hier geradeaus und unmittelbar vor der D910 folgen Sie der kleinen Straße rechts. Queren Sie die A10 bei erster Gelegenheit und nehmen Sie die erste Straße dahinter links. Am Bahnhof von Maillé halten Sie sich auf der D158 entlang der Gleise, queren die A10 nochmals und erreichen La Celle-Saint-Avant.

Gehen Sie an drei Bauernhöfen vorbei und am Ende links, nach dem nächsten Hof (Bommiers) auf dem Feldweg geradeaus weiter, nochmals im Bogen an einem Hof vorbei und im Wäldchen kurz rechts und wieder links, bis Sie wieder an der D910 sind. Geradeaus darüber können Sie die Bahnlinie unterqueren. Danach halten Sie sich rechts und kommen an einem neuen Rastplatz mit hübscher Aussicht vorbei. Folgen Sie dem Weg am Ende nach links bis zu dem allein stehenden Gehöft Parigné am linken Wegrand. Hier am Tor gehen Sie rechts bis zum nächsten Hof.

Accueil pèlerin M + Mme Michau, 2 les Nauzerolles, 37800 Draché, 02 47 65 04 96, 06 42 67 94 49, michau@orange.fr, familiäre Unterkunft mit eigenem Bad, € 2, @, ÜF € 15, HP € 32, ganzjährig, Reservierung notwendig, kurz vor Draché, direkt am Weg

Les Nauzerolles (Draché) – La Celle-Saint-Avant 5,9 km

Nach links geht es weiter und Sie kommen auf die D136 (Rue du Mai 1945). Sie gehen links bis zu ihrem Ende und kommen auf der Rue de la Mairie zu der Kirche von Draché BANK.

Vor der Kirche zweigt die D136 Richtung Marcé ab. Auf der Straße nach dem Bach gehen Sie rechts Richtung La Gautraie – da wollen Sie hin –, halten sich an dem hölzernen Wegkreuz nochmals rechts und können vor dem Weiler La Gautraie schon links auf den Feldweg abbiegen. Die Markierung des Jakobsweges würde durch den Weiler und wieder zurückführen, doch hier gibt es wirklich nichts zu sehen. Der erste Weg auf freiem Feld nach rechts ist der Ihre, am Ende biegen Sie links und wieder rechts ab und können nun bis zum Friedhof vor La Celle-Saint-Avant durchgehen. Umkurven Sie ihn linksherum, gehen Sie rechts über die D750 und folgen Sie der Markierung geradeaus durch ein kleines

Pilgerpause am Wegesrand

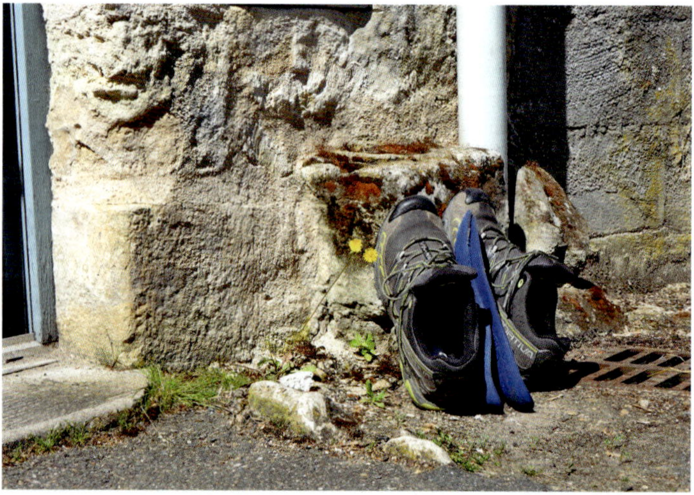

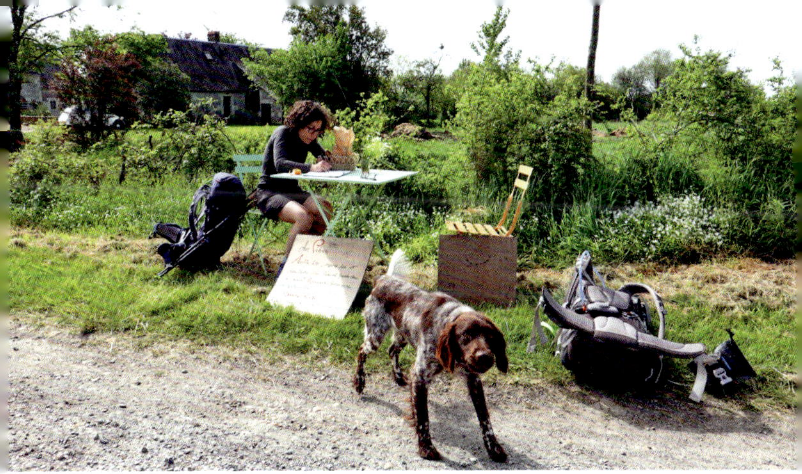

Regeneration für Füße und Schuhe

Gässchen auf die Kirche zu. Ein schönes Stück romanische Baukunst erwartet Sie und überrascht mit manchem ausgearbeiteten Detail. An der Kirche entlang erreichen Sie die D910, die Lebensader des Dorfes.

☺ Am Eck ist ein öffentliches WC, an der D910 links um die Ecke gibt es guten Kaffee und zu Essen im Restaurant, rechts eine Metzgerei und das war's dann auch schon ziemlich.

La Celle-Saint-Avant

⇧ 61 m, 1.070 Ew.

Gîte municipal, 41 Rue Nationale, 37160 La Celle-Saint-Avant, ☏ 02 47 34 27 70 (Mairie), 06 71 73 40 66 (im Notfall), mairie@lacellesaintavant.fr, T, Abendessen Mo-Fr im Restaurant Le Cellois bei Bestellung bis 12:00 Uhr für € 12, Ü € 13, Bettwäsche erhältlich, April-Oktober, an der D910, 100 m nördlich der Kirche

Chambre d'hôtes La Celledort, 5 Rue de la Verdinière, 37160 La Celle-Saint-Avant, ☏ 02 47 65 13 33, 06 28 05 99 54, noel.gautron@sfr.fr, @, Ü EZ € 55, Ü DZ € 69, Mai-September, Reservierung notwendig, von der D910 links in die Route de Descartes (D109) und erste Straße rechts, 400 m

TER, regionale Verbindung Tours – Châtellerault

La Celle-Saint-Avant – Les Ormes 7,7 km

Ihr Weiterweg folgt am rechten Straßenrand der D910 nach Süden über die Creuse – sie ist auch die Departement-Grenze zwischen Indre-et-Loire und

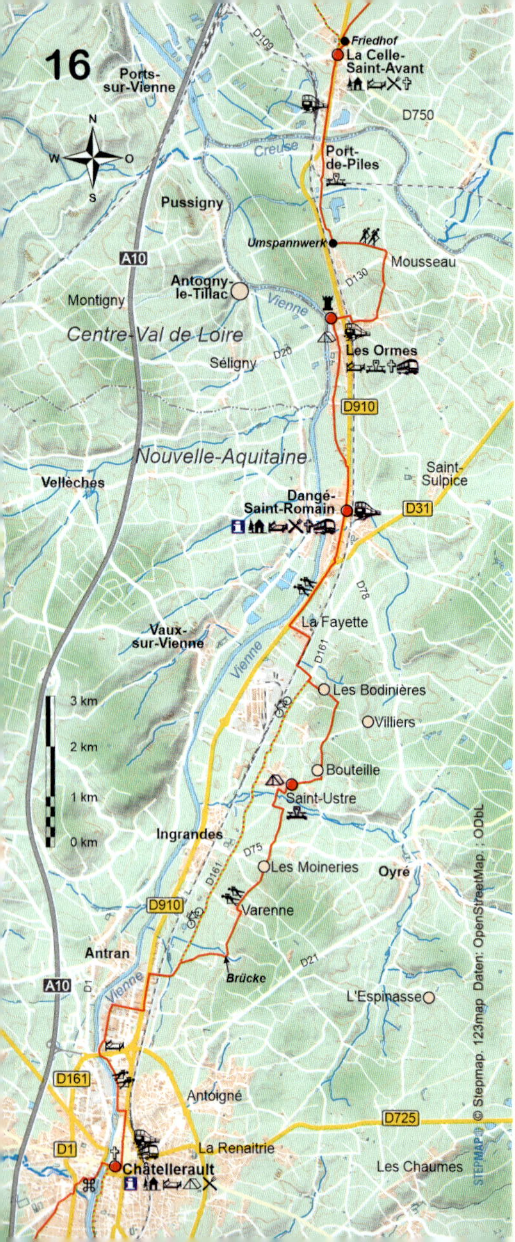

Vienne. Nach der Brücke gibt es eine Treppe rechts nach unten, hier kann man die D910 unterwandern und kommt auf der Rue Jules Boisseau, kurz noch parallel zur D910, etwas ruhiger durch den Ort Port-de-Piles. Doch erwarten Sie außer einer kleinen Bäckerei wiederum nichts, so groß der Ort auch erscheinen mag.

Geradeaus weiter geht es über eine kleine Bahntrasse und nach einem Weiher mit Picknickplatz entlang einer größeren Bahntrasse bis zu einem Umspannwerk und einem weiteren Wegkreuz.

Der Jakobsweg zweigt links ab nach Mousseau. Gehen Sie im Ort auf der ersten Straße rechts durch den Ort, bis Sie die ersten Häuser von Les Ormes erreichen. Sie halten sich zweimal rechts und gehen auf der Bois Pouzin bis zum kleinen Bahnsteig. Direkt davor nach rechts und dann links über die Bahnlinie kommen Sie zum Zentrum des Ortes.

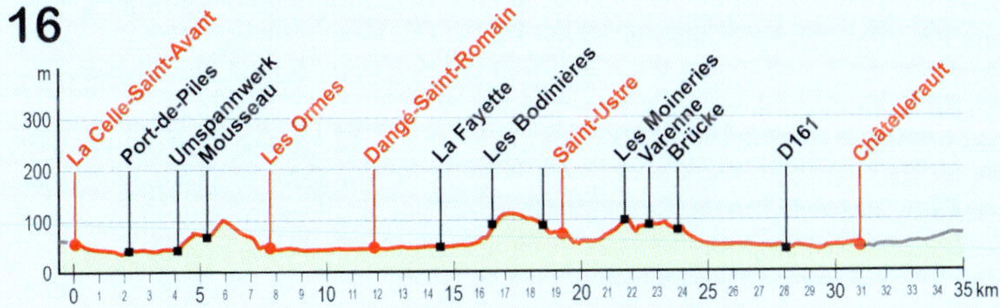

Les Ormes ⇧ 47 m, 1.620 Ew.

Accueil pèlerin Mr Doussot, La Métairie, 15 Rue du Bois Pouzin, 86220 Les Ormes, 06 82 08 80 29, doussotandre@orange.fr, solidarische Aufnahme von Pilgernden in der Familie, max. 5 km, @, Abendessen, Frühstück, gegen Spende, ganzjährig, Reservierung 48h vorab, vor dem Bahnhof direkt am Weg

Maison d'hôtes Colombiers, 67 Rue Haute, 86220 Les Ormes/Colombiers, 05 49 85 16 67, 06 03 95 22 00, contact@chambres-dhotes-colombiers.com und gite.colombiers@gmail.com, www.chambres-dhotes-colombiers.com, mit Schwimmbad, Jacuzzi, Billard, Kicker und Flipper, @, Mikrowelle, Abendessen gegen Spende, Frühstück gegen Spende, HP EZ € 59, HP DZ € 85, ganzjährig, Reservierung notwendig, am Umspannwerk an der Bahnlinie geradeaus

Camping municipal, 8 Rue de Buxières, 86220 Les Ormes, 05 49 86 40 37, 09 64 43 54 40, camping.lesormes@orange.fr, € 1, T € 1, @, Ü € 3,20, April-September, im Ort, direkt am Weg

TAC, 22 Châtellerault

TER, regionale Verbindung Tours – Châtellerault

Nur eine Straße weiter nördlich liegt das Schloss von Les Ormes aus dem 18. Jh., das reich ausgestattet ist und besichtigt werden kann. Die Poststation gegenüber fällt ebenfalls ins Auge. Das Ensemble wird durch eine Markthalle und eine Kirche in neoromanischem Stil ergänzt.

Château des Ormes, 26 Rue Pierre d'Argenson, 86220 Les Ormes, 01 42 27 55 61, ganzjährig Mi-Mo 14:00-18:00

Les Ormes – Dangé-Saint-Romain 4,1 km

Um auf dem Jakobsweg weiterzukommen, gehen Sie geradeaus bis zur Rue du Pont aux Halles durch, einer Parallelstraße zur befahrenen D910. Diese führt nach

Süden aus dem Ort. Einzig an einer Verzweigung mit Wegkreuz, noch im Ort, müssen Sie sich rechts halten, dann können Sie geradeaus bis Dangé durchgehen. Nur das letzte Stück folgt wieder der D910. Der Hauptplatz des Ortes mit Kirche Geschäften, Restaurants und einer öffentlichen Toilette ist nicht zu verfehlen.

Dangé-Saint-Romain

⇧ 48 m, 3.000 Ew.

Office de Tourisme Dangé-Saint-Romain, Place de la Promenade, 86220 Dangé-Saint-Romain, ☏ 05 49 21 05 47, über die Homepage, www.tourisme-chatellerault.fr, Mi-Sa 9:30-12:30, am Hauptplatz links neben dem Rathaus

L'Association St-Jacques-de-Compostelle Saint-Catherine, 8 6220 Dangé-Saint-Romain, ☏ 05 49 21 05 47, Service des Tourismusbüros von Dangé, Unterbringung in Familien nach Möglichkeit, Preis je nach Unterkunft, ganzjährig, Reservierung notwendig

TAC, 22 Châtellerault

TER, regionale Verbindung Tours – Châtellerault

Dangé-Saint-Romain – Saint-Ustre 7,4 km

Folgen Sie der D910 (Avenue de l'Europe) weiter nach Süden. Spätestens an dem großen Kreisverkehr am Ende der Wohnbebauung sollten Sie auf die linke Straßenseite wechseln. Gehen Sie an der nächsten Wohnbebauung nach dem Gewerbegebiet links auf der Route de Pidant bis zur Bahnlinie, hier rechts und nach der Brücke bis zur D161.

Bleiben Sie auf der D161 Richtung Süden bis zur D910 im Gewerbegebiet von Châtellerault.

Etwas rechts versetzt führt eine Straße Richtung Les Bodinières nach oben und nach 500 m geht es rechts durch den Wald. Queren Sie die Teerstraße, halten Sie sich an der nächsten Verzweigung links und nach den wenigen Häusern von Bouteille rechts Richtung Saint-Ustre. Vor dem Ort geht es links um den Zaun des Campingplatzes herum.

Saint-Ustre

⇧ 63 m, 210 Ew.

Le Petit Trianon de Saint-Ustre, 1 Rue du Moulin de Saint-Ustre, 86220 Saint-Ustre (Ingrandes), ☏ 05 49 02 61 47, contact@petit-trianon.com, www.domaine-petit-trianon.com, 4-Sterne-Zeltplatz mit Pool und Restaurant innerhalb der Schlossmauern, € 3, **T** € 5, @, Frühstück € 7,50, Ü im eigenen Zelt 2 P. ab € 14,40, Ü im gemieteten Zelt 2 P. ab € 28, 25. April-15. September, direkt am Weg

Saint-Ustre – Châtellerault 11,7 km

Am Wegkreuz neben dem Campingplatz gehen Sie links und nach der Moulin de Saint-Ustre auf einem Feldweg wieder links und den nächsten Weg rechts. An der D75 zeigt Ihnen ein kleines Denkmal, dass Sie auf dem richtigen Weg sind. Nach dem kleinen Ort Les Moineries müssen Sie in Varenne kurz links gehen und auf der Route de la Vallée gleich wieder rechts.

Nach der kleinen Brücke gehen Sie rechts zurück zur D161 und auf ihr links und über die Bahn bis zur D910 im ersten Gewerbegebiet von Châtellerault. Bleiben Sie links der D910 auf der kleinen Parallelstraße bis zur Ampel an der Rue Louis Blériot. Wenn Sie auf der anderen Seite der D910 dieser Straße bis zu ihrem Ende folgen und auf der Rue Denis Papin links gehen, können Sie sich anschließend immer auf dem Weg entlang der Vienne halten und kommen so recht glimpflich direkt am Fluss unter der viel befahrenen D161 hindurch, am gesamten Gewerbegebiet vorbei und ganz am Ende des Weges links zurück zur D910.

Gehen Sie hier rechts und Sie haben am zweiten Kreisverkehr die Touristeninformation und den Rand der Altstadt von Châtellerault erreicht. Bodenplaketten weisen Ihnen ab hier den Weg in die kleine Rue Bourbon, die in gerader Linie zur Fußgängerzone wird und zusammen mit dem links parallel verlaufenden Boulevard de Blossac als Zentrum der Stadt bezeichnet werden kann. Bevor die Rue de Bourbon zur Rue de Cognet wird geht, rechts die Rue Saint-Jacques ab und führt an der Église Saint-Jacques vorbei wieder zur Vienne.

Châtellerault ⇧ 52 m, 31.500 Ew.

Office de Tourisme Châtellerault, 1 Place Sainte Catherine, 86100 Châtellerault, ☏ 05 49 21 05 47, contact@tourisme-chatellerault.fr, www.tourisme-chatellerault.fr, Mo-Do 9:30-12:30 und 14:00-19:00, Fr und Sa 9:30-19:00, So 14:00-17:00, am Kreisverkehr am Beginn der Rue Bourbon

Halte pèlerin, 14 Rue Sully, 86100 Châtellerault, ☏ 05 49 21 05 47, accueil@ot-chatellerault.fr, www.tourisme-chatellerault.fr, Bezahlung und Schlüsselübergabe in der Touristeninformation am Beginn der Rue Bourbon, Bettlaken erhältlich, **T** Wäscheleine, @, Ü € 8, 15. Mai-15. Oktober, So teils geschlossen, in der Rue Saint-Jacques, kurz nach der Kirche Saint-Jacques, in der Stadt und direkt am Weg

Accueil pèlerin, 86100 Châtellerault, die genaue Adresse wird bei der Reservierung mitgeteilt, ☏ 05 49 23 22 98, 06 33 07 49 29 und 06 08 95 19 52, familiäre Übernachtung, max. 10 km, @, HP gegen Spende, mit Bettwäsche, ganzjährig, Reservierung notwendig

Chambre d'hôtes La Dulcinière, 34 Avenue George Clemenceau, 86100 Châtellerault, ☏ 05 49 02 80 28, 📱 06 63 52 42 31, contact@ladulciniere.fr, www.ladulciniere.fr, max. 15 km, T @, Mikrowelle, Abendessen € 10, ÜF € 40, ganzjährig, Reservierung notwendig, an der Touristeninformation schräg links in den Boulevard de Blossac (D910) für 300 m und dann links

♦ B&B Hotel Châtellerault, 15 Rue Nungesser et Coli, 86100 Châtellerault, ☏ 08 92 78 80 31, @, Ü DZ ab € 49, ganzjährig, im Industriegebiet 2 km vor dem Zentrum, am Ende der Rue Denis Papin links der Rue Nungesser et Coli folgen

Camping Le Chillou, 17bis Chemin du Chillou, 86100 Châtellerault, ☏ 05 49 21 94 02, 📱 06 32 94 13 96, camping.chillou@grand-chatellerault.fr, Mobilehome evtl. auf Anfrage, € 5, T € 5, Ü € 5, ganzjährig, am Ostufer der Vienne nach Süden, nach der Bahnbrücke links und dann rechts

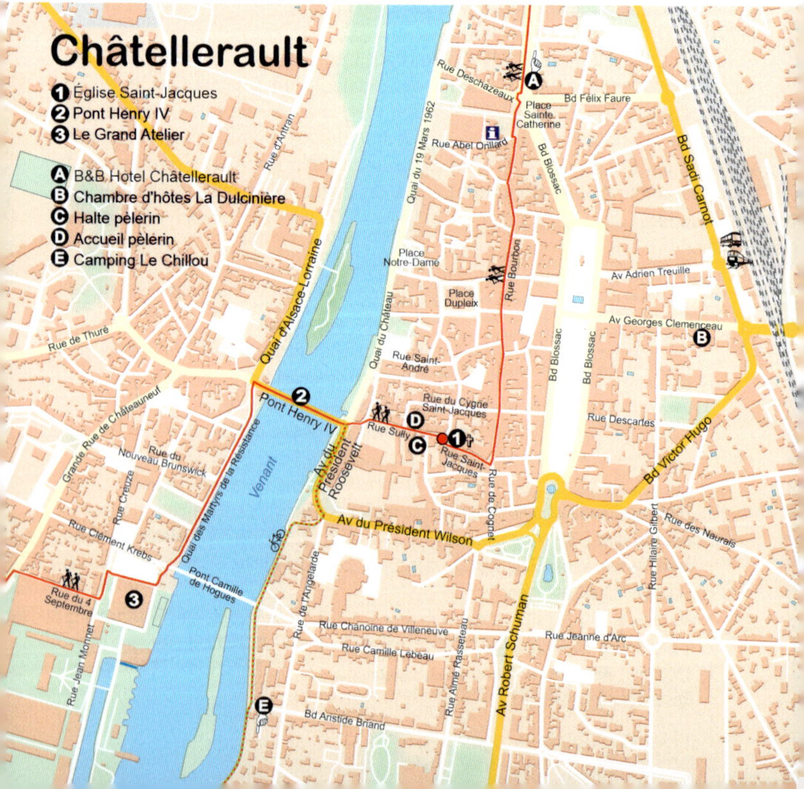

TAC, ÖPNV Châtellerault
TER, regionale Verbindung Tours – Poitiers

Église Saint-Jacques, 12. Jh. Die romanische Kirche ist von der umliegenden Bebauung eng eingeschlossen und daher in ihrer Wirkung sehr reduziert. Hier war seit ihrer Gründung die Anlaufstation für die Pilgernde auf ihrem Weg nach Spanien. Das beeindruckende Glockenspiel in den beiden Türmen steht mittlerweile unter Denkmalschutz.
♦ Rue Saint-Jacques

⌘ Pont Henry IV. Eine frisch renovierte Brücke mit Torhäusern am Westufer der Vienne aus dem 15. Jh.

⌘ Le Grand Atelier, Kunst- und Industriemuseum als Kulturzentrum mit wechselnden Ausstellungen
♦ 3 Rue Clément Krebs, 86100 Châtellerault,
www.ville-chatellerault.fr/animations/le-grand-atelier,
Öffnungszeiten wechselnd je nach Ausstellungen und Veranstaltungen

Die Basis für den wirtschaftlichen Aufschwung Châtelleraults bildete von 1819 bis 1968 eine Waffenmanufaktur, die hauptsächlich in den beiden Weltkriegen und auch danach in den Kriegen in Algerien und Indochina eine große Rolle spielte. Heute ist das große Gelände am Westufer der Vienne ein kulturelles Zentrum mit vielfältiger Nutzung für Kunst und Kultur.

Châtellerault – Naintré 9,1 km

Vor der Brücke Henry IV. fahren Sie eng am Ostufer der Vienne entlang, an der zweiten Brücke, der Pont Camille de Hogues, vorbei und queren den Fluss erst an der etwas höher liegenden Brücke auf der D910. Auf der Rue Charles Plessard wenden Sie sich nach Süden, queren die D910 und folgen der Straße bis zu einem Kreisverkehr an der D161. Fahren Sie links und folgen Sie der D1 (Rue de Bordes). Direkt nach der Brücke über einen Zufluss der Vienne fahren Sie auf der Rue du Maine und in Verlängerung auf der D1c (Rue Honoré de Balzac) rechts. Dieser Straße können Sie sich immer geradeaus haltend folgen, bis Sie nach 4 km an einem Abzweig mit Verkehrsinsel an der D23 endet. Folgen Sie dieser geradeaus weiter und fahren Sie nach 300 m auf der deutlich kleineren Les Pièces de la Planté ebenfalls geradeaus weiter. Nach einem Badesee zu Ihrer Rechten treffen Sie auf die Voie Romaine und 2,3 km weiter wieder auf den offiziellen Jakobsweg. Der Belag auf der Voie Romaine wechselt irgendwann zu Schotter. Sollte Ihnen dies etwas zu holprig sein, können Sie alle Nase lang nach rechts zur D4 fahren und dieser bis Poitiers folgen.

Überqueren Sie die Brücke Henry IV. und halten Sie sich links auf dem Quai des Martyrs de la Résistance bis zur nächsten Brücke, der Pont Camille de Hogues. Die Gebäude einer alten Munitionsfabrik werden hier als Museum, Schulen und Künstlertreff genutzt. Queren Sie den davorliegenden Parkplatz diagonal in die Rue Creuze, folgen Sie rechts der nächsten kleinen namenlosen Straße (es fehlt ein Straßenschild, doch es ist die Rue du 4 Septembre) bis zur Grande Rue de Châteauneuf und dieser nach links bis zum Kreisverkehr. Auf der D1 geht es nach Süden, dann zweigt als erste Straße die D21 (Rue de Colombiers) rechts ab. Nach knapp 400 m gehen Sie an der Verzweigung links in die Rue Emile et Marie Babeau. Sie endet nach 1,2 km an einem Wald, dem Forêt de Châtellerault.

Der Wald vor Ihnen lädt zum Verlaufen ein. Gehen Sie am Ende der Teerstraße geradeaus auf dem breiten Waldweg weiter. An der ersten Kreuzung danach mit 5 Wegen/Pfaden halten Sie sich schräg nach rechts vorne. An der nächsten Kreuzung müssen Sie im 90°-Winkel nach rechts abbiegen. Der Weg knickt kurz danach links ab und Sie laufen parallel zur Autobahn, die man durch die Bäume schon hören kann. Am Ende folgen Sie dem Weg nach rechts über die Autobahn und kurz danach nach links. An einer Verzweigung mit einem Markierungspfosten mitten im Wald halten Sie sich rechts und an dem Gestüt mit eingezäunten Koppeln nach links zu den Stallungen. Die Straße führt über eine von der Autobahn kommende Querstraße und im Bogen nach Repousson. Verlassen Sie den Ort auf der ersten Straße nach links, gehen Sie über die Autobahn und auf der Rue du 19 Mars 1962 (Tag des Waffenstillstandes im Algerienkrieg und seit 2003 offizieller Gedenktag – nach wie vor ein insgesamt sehr schwieriges Thema in der nationalen Aufarbeitung der französischen Kolonialgeschichte) erreichen Sie nach einem Knick der Straße nach links die Kirche von Naintré.

Naintré ⇧ 72 m, 6.000 Ew.

Chambre d'hôtes Les Logis de la Plaine, 3 Avenue de Paris, 86530 Naintré, ☎ 05 49 90 03 24, 06 48 31 22 96, nicolepetit2@wanadoo.fr, komfortable Privatzimmer, max. 3 km, HP DZ € 50-55, ganzjährig, Reservierung notwendig, vor dem Zentrum links in die Rue Danielle Casanova und die Rue de l'Adjutant Réau durch bis zur D910 und dort links

TAC, 3 Châtellerault

TER, regionale Verbindung Châtellerault – Poitiers

Naintré – Dissay 9,2 km

Neben der Kirche gibt es außer einer Bar mit Bewirtung und einem Friseursalon nichts. Supermarkt und Shops liegen 900 m weiter links an der D910. Nehmen Sie an der Westfront der Kirche die Avenue Carnot und nach dem Kreisverkehr

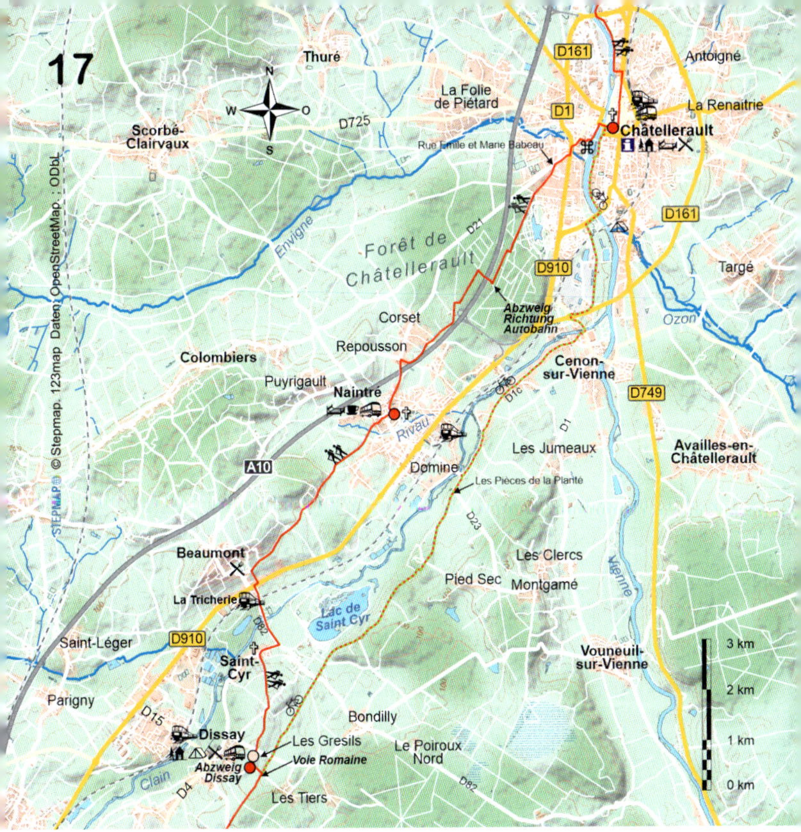

die Rue de la Faulque bis zur Rue de la Jauinerie. Hier rechts und auf der Rue du Bois Thévenault gleich wieder links können Sie für 4 km die Landschaft genießen und erreichen immer geradeaus die ersten Häuser von Beaumont-Saint-Cyr.

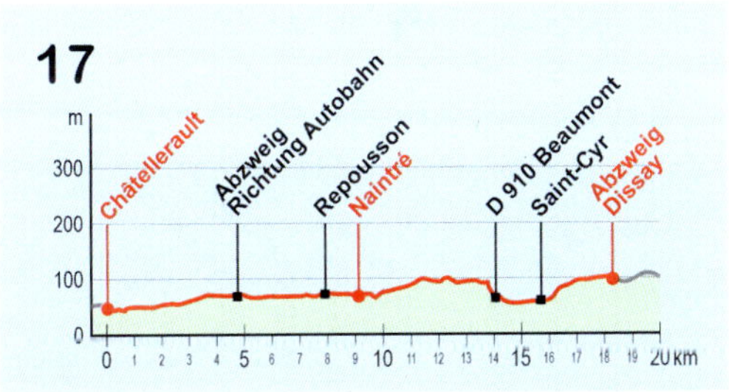

Beaumont-Saint-Cyr ⇧ 69 m, 2.960 Ew.

TER, Haltestelle „La Tricherie“, regionale Verbindung Châtellerault – Poitiers

Gehen Sie gleich die erste Straße, die Rue des Marteaux, links nach unten zur D910 und dort rechts bis zur Kreuzung, an der die D82 (Rue du Port) links Richtung Saint-Cyr abzweigt. Nach Überqueren der Bahn mit der Station „La Tricherie“ und einem Flüsschen, das sich hier durchaus malerisch etwas verzweigt, kommen Sie vor dem Friedhof auf der Rue de l'Église rechts nach Saint-Cyr. Nach der Kirche wenden Sie sich nach links auf die Rue des Lisés und gehen aus dem Ort bis zu dem alten Steinkreuz, das nicht zu übersehen ist. Gehen Sie hier rechts und gleich wieder schräg nach links, über die nächste Teerstraße und an den paar Häusern von Les Gresils vorbei.

Geradeaus und dann rechts kämen Sie nach Dissay, falls Sie dort übernachten wollen.

Dissay ⇧ 66 m, 3.240 Ew.

Halte Pèlerin, 37 Square de 11 Novembre, 86130 Dissay, 07 68 70 81 75, haltejacquaire.dissay86@orange.fr, 8 Pl in 3 Zi, Ü € 8, April-Oktober, am Postamt mitten im Ort

Camping Municipal, 100 Rue du Parc, 86130 Dissay, 05 49 62 84 29 und 05 49 52 34 56 (Mairie), camping@dissay.fr, evtl. Zelt zur kostenlosen Leihe, € 3, Ü € 8, 15. Juni-30. September, parallel zur D4 mitten im Ort

VITALIS, 35 Poitiers

TER, regionale Verbindung Châtellerault – Poitiers

Dissay – Saint-Georges-lès-Baillargeaux 3,9 km

Der Jakobsweg aber führt nach dem letzten Haus von Les Gresils nach links bis zur nächsten Querstraße. Ab hier haben Sie eine alte Römerstraße unter den Füßen. Römerstraßen haben die Angewohnheit, ziemlich lang zu sein und meist schnurgerade zu verlaufen. Das ist hier nicht anders. Wenden Sie sich nach rechts Richtung Süden und schalten Sie um auf Ihren Autopiloten.

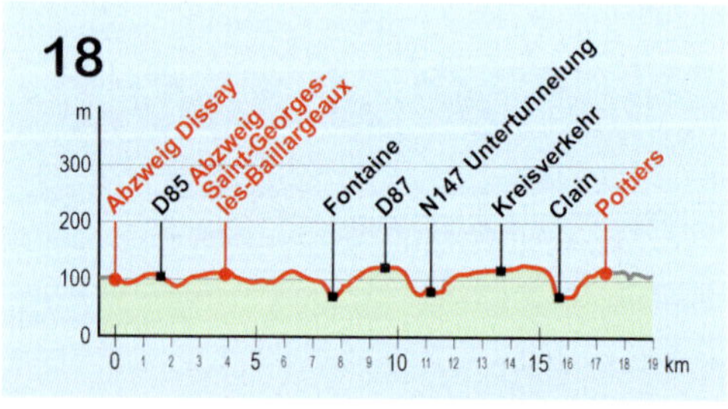

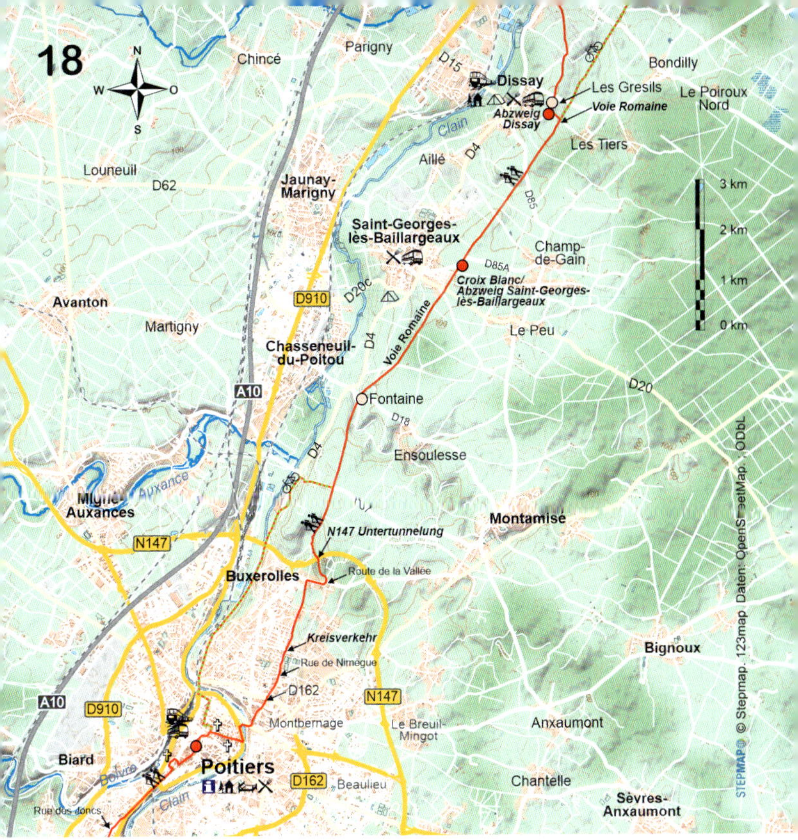

Nach 3,5 km kommt von links die durchaus schnell befahrene D85A heran. Folgen Sie ihr kurz bis zu dem weißen Kreuz mit Infotafel und Picknickplatz.

↳ Auf der Teerstraße ginge es rechts nach Saint-Georges-lès-Baillargeaux.

Saint-Georges-lès-Baillargeaux

⇧ 91 m, 4.230 Ew.

Camping Le Futuriste, Rue du Château, 86130 Saint-Georges-lès-Baillargeaux, ☏ 05 49 52 47 52, camping-le-futuriste@wanadoo.fr, www.camping-le-futuriste.fr, mit Pool, Restaurant und kleinem Lebensmittelverkauf, Ü Zelt ab € 16, ganzjährig, auf der D20 rechts in den Ort, am Kreisverkehr auf der D4 links, auf der D20c rechts und links in die Rue du Château

VITALIS, 35 Poitiers

Saint-Georges-lès-Baillargeaux – Poitiers 13,4 km

Der Jakobsweg geht am Croix Blanc auf dem Feldweg geradeaus weiter. Nach 3 km durchwandern Sie auf engen Straßen Fontaine, einen Ortsteil von Montamisé.

☞ Nach den Häusern zweigt links der GR 364 ab, der Jakobsweg und GR 655 führen aber auf der Römerstraße geradeaus weiter.

Nach weiteren 2,5 km geradeaus neigt sich der Weg an der querenden D87 nach unten und die Trasse der Römerstraße ging ab hier wohl unter den Straßen und Häusern von Poitiers verloren. Dennoch kommt einem nach 10 km Geradeausgehen der berühmteste Satz von Obelix in den Sinn: „Ils sont fous ces Romains!"

🚲 Mit dem Rad sollten Sie spätestens hier nach rechts zur D4 fahren und ihr links nach Süden nach Poitiers hinein folgen. Direkt am Fuß der etwas höher liegenden Innenstadt queren Sie die Clain und fahren am Kreisverkehr auf der schräg links abgehenden Rue du Général Sarrail bis zum Place Montierneuf. Auf der kleinen Rue Jean Bouchet kommen Sie nach oben und dann nach links an die Kirche Notre-Dame-la-Grande.

Weiter geht es nach unten. Kurz nach einer Rechtskurve zweigt ein Weg nach links ab und dann ein kleiner Pfad nach rechts ins Gehölz. Er ist nett zu gehen, aber viele Wurzeln bilden formidable Stolperstellen. Man kann auch vor dem Gehölz ein paar Meter weiter gehen und kommt rechts nach 200 m wesentlich bequemer am selben Punkt heraus. Jetzt müssen Sie durch einen Tunnel unter der N147 hindurch und dahinter geradeaus weiter. An einer Pumpstation vorbei führt eine Straße hoch zur Route de la Vallée. Sie gehen zweimal rechts die Straße entlang und an einem eisernen Wegkreuz links auf einen Feldweg. Dieser führt kurz darauf als Route de l'Ormeau zwischen ein paar Häusern entlang, wieder an einem Feld vorbei und durch einen Park zu einem Kreisverkehr. Gehen Sie geradeaus auf der Rue de la Fraternité an der Sportanlage vorbei, über den nächsten Kreisverkehr und jetzt auf der Rue de Nimègue zwischen den Hochhäusern hindurch zur breiten D162, der Avenue John Kennedy.

Nach der Kreuzung gibt es rechts wieder eine erste Versorgungsmöglichkeit. Zur Stadtmitte gehen Sie auf der Rue de Marbourg nach wie vor geradeaus weiter und nach 300 m am Ende rechts in die Rue de la Cueille Aigue. Diese führt nach weiteren 300 m plötzlich extrem steil nach unten, endet an der Rue de Montbernage. Wenden Sie sich nach rechts, gehen Sie unter der kolossalen Straßenbrücke geradeaus über den Fußweg hindurch und rechts des Wegkreuzes auf Sand über das Flüsschen Clain. Auf dem Boulevard Bajon nach links erreichen Sie an der nächsten Brücke die Grand'Rue, auf der Sie rechts in das Zentrum der Stadt hinauf bis zur Église Notre-Dame-la-Grande gehen können. Diese Kirche müssen Sie gesehen haben, innen und außen! Gehen Sie hier links auf der Rue du Marché Notre-Dame, dann am gotischen Tour Maubergeon und Seitenflügel des Palais des Ducs d'Aquitaine auf der Rue des Cordeliers rechts und auf der Rue Gambetta wieder links. Diese knickt an dem romanischen Kirchturm der Cure de Saint-Porchaire links ab und endet am Place du Maréchal Leclerc, dem Rathausplatz mit Cafés und Kommerz. Mehr Zentrum geht nicht, willkommen in Poitiers.

Poitiers

BANK ⇧ 144 m, 89.200 Ew.

Office de Tourisme Poitiers, 45, place Charles de Gaulle, 86000 Poitiers, 05 49 41 21 24, über die Homepage, www.visitpoitiers.fr, Mo-Sa 9:30-18:00, schräg gegenüber der Kirche Notre-Dame-la-Grande

Accueil pèlerin Halte Jacquaires de Poitiers, 10 Rue de Général Demarcay, 86000 Poitiers, 07 69 33 06 33, compostelle.vienne@laposte.net, 10 Pl in 2 Zi, mit Bettwäsche, gut, € 1, T € 1, , Ü € 13, 15. März-15. Oktober, vom Rathaus auf der Rue Carnot 600 m nach Süden und rechts

Chambre d'hôtes Cornet, 35 Rue Cornet, 86000 Poitiers, 06 67 99 57 43, anne-laure.julien2@orange.fr, 2 Zi, im Juli und August 2 zusätzliche Zi, Lebensmittelvorrat, T @ , Abendessen € 10, ÜF € 30, ÜF 2 P. € 50, ganzjährig, Reservierung notwendig, vor Überquerung der Clain links auf der Rue de la Croix Rouge 500 m nach Süden, wird zur Rue Cornet

♦ Chambre d'hôtes Le Tilleul, 3 Rue de la Celle, 86000 Poitiers, 06 87 86 19 06, letilleulpoitiers@gmail.com, tilleul.wordpress.com, € 5, Mikrowelle, ÜF 1 P. € 80, ÜF 2 P € 90, ganzjährig, Reservierung notwendig, am Rathaus rechts vorbei in die Rue du Puygarreau und auf der Rue Louis Renard links, wird zur Rue de la Celle, 300 m entfernt

♦ Hotel Au Chapon Fin, 11 Rue Leblascles Place du Maréchal Leclerc, 86000 Poitiers, 05 49 88 91 63, contact@hotel-chaponfin.com, au-chapon-fin.hotels-in-poitiers.com, 2-Sterne-Hotel, sauber, gut, sehr zentral, ÜF ab € 54, ganzjährig, am Rathaus rechts, direkt am Platz

VITALIS, ÖPNV Poitiers

SNCF, überregionale Verbindung TGV Paris – Tours – Poitiers – Bordeaux; TER, regionale Verbindung Tours – Châtellerault – Poitiers – Bordeaux

✞ Église Notre-Dame-la-Grande. Die romanische Kirche aus dem 11. Jh. muss man gesehen haben – innen wie außen. Die Westfront ist ein Kleinod romanischer Steinmetzarbeit und war früher genauso bemalt, wie es der Innenraum auch heute noch ist. Ein Lichtspektakel an den Sommerabenden und an Weihnachten bringt die Fassade wieder zum Leben.

♦ Grande Rue/Place Charles de Gaulle

✞ Cathédrale Saint-Pierre, 12.-13. Jh. Die drei Schiffe der Hallenkirche messen fast die gleiche Höhe, der Innenraum wirkt dadurch gewaltig und lichtdurchflutet, wie man es selten sieht. Ungewöhnlich ist auch der gerade Abschluss des Chores an der Ostseite, üblicherweise wurde dieser ja radial ausgeführt. Die Bleiglasfenster in Chor und Querhaus stammen aus dem 12. Jh. und gehören damit zu den ältesten in ganz Frankreich.

♦ Place de la Cathédrale

✞ Église Saint-Hilaire Le Grand, 12. Jh. Eine weitere absolut ungewöhnliche Kirche stellt die Basilika Saint-Hilaire dar. Zwei schmale Zwischenschiffe beidseits des Mittelschiffs mit vorgelagerten Säulen geben dem Bau einen sehr eigenen Charakter. Von außen wirkt die Basilika etwas unscheinbar, da das umgebende Straßenniveau über die Jahrhunderte wohl etwas angehoben wurde. Der Bau lag früher außerhalb der Stadt und war die Anlaufstelle für die zahlreichen Pilgerinnen und Pilger. Die heutige Herberge liegt gleich um die Ecke.

♦ Rue Saint-Hilaire

Église Notre-Dame-la-Grande

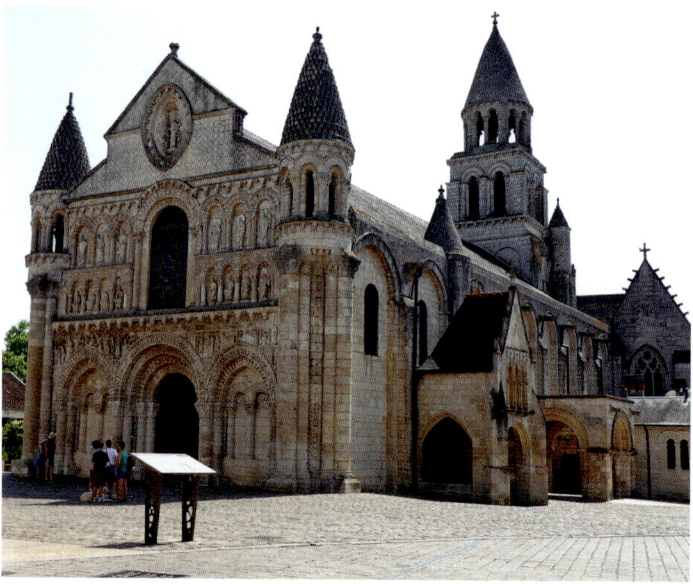

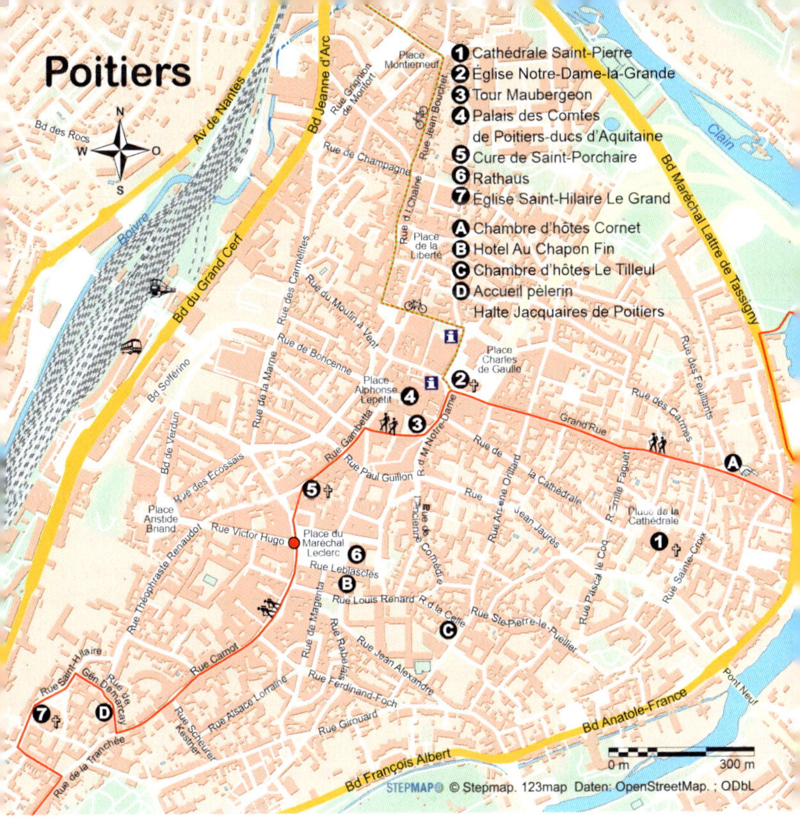

⌘ Palais des Comtes de Poitiers-ducs d'Aquitaine, Tour Maubergeon. Der Justizpalast genannte Sitz der Herzöge von Poitou mit seinem mittelalterlichen Bergfried punktet vor allem durch eine prächtige Eingangshalle. Sie war Audienzraum und Gerichtssaal, ist in Stufen angelegt und wird durch einen herrlich gearbeiteten Dachstuhl überspannt. Die auch von der Straße wahrnehmbare Rückwand ist geprägt von hohen Fenstern mit Bleiverglasung und drei enormen, offenen Kaminen darunter.

♦ Rue Gambetta/ 10 Place Alphonse Lepetit, 💻 www.poitiers.fr/le-palais, ☏ 06 75 32 16 64, 🚪 ganzjährig 11:00-20:00

Die Altstadt von Poitiers liegt auf einem Hügel, im Westen von der Bahnlinie und im Osten von der Clain eingegrenzt. An der höchsten Stelle des Plateaus steht sicherlich die beeindruckendste der zahlreichen Kirchen Poitiers – die

Église Notre-Dame-la-Grande – sowie etwas südlich davon der Palast der Herzöge von Poitou. Die Straßen sind voller Leben, da Poitiers die Heimat einer der ältesten Universitäten Frankreichs (1432 gegründet) ist und heute etwa 25.000 Studierende ausbildet. Eine interessante Stadt, die auf kleinem Raum viel zu bieten hat.

Poitiers – Marcay 13,9 km

Am Rathausplatz führt an der Südwestecke, also gegenüber der Rathausfront, die Rue Carnot Richtung Süden entlang einer weiteren Reihe an Läden mit Versorgungsmöglichkeiten. Der Namen wechselt auf Rue de la Tranchée. Der offizielle Jakobsweg macht an der Rue du Général Demarçay nach rechts und auf der Rue Saint-Hilaire nach links noch einen kleinen, aber lohnenden Schlenker zur gleichnamigen Kirche, die ebenfalls sehenswert ist und im Rahmen des Jakobsweges ebenfalls Teil des Weltkulturerbes wurde. Ein irrer romanischer Bau, der von außen fast etwas unscheinbar wirkt, seine Größe und Besonderheit dafür im Inneren entfaltet.

Nach der Kirche bringt Sie die Rue le Cesve zurück zur Rue de la Tranchée. Folgen Sie ihr weiter Richtung Südwesten bis zur etwas größeren Avenue de la Libération. Gehen Sie diese weiter, bis an einer kleinen Baumreihe in der Straßenmitte schräg rechts die Rue Blaise Pascal abzweigt. An der Kreuzung mit Ampel gehen Sie links auf der Rue des Joncs eben weiter. Diese wird kurz vor der breiten D910 zur Rue de Chaumont, führt über zwei Kreisverkehre an einem Einkaufszentrum vorbei und wird zur D87c (Route de Poitiers). Nutzen Sie den Fahrradweg links der Straße, um nicht überfahren zu werden. Nach der Unterführung setzt sich am nächsten Kreisverkehr rechts des Ortsschildes von Croutelle der Fuß- und Radweg etwas von der Straße ab (gelb-blaue Markierung) und endet an der Rue Victor Hugo.

🚲 Folgen Sie der Rue Victor Hugo nach links, an deren Ende der D87 (Rue de Chaumont) kurz rechts und der Rue de la Vallée wieder links. Nach dem Wäldchen fahren Sie auf der Rue de Béruges links weiter nach unten und sehen schon das alte Augustinerkloster.

Gehen Sie nach links weiter und kurz darauf rechts auf der Rue Honoré de Balzac bis zu deren Ende. Schräg rechts geht es durch Gärten weiter, nach schon 100 m links und auf der Allée de Vénus nach 200 m sehr spontan und unscheinbar links auf einen 2 m breiten Sandweg.

Durch den Park und auf der Rue du Stade geradeaus kommen Sie an den Place Charles de Gaulle, das Zentrum von Fontaine-le-Comte – mit Bäckerei, Supermarkt, Bar und anderem.

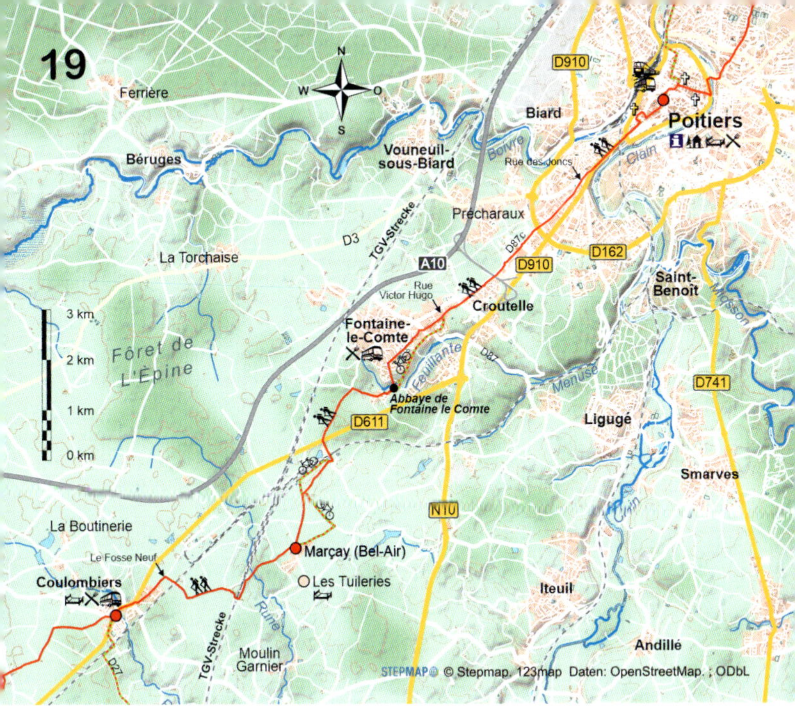

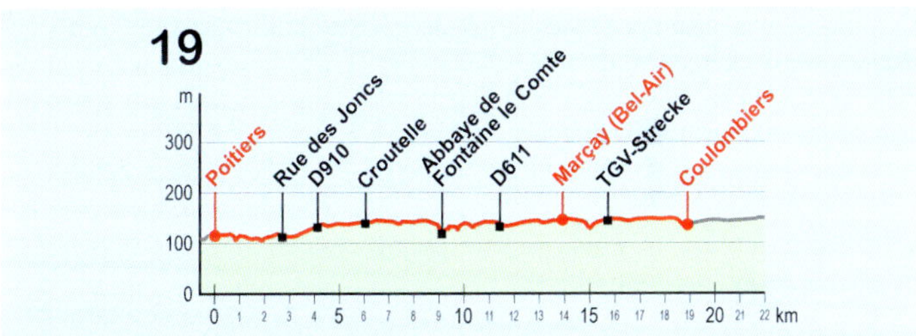

Fontaine-le-Comte ⇧ 145 m, 3.850 Ew.

VITALIS, 36 Poitiers + Lusignan

Die Rue de Béruges führt nach Süden. Gehen Sie am Knick nach links die steile Treppe nach unten. Die Querstraße Rue de l'Abbaye am unteren Ende ist nach dem ehemaligen Augustinerkloster links benannt, der Abbaye de Fontaine-le-

Comte. Auf dem Jakobsweg geht es auf der Rue de l'Abbaye rechts weiter, an der Verzweigung nochmals rechts und auf der Rue du Chêne Blanc ebenfalls. An der Kreuzung vor dem neuen Friedhof müssen Sie links, laufen über die D611 und dahinter noch über die Bahnlinie. Leitplanken geben den Weg nach rechts frei.

🚲 Folgen Sie der Straße entlang der Bahn um die Linkskurve und S-Kurve, um 1 km danach auf der ersten geteerten Straße rechts den Ortsanfang von Marcay zu erreichen.

Kurz danach zweigt ein Weg links in den Wald ab. Dann folgt ein kurzes Stück auf der nächsten Straße, bis ein Feldweg links geradeaus durch bis zu den Häusern von Marcay. Stühle der Bewohnerinnen und Bewohner laden Pilgernde zu einer Rast ein.

Marcay 🛏 ⇧ 132 m, 1.190 Ew.

🛏 Chambre d'hôtes Au Petit Bonheur la Yourte, Les Tuileries, 86730 Marcay, 📱 06 41 00 54 49, ✉ aupetitbonheurlayourte@gmail.com, 💻 www.aupetitbonheurlayourte.fr, Übernachtung in der Jurte oder im Zimmer, 🚗 max. 10 km, 🧺, Abendessen € 22, Ü 1 P. € 30, 2 P. € 50, 3 P. € 70, 🚪 ganzjährig, Reservierung notwendig, an den ersten Häusern von Marcay auf den Champs de la Bècasse, La Fosse Nedol und Les Tuileries geradeaus in den nächsten Weiler, 900 m ab vom Weg

Marcay – Coulombiers 5,0 km

Sie müssen zu Beginn der Ortschaft mit dem Rastplatz für Pilgernde rechts auf dem Feldweg weitergehen, dann rechts über die TGV-Strecke, dahinter nochmals rechts und dann im Linksbogen dem Schotterweg folgen. Nach 1 km gehen Sie nach rechts zu einem Bahnübergang, auf der Le Fosse Neuf links bis zur D611 und wieder links hoch bis zur zentralen Auberge, die nicht zu übersehen ist.

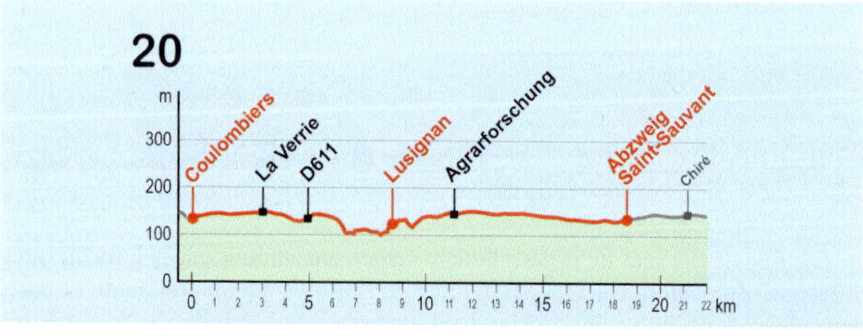

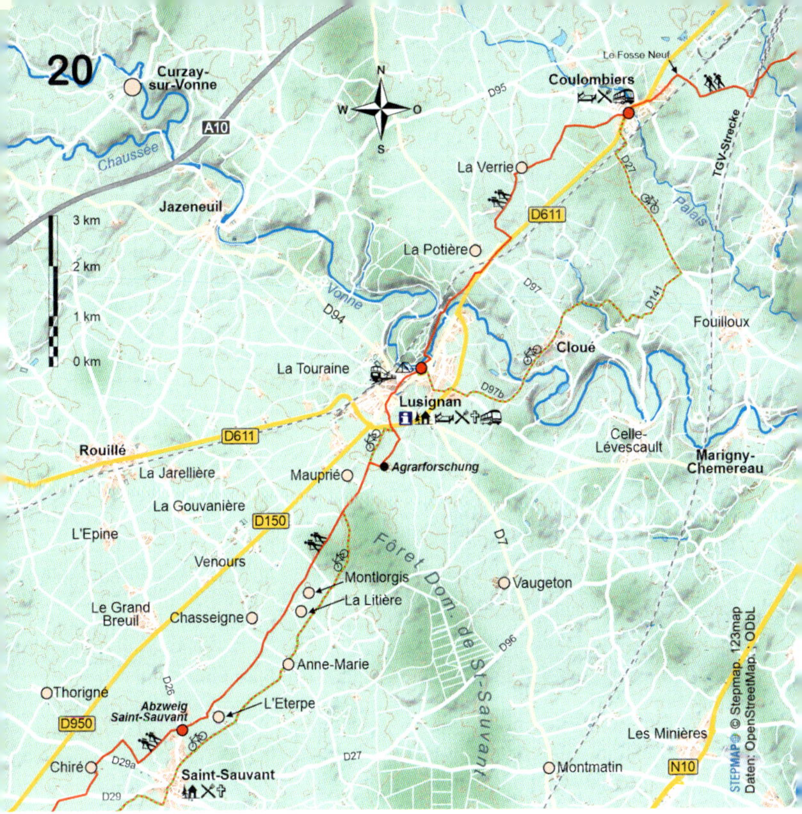

Coulombiers — 135 m, 1.130 Ew.

Auberge du Centre Poitou, 39 Route Nationale, 86600 Coulombiers, 05 49 60 90 15, hotel@centre-poitou.com, www.centre-poitou.com, mit Charme gemacht, @, Abendessen Di-Sa im Restaurant ab € 15, So-Mo Abendessen nach Absprache, Frühstück € 7,50-13, Ü EZ ab € 67,50, Ü DZ ab € 76,50, ganzjährig, So-Mo für Pilgernde ausnahmsweise geöffnet, mitten im Ort am Weg

VITALIS, 36 Poitiers

Coulombiers – Lusignan — 8,5 km

Am Ortsende an einem Wegkreuz fahren Sie von der D611 nach links auf der D27 Richtung Celle und nach 3 km nach dem Wald auf der D141 rechts Richtung Cloué. An einem einzelnen Haus im Wald folgen Sie der D97b rechts nach Cloué und erreichen 2,5 km nach dem Ort am Ende der D97b sich nochmals rechts haltend Lusignan.

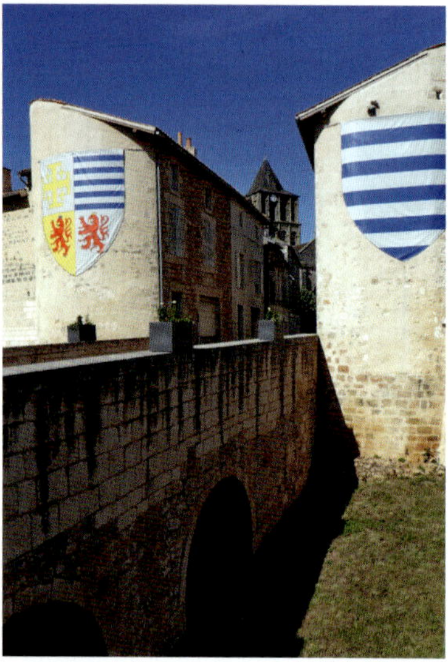

Lusignan

Kurz nach der Auberge gehen Sie rechts auf der D95 Richtung Jazeneuil und gleich wieder links. Am Ende des Weges links kommen Sie an einen Wirtschaftshof, gehen hier rechts bis La Verrie, dann über die Querstraße und auf dem Feldweg links weiter. Hier gibt es keine Markierung! Halten Sie sich am Ende links bis zur D611. Sie müssen nach rechts über die Brücke, dahinter folgen Sie rechts der kleinen Straße in einer S-Kurve und können am Feldrand zwischen Gestrüpp bequem und ruhig bis zum Straßenende durchgehen. Dort rechts geht noch vor dem einzelnen Haus ein Pfad nach links in das Gehölz. An dessen Ende sehen Sie links eine Brücke über den Bach Vonne und gehen auf der Straße, dem Chemin de la Plage, nach rechts. Nach 250 m weisen Schilder links auf einen Fußweg den Hang nach oben in das Zentrum von Lusignan und zur Pilgerherberge. Geradeaus ginge es weiter zum Campingplatz, wo man für die Übernachtung in der Herberge bezahlen kann und den Zugangscode bekommt. Das geht auch oben in der Burg im Tourismusbüro, hier müssen Sie jedoch die Öffnungszeiten beachten. Hoch müssen Sie in jedem Fall.

Lusignan

BANK ⇧ 132 m, 2.660 Ew.

Office de Tourisme Lusignan, Place du Bail, 86600 Lusignan, ☏ 05 49 41 393, über die Homepage, www.visitpoitiers.fr, Di-Sa 10:00-12:00 und 14:00-18:00, den Fußweg von der Vonne nach oben und gleich rechts

Halte Pèlerin, Place du Bail, 86600 Lusignan, ☏ 05 49 43 31 48 (Mairie), mairie@lusignan.fr, 6 Pl in 3 DZ, in altem Burggemäuer, Code erhältlich im Tourismusbüro oder am Campingplatz, Ü € 8,66, ganzjährig, im nordöstlichen Burgturm rechts der Touristinfo; vom Campingplatz unterhalb über einen Fußweg zu erreichen

Hotel Restaurant Le Châpeau Rouge, 1 Rue de Chypre, 86600 Lusignan, ☏ 05 49 39 27 92, fumaz.stephane@orange.fr, www.lechapeaurouge.fr, @, Abendessen ab € 42 (Menü), Frühstück € 12, Ü DZ ab € 77, ganzjährig, Reservierung notwendig, nach dem Zentrum am Ende der Rue Raymondin unten rechts, direkt am Weg

Camping municipal de Vauchiron, Chemin de la Plage, 86600 Lusignan, ☏ 05 49 43 31 48 (Mairie), mairie@lusignan.fr, sehr weitläufig, Bademöglichkeit und Kiosk daneben, € 3,40, Ü Zelt € 6, Ü Wohnzelt ab € 35, ganzjährig, an der Vonne unterhalb der Burg, von der D150 am Ortsanfang rechts ab

VITALIS, 35 Lusignan + Poitiers

TER, regionale Verbindung Poitiers – Coulombiers – Lusignan

Lusignan – Saint-Sauvant 10,0 km

Von der Herberge und dem Office du Tourisme führt die Rue Saint Louis nach Westen zur Kirche und in Verlängerung die Rue Babinet zwischen den mächtigen Türmen der Stadtmauer über den Graben aus dem ehemals befestigten Teil der Stadt heraus.

Folgen Sie leicht links der Rue Raymondin nach unten und nach einem kleinen Schlenker nach rechts der Avenue de Saintonge den Berg wieder nach oben bis zu einem grünen Flecken mit Picknickbänken. 200 m weiter wäre nochmals ein großer Supermarkt. Der Jakobsweg führt vor dem Grünstreifen links auf die Rue de Grand Champ und dann zuerst leicht rechts und dann leicht links unter der D611 hindurch.

Fahren Sie gleich nach der D611 rechts und wieder links. Nach 2 km folgen Sie der Straße nach links am Waldrand entlang Richtung Saint-Sauvant bis in den Ort. Die alternative Route aus dem Ort bis Jassay ist zum Radeln wunderbar geeignet.

Gehen Sie auf dem nächsten querenden Feldweg rechts und an einer umzäunten Agrarforschungseinrichtung auf der Teerstraße rechts und am Ende links. Jetzt geht es für Sie 6,2 km geradeaus. Der Belag wechselt zwischen Teer, Schotter und auch Gras. Kurz nach dem links liegenden Weiler L'Eterpe kommen Sie an die D26.

Auf der D26 nach links könnten Sie bequem Saint-Sauvant erreichen. Hier gibt es einen kleinen Supermarkt, ein Restaurant und eine Übernachtungsmöglichkeit. Konjunktiv, da der offizielle Jakobsweg am Ort vorbeiführt. Der Abstecher stellt keinen großen Umweg dar.

Saint-Sauvant 142 m, 1.260 Ew.

Gîte de l'Aigail, 5 Rue de Temple, 86600 Saint-Sauvant, 05 49 39 44 63, gitedelaigail@gmail.com, 40 Pl in 13 Zi, @, Abendessen € 13,50, Frühstück € 5,50, Lunchpaket € 8,50, Ü € 25, mit Bettwäsche, ganzjährig, an der D26 im Ort gleich südlich des Zentrums

Um den Ort zu verlassen, müssen Sie nicht wieder zurückgehen. Vom Rathaus nach Süden können Sie auf der D26 und dann rechts am protestantischen Tempel vorbei auf der D96 bis zur ersten Kreuzung nach den Häusern gehen. Hier rechts und nach 600 m links laufen Sie weiter bis Jassay. Viel befahren sind die Straßen nicht.

Saint-Sauvant – Chenay 10,9 km

Auf dem offiziellen Jakobsweg überqueren Sie die D26, wenden sich am Ende des Weges nach rechts und auf dem nächsten Weg wieder links. Queren Sie die D29a und gehen Sie zwischen den paar Häusern von Chiré links und wieder rechts. Auf der D29 müssen Sie für 650 m nach rechts und auf einem Feldweg wieder links bis Jassay.

Im Ort kommen Sie am Ende der Straße rechts und wieder links zur Route de l'Ancienne École. Gehen Sie hier rechts Richtung Mellier, auf dem Feldweg geradeaus weiter und an der nächsten Kreuzung vor den beidseitig dichten Hecken nach rechts.

Am nächsten Querweg geht der Weg schräg links weiter und an der Kreuzung am Bauernhof kurz rechts und sofort wieder links bis zum Ortsschild von Chenay. Gehen Sie hier rechts, kurz vor der D950 links und am Ende wieder rechts auf der Rue des Pèlerins weiter und bis zur Kirche. Zumindest das Portal dieser uralten Kirche mit den ornamentierten Bögen und ausgearbeiteten Kapitellen sollten Sie sich anschauen. Hier gibt es auch eine Picknickbank und ein öffentliches WC.

Chenay 131 m, 450 Ew.

Halte Pèlerin, 14 Rue Edmond Proust, 79120 Chenay, 05 49 07 38 53 (Mairie), 06 65 71 27 93 (Mme le Maire) oder 05 49 07 30 62 und 06 74 53 59 42 (beide Mme Trochon), mairie-chenay@paysmellois.org, 4 Pl in klassischer Pilgerherberge, Mikrowelle, gegen Spende, ganzjährig, Reservierung notwendig, an der D950 100 m nach der Kirche rechts

Hotel Restaurant Les Trois Pigeons, 5 Rue Edmond Proust, 79120 Chenay, 05 49 29 78 85, lestroispigeons@gmail.com, Abendessen ab € 11, Ü € 55, HP € 68, ganzjährig, mitten im Ort

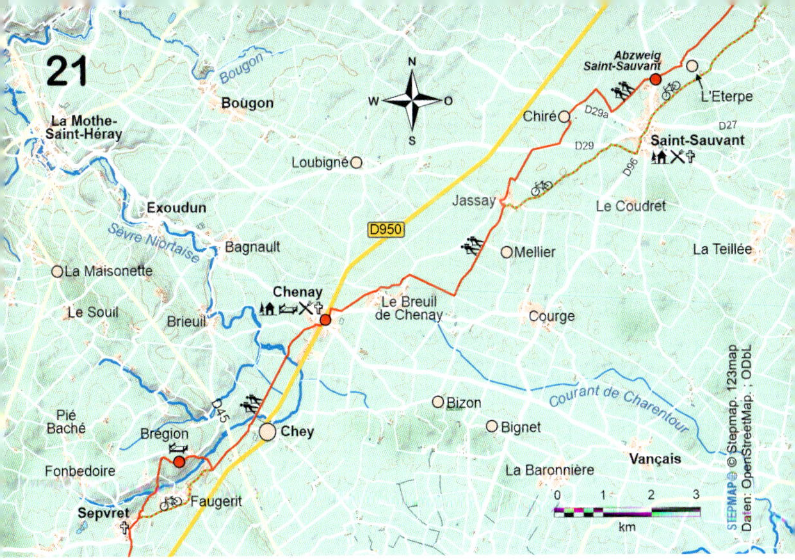

Chambre d'hôtes Au coin du Village, 9 Rue de la Mairie, 79120 Chenay, ☏ 05 49 29 61 69, 07 86 98 56 20, aucoinduvillagechambresdhote@orange.fr, 12 Pl in 4 Zi, T, Abendessen € 16, ÜF € 42, ÜF 2 P. € 47, ganzjährig, Reservierung notwendig, nach der Kirche links, 150 m entfernt

Chenay – Sepvret 5,1 km

Nach der Kirche geht es auf der D950 nach Süden, dann auf der Rue de Brieul nach rechts und am Ende auf der Rue des Vergers Moreau links aus dem Ort. An der Verzweigung halten Sie sich links, an der nächsten noch einmal links, dann rechts und nach dem Bach Sèvre Niortaises gleich wieder links. Ab hier gehen Sie 3 km geradeaus und über die D45 bis an das Ende des Weges. Kurz vorher zweigt eine Schotterstraße hart nach rechts ab, führt wieder über den Bach Sèvre Niortaises und oben links zum Hofgut Brégion mit Übernachtungsmöglichkeit.

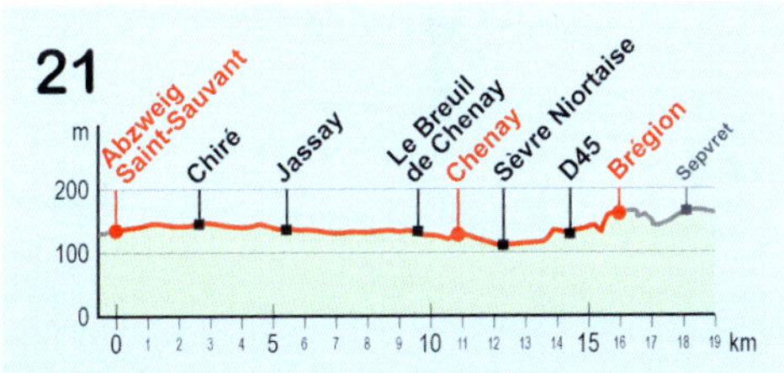

Sepvret

🛏 ✝ ⇧ 160 m, 620 Ew.

🛏 Accueil Pèlerin Le Logis de Brégion, 3 Logis de Brégion, 79120 Sepvret, 📱 06 60 05 94 01 und 06 60 13 64 98, ✉ anne.giraudel@hotmail.fr, 4 Pl, einfach, 🚗 max. 15 km, ÜF € 15, HP € 30, ⛺ Ü Zelt p. P. € 8, ganzjährig, Reservierung notwendig, direkt am Weg

Sepvret – Melle

14,5 km

🚲 Der Weg von der Herberge nach Sepvret ist nur für Wanderinnen und Wanderer geeignet. Mit dem Fahrrad müssen Sie die Schotterstraße wieder zurück, unten über den Bach Sèvre Niortaisesund bis zur Teerstraße. Fahren Sie rechts und gleich danach am Ende der Straße nochmals nach rechts bis zur Kirche von Sepvret.

Folgen Sie dem Weg nach unten und am Ende links und über einen Bach. Dann halten Sie sich rechts und nach 450 m nochmals rechts bis zur D108. Gehen Sie rechts und durch Sepvret, bis links nach der Rue de la Plaine ein kleiner Weg zwischen den Häusern abzweigt. Die Beschilderung ist gut. Am Ende links und der nächsten Straße rechts folgend gelangen Sie aus dem Ort hinaus. Im Linksknick der Straße bleiben Sie auf der Schotterstraße geradeaus und queren einen Feldweg und eine Straße. Die nächste Querstraße müssen Sie scharf nach links und an den ersten Häusern rechts Richtung Le Chatelier laufen. Nach 150 m zweigt eine Schotterstraße rechts ab. An der ersten Kreuzung in Le Coudray gehen Sie auf der Rue des Chaumes le Coudray rechts und nach dem Ort auf dem Feldweg weiter bis zu seinem Ende. Hier geht es kurz links und gleich wieder rechts, über die Querstraße und dann halten Sie sich rechts bis zu einem kleinen Weiher. Umkurven Sie ihn rechtsherum, 300 m dahinter gehen Sie links und wieder rechts. Es geht auf Teer weiter und am Abzweig links bis zur D950,

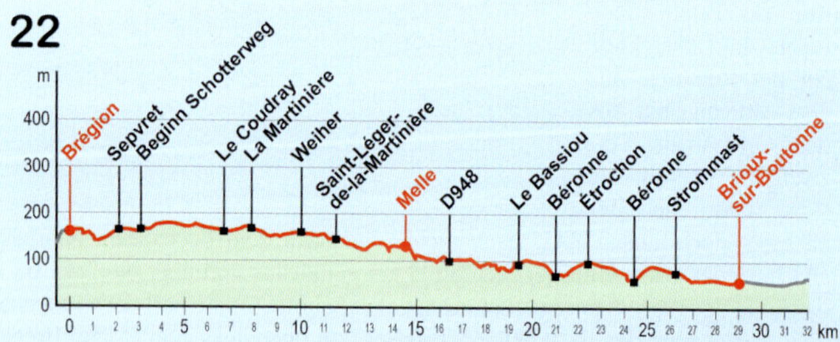

dann haben Sie die ersten Häuser von Melle erreicht. Die kleine Rue de la Mairie führt links zur Église Saint-Léger-les-Melle aus dem 12. Jh. Am anderen Ende des Parkplatzes kommen Sie auf der Rue de Gachet wieder zur D950, hier Grand Chemin Saint Jacques benannt, und wandern nach links.

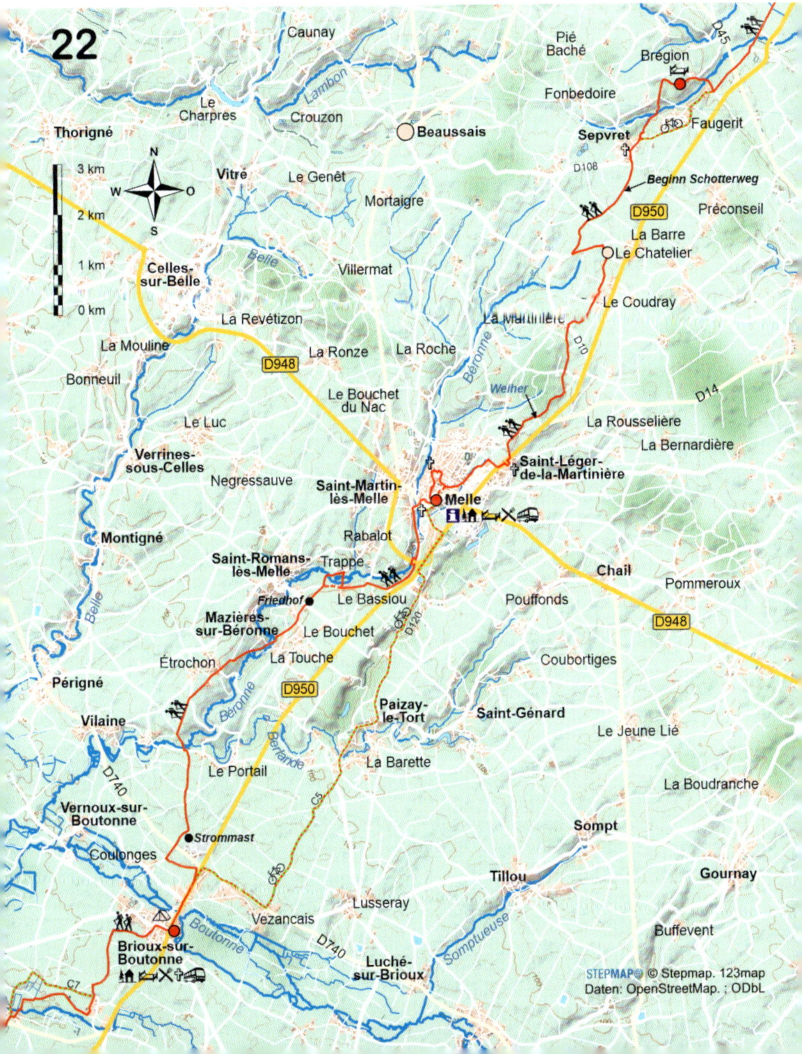

Gehen Sie am Kreisverkehr rechts, hinter dem Supermarkt auf einem Fußweg links an den beiden Teichen vorbei und geradeaus auf der Allée du Bois Morat über die nächste Querstraße. Hier beginnt links parallel ein Fußweg, der Chemin de la Découverte, dem Sie durch die Grünanlage bis zur Rue du Tapis Vert folgen.

Wenn Sie auf die durchaus lohnende Sightseeingtour durch Melle verzichten wollen, gelangen Sie hier links direkt ins Zentrum der Stadt. Doch Sie verpassen etwas!

Die offizielle Beschilderung des Jakobsweges führt gerade weiter, der Weg windet sich zwischen den Häusern hindurch bis zur protestantischen Kirche an der Rue Foucouderie. Gehen Sie links und dann auf der Rue du Puits nach unten bis zur absolut sehenswerten Église Saint-Pierre-de-Melle. Ein herrlicher romanischer Bau aus dem 11. Jh., dessen Pracht und Besonderheit sich beim ersten Blick erschließt. Die Ornamentik an den Fenstern und am Seitenportal weckt Vorfreude auf das Innere – vielleicht haben Sie das Glück und die ist Kirche zufällig einmal offen.

Weiter geht es links und nach dem Parkplatz links die Rue Saint-Pierre wieder hoch in die Stadt zur Rue des Huileries. Sie gehen rechts und auf der Rue Saint-Jean links durch bis zur Grande Rue. Auf ihr gelangen Sie nach links zwischen ein paar Läden und Cafés zu einem sehenswerten Palais, dem ehemaligen Hotel de Menoc, mit Fassadenverzierungen im spätgotischen Flamboyant-Stil. Das kommerzielle Zentrum befindet sich eine Straße weiter links.

Melle

174 m, 6.180 Ew.

Office de Tourisme Melle, 2 Pl. Bujault, 79500 Melle, ☏ 05 49 29 15 10, officedetourisme@paysmellois.org, decouvertes.paysmellois.org, Mo 10:00-12:30, Di-Fr 9:3012:30 und 14:00-17:30, Sa 10:00-12:30 und 14:00-18:00, am zentralen Platz mit Markthalle

Accueil Pèlerin Refuge Jacquaire Associatif „Zébédée & Co“, 10 Rue Saint-Jean, 79500 Melle, ☏ 05 49 29 93 52, jjpagerie@orange.fr, 6 Pl in 2 Zi, max. 10 km, @, gegen Spende, ganzjährig, Reservierung notwendig, mitten in der Stadt direkt am Weg

♦ Gîte municipal La Maisonette, Rue du Pont Saint-Hilaire, 79500 Melle, ☏ 05 49 29 15 10 (Touristinfo), 8 Pl, 3 Nächte max., Reservierung und Schlüssel in der Touristinfo erhältlich, Ü € 9,30, ganzjährig, an der Kirche Saint-Hilaire

♦ Accueil Pèlerin Mireille Lusseau, 25 Grand Chemin Saint Jacques, 79500 Melle, 06 83 11 47 86, mimi.lusseau@gmail.com, 4 Pl, @, Abendessen gegen Spende, ÜF € 15, ganzjährig, Reservierung 48h vorab, auf der D950 nach dem Rathaus und Abzweig zur Église Saint-Léger-les-Melle

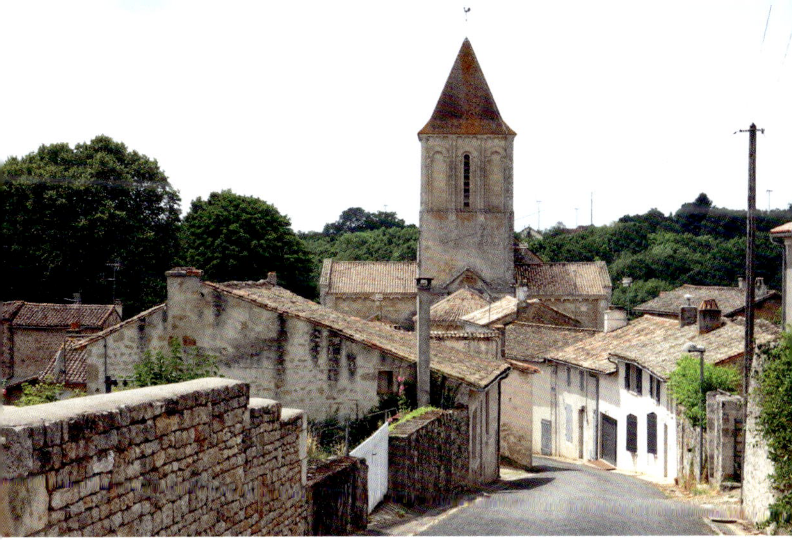

Melle

Accueil familial Sylvie + Claude Le Marrec, Adresse auf Anfrage, 79500 Melle, 06 48 75 76 70, syclalemarrec@orange.fr, 2 Pl, ab Église Saint-Hilaire de Melle, @, HP € 20, ganzjährig, Reservierung 48h vorab, am südlichen Ortsrand nahe am Weg

♦ Accueil Pèlerin Maryvonne + Rémy Gabard, 1 Rue du Champ Persé, 79500 Melle, 06 82 44 61 71 und 06 08 05 92 63, mary-gab@orange.fr, 2 Pl, max. 5 km, T @, HP € 25, 15. April-15. Oktober, Reservierung 48h vorab, nach dem Kreisverkehr auf der Avenue Clément Pineau geradeaus, weiter geradeaus auf der Rue de la Beronne bis zur Rue du Champ Follet, dort rechts, am nächsten Kreisverkehr befindet sich die Unterkunft im Haus links.

Hotel Restaurant Les Glycines, 5 Place René Groussard, 79500 Melle, 05 49 27 01 11, contact@hotel-lesglycines.com, www.hotel-lesglycines.com, T @, HP ab € 97, HP 2 P. ab € 107, ganzjährig, auf der Grande Rue durch bis zur Avenue du Commandant Bernier und dort links, nahe dem Platz der Markthalle und Odt

NOUVELLE AQUITAINE, 17 Niort (SNCF)

Melle – Brioux-sur-Boutonne 14,5 km

Im Süden wird die Altstadt von Melle von der Avenue du Commandant Bernier umrundet. Sie verbindet das Zentrum am Marktplatz mit der Église Saint-Hilaire. Fahren Sie zum einzigen Kreisverkehr auf dieser Umfahrung ganz im

Süden und hier auf der Rue de Beausoleil bis zur D950 und dort rechts. 600 m weiter südlich zweigt links die D120 Richtung Lusseray ab. Folgen Sie ihr, auch durch den zerfaserten Ort Paizay-le-Tort, und halten Sie sich wieder auf freiem Feld geradeaus auf der C5 Richtung Vezancais. An der D740 müssen Sie rechts zur D950 und links nach Brioux-sur-Boutonne.

Am Palais Hotel de Menoc gehen Sie auf der Rue Emilien Travers nach rechts zur nächsten sehenswerten Kirche, der romanischen Église Saint Savinien aus dem 11. Jh. Folgen Sie der Sackgasse Rue de la Prison und der kleinen Rue de la Petite Motte nach unten. Sie folgen der Rue Virecourt gegenüber. Diese knickt nach links ab und an der Rue Saint-Hilaire sehen Sie schon einen den Vierungsturm der nächsten romanischen Kirche. Die Église Saint-Hilaire aus dem 11. und 12. Jh. ist ein Prachtexemplar der romanischen Baukunst und innen wie außen aus einem Guss.

Oberhalb der Kirche zweigt ein gesandeter Wanderweg vor einem öffentlichen WC nach links ab. Nach 1 km geht es rechts am Bach Béronne in einem Tunnel unter der D948 hindurch und dahinter links auf einem Pfad durch die Wiese wieder nach oben. Am Ende des Weges gehen Sie auf der Straße nach rechts, dann links und an der Verzweigung wieder rechts. Zwischen den nächsten Häusern ist es schwer verständlich, dass die Beschilderung nach rechts weist.

Auf dem Weg nach Aulnay-de-Saintonge

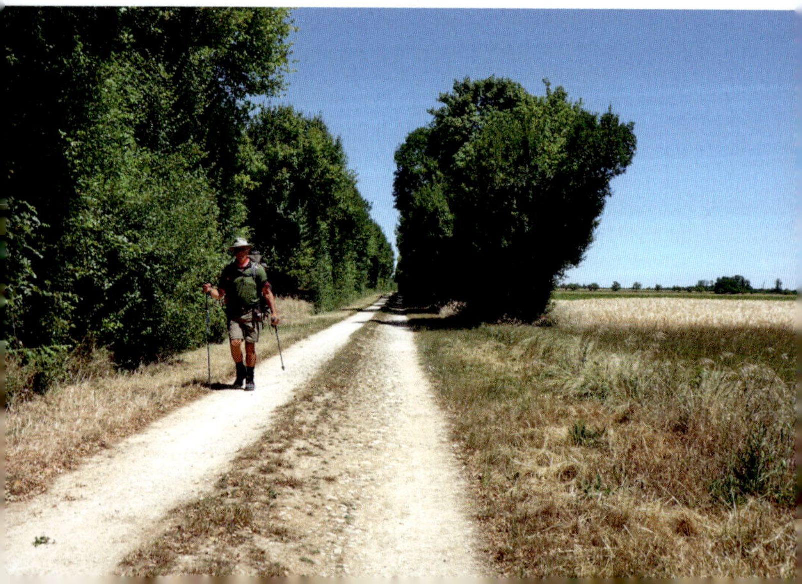

Gehen Sie die Rue du Bassiou einfach 350 m geradeaus durch bis zur nächsten Kreuzung.

Offiziell sollen Sie also rechts, am nächsten Weiler links und an der Verzweigung am Wald wieder links.

An der Kreuzung müssen Sie rechts und dann links leicht hoch zwischen die Felder, nicht wieder zum Wald. Nach dem Friedhof geht es geradeaus Richtung Le Bouchet, an der Verzweigung links und nach den Häusern rechts Richtung La Touche. Halten Sie sich an den nächsten beiden Verzweigungen rechts und an dem Hof im Wald geradeaus auf den Waldweg. Nach 900 m endet der Weg an einer kleinen Straße. Wenden Sie sich nach links und nach 600 m erneut links und vor dem Bauernhof gleich wieder rechts. Am Ende müssen Sie wieder links und gleich wieder rechts bis zur nächsten Wegkreuzung. Hier gehen Sie links, am Ende des Weges noch einmal links und wieder rechts. Nach 1,7 km geradeaus gehen Sie vor einem Strommast rechts, überqueren die D740, nehmen den nächsten Weg links und kurz vor der großen D950 den Weg rechts. Dann auf der D950 weiter erreichen Sie an der Kirche das Zentrum des Ortes.

Brioux-sur-Boutonne

BANK 60 m, 1.450 Ew.

Accueil Pèlerins La Maison des Arts, 18 Place du Champ de Foire, 79170 Brioux-sur-Boutonne, 06 70 20 19 14 und 06 88 18 34 07, 6 Pl, eigenes Haus mit Charme, ÜF € 15,50, April-Oktober, vor der Kirche rechts, am Platz links

Auberge Restaurant du Cheval Blanc, 23 Place du Champ de Foire, 79170 Brioux-sur-Boutonne, 05 49 07 52 08, gaucherpatrice7@gmail.com, www.auberge-cheval-blanc-brioux.fr, Mikrowelle, Abendessen, ÜF ab € 38, ganzjährig, Reservierung notwendig, vor der Kirche rechts, am Platz rechts

Camping municipal, 9 Rue des Merlonges, 79170 Brioux-sur-Boutonne, 05 49 07 50 46, mairie-briouxsurboutonne@paysmellois.org, Ü Zelt 1 P. € 3,50, April-Oktober, auf der D950 rechts zum Place des Halles und dort rechts

NOUVELLE AQUITAINE, 18 Niort (SNCF)

Brioux-sur-Boutonne – Aulnay-de-Saintonge 22,3 km

Der Jakobsweg geht vor der Kirche rechts, am Ende des großen Parkplatzes auf der Rue Louis Blériot links und an der zweiten Straße links, der Rue des Glycines, weiter. Folgen Sie dieser aus dem Ort, halten Sie sich am Ende links und folgen Sie dem Hauptweg zwischen den Hecken nach links bis zur geteerten C7.

🚲 Fahren Sie hier rechts und auf der C8 links nach Villefollet. Geradeaus durch den Ort kommen Sie an die D1. Halten Sie sich rechts und zweigen Sie nach 2 km an der zweiten namenlosen Kreuzung in eine kleine heckenbesäumte Straße auf der linken Seite ab. Am Ende nach rechts und zwischen den Häusern von Villiers-sur-Chizé auf der ersten Straße links kommen Sie nach der D109 an eine Verzweigung. Hier bleiben Sie rechts und fahren am Ende ein kurzes Stück auf der D950 bis zur Kirche von La Villedieu.

Geradeaus auf einem Grasweg erreichen Sie den Chemin des Noyers in Le Pontioux. Hier rechts und wieder rechts sind Sie wieder zwischen Hecken und Feldern. Am ersten Abzweig geradeaus und am zweiten links erreichen Sie in Villefollet ✝ die kleine Kirche.

Gehen Sie rechts, die erste Straße wieder links und nach der Querung der D1 durch bis zum Straßenende. Hier müssen Sie links und dann dem Weg nach rechts folgen. An der nächsten Kreuzung biegen Sie links und nach 600 m scharf nach rechts ab. Jetzt können Sie parallel zur D950 ganze 3 km geradeaus durchgehen. Am Ende führt ein Weg links über die D950 und mäandert vor dem Wald an dessen Rand rechts entlang. Gehen Sie am Ende rechts, am nächsten Wegende ebenso und dann dem Weg nach links folgend. Nach 600 m zweigen Sie an einer Kreuzung am Waldrand rechts in den Wald ab. Gehen Sie an der D950 an dem Parkplatz in Dreiecksform links, die Teerstraße links und am nächsten Feldweg wieder rechts.

Sie haben ab hier im Departement Charentes-Maritime immer Steinsäulen als Wegweiser. Sie sind an der eingravierten Muschel leicht zu erkennen und haben kleine rote Pfeile als Richtungsangabe. Ein solcher weist hier nach rechts auf einen Feldweg, parallel zur D950, der Sie bis nach la Villedieu ✝ bringt. An der Kirche gibt es eine Rastbank und erstaunlicherweise auch einen Trinkwasserbrunnen, welche auf der ganzen Via Turonensis sehr selten zu finden sind.

An der Kirche müssen Sie links auf dem Chemin de la Procession bis zu seinem Ende laufen, das letzte Haus auf der Straße rechts im Bogen umrunden und

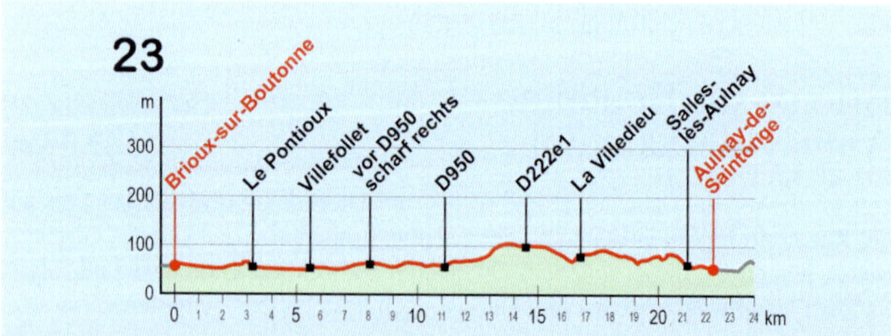

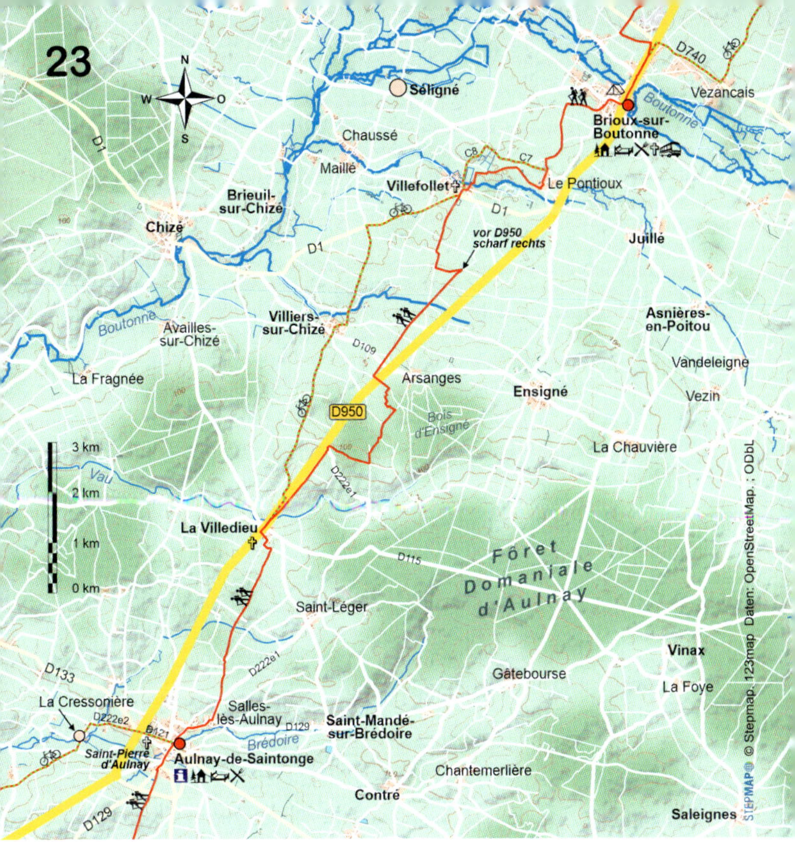

nach dem Schlenker rechts weiter. Nach 2,5 km gehen Sie links und auf der alten Teerstraße gleich wieder rechts bis hinein nach Salles-lès-Aulnay, dessen Häuser Sie in der Senke schon bald sehen werden. Die D129 (Rue de Salles) führt rechts bis in den Hauptort hinein und auf dem Cour a Madame zum Place Aristide Briand, dem Zentrum von Aulnay mit Läden und Bar.

Aulnay-de-Saintonge

⇧ 55 m, 1.320 Ew.

Office de Tourisme Aulnay-de-Saintonge, 290 Avenue de l'Église, 17470 Aulnay-de-Saintonge, ☎ 05 46 32 60 71, über die Homepage, www.destinationvalsdesaintonge.com, 13.06.-9.07. 9:30-12:30 und 14:00-17:30, neben der Kirche Saint-Pierre-d'Aulnay an der D950

Halte Pèlerin, 3 Rue Beaulieu, 17470 Aulnay-de-Saintonge, ☏ 05 46 33 10 02 (nur in Ausnahmefällen), 07 48 88 01 74, accueil@aulnay-de-saintonge.fr, www.aulnay-de-saintonge.fr, 6 Pl in einem kleinen Haus, Schlüssel gegenüber, T, Ü € 10, ganzjährig, Reservierung notwendig, von der D129 die letzte Straße vor dem Hauptplatz rechts

Hotel Restaurant du Donjon, 4 Rue des Hivers, 17470 Aulnay-de-Saintonge, ☏ 05 46 33 67 67, hoteldudonjon@orange.fr, www.hoteldudonjon.com, 3-Sterne-Hotel, 7 Zi, € 7,50, T € 7,50, @, Mikrowelle, Frühstück € 9,80, Ü 1-2 P. im DZ ab € 73, HP 1 P. € 78, HP 2 P. € 115, ganzjährig, Reservierung notwendig, am Ende des Place Aristide Briand rechts

Aulnay bietet ein Highlight, das Sie sich auf keinen Fall entgehen lassen sollten. Dazu gehen Sie auf der D121 (Rue du Pont du Four) am Ende des Hauptplatzes rechts, dann nochmals rechts und an der dreieckigen Bauminsel links auf der Rue des Carmes 500 m hinaus.

✝ Die Église Saint-Pierre d'Aulnay ist einer der schönsten romanischen Kirchenbauten auf der ganzen Via Turonensis. Die Reichhaltigkeit und Ausarbeitung der Verzierungen an den Kapitellen sowie der Figurenreigen an den Bögen über den Portalen ist außerordentlich. Gleichzeitig strahlt die romanische Gesamtkomposition eine Ruhe und Ehrwürdigkeit aus, die jede Pilgerin und jeden Pilger zuerst staunen lässt und dann zur Ruhe und in Gedanken bringt. Ein herrlicher Ort für einen Moment der Besinnung.

♦ Avenue de l'Église

Aulnay-de-Saintonge – Courcelles 16,9 km

Fahren Sie auf der D121 nach Westen hinaus zur Église Saint-Pierre d'Aulnay, gleich nach der D950 links auf der D222e2 Richtung La Cressonière und nach 1 km links durch den Ort bis zur D107. Dieser folgen Sie nach rechts für 6 km, durch Nuaillé-sur-Boutonne und bis zur D127. Auf dieser fahren Sie nach Süden bis ins Zentrum von Saint-Jean-d'Angély.

Vom Ende des zentralen Place Aristide Briand geht es auf der Rue Porte Saint-Jean weiter Richtung Südwesten. An der ersten Verzweigung halten Sie sich links auf der Route de Cognac und dann auf der abzweigenden D129 (Route de Mondevis) Richtung Saintes rechts. Gegenüber von großen landwirtschaftlich genutzten Hallen weist ein Wegstein nach links in eine kleine Straße, der Sie vor dem ersten Zaun gleich wieder nach rechts folgen. Nach Querung einer Umgehungsstraße geht es am Ende des Weges vor einem Bach rechts weiter und an der Straße wieder rechts zu den paar Häusern von Brie. An einer dreieckigen

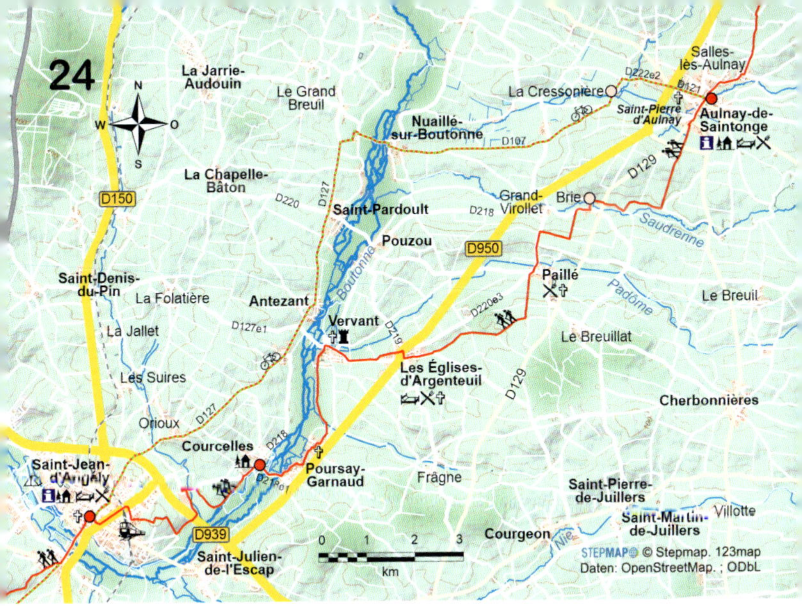

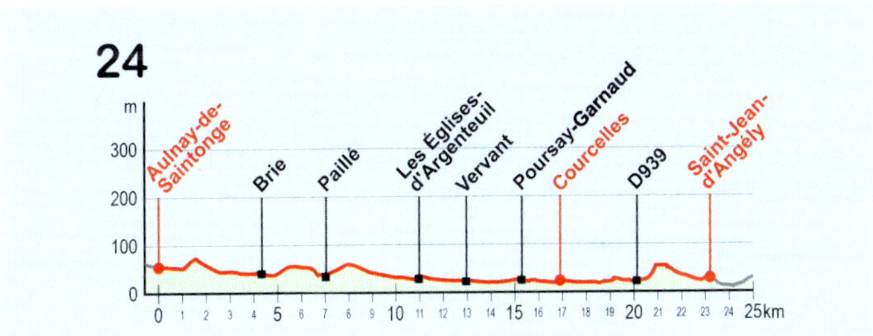

Verkehrsinsel gehen Sie links auf dem Impasse du Gué bis zur D218 und folgen dieser nach rechts bis zum ersten Feldweg auf der linken Seite. An seinem Ende einmal rechts kommen Sie zur D220e3 und auf ihr links nach Paillé ✕ 🍷 ✝.

Queren Sie die Hauptstraße und gehen Sie auf der nächsten Straße links wieder nach Süden bis zu deren Ende. Gehen Sie rechts, an der nächsten Straße nochmals rechts und dann geradeaus hinein nach Les Églises-d'Argenteuil 🛏 ✕ ✝. Die D219 (Rue Canette) führt Sie nach rechts in den Ort an der interessanten Dorfkirche Saint-Vivien auf der rechten Seite vorbei. Riskieren Sie einen Blick auf das hölzerne Tonnengewölbe – in der spitzbogigen Ausprägung eine Seltenheit.

An der D950 (Rue de Saintonge) ist Vorsicht geboten, es ist eng und die Lkw donnern unmittelbar an Ihnen vorbei. Doch weit ist es nicht, es geht nur kurz links am Gasthof vorbei und gleich wieder schräg rechts auf die Rue des Métairies. Sie trifft schräg auf die D127e1. Folgen Sie dieser bis zum unübersehbaren Portal zum Garten und Schloss von Vervant ✞ ♜.

Gegenüber dem Eingang beginnt die Rue de la Boutonne, die nach 1,9 km in die Rue de Vervant mündet, auf der Sie nach rechts die Häuser von Poursay-Garnaud erreichen. Gehen Sie am Ende der Straße rechts, die Rue de l'Église nach links, nach der Kirche nochmals links und auf der Rue de l'École rechts. Am Ende folgen Sie der Straße nach rechts, erreichen auf der Rue de la Sablière nochmals rechts die D218e1 (Les Rives de Boutonne) und auf dieser rechts durch die kleine Aue mit der Boutonne den Ort Courcelles.

Courcelles

⇧ 21 m, 460 Ew.

Accueil Pèlerin Marie-Jeanne, 33 Rue du Bourg, 17400 Courcelles, ☎ 05 49 59 12 01, giroudmege@gmail.com, 6 Pl in 2 Zi, nur in Notfällen, Abendessen € 10 auf Anfrage, Getränke vorhanden, ÜF gegen Spende, ganzjährig, Reservierung notwendig, direkt am Weg

Courcelles – Saint-Jean-d'Angély

6,3 km

Auf der Hauptstraße D218 (Rue du Bourg) halten Sie sich links. Nach 400 m sieht man links eine kleine Brücke an der Boutonne und eine Picknickbank – ein wunderbarer Ort für eine Pause mit der Möglichkeit für ein angenehmes Fußbad. Vor dem letzten Haus des Ortes nehmen Sie links den Chemin du Grenet, kommen wieder zurück zur D218, gehen vorsichtig 300 m nach links über eine Brücke und dahinter an den Leitplanken nach links unten. Der Weg führt kurz zurück, biegt rechts ab und unterquert die Schnellstraße D948. 500 m dahinter nehmen Sie an der nächsten Kreuzung den Feldweg nach rechts und folgen ihm im Zickzack in ein Industriegebiet. Am Kreisverkehr gehen Sie rechts bis zur großen D218 und folgen ihr links für etwa 700 m bis zur Mitte eines kleinen Parks. Gehen Sie hier auf der Rue Pascal

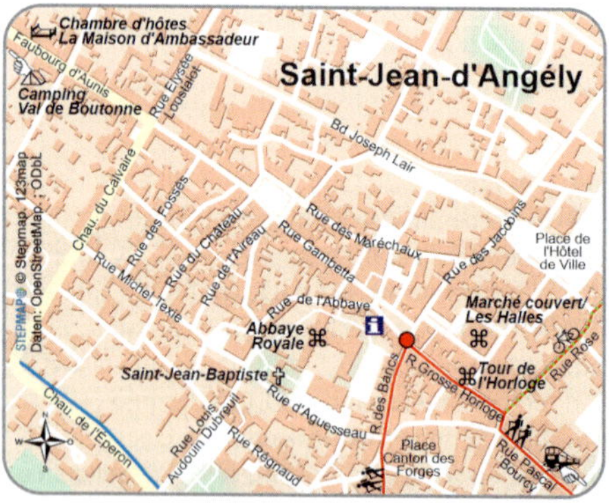

Bourcy rechts durch bis zu zwei uralten Fachwerkhäusern an der Rue Grosse Horloge. Kurz rechts und gleich wieder links auf der Rue Grosse Horloge erreichen Sie das alte Stadttor im Uhrturm und dahinter an der Rue Gambetta einen baumbestandenen Platz mit Tourismusinfo, Bars und Shops. Sie haben das Zentrum von Saint-Jean-d'Angély erreicht.

Saint-Jean-d'Angély

⇧ 23 m, 6.750 Ew.

Office de Tourisme St-Jean-d'Angély, 8 Rue Grosse Horloge, 17400 Saint-Jean-d'Angély, 05 46 32 04 72, über die Homepage, www.destinationvalsdesaintonge.com, Di-Fr 10:00-12:30 und 14:00-18:00, Sa 10:00-12:30 und 14:00-17:00, zentral am Platz an der Rue Gambetta

Association des amis des pèlerins de Saint-Jacques-de-Compostelle „Le Bourdon", 17400 Saint-Jean-d'Angély, 06 99 44 53 62, Vermittlungsservice für Privatzimmer von Freunden des Jakobsweges in der Stadt, erste Anlaufstelle für Pilgerinnen und Pilger, Abendessen auf Anfrage, Preise je nach Unterkunft etwas verschieden, immer preisgünstig, ganzjährig, Reservierung notwendig

Chambre d'hôtes La Maison d'Ambassadeur, 40 Faubourg d'Aunis, 17400 Saint-Jean-d'Angély, 05 17 27 53 90, 06 85 09 31 60, drieuxd@aol.com, www.lamaisondelambassadeur.com, historisches Haus mit Charme, max. 10 km, T @, Mikrowelle, ÜF DZ 1-2 P. € 85-90 (nach Saison), ganzjährig, Reservierung notwendig, auf der Rue Grosse Horloge und Rue Gambetta nach Nordwesten bis zum Haus, von der Touristeninformation 450 m

Kunstmuseum in der Abbaye Royale

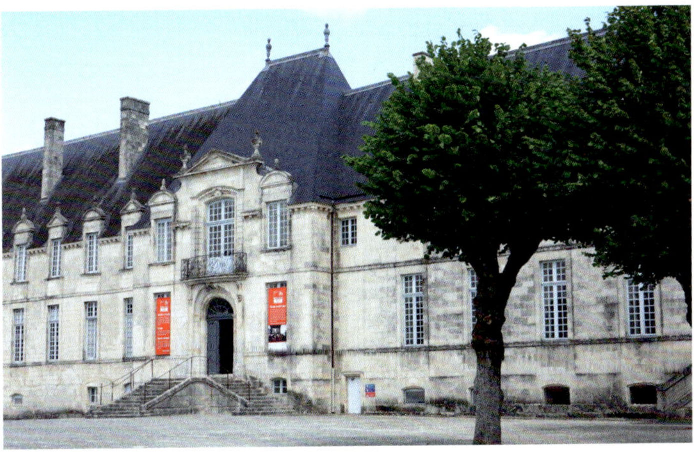

Camping Val de Boutonne, 56 Quai de Bernouet, 17400 Saint-Jean-d'Angély, 05 46 32 26 16, campingvaldeboutonne@gmail.com, www.camping-charente-maritime-17.com, ruhig an der Boutonne gelegen, € 5, **T** € 5, @, Frühstück € 6,50, Ü Zelt 1 P. € 10-12, 2 P. € 14-16, Ü Mobilehome 2 P. ab € 45, April-September, auf der Rue Grosse Horloge und Rue Gambetta 600 m nach Nordwesten, die Avenue du Port links bis zur Brücke und davor rechts, am Westrand der Stadt, 1,4 km ab vom Weg

TER, regionale Verbindung Niort (SNCF) – Saint-Jean-d'Angély – Saintes (SNCF)

✞ Église Saint-Jean-Baptiste. Von der alten Klosterkirche steht nicht mehr viel, nur die Westfront in Teilen und die beiden Türme. Diese können jedoch bestiegen werden und bieten einen schönen Blick über die Stadt.

♦ Rue d'Aguesseau

⌘ Abbaye Royale. Die Klosteranlage liegt mitten in der Stadt, ist von mehreren Seiten zugänglich und beherbergt heute hauptsächlich kulturelle Einrichtungen der Stadt – allen voran das Kunstmuseum, aber auch ein Hotel. Zugänglich ist die Anlage von mehreren Seiten, offizielle Adresse ist die 1 Rue Louis Audouin Dubreuil

♦ 1 Rue Louis Audouin Dubreuil, ganzjährig Mi-Sa 14:00-18:00

⌘ Tour de l'Horloge, 16. Jh.

♦ Rue Grosse Horloge

⌘ Marché couvert/Les Halles. Werfen Sie unbedingt einen Blick in die Markthalle, das Dach hat einen sensationellen hölzernen Dachstuhl, der stark an Schiffsbau erinnert. Die Marktstände sind ein perfekter Versorgungspunkt.

Saint-Jean-d'Angély – La Frédière 13,6 km

Versorgen Sie sich reichlich mit Essen und Trinken, Sie haben bis Saintes keine direkt am Weg liegende Einkaufsmöglichkeit!

Vom zentralen Platz an der Rue Gambetta gehen Sie an der Ecke, von der Sie ihn auch betreten haben, links auf der Rue des Bancs nach Süden bis zum dreieckigen Place Canton des Forges. Hier halten Sie sich links und gehen auf der Rue de Verdun und in Verlängerung der Faubourg Taillebourg für 1 km immer geradeaus, über drei kleinere Brücken und schließlich über die hier etwas angestaute Boutonne, bis an einer Kreuzung mit mehreren kleinen Verkehrsinseln die D739e (Route de Rochefort) nach Saint-Savinien rechts abzweigt.

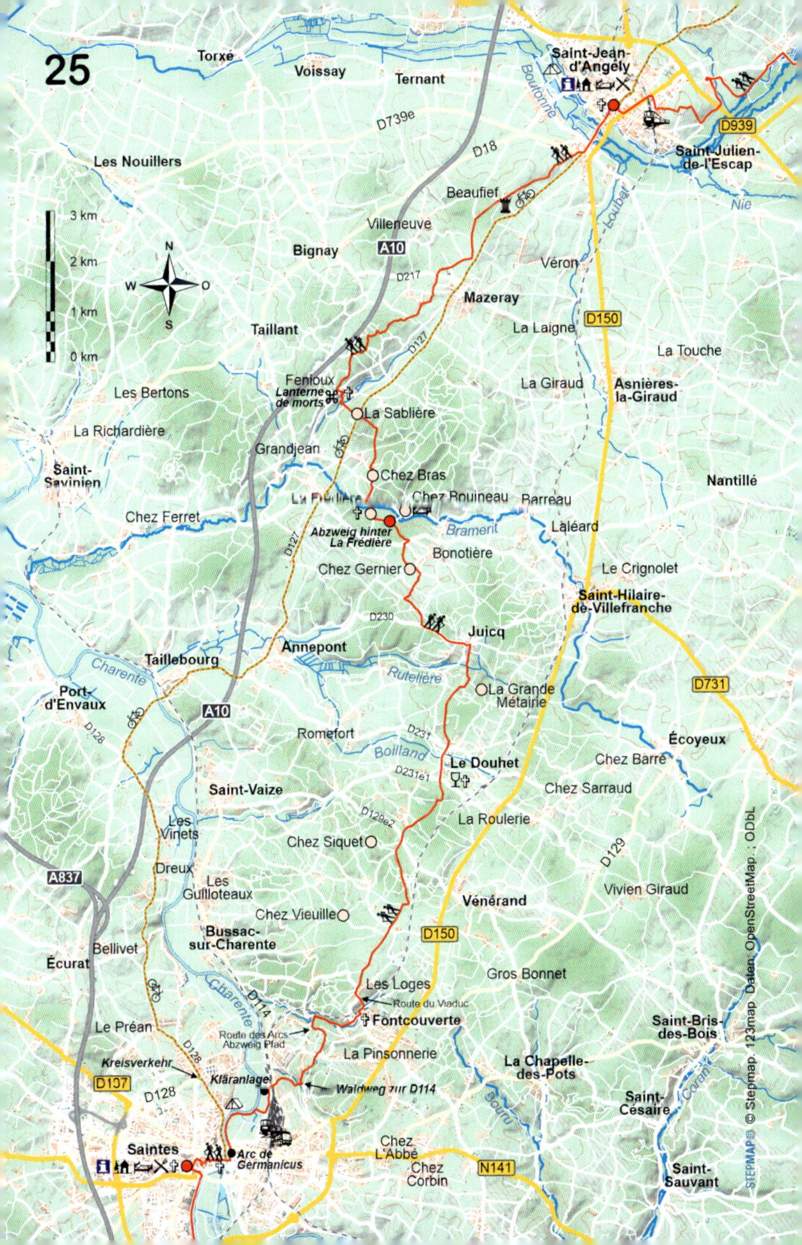

25
Saint-Jean-d'Angély
Saint-Julien-de-l'Escap
Torxé
Voissay
Ternant
Les Nouillers
Beaufief
Villeneuve
Bignay
Véron
Mazeray
Taillant
La Laigne
La Touche
La Giraud
Asnières-la-Giraud
Fenioux
Lanterne de morts
La Sablière
Les Bertons
La Richardière
Grandjean
Saint-Savinien
Chez Bras
Chez Rouineau
Barreau
Nantillé
Chez Ferret
Laléard
Abzweig hinter La Frédière
Bramerit
Bonotière
Chez Gernier
Le Crignolet
Saint-Hilaire-de-Villefranche
Juicq
Annepont
Taillebourg
Charente
Port-d'Envaux
Rutelière
La Grande Métairie
Romefort
Boilland
Le Douhet
Écoyeux
Chez Barre
Chez Sarraud
Saint-Vaize
La Roulerie
Les Vinets
Chez Siquet
Dreux
Les Guilloteaux
Vivien Giraud
Vénérand
Chez Vieuille
Bussac-sur-Charente
Bellivet
Écurat
Gros Bonnet
Les Loges
Route du Viaduc
Fontcouverte
Le Préan
Route des Arcs Abzweig Pfad
La Pinsonnerie
Saint-Bris-des-Bois
La Chapelle-des-Pots
Kreisverkehr
Kläranlage
Waldweg zur D114
Saint-Césaire
Saintes
Arc de Germanicus
Chez L'Abbé
Chez Corbin
Saint-Sauvant
Boutonne
Nie
Loubat
Bourru
Coran
A10
A837
D939
D739e
D18
D217
D127
D150
D731
D230
D231
D231e1
D129e2
D129
D128
D114
D137
N141
3 km
2 km
1 km
0 km
N
W
O
S
© Stepmap, 123map. Daten: OpenStreetMap ; ODbL

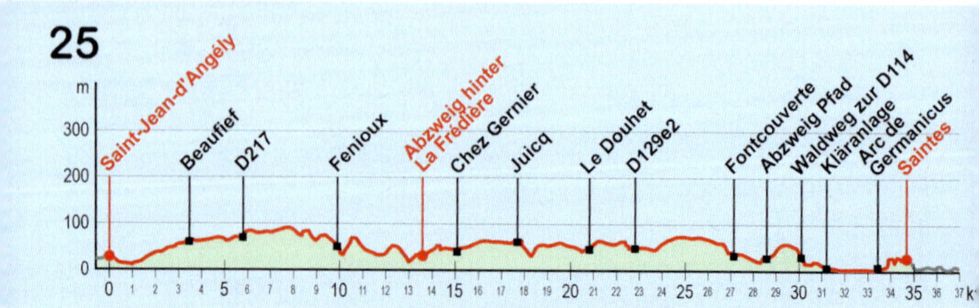

🚲 Mit dem Rad bleiben Sie hier geradeaus auf der D127. Nach 7 km sollten Sie sich die 500 m rechts nach Fenioux zur Kirche und Lanterne de morts nicht entgehen lassen. Weiter auf der D127 queren Sie nach 6,5 km die A10, nach 2 km die Charente und erreichen nach weiteren 1,5 km die D128. Sie halten sich links, queren auf der D128 noch einmal die A10 und fahren 6 km bis zu einem größeren Kreisverkehr mit Bäumen auf der Insel. Sie können ihn auf einem Radweg bequem umrunden und fahren halb links Richtung Zentrum und Camping Municipal. Bleiben Sie nach dem Campingplatz links an der Charente und Sie sind im Zentrum von Saintes.

Kurz danach geht entgegen einer Einbahnstraße der Chemin de la Princesse links ab. Nach dem Schloss und den Häusern in Beaufief müssen Sie auf der Rue de la Bugere noch geradeaus durch den Wald wandern, vor dem freien Feld im Gehölz links weiter und am Ende noch einmal links. Sie treffen am Ende des Weges auf eine kleine, geteerte Querstraße und wenden sich nach rechts. Queren Sie die D217 etwas nach links versetzt und gehen Sie an einem einzelnen kleinen Häuschen nach rechts auf das Haupttor eines nicht zu übersehenden größeren landwirtschaftlichen Anwesens zu. Direkt davor müssen Sie links gehen und am Knick auf dem Feldweg geradeaus weiter. Die ganze Strecke hier ist bestens mit den bekannten Steinsäulen markiert und nicht zu verfehlen. Im Wald halten Sie sich an der Verzweigung rechts, am Wegende wieder rechts und nach 100 m scharf links. Gehen Sie an der nächsten Kreuzung links bis zur Teerstraße, auf ihr rechts und an der nächsten Kreuzung links auf dem Waldweg weiter, bis plötzlich ein Weinberg den Weg säumt und den Blick auf den Kirchturm von Fenioux freigibt. Nach dem Weinberg erreichen Sie ihn nach links.

Fenioux

✝ ⌘ ⇧ 50 m, 160 Ew.

✝ Église Notre-Dame de l'Assomption. Die Kirche überrascht mit einem üppig verzierten und differenzierten Portal, das die komplette Breite der Westfront einnimmt – völlig ungewöhnlich.

♦ Le Bourg

⌘ Lanterne des morts. Noch seltsamer wird es, wenn Sie gegenüber der Kirche neben dem Haus auf einen aus Säulen aufgebauten Turm zugehen. Hierbei handelt es sich um die Lanterne des morts de Fenioux – eine sogenannte Totenlaterne. Sie besteht aus 11 Säulen und einer Laterne aus 13 Säulen. Man weiß eigentlich nicht genau, wozu dieses Bauwerk diente. Bekannt ist aber, dass diese Stelle schon weit früher von Druiden genutzt wurde. Magic.

An der Lanterne des morts gehen Sie links durch die Farm, hoch über die Brücke und bei den Häusern von La Sablière 20 m links versetzt geradeaus weiter. Am Ende müssen Sie rechts gehen, am nächsten Wegende auf Teer wieder links und bei den paar Häusern von Chez Bras auf der Rue des Marronniers rechts auf den Wald zu und geradeaus durch ihn hindurch. Folgen Sie der Teerstraße links und rechts hinein nach La Frédière. Nach der allein stehenden Kirche mit Friedhof gehen Sie links bis zum Knick der Straße.

La Frédière

✝ ⇧ 22 m, 10 Ew

Chambre d'hôtes Chez Bouineau, 4 Rue du Pont, 17770 La Frédière, ☏ 05 46 90 10 22, 06 27 57 72 03, murielle.brethenoux@gmail.com, 4 Zi, max. 15 km, @, Mikrowelle, Frühstück € 7, Lunchpaket € 10, Ü 1 P. € 23, HP 1 P. € 45, Ü 2 P. € 31, HP 2 P. € 75, ganzjährig, Reservierung notwendig, am Straßenknick nach dem Friedhof mit Kirche links, 300 m entfernt

La Frédière – Saintes 21,1 km

Gehen Sie am Straßenknick geradeaus durch den Wald weiter und wieder auf Teer 150 m nach rechts. Links sehen Sie schon eine Picknickbank an der abzweigenden Straße stehen, der Jakobsweg führt an ihr rechts auf dem Feldweg weiter. Die kleinen Steinsäulen erweisen sich als großartige Hilfe bei der Wegfindung und machen das Fortkommen bei dieser etwas verworrenen Wegführung in dieser Gegend relativ einfach. So auch im nächsten Weiler Chez Gernier, hier ist die Steinsäule nach der querenden Rue Garnier Nord in der sehr engen Rue du Noyer platziert. Folgen Sie der Straße etwas kurvig wieder aufs freie Feld, dann der nächsten Straße nach rechts und der Straße nach den Weinbergen am Wald links. Am Linksknick der Straße müssen Sie geradeaus gehen und der nächsten Straße nach rechts bis zur D230 folgen. Links erreichen Sie den Ort Juicq.

Nach dem letzten Haus auf der rechten Seite gehen Sie nochmals 100 m um die Kurve und erst hier auf dem kleinen, geteerten Sträßchen nach rechts unten in den Wald. Am nächsten Feld halten Sie sich rechts. Der Weg wird zum schmalen Pfad, Sie folgen ihm dennoch bis hinein nach Le Douhet 🍷 ✝. Gehen Sie nach der D231 an der Bar vorbei bis zur Kirche. Hier gibt es einen Unterstand und Trinkwasser.

Am steinernen Wegkreuz am Ende des Ortes geht es auf dem Feldweg geradeaus, an der nächsten Kreuzung im Wald rechts, nach 120 m links und nach 600 m auf einem kleinen Waldpfad geradeaus weiter. Folgen Sie der Straße nach links, überqueren Sie die D129e2 Richtung Chez Siquet und zweigen Sie nach 300 m wieder links ab in den Wald. Nach 1 km erreichen Sie wieder ein Feld, gehen hier rechts und nach 100 m am nächsten Feld links. Zwei kurze Stücke auf einer Teerstraße unterbrechen den Feldweg. Sie gehen immer geradeaus, am Waldrand entlang und nach ein paar Feldern im nächsten Gehölz links auf einen Trampelpfad bis zu den ersten Häusern der sehr weitläufigen Ortschaft Fontcouverte.

Folgen Sie der Straße nach links, dann der Route du Viaduc geradeaus und der Route de la Fontmorillon nach rechts sehr steil nach unten bis zur Kirche. Einkaufsmöglichkeiten haben Sie auch hier keine in der Nähe. Vor der Kirche auf der Route du Bourg gibt es gleich rechts einen schönen Platz, um die heiß gelaufenen Füße abzukühlen. Gehen Sie 1 km weiter bis zur Route des Arcs und dort links. Nach 230 m führt ein schmaler Pfad links im Gestrüpp steil nach unten, an den Resten eines alten Aquädukts vorbei und über einen Golfplatz etwa 1 km nach Süden. Wenn Sie nach den Hochspannungsleitungen über Ihnen nach einer Rechtskurve die Häuser der nächsten Siedlung sehen, zweigt am Ende der Leitplanke ein Waldweg rechts ab. Gehen Sie an dessen Ende rechts und in weitem Linksbogen bis zum Kreisverkehr an der D114. Queren Sie die Bahngleise und folgen Sie der Straße nach links. Nach der unüberriechbaren Kläranlage müssen Sie rechts auf den Damm hoch und unter Bäumen nach dem zweiten kurzen Abstieg rechts senkrecht zum Fluss, der Charente. Folgen Sie dem

Schöner Empfang am Ortseingang

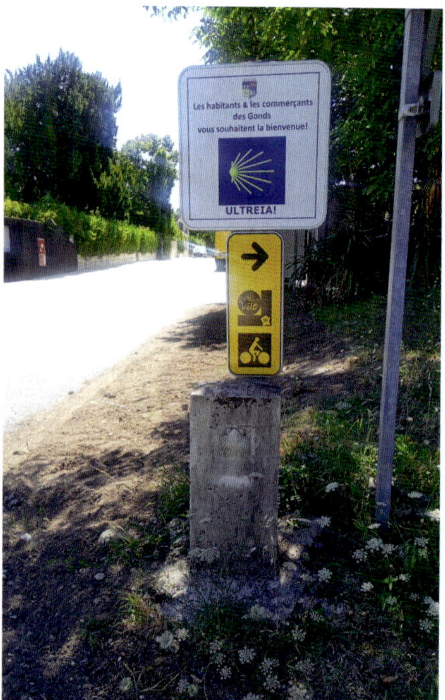

Wiesenpfad nach links am Fluss entlang. Sie gehen auf einem Steg unter der ersten Brücke hindurch, am Arc de Germanicus vorbei und über die Fußgängerbrücke nach rechts in die Stadt und geradeaus auf der Rue Saint-Pierre bis zu Cathédrale Saint-Pierre de Saintes. Die Fußgängerzone liegt rechts von Ihnen. Zur Basilika Saint-Eutrope mit angegliederter Pilgerherberge folgen Sie gegenüber der Westfront der Kathedrale am Ende des Place du Synode der Rue de l'Évêché. Nach dem Parkplatz müssen Sie links und nach 20 m führt rechts eine lange Treppe zwischen den Häusern nach oben. Gehen Sie links am Amtssitz des Gouverneurs von Saintes vorbei, rechts um den Krankenhauskomplex herum und links bis zur anderen Straßenseite des Cours Reverseaux. Wenden Sie sich links und nach 250 m dann in die Rue Saint-Eutrope rechts hinauf zur Basilika. Nach der Westfront links durch einen Torbogen und links im zweiten Hof liegt etwas versteckt die Pilgerherberge.

Saintes

⇧ 30 m, 25.400 Ew.

Office de Tourisme Saintes, Place Bassompierre, 17100 Saintes, ☏ 05 46 74 23 82, accueil@saintes-tourisme.fr, www.saintes-tourisme.fr, Mai-September täglich 9:30-12:30 und 13:30-18:00, Oktober-April Mo-Sa 10:00-12:30 und 13:30-17:00, zwischen Triumphbogen und Fußgängerbrücke östlich der Charente

Refuge pèlerin associatif Saint-Eutrope, 11 Rue Saint-Eutrope, 17100 Saintes, 06 73 56 94 04 und 06 33 13 08 99, ultreiasaintes@laposte.net, 6 Pl, Bettlaken inklusive, Ü € 8 im Schlafsaal, April-Oktober, klassische Herberge in alten Gemäuern hinter der Kirche

♦ Auberge de Jeunesse, 2 Place Geoffroy Martel, 17100 Saintes, ☏ 05 46 92 14 92, saintes@hifrance.org, www.aj-saintes.fr/hostel, moderne Jugendherberge mit Gemeinschaftszimmern, Bettlaken inklusive, € 3, **T** € 1, @, ÜF Schlafsaal € 21, ÜF Zi € 23-39, in Schulferien und am Jahresende geschlossen, nach dem Triumphbogen links die Rue Gautier bis zum Kreisverkehr an der zweiten Kreuzung und links in die Rue Pont-Amilion

Hotel Le Parisien, 29 Rue Fréderic Mestreau, 17100 Saintes, ☏ 05 46 74 28 92, bibard.genevieve@neuf.fr, einfach, aber sehr sauber und freundlich, Frühstück € 6,50, Ü 1-2 P. DZ ab € 37 (nach Saison), ganzjährig, am Kreisverkehr vor dem Bahnhof

Camping Au fil de l'eau, 8 Rue de Courbiac, 17100 Saintes, ☏ 05 46 93 08 00, contact@camping-saintes-17.com, www.camping-saintes-17.com, sauber, mit Schwimmbad und Restaurant, **T** @, Abendessen, 1 P. € 10,50, 2 P. € 16, Mai-September, am Westufer der Charente nach Norden, am Kreisverkehr rechts in die Rue de Courbiac, 900 m vom Zentrum

BUSS, ÖPNV Saintes

TER, regionale Verbindung Saint-Jean-d'Angély – Saintes – Pons – Bordeaux

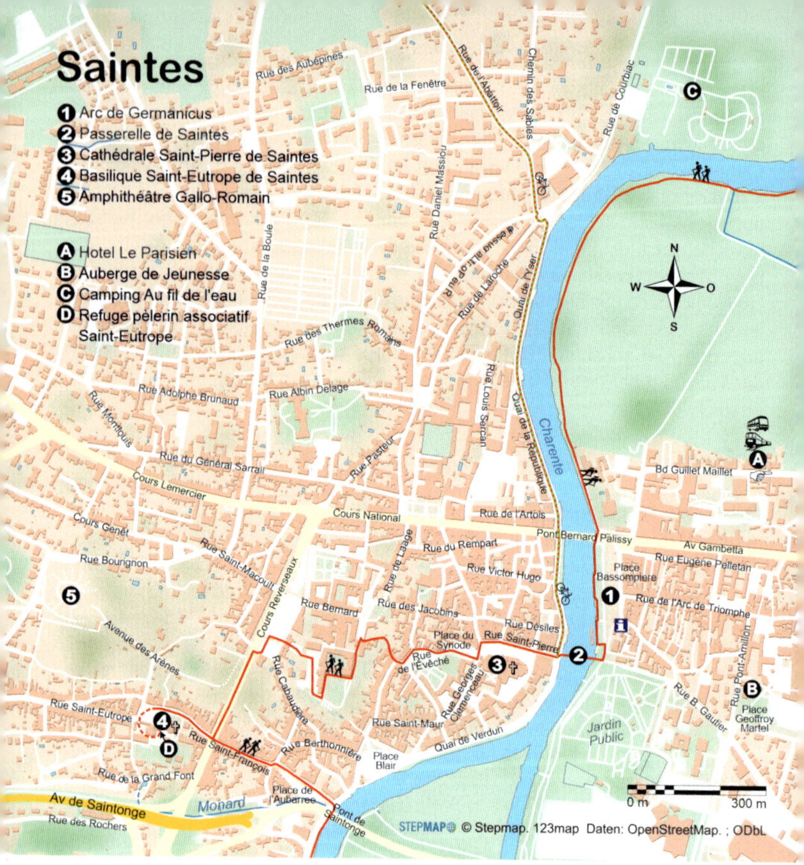

✞ Cathédrale Saint-Pierre de Saintes. Der Turm über der Westfront der ursprünglich romanischen Kirche wirkt unglaublich mächtig und passt proportional irgendwie nicht zum Rest der Anlage. Kein Wunder, wurde die Kirche doch mehrfach zerstört und nicht wieder in der alten Größe und Höhe errichtet. Eine Besichtigung wert ist der Bau aber allemal, allein das Portal in der Westfront ist schon einen staunenden Blick wert.

♦ Place Saint-Pierre/Rue Georges Clemenceau

✞ Basilique Saint-Eutrope de Saintes. Beachten Sie beim Besuch der Kirche vor allem die Krypta und die ältere Basilika aus dem 11. Jh. Der weithin sichtbare Glockenturm stammt aus dem 15. Jh. Die genaue Herkunft des heiligen Eutropius konnte nie abschließend geklärt werden. Gesichert sein dürfte aber, dass er im Zuge der Missionierung der Stadt Estelle, die Tochter des römischen Gouverneurs, taufte. Dieser ließ daraufhin St. Eutrope erschlagen und Ste. Estelle enthaupten. Beide liegen in der Krypta der Kirche begraben. Wunder sollen sich zugetragen haben, der Ort wurde zur Pilgerstätte.

♦ Rue Saint-Eutrope

⌘ Amphithéâtre Gallo-Romain. Die nur wenige Meter nördlich der Basilique Saint-Eutrope gelegene Anlage ist noch gut erkennbar, etliche Mauern haben die Jahrhunderte überstanden und zeichnen heute noch ein beeindruckendes Bild der einst wohl mächtigen Arena.

♦ 20 Rue Lacurie,
💻 www.ville-saintes.fr,
🚪 Oktober-Juni Di-Sa 10:00-12:30 und 13:30-17:00, Juli-August Di-So 10:00-18:30

Restaurant in Saintes

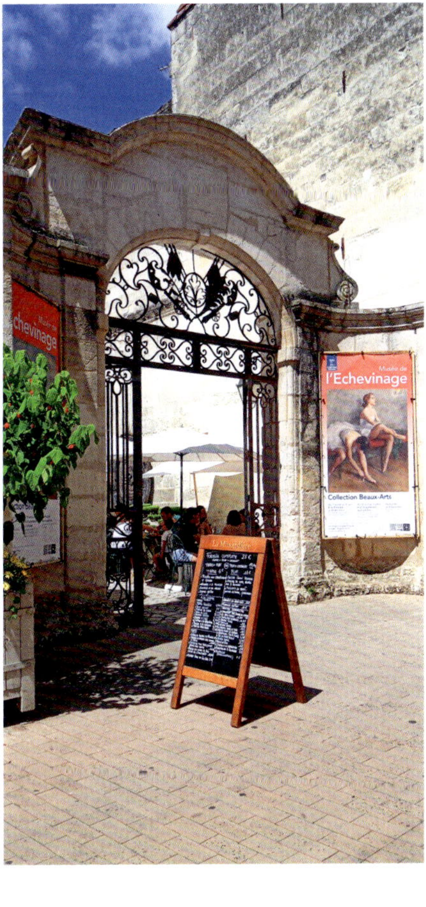

Verglichen mit den anderen Städten entlang der Via Turonensis kommt die Stadt an der Garonne fast ein wenig verschlafen daher. Der dominierende Hügel ist von den großen Regierungsgebäuden und dem Krankenhaus besetzt, das Leben spielt sich im westlichen Teil zum Fluss hin ab. Die Stadt besitzt zwei große Kirchen, die Cathédrale Saint-Pierre de Saintes und die im Westteil der Stadt liegende Basilique Saint-Eutrope de Saintes, wo auch die Pilgerherberge zu finden ist.

Saintes – Berneuil 13,6 km

Um Saintes zu verlassen, gehen Sie hinunter zur Charente und an ihrem Westufer nach Süden. In der Stadt gibt es noch einen Weg zwischen Straße und Fluss, dann müssen Sie am Straßenrand der D128 folgen, unter der N141 hindurch bis hinein nach Les Gonds ✗ ⛲ ✞ und an der Straße noch ein langes Stück weiter bis zum kleinen Zentrum vor der Kirche.

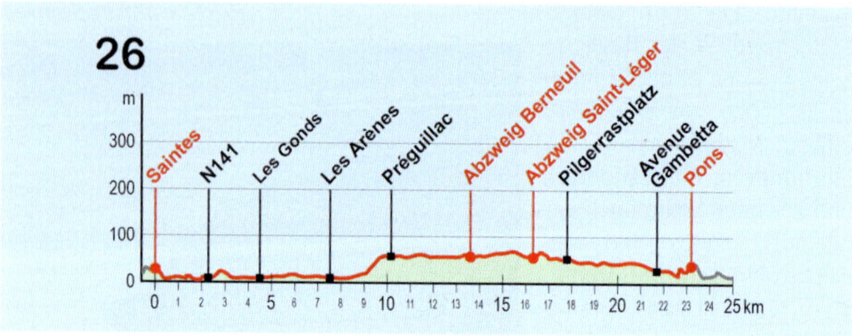

🚲 Fahren Sie an der Kirche geradeaus weiter und erst auf der Rue des 3 Noyers rechts. Nach der Querung der D137 geht es links durch den Ort Les Arènes, an der D138 rechts und wieder links bis zur D234 bei Préguillac.

Erst an der letzten Straße vor der Kirche gehen Sie rechts auf der Rue du Stade (D128e2) aus dem Ort hinaus, überqueren am Kreisverkehr die D137, nehmen den Feldweg weiter und gehen den ersten Weg nach links. Hier gibt es ein galloromanisches Theater als Abdruck in der Landschaft am Wegrand zu sehen – mehr geblieben ist nicht.

Sie folgen nach der Querung der D138 dem Feldweg geradeaus und dem Knick nach rechts bis zur kleinen Teerstraße, wo Sie links abbiegen. Ab hier können Sie auf Autopilot schalten und immer geradeaus gehen. Sie kommen an den Häusern von Préguillac vorbei und halten sich am Ortsende auf einem Feldweg weiter geradeaus. 3 km weiter sehen Sie Berneuil rechts liegen, gut erkennbar an dem Wasserturm.

Berneuil 🛏 ✗ ✞ ⇧ 64 m, 1.150 Ew.

🛏✗ Hotel Restaurant Le Saintongeais, 5 Rue des Tilleul, 17460 Berneuil, ☎ 05 46 98 09 47, ✉ le-saintongeais@orange.fr, sauber, gute regionale Küche, @, Abendessen € 14, Frühstück € 8,50, Ü € 25, 🚪 ganzjährig, gegenüber der Kirche mitten im Ort

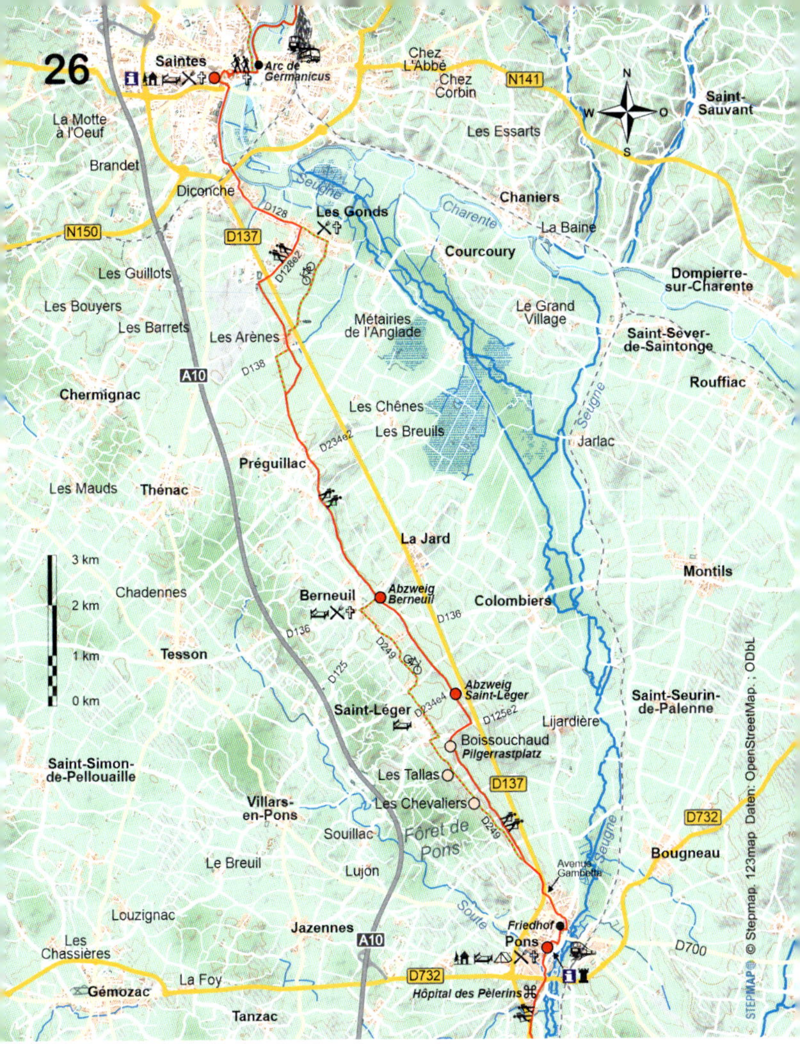

Berncuil Saint-Léger 2,7 km

🚲 Hier sollten Sie an der D136 rechts nach Berneuil abbiegen und im Ort der D249 nach Süden bis Saint-Léger und weiter bis hinein nach Pons folgen.

Gehen Sie die Straße östlich von Berneuil weiter. Die D136 wird etwas breiter, Sie dürfen sie aber an der ersten Linkskurve geradeaus auf den Grasweg verlassen. Gehen Sie die nächsten 2 km geradeaus bis zur D234e4. Wollen Sie in Saint-Léger übernachten, gehen Sie hier rechts in den Ort.

Saint-Léger

⇧ 52 m, 650 Ew.

Chambre d'hôtes Micka et Elina, 4 Rue des Lilas, 17800 Saint-Léger, 06 83 83 64 68, mick.chauvet@orange.fr, Picknick erhältlich, max. 10 km, @, Abendessen € 15, Frühstück € 5, Lunchpaket auf Anfrage, Ü EZ € 20, Ü DZ € 30, Januar-Mitte August, die D234e4 bis zum letzten Haus durchgehen und dort links

Saint-Léger – Pons

6,9 km

Der Jakobsweg führt geradeaus weiter bis zu D125e2. Gehen Sie hier rechts und nehmen Sie vor der S-Kurve den Grasweg links. An den Häusern des Weilers Boissouchaud links erwartet Sie ein wunderbarer überdachter Pilgerrastplatz mit Trinkwasserbrunnen, Tischen und einem Gästebuch. An einem heißen oder auch regnerischen Tag ist das hier ein perfekter Ort für eine Pause.

Die nächsten 3 km führen wieder geradeaus, wie gehabt mal auf Teer, mal auf Schotter, bis Sie auf der D249 ganz nah an die viel befahrene D137 herankommen. Bleiben Sie am rechten Straßenrand und folgen Sie der Straße unter der D137 hindurch zu den Häusern von Pons. Die Avenue Gambetta führt geradewegs ins Zentrum, die Beschilderung jedoch am ersten Kreisverkehr nach links in die Rue du Moulin Conteau. Folgen Sie ihr, bis an der Rue de la Font Pissotte ein schwarzer Pilgerkollege auf grauem Schild nach rechts weist. Ein Weg führt über Stufen zwischen alten Mauern hoch und am Friedhof entlang. Gehen Sie geradeaus weiter auf der Rue de la Vieille Église und Rue St. Jacques und am Ende auf der Rue Pasteur nach rechts, vorbei an der neoklassizistischen Kirche Saint-Martin bis zur Markthalle. Die Rue Emile Combes links führt bis zum zentralen Platz von Pons, der von einem gewaltigen mittelalterlichen Donjon, einem Wehrturm aus dem 12. Jh., dominiert wird und das alte Zentrum der Stadt sowie deren frühere überregionale Bedeutung markiert.

Pons

BANK ⇧ 40 m, 4.200 Ew.

Office de Tourisme Pons, Place de la République, 17800 Pons, 05 46 48 49 29, über die Homepage, www.jonzac-haute-saintonge.com/fiche-sit/pons-tourisme-5740999, Mo-Fr 9:30-12:30 und 14:00-18:00, Sa 10:00-12:30, im mittelalterlichen Donjon, in der Nebensaison im Château daneben

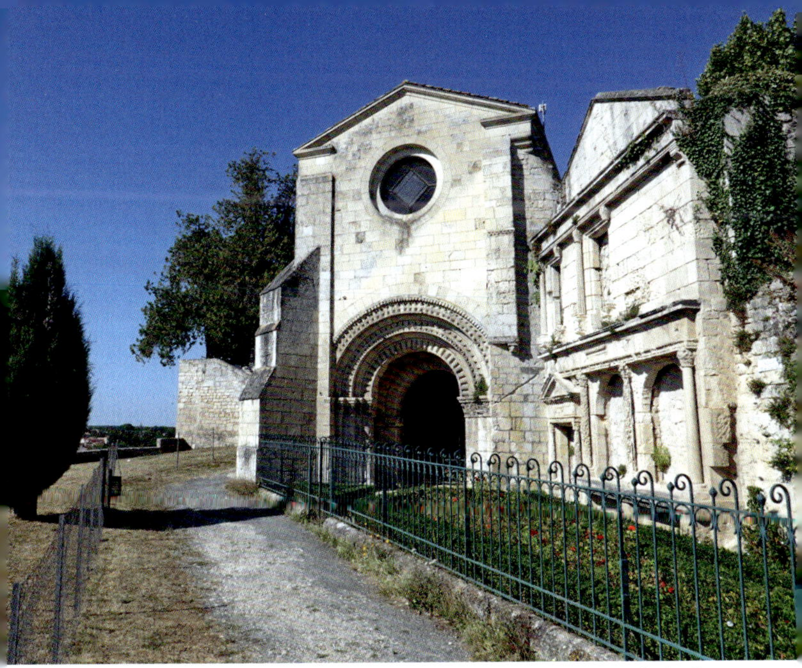

Kapelle in Pons

Halte pèlerin, 55 Rue Georges Clemenceau, 17800 Pons, ☏ 05 46 96 13 31 (Touristeninformation), tourisme.pons17800@orange.fr, 8 Pl im Schlafsaal, Bettlaken inklusive, Ü € 8,50, ganzjährig, Reservierung notwendig, am Ortsende beim alten Hôpital des Pèlerins, direkt am Weg. Die Herberge kann für Pilgernde geschlossen sein, wenn Sie für die Unterbringung von Kriegsflüchtlingen verwendet wird.

Hotel Restaurant de Bordeaux, 1 Avenue Gambetta, 17800 Pons, ☏ 05 46 91 31 12, info@hotel-de-bordeaux.com, www.hotel-de-bordeaux.com, farbenfroher, guter Standard, € 15, **T** @, Abendessen Menü ab € 21, im Restaurant, Frühstück € 14, Ü € 73-83, Ü DZ € 94, HP 1 P. € 108-118, HP 2 P. € 164, ganzjährig, zwischen Oktober und März vereinzelt geschlossen, an der Markthalle mitten im Ort

Chambre d'hôtes St. James House, 17 Rue du Château d'eau, 17800 Pons, 06 22 33 08 99, bene.allin@wanadoo.fr, **T** @, Mikrowelle, ÜF € 70-90, ganzjährig, aber in Ferien geschlossen, am Hauptplatz vor dem Donjon links, mitten in der Stadt

⛺ Camping Municipal Le Paradis, 1 Avenue du Poitou, 17800 Pons, ☏ 05 46 91 36 72, ✉ camping.leparadis.pons@gmail.com, familiär, sauber, Eintritt zum Freibad um die Ecke inbegriffen, 🧺 € 4, @, Ü Zelt 1 P. € 8,22, Ü Caravan 1 P. € 25, 2 P. € 30, 🚪 Februar-November, nach dem Donjon am Ende der Rue du Président Roosevelt im Knick rechts und auf der Ruelle des Eaux Barrées links, dann rechts am Bach entlang bis zum Ende der Rue de la Piscine

🚆 TER, regionale Verbindung Saintes – Pons – Bordeaux

Die nachgewiesenen Ursprünge von Pons beginnen als keltische Siedlung im 1. Jahrtausend v. Chr. Jakobspilgerinnen und Jakobspilger fanden von je her im Hospital am südlichen Ende der Stadt Unterkunft und Versorgung. Wenn man sich den ausgebauten Zustand mit links der Kirche und über dem Durchgang einen wehrhaften Turm vorstellt, wird die Größe und Bedeutung des Ortes klar. Die Passage mit den steinernen Portalen zur Kirche und gegenüber dem Hospital ist beeindruckend. Der Dachstuhl im Inneren ist zu 90 % noch original aus dem 12. Jh. erhalten und damit wohl einer der ältesten in Frankreich. Die heutige Herberge liegt dort, ein Museum zeigt Einrichtung und Leben im damaligen Hospital sowie einen Kräuter- und Heilpflanzengarten im rückwärtigen Hof. Manchen entkräfteten Kranken bekam die strenge Zwangsdiät zu Beginn eines Aufenthaltes nicht wirklich. Klar dominierend ist in der Stadt aber der Donjon (Wehrturm) und das Schloss am Place de le République.

⌘ Hôpital des Pèlerins, 70 Rue Georges Clemenceau, ☏ 05 17 24 03 47, 💻 www.jonzac-haute-saintonge.com/trouver-votre-activite/hopital-des-pelerins-5827258, 🚪 April-Mai Mi und Sa 14:00-18:00, So 15:00-18:00, Juni und September Di-So 14:00-18:00, Juli-August Di-Fr 10:00-12:00 und 14:00-18:00, Sa 14:00-18:00, So 15:00-18:00

Pons – Bribaudon 12,1 km

Der Jakobsweg führt neben dem Parkplatz am Donjon auf der Rue Emile Combes nach unten bis zur Kirche St.-Vivien mit der durchaus beeindruckenden romani-

27

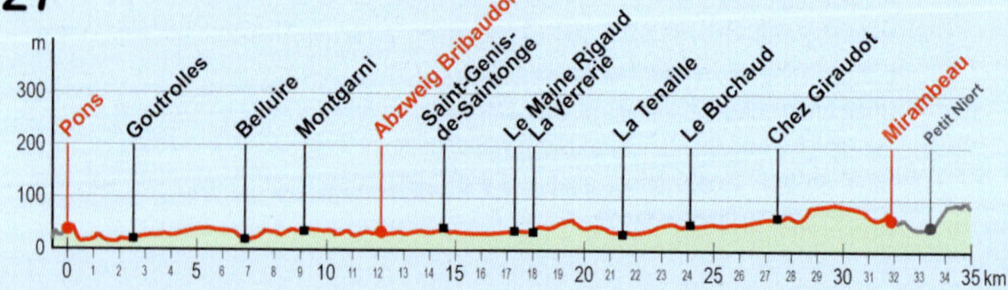

schen Westfront. Das Innere ist sehr schlicht gehalten. Auf der Insel des Kreisverkehrs dahinter (rechts öffentliches WC) weisen Ihnen lebensgroße Pilger den Weg in die Rue Georges Clemenceau, an deren Ende das Hôpital des Pèlerins liegt.

Gehen Sie auf der Rue de Bordeaux bis zur D137, ein kurzes Stück direkt daran entlang und dann schräg links nach Goutrolles.

Am Ende der Straße rechts kommen Sie wieder zur D137 und nehmen 200 m nach ihrer Querung einen groben Feldweg nach links.

Bleiben Sie auf der D144e bis zur nächsten Kreuzung und fahren Sie links bis über die D137. Folgen Sie der Straße nach rechts bis zur D137 in Belluire und wenden Sie sich nach links.

Auf der nächsten Teerstraße geradeaus zweigt nach 150 m schräg rechts wieder ein Weg in die Felder ab. Auf der folgenden kleinen Teerstraße gehen Sie rechts, am nächsten Abzweig links, über die D249e2, am Waldrand entlang und dem Teer folgend links nach Belluire. Etwas im Zickzack rechts haltend an den Häusern entlang und am Ende unten nach links erreichen Sie die bekannte D137.

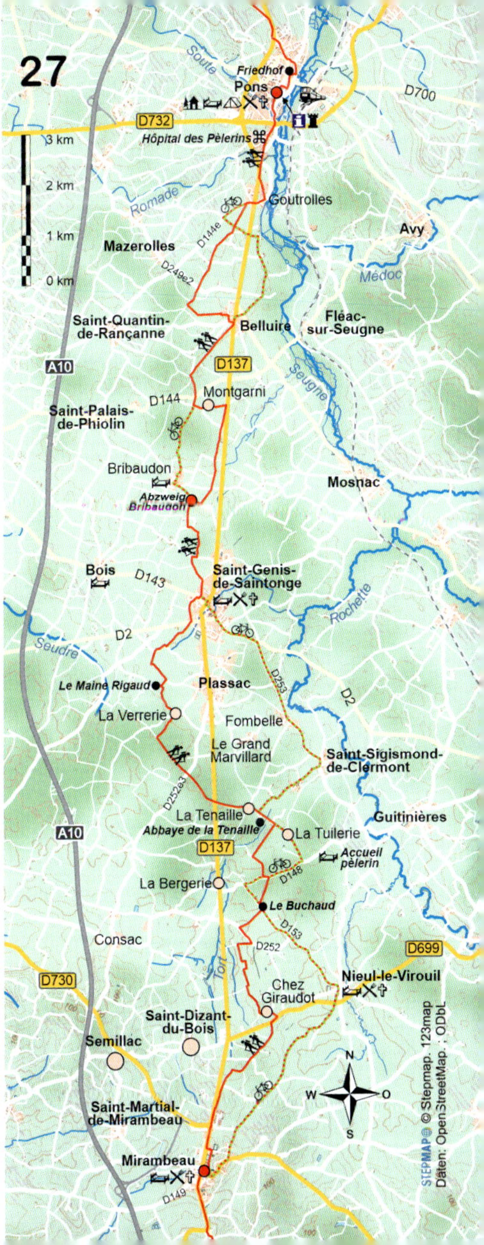

Sie müssen rechts für 100 m durch das laute, enge und dreckige Nadelöhr, um am nächsten Abzweig schräg rechts wieder in ruhigeres Fahrwasser zu kommen. Nach 1,5 km holt Sie eine S-Kurve nach links oben aus der Senke. Queren Sie an ein paar Gebäuden die D144 und nehmen Sie an der nächsten Kreuzung die Rue des Montgarni.

🚲 Sie fahren an der Kreuzung geradeaus bis Bribaudon, am Ortsende links und die nächste Straße wieder zusammen mit den Fußgängerinnen und Fußgängern rechts.

Passieren Sie auf ihr den gleichnamigen Ort und laufen Sie bis zur D137.

Unmittelbar vor der D137 führt erst ein Feldweg und im Anschluss eine Straße parallel dazu nach Süden. Wenden Sie sich am Ende der langen Geraden nach rechts bis zum nächsten Abzweig.

↳ Wenn Sie in Bribaudon übernachten möchten, gehen Sie hier geradeaus in den Ort.

Bribaudon

🛏 ⇧ 36 m, 60 Ew.

🛏 Chambre d'hôtes La Bribaudonnière, 2 Rue de Bribaudon, 17800 Saint-Palais-de-Phiolin, ☎ 05 46 49 02 91, ✉ info@labribaudonniere.com, 💻 www.labribaudonniere.com, in altem Steinhaus, mit Charme, @, ÜF € 70-85, 🚪 ganzjährig, Reservierung notwendig, geradeaus im Ort, 500 m vom Weg.

Bribaudon – Mirambeau

19,8 km

Um auf dem Jakobsweg weiterzukommen, gehen Sie links und am Ende wieder links. Nach dem kleinen Wald rechts und wieder links erreichen Sie den Friedhof von Saint-Genis-de-Saintonge ✕ 🛒 ⚕ BANK ✆ ✝. Gehen Sie bis zur Rue Saint-Nicolas. Für einen Besuch im Ort ↳ gehen Sie links und erreichen nach 200 m das Zentrum mit Kirche und Geschäften.

🚲 Südlich der Kirche von Saint-Genis-de-Saintonge führt die Rue de la Terrière nach Südosten, mündet in die D2 und führt aus dem Ort. Kurz danach zweigt rechts die D253 ab, der Sie bis Fombelle folgen. Eine kleine Straße nach rechts ist Richtung La Tenaille beschildert. Am Ende nach 2 km links erreichen Sie das Château La Tenaille.

Der Jakobsweg führt auf der Rue du Pin geradeaus weiter und auf der Rue des Halles kurz rechts.

↬ Um in Bois zu übernachten, gehen Sie an der Agrarhalle auf der Rue des Halles (D143) geradeaus weiter bis in den Ort.

Chambre d'hôtes Jardin d'Arcy, 23 Avenue Principale, 17240 Bois, 06 86 71 39 54, contact@jardin-darcy.com, www.jardin-darcy.com, in tollem Steinhaus mit Hof und Pool, max. 15 km, nur in der Gîte, @, Abendessen € 25, Getränke extra, Frühstück € 10 (im Zimmerpreis enthalten), Lunchpaket erhältlich, Gîtes 2-3 P. € 60-100, ÜF EZ € 70-100, ÜF 2 P. DZ € 85-115, ÜF 3-Bett-Zi € 100-130, April-November, auf der D143 rechts nach Westen, 2,4 km ab vom Weg

Vor der Agrarhalle gehen Sie links. Folgen Sie der Rue du Moulin d'Hervé bis zur D2. 30 m rechts versetzt geht der Jakobsweg auf einem Feldweg bis zu einer Teerstraße weiter. Sie folgen ihr nach rechts bis zur ersten scharfen Rechtskurve, gehen geradeaus auf dem Feldweg weiter und umrunden das Gehölz linksherum bis zur nächsten querenden Straße. Hier gehen Sie nach rechts, aber mit Vorsicht. Noch vor dem nächsten Gehöft (Le Maine Rigaud) zweigt der Jakobsweg unvermittelt links in die Felder ab. Nach dem Wäldchen geht es an den Häusern rechts, hinein in das nächste Gehölz und im Wald links. Sie müssen die D137 bitte Richtung La Tenaille überqueren und bis zum Ende der langen Mauer des gleichnamigen, etwas herrenlos erscheinenden Schlosses weitergehen.

↬ An der Abbaye de la Tenaille geradeaus vorbei, im nächsten Weiler geradeaus durch zur D148 und dort 400 m nach links erreichen Sie eine Unterkunft.

Accueil pèlerin, 35 Route des Forêts, 17150 Nieul le Virouil, ☎ 05 46 86 17 82, 06 79 80 10 45, fanou51@wanadoo.fr, 3 Zi für 8 Personen im Privathaus, **T** @, Mikrowelle, Ü € 12, HP € 22, ganzjährig, Reservierung notwendig, 1,4 km ab vom Weg

Nach dem Schloss fahren Sie geradeaus weiter, auf der D148 rechts bis zur D153 und links bis zur Kirche von Nieul-le-Virouil. Ganz leicht links versetzt bringt Sie die Rue de la Boulangerie zur Rue de Fleurs. Halten Sie sich rechts, queren Sie die D699 und halten Sie sich am Abzweig vor dem Hof rechts. Jetzt können Sie geradeaus bis zum Ende der Straße an der D730 durchfahren und kommen hier rechts nach Mirambeau.

Halten Sie sich am Ende der Schlossmauer rechts und dann wieder links bis zur D148. 100 m nach links versetzt führt ein Weg weiter durch den Wald bis zu einem Gehöft an der D153. Gehen Sie links und nach 100 m rechts zwischen Wein und Wald bis zur D252.

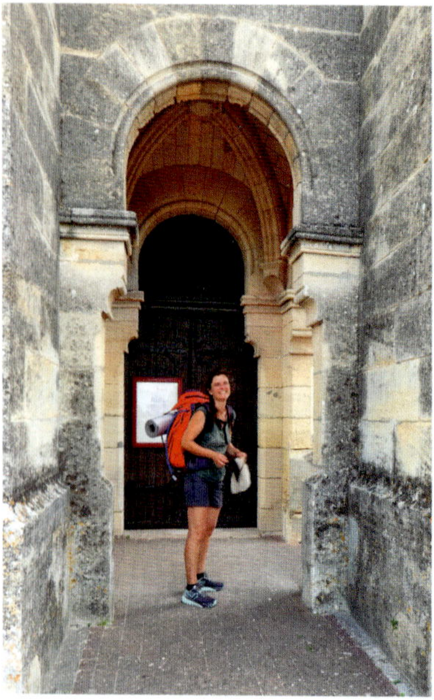

Saint-Caprais-de-Blaye

Nach etwa 500 m auf dieser nach links geht in der ersten Linkskurve ein Feldweg scharf rechts ab. Folgen Sie ihm und dem nächsten Feldweg nach links Richtung Süden. Jetzt müssen Sie ein Feld linksherum umgehen (links, rechts, rechts, links). Am Ende folgen Sie dem Weg kurz rechts und gehen gleich wieder links weiter, immer gen Süden, bis in den Weiler Chez Giraudot. Die Teerstraße bringt Sie im großen Bogen neben einer Agrarhalle an die D699. Hier gehen Sie etwa 100 m nach rechts und nehmen wieder einen Feldweg nach links. Folgen Sie ihm an einem Hof vorbei und weiter, bis Sie parallel zur D137 gehen. Am Kreisverkehr nach den ersten Industriehallen noch einmal geradeaus warten die Einkaufsmöglichkeiten von Mirambeau und ⇘ Sie kämen geradewegs in das Zentrum des Ortes. Der offizielle Jakobsweg zweigt an der Rue de Parc de Loisirs aber links ab und führt nach der kleinen Halle rechts parallel zur D137 deutlich ruhiger und ohne Gestank hinter den Häusern bis zu einer Treppe. Unten links und auf der D730 rechts in einer Kurve weiter nach unten erreichen Sie ebenfalls das Zentrum von Mirambeau.

Mirambeau 🛏 ✕ 🛒 💊 BANK 📯 ✝ ⇧ 60 m, 1.500 Ew

🛏 ✕ Hotel Restaurant L'Union, 31 Avenue de la République, 17150 Mirambeau, ☎ 05 46 49 61 64, 📱 07 88 28 66 42, ✉ contact@hotelrestaurantlunion.com, 💻 www.hotelrestaurantlunion.com, sauber, nicht ganz ruhig, @, Abendessen im Restaurant nur Fr und Sa, ÜF DZ ab € 55,
🚪 ganzjährig, So geschlossen, mitten im Ort an der Hauptstraße nach dem Zentrum

🛏 Chambre d'hôtes La Miramboise, 65 Avenue de la République, 17150 Mirambeau, 📱 06 35 91 78 57, ✉ klinkenberg21@gmail.com, 💻 www.lamiramboise.fr, 3 DZ im Stadthaus, @, Abendessen € 23, ÜF € 69, ÜF 2 P. € 73,
🚪 Mitte März-Dezember, mitten im Ort an der Hauptstraße

Mirambeau – Petit Niort 1,5 km

Die laute und enge D137 bringt Sie nach Süden aus dem Ort und nach 1 km nach Petit Niort. Der Kirchturm weist Ihnen den Weg zum zentralen Platz.

Petit Niort 50 m, 310 Ew.

Halte Jacquaire de Petit Niort, 2 Rue de la Vergne, 17150 Mirambeau-Petit Niort, ☏ 05 46 48 49 29 (Tourismusinfo Mirambeau), 9 Pl in 3 Zi, frisch eröffnet, mit Charme, Ü ab € 10, 01. März-31. Oktober, an der Kirche

Die massiven Pfeiler im Inneren zeugen vom frühromanischen Alter der Kirche, wenngleich sie natürlich mehrfach um- und wieder aufgebaut werden musste. Die Krypta ist auf jeden Fall einen Besuch wert.

♦ Chemin Saint-Jacques de Compostelle

Petit Niort – Saint-Palais 8,0 km

Zwischen der Kirche und dem Halte Jacquaire führt die Rue de la Vergne hoch zur D254. Folgen Sie ihr nach rechts für gute 3 km, bis nach dem Wald nach einer ansteigenden S-Kurve die Straße an einem Haus nach Marboeuf abzweigt. Nach Überqueren der A10 treffen Sie in Pleine-Selve auf die D145 bzw. D255e1 und auf ihr rechts weiter im Ort auf eine Picknickbank.

An der D137 weist 100 m links versetzt ein Schild den Weg Richtung La Haie. Am Ende der Straße folgen Sie der querenden D255 nach links, nach 500 m der ersten Straße wieder links und gehen in der Senke nach rechts hinein nach Saint-Palais.

Saint-Palais 70 m, 500 Ew.

Camping Chez Gendron, 2 Chez Jandron, 33820 Saint-Palais, ☏ 05 57 32 96 47, info@chezgendron.com, www.chezgendron.com, Pool, Bar, Restaurant, € 3,50, **T** € 3,50, @, Abendessen ab € 16,50, Frühstück € 6,50, Ü Lodge-Zelt ab € 23, Ü Wohnwagen ab € 29 (nach Saison), 01. März-15. Oktober, in Saint-Palais an der Kirche nach Westen, auf der D255 links und dann zweimal rechts, 1,3 km ab vom Weg

Saint-Palais – Saint-Aubin-de-Blaye 7,1 km

Fahren Sie an der D255c2 geradeaus auf der Straße Le Bourg weiter, nach 2,2 km am Kreisverkehr vor Les Reynards kurz rechts und zweimal links bis zur D23. Dieser können Sie nach links bis Saint-Caprais-de-Blaye folgen.

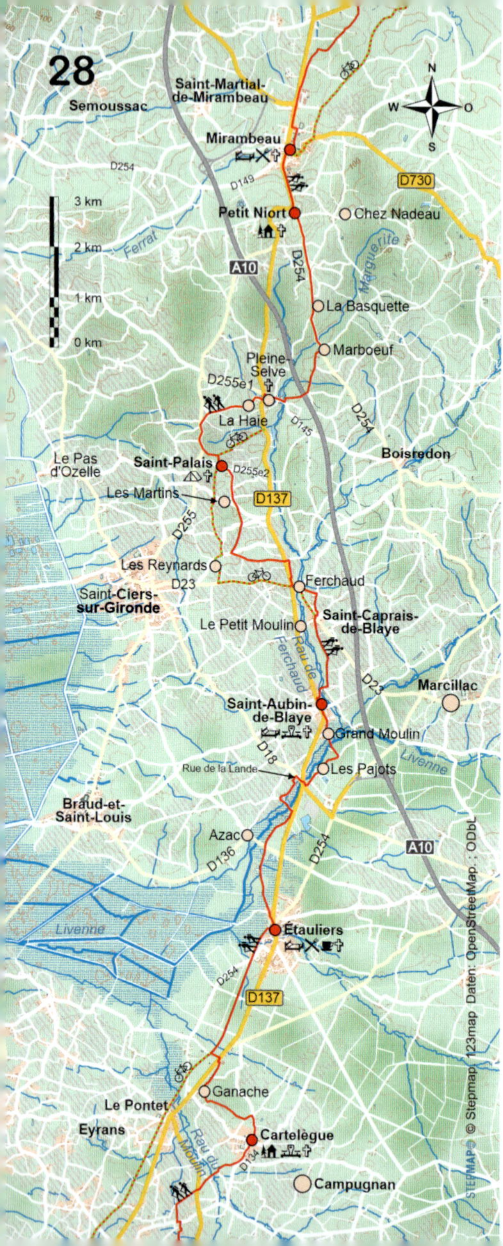

Die romanische Kirche steht rechts, der Jakobsweg geht links weiter. Nach 200 m folgen Sie der kleinen Straße rechts nach unten in die Felder. Von schräg rechts kommt die Straße aus Les Martins, die Sie queren, und Sie gehen sich etwas rechts haltend weiter. Am Ende führt ein Feldweg geradeaus weiter. Die nächste Querstraße queren Sie schräg nach links und wandern auf der kleinen Teerstraße weiter durch die Weinberge erneut bis zur D137. 80 m dahinter zweigt direkt nach dem Gehölz rechts ein Feldweg nach Süden ab, Sie kommen wieder auf die D137 und folgen ihr bis zur Kreuzung mit der D23. Gehen Sie links und in der ersten Rechtskurve links und gleich wieder rechts auf die Route de Ferchaud. Am Ende der Häuser an der Kreuzung rechts sehen Sie schon den Kirchturm von Saint-Caprais-de-Blaye, das seit Kurzem offiziell auch Val-de-Livenne heißt, und erreichen ihn am Ende der Straße rechts.

Queren Sie die D23 leicht nach links Richtung Petit Moulin und halten Sie sich am ersten Abzweig links. Die Straße wird zum Feldweg, wieder auf Teer

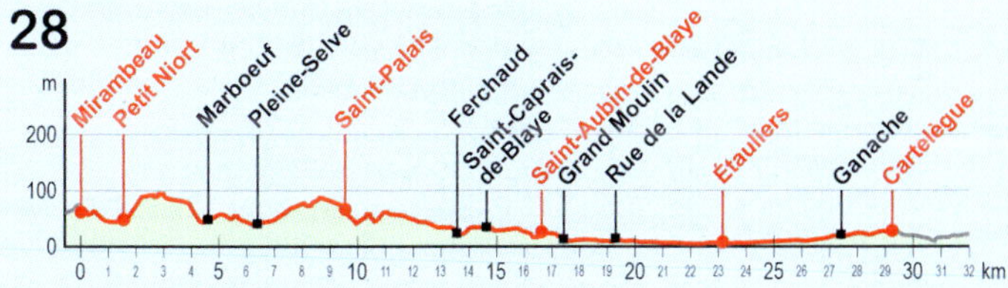

rechts sind Sie in Saint-Aubin-de-Blaye. Die Weine dieser Gegend zählen schon als Bordeaux-Weine und gehören zu den Appellationen Côtes-de-Blaye und etwas weiter Côtes-de-Bourg. An der D137 gehen Sie links bis zur Straße Aux Voinauds auf der rechten Seite.

Saint-Aubin-de-Blaye/Val-de-Livenne

24 m, 850 Ew.

Chambre d'hôtes Mme Lucas, 133 Rue des Lilas, 33860 Saint-Aubin-de-Blaye, 06 31 33 87 08, dominique-lucas@live.fr, 2 Zi, max. 5 km, @, Mikrowelle, Abendessen: Fertiggerichte erhältlich, ÜF € 21, ÜF 2 P. DZ € 38, ganzjährig, Reservierung notwendig, nach dem Zentrum rechts auf der Aux Voinauds und dann links

Saint-Aubin-de-Blaye – Étauliers 6,5 km

Die D137 macht am Ende des Ortszentrums einen Rechtsbogen, Sie folgen geradeaus der Rue Champagne Richtung Les Pajots. In Grand Moulin biegen Sie links ab auf die Rue du Grand Moulin und an deren Ende nach einem künstlichen Teich rechts auf die Rue des Pajots. Am Ende der Straße sehen Sie rechts einen größeren Kreisverkehr. Kreuzen Sie hier abermals die D137 Richtung D18 und gehen Sie auf der ersten Straße, der Rue de la Lande, nach links. Gehen Sie nach 600 m links auf der Rue de Joncs durch den Wald und am Ende rechts parallel zur D137, über die D136 hinweg und wieder zurück an der D137 rechts in das Zentrum von Étauliers mit Bar, Supermarkt, Hotel und nach dem großen Parkplatz einem sehr gut sortierten regionalen Weinverkauf.

Étauliers

BANK 6 m, 1.470 Ew.

Hotel Restaurant Le Relais d'Estuaire, 79 Rue Principale, 33820 Étauliers, 05 57 64 70 36, contact@relais-estuaire.fr, www.hotel-de-lestuaire.fr, @, Abendessen ab € 13,50, Frühstück € 8,50, Ü ab € 57, ganzjährig, zentral, gegenüber dem zentralen (Park-)Platz

Hotel Restaurant des Platanes, 4 Route de Saint-Savin, 33820 Étauliers, 05 57 64 70 42, contact@plataneshotel.com, www.plataneshotel.com, T @, Abendessen € 17-32, Frühstück € 8, Ü ab € 60, Ü DZ ab € 72, ganzjährig, 150 m nach dem zentralen (Park-)Platz links

Chambre d'hôtes Les Saules, 3 Route des St-Savin, 33820 Étauliers, 06 13 89 27 69 und 09 50 89 08 26, lessaules33@gmail.com, www.les-saules.com, Studio mit 5 Pl, gegen Bezahlung, € 5, T € 5, @, ÜF 2 P. im franz. Bett € 75, Rabatt für Pilgernde, ganzjährig, Reservierung notwendig, 150 m nach dem zentralen (Park-)Platz links

Étauliers – Cartelègue 6,1 km

Gehen Sie im Ort an dem großen Parkplatz auf der rechten Seite gleich ganz rechts wieder 20 m nach Norden und dann links auf einem Schotterweg durch bis zu einem querenden Radweg. Folgen Sie ihm links nach Süden und queren Sie die D254.

Weiter geht es auf dem mittlerweile asphaltierten Radweg für etwa 2,2 km, bis nach zwei gequerten Straßen und einem Bach mit Brücke unvermittelt ein Hinweisschild auf einen Grasweg nach links zeigt. Der Abzweig wird von einer Leitplanke und etwas Stacheldraht flankiert.

Folgen Sie dem Radweg 8,5 km, bis Sie direkt an der Kirche Saint-Seurin ankommen.

An der D137 geht es auf der anderen Straßenseite etwa 50 m nach rechts versetzt auf einem Feldweg weiter. Folgen Sie ihm bis zu den paar Häusern von Ganache.

Am ersten Abzweig halten Sie sich links und nach 100 m führt ein Grasweg etwas versteckt in den Wald.

Gehen Sie auf dem breiten Schotterweg nach links und auf der querenden Teerstraße links bis zu den ersten Häusern von Cartelègue. Am Kreisverkehr auf der Route des Boissier gehen Sie rechts und sehen schon den Kirchturm. Nehmen Sie rechts den Chemin du Souvenir bis zur Kirche und der gegenüberliegenden Gîte.

Cartelègue 22 m, 1.250 Ew.

Ancien Presbytère, Place de l'Église, 33390 Cartelègue, 05 57 64 71 28 (Mairie), 06 45 46 56 95 (nur Anruf, keine SMS), 4 Pl in sehr sauberer Gîte, T, kleine Küche, Mikrowelle, gegen Spende, März-November, gegenüber dem Westportal der Kirche

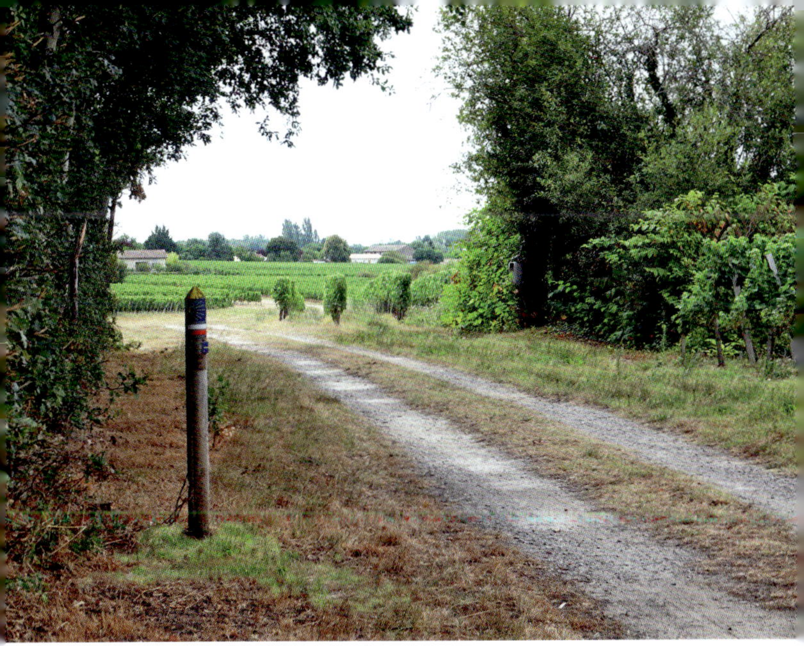

Wegemarkierung im Département Gironde

Cartelègue – Saint-Martin-Lacaussade 8,0 km

Nach der Kirche auf der D134 links und wieder rechts auf der Route du Moulin de Chasserat verlassen Sie den Ort. An der Kreuzung an dem alten Turm halten Sie sich rechts, gehen am Ende links um den Hof herum und kommen zur D137, die Sie queren. Gehen Sie auf der ersten Straße nach dem etwas sinnfrei im Nirgendwo stehenden Ortsschild von Mazion links nach Saint-Aulaye, auf der Querstraße links und gleich wieder rechts. Nach 150 m nochmals links und rechts erreichen Sie den Hof Valléte. Folgen Sie der Straße nach rechts nach Mazion/Saint-Seurin-de-Cursac hinein, an der Kirche vorbei, über die D937 und bis zur Kirche Saint Seurin mit Ursprung im 14. Jh.

Nach den letzten Häusern folgen Sie wieder dem bekannten Radweg Tour de Gironde nach links bis zum Friedhof von Saint-Martin-Lacaussade und gehen dort rechts in den Ort.

🚲 Radeln Sie ab hier auf dem Radweg geradeaus weiter bis hinein nach Blaye zum Fähranleger.

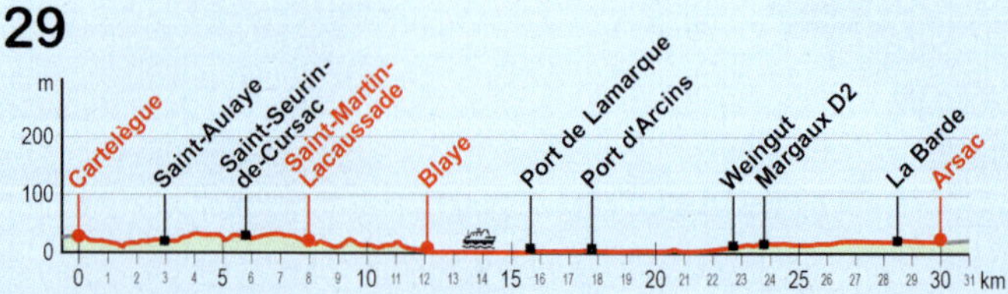

Saint-Martin-Lacaussade

28 m, 1.160 Ew.

Halte Pèlerin Relais de Compostelle, 33 Voie Romaine, 33390 Saint-Martin-Lacaussade, ☏ 05 57 42 02 06, 06 42 97 06 43, mairie.st.martin.lacaussade@wanadoo.fr, 4 Pl, @, Ü € 10, ganzjährig, Reservierung notwendig, gegenüber der Mairie

Saint-Martin-Lacaussade – Blaye 4,1 km

Auf der D937 kurz links und wieder rechts auf dem Chemin de Lacouran kommen Sie quasi durch die Hintertür wieder aufs Feld. Dieses wird rechtsherum umgangen bis hinaus zur D135. Folgen Sie ihr nach links und nehmen Sie nach 120 m in der ersten Kurve den Schotterweg geradeaus den Hügel hoch. Gehen Sie am Krankenhaus von Blaye vorbei, kurz rechts und auf der D255 (Rue Joseph Taillasson) weiter nach links hinein nach Blaye. Nach der Feuerwehrstation auf der rechten Seite bringt Sie der Chemin de la Porte Royale zur massiven und alles beherrschenden Feste von Blaye. Der offizielle Weg führt auf dem Parkplatz vor der Feste links, ein paar Stufen hinunter und dem Rechtsbogen folgend bis in das Zentrum der Stadt und zu der Fähranlegestelle über die Gironde hinüber nach Lamarque.

Blaye

BANK 4 m, 4.840 Ew.

Office de Tourisme Blaye, Rue des Minimes, 33390 Blaye, ☏ 05 57 42 12 09, über die Homepage, www.bbte.fr, November-Februar täglich 10:00-12:30 und 14:00-17:00, März-Mai und Oktober täglich 10:00-12:30 und 14:00-17:30, Juni-September täglich 10:00-13:00 und 14:00-18:30, 200 m vor dem Fähranleger gegenüber dem Burgeingang

B&B Villa St Simon, 8 Cours du Général de Gaulle, 33390 Blaye, 06 76 57 48 84, info@villastsimon.com, www.villastsimon.com, Ü 2 P. DZ ab € 89, ganzjährig, am Fähranleger in erster Reihe

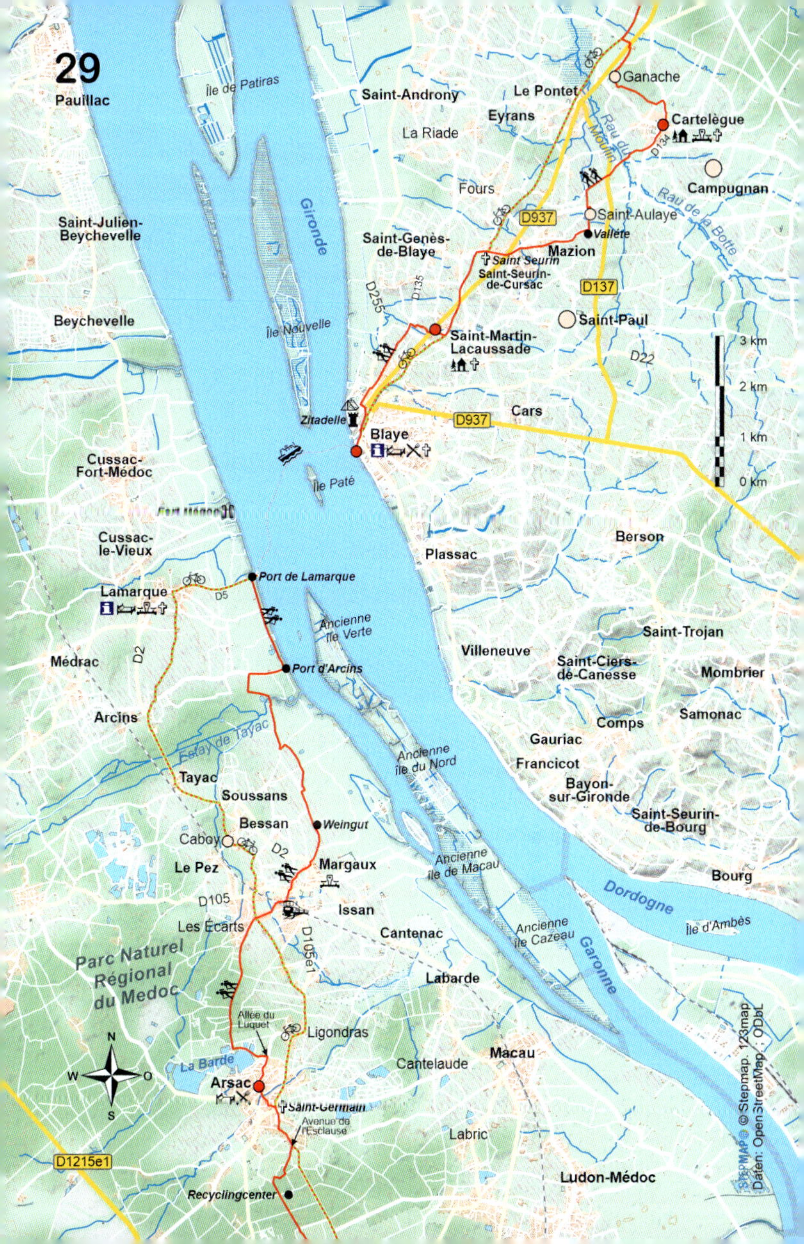

29
Pauillac
Île de Patiras
Gironde
Saint-Androny
Le Pontet
Ganache
Eyrans
La Riade
Cartelègue
D134
Rau du Moulin
Campugnan
Fours
Rau de la Botte
D937
Saint-Aulaye
Vallète
Saint-Julien-Beychevelle
Saint-Genès-de-Blaye
Mazion
Saint Seurin
Saint-Seurin-de-Cursac
D135
D255
D137
Saint-Paul
Beychevelle
Île Nouvelle
Saint-Martin-Lacaussade
D22
3 km
2 km
1 km
0 km
Zitadelle
Cars
D937
Blaye
Île Paté
Cussac-Fort-Médoc
Fort Médoc
Cussac-le-Vieux
Plassac
Berson
Port de Lamarque
Lamarque
D5
Ancienne île Verte
Médrac
D2
Port d'Arcins
Villeneuve
Saint-Trojan
Saint-Ciers-de-Canesse
Mombrier
Arcins
Comps
Samonac
Estey de Tayac
Gauriac
Ancienne île du Nord
Francicot
Tayac
Bayon-sur-Gironde
Soussans
Saint-Seurin-de-Bourg
Bessan
Weingut
Caboy
D2
Ancienne île de Macau
Le Pez
Margaux
Bourg
Dordogne
D105
Issan
Île d'Ambès
Les Écarts
Cantenac
D105e1
Ancienne île Cazeau
Garonne
Parc Naturel Régional du Medoc
Labarde
Allée du Luquet
Ligondras
N
W
O
S
La Barde
Macau
Cantelaude
Arsac
Saint-Germain
Avenue de l'Esclause
Labric
D1215e1
Ludon-Médoc
Recyclingcenter
STEPMAP © Stepmap, 123map
Daten: OpenStreetMap, ODbL

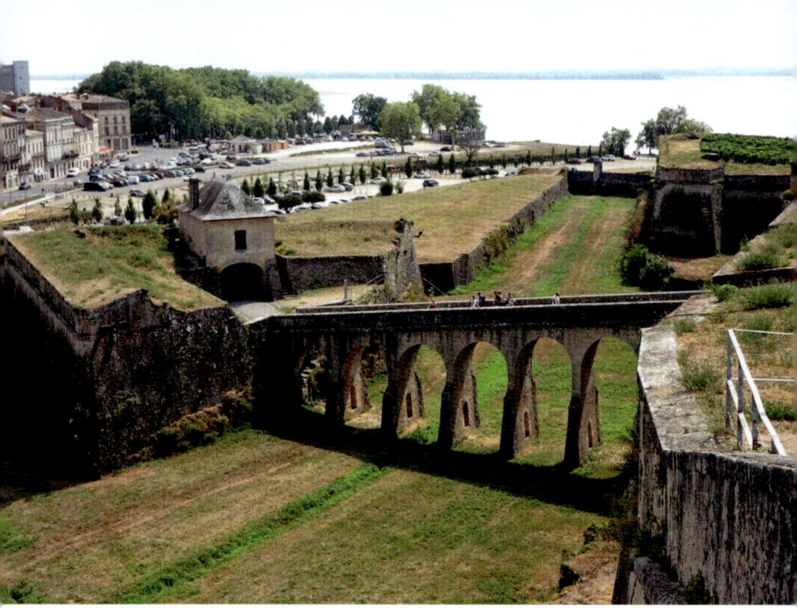

Zitadelle und Fähranleger in Blaye

🛏 Auberge du Porche, 5 Rue Ernest Régnier, 33390 Blaye, ☎ 05 57 42 22 69, ✉ contact@auberge-du-porche.fr, 💻 www.auberge-du-porche.com, 3-Sterne-Hotel in stilvollen, alten Mauern mit Charakter, 🖥 **T** @, Abendessen € 24-28 à la carte, Frühstück € 10, Ü 1 P. ab € 103, 2 P. ab € 108, 🚪 ganzjährig, östlich des Fähranlegers in erster Reihe

⛺ Camping municipal de la Citadelle, Chemin de la Porte Royale, 33390 Blaye, ☎ 05 57 42 00 20 (Mairie), ✉ camping.municipal@blaye.fr, kleiner Platz, einfach, Ü Zelt € 6,50, 🚪 Mai-September, oben in der Zitadelle

Die Zitadelle sollten Sie auf jeden Fall besichtigen. Das Bauwerk ist gigantisch und lässt die damalige strategische Bedeutung am inneren Ende der Gironde erahnen. Etwas weiter südlich fließen die Garonne von Bordeaux kommend und die Dordogne aus direkter östlicher Richtung zusammen, erst danach heißt der Mündungsarm Gironde. Das Wasser ist schlammig, sandig und braun. Es gibt sogar eigene Fischarten, die nur in diesem Gewässer vorkommen.

☺ Eine sehr gute Übernachtungsmöglichkeit bietet sich in Lamarque am westlichen Ufer der Gironde. Dazu setzen Sie über und gehen vom Fähranleger einfach geradeaus. Am nächsten Morgen können Sie diagonal wieder zur Gironde zurück und haben keinen großen Umweg.

Lamarque

⇧ 10 m, 1.320 Ew.

Office de Tourisme Lamarque, Port de Lamarque, 33460 Lamarque, 05 57 88 08 08, infotourisme@medoc-estuaire.fr, www.margaux-tourisme.com, Mai-Juni und September Mi-So 9:30-13:00 und 14:00-17:30, Juli-August täglich 9:00-18:00, direkt am Fähranleger

Accueil pèlerin Annie Bordes, 4 Avenue de la Gare, 33460 Lamarque, 06 68 54 25 63, 7 Pl in 3 Zi, familiär und sehr zuvorkommend, T @, HP € 35, ganzjährig, Reservierung notwendig, geradeaus in den Ort und im Zentrum links, 2 km von der Gironde

Blaye – Arsac

17,9 km

Sie setzen mit der Fähre über auf die andere Seite der Gironde.

Embarcadère de Blaye/Fähre Blaye – Lamarque, Allèe Marines, 05 57 42 04 49, www.gironde.fr/deplacements/les-bacs-girondins-ferries, 1 P. € 2, Fahrräder gratis, Abfahrtszeiten ab Blaye: 9.04.-23.06. und 11.09.-31.03. Mo-Fr 7:15, 9:00, 11:00, 15:00, 16:30, 18:00, Sa-So und Ferien 9:00, 11:00, 15:00, 17:00, 18:30, 24.06.-10.09. Mo-Fr 7:15, 9:00, 10:30, 12:00, 13:30 15:00, 16:30, 18:00, 19:30, Sa-So und Ferien 20:30

Mit dem Rad fahren Sie vom Fähranleger geradeaus hinein nach Lamarque. Vor dem Rathaus führt links die Rue des Écoles nach Süden und an der ersten Verzweigung rechts gelangen Sie auf dem Chemin du Moulin Rose bis nach Arcins. Auf der D2 nach Süden erreichen Sie Soussans. Fahren Sie am Ortsanfang auf dem Chemin de Vidau rechts und auf der Rue de la Tour de Bessan nochmals rechts bis zum Ende der Straße. Hier auf der Rue de Caboy links und am Ende auf der Route de Richet rechts kommen Sie an die D105 (Cours Pey Berland) am Westrand von Margaux. Wenden Sie sich rechts und nach 300 m auf der Route de la Lagunegrand links. Jetzt können Sie bis zur D105e1 und auf dieser rechts immer geradeaus durch bis in das Zentrum von Arsac fahren.

Vom Fähranleger auf der Westseite der Gironde führt der Chemin Saint-Seurin parallel zum Ufer nach Südosten. Ein Picknickplatz, eine Straße zum Wasser und der Port d'Arcins sowie ein Sackgassenschild sind für Sie Zeichen, nach rechts abzubiegen. Passieren Sie den kleinen Bauernhof und gehen Sie auf dem nächsten kreuzenden Weg nach Süden und am Ende links. Folgen Sie dem Weg um einige Biegungen, über einen Fluss, aus dem Gehölz heraus und bis zur nächsten Teerstraße. Hier scharf links und nach ein paar Häusern wieder rechts geht es auf Teer und dann Wiese weiter zwischen Gehölz und Rebstöcken. Am Ende rechts und auf der Straße links an einem Weingut vorbei gelangen Sie nach Margaux.

Margaux

16 m, 1.540 Ew.

TER, regionale Verbindung Margaux – Bordeaux

Margaux – ein weiterer Name, der Ihnen vielleicht von manchem Weinetikett her bekannt vorkommt. Die zahlreichen Weingüter sind ja auch im Ort und zwischen den Weinbergen nicht zu übersehen. Ganz abgesehen davon, dass hier jeder freie Quadratmeter mit einem Rebstock bepflanzt wird.

Im Ort gehen Sie auf der D2 links und rechts in die Rue de l'Ancienne Poste und an der Verkehrsinsel mit Bank diagonal vorbei, folgen der Straße am Ende rechts bis zum Kreisverkehr und gehen hier leicht links auf der Avenue de la Gare fast bis zum Bahnhof. Die Rue Mermoz bringt Sie rechts im Bogen über die Bahn und zur Rue Corneillan. Folgen Sie ihr nach rechts, halten Sie sich am Wegkreuz geradeaus und dann dreimal links, bis Sie im Wald angekommen sind. Nach gut 2 km führt der Jakobsweg vor einem See links und später an einer Schranke vorbei bis zur nächsten Teerstraße, der Allée du Luquet. Gehen Sie rechts. In mehreren Bögen zieht sich die Straße recht eindeutig und weit nach Arsac hinein und wird dort zur Rue de Villeneuve.

Arsac

20 m, 3.640 Ew.

Accueil pèlerin Mario Richard, 9 Allée de la Fée Mélusine, 33460 Arsac, 06 50 00 46 99, richard.mario.19@gmail.com, 5 DZ, familiär, mit Schwimmbad, T @, Abendessen € 16,50, Frühstück € 6,50, Ü € 29, ganzjährig, Reservierung 48h vorab, am Ende der Allée du Luquet rechts auf der Rue de Pénide, dann die zweite Straße rechts (Rue de Barrail) und wieder rechts, 700 m ab vom Weg

Arsac – Blanquefort 14,1 km

An der ersten eindeutigen Gabelung mit der rechts abzweigenden Rue Lariaud halten Sie sich links und gehen bis zum Ende durch. Auf der Rue de l'Abbé Frémont erreichen Sie links die Kirche Saint-Germain. Die Geschäfte liegen rechts am Place Camille Godard.

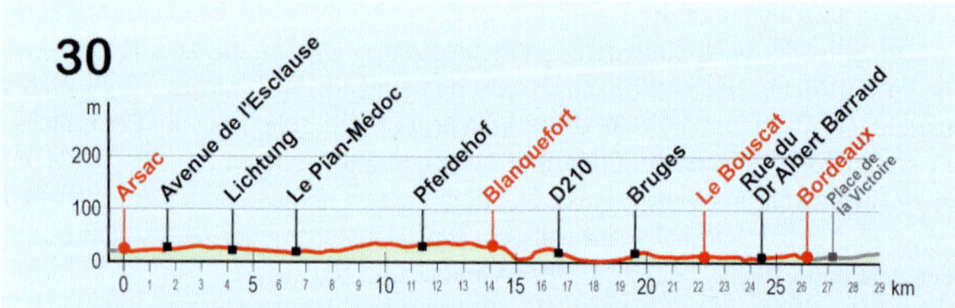

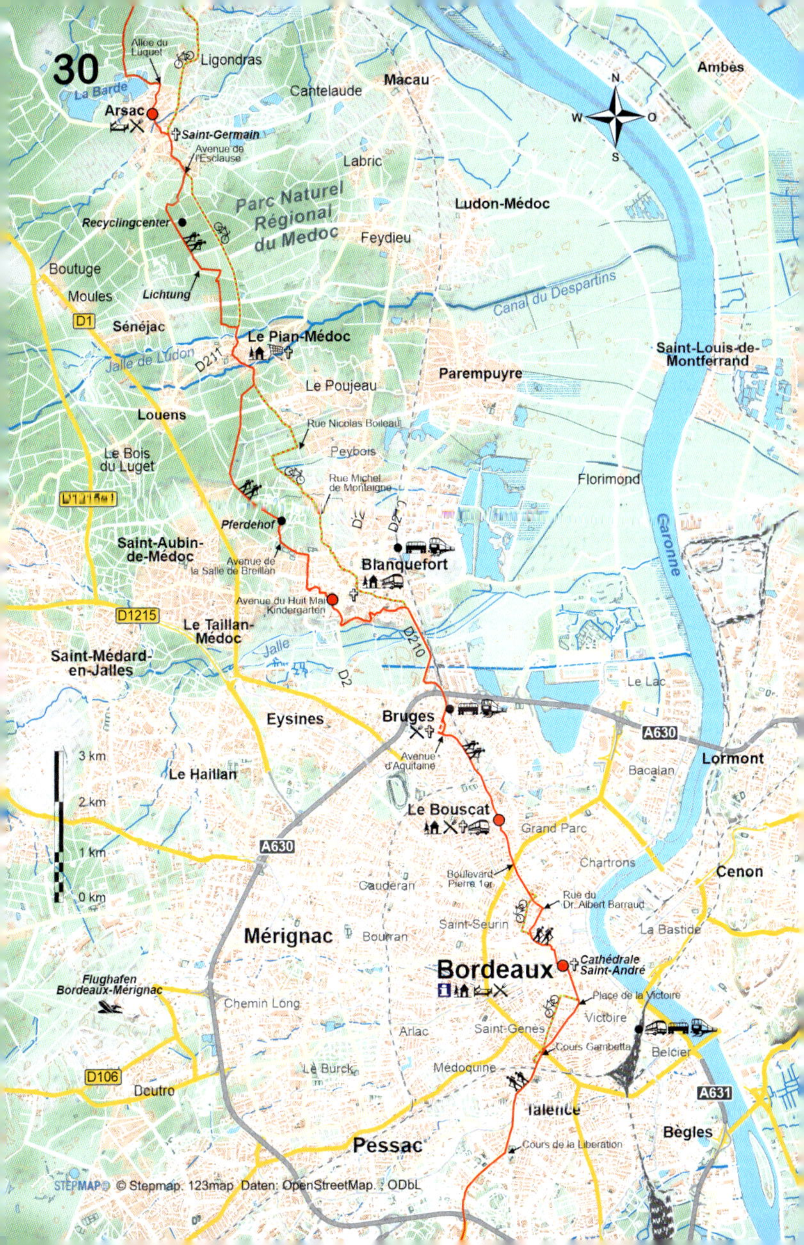
30
Allée du Luguet
Ligondras
La Barde
Arsac
Saint-Germain
Cantelaude
Macau
Ambès
Avenue de l'Esclause
Labric
Parc Naturel Régional du Medoc
Ludon-Médoc
Recyclingcenter
Feydieu
Boutuge
Moules
Lichtung
Canal du Despartins
D1
Sénéjac
Le Pian-Médoc
Jalle de Ludon
D211
Saint-Louis-de-Montferrand
Parempuyre
Le Poujeau
Louens
Rue Nicolas Boileau
Peybois
Le Bois du Luget
Rue Michel de Montaigne
Florimond
Pferdehof
Garonne
Saint-Aubin-de-Médoc
Avenue de la Salle de Breillan
Blanquefort
Avenue du Huit Mai Kindergarten
D1215
Le Taillan-Médoc
D210
Jalle
Saint-Médard-en-Jalles
D2
Le Lac
Eysines
Bruges
A630
Avenue d'Aquitaine
Lormont
3 km
Bacalan
Le Haillan
2 km
Le Bouscat
Grand Parc
A630
1 km
Chartrons
Cenon
Boulevard Pierre 1er
Caudéran
0 km
Rue du Dr. Albert Barraud
Saint-Seurin
Mérignac
La Bastide
Bouran
Bordeaux
Cathédrale Saint-André
Flughafen Bordeaux-Mérignac
Place de la Victoire
Chemin Long
Victoire
Arlac
Saint-Genès
Cours Gambetta
Belcier
D106
Le Burck
Médoquine
A631
Talence
Dcutro
Bègles
Pessac
Cours de la Libération
STEPMAP © Stepmap, 123map Daten: OpenStreetMap, ODbL

Der Jakobsweg führt nach der Kirche auf der Avenue de Ligondras und Rue du Gravier nach Süden. Diese zweigt nach 80 m rechts ab, am Ende links und dann wieder rechts. An der nächsten Kreuzung müssen Sie auf der Avenue de l'Esclause rechts Richtung Recyclingcenter und dann geradeaus auf einem Waldweg weiterwandern.

Fahren Sie nicht Richtung Recyclingcenter, sondern auf der Avenue de l'Esclause geradeaus bis zur D211 in Le Pian-Médoc, dort kurz rechts und auf der Rue Victor Huge links in das Ortszentrum.

Gehen Sie an zwei Abzweigen vorbei und auf dem ersten durchgehenden Querweg rechts. Dieser knickt nach rechts und wieder links ab. Dann halten Sie sich links, gehen über mehrere Kreuzungen und geradeaus auf einem eher schmalen Wiesenpfad im Linksbogen über eine lange Lichtung. Danach laufen Sie rechts, folgen am Ende dem Weg nach links und wandern auf der Teerstraße, der Allée Balzac, nach Le Pian-Médoc hinein.

Le Pian-Médoc BANK 19 m, 6.740 Ew.

Ermitage Lamourous, 355 Chemin Lamourous, 33290 Le Pian-Médoc, 05 56 35 28 39, soeur.veronique@free.fr, 8 Pl, eigene Gîte mit Garten, von Klosterschwestern betrieben, max. 10 km, , HP gegen Spende, ganzjährig, Reservierung notwendig, auf der D211 nach Osten, 2 km ab vom Weg, man kann aber diagonal zurückgehen und den Umweg deutlich verkürzen

Auf der D211 (Allée Montesquieu) rechts, der Rue Victor Hugo links und der Rue Pasteur wieder links haben Sie das etwas undefinierte Zentrum des Ortes erreicht und ab und an tauchen hier auch Einkaufsmöglichkeiten auf. Die Rue Pasteur wird dabei zur Allée Brémontier.

Bleiben Sie am Ortsende auf der Allée Brémontier und am Kreisverkehr geradeaus auf der Allée des Fougères. Am Ende der Siedlung wenden Sie sich etwas rechts auf die Rue Paul Verlaine, halten sich auf der Rue Nicolas Boileau rechts und folgen am Ende der Rue du Clapeau links. Diese wird zur Rue du Vivey, mündet schräg in die Rue Michel de Montaigne und endet an der Avenue de la Salle de Breillan. Fahren Sie 50 m links, auf der Rue Pasteur rechts und an der ersten Verzweigung links auf die Rue de Coulom, dann weiter auf der Rue de Galochet und auf der Rue Lazare Carnot bis zu ihrem Ende. Die Rue de Tastet-Girard rechts bringt Sie zur Rue de la République an der Kirche. Fahren Sie links, der Name wechselt zu Rue Dupaty und die Straße endet an der zweispurigen D210 (Avenue du XI Novembre). Nach rechts treffen Sie am nächsten Kreisverkehr wieder auf die Strecke für die Fußpilgerinnen und Fußpilger.

Vor dem Ortsendeschild zweigt ein breiter Waldweg rechts ab. Folgen Sie ihm über 2 km immer weiter, an einer riesigen Eiche halten Sie sich dann links, an der nächsten rechts und gleich wieder links. Vor dem Pferdehof zweigen Sie rechts ab, kreuzen die Rue du Manège und gehen auf der Avenue de la Salle de Breillan links am Sportgelände vorbei. Am Kreisverkehr nehmen Sie die Rue du Cardinal Lecot bis zu ihrem Ende und in der Verlängerung den Weg in einem Grünsteifen bis zu einem Abzweig nach 200 m nach links. Die Beschilderung mit Pfosten und Zeichen ist hier perfekt. Leicht rechts versetzt überqueren Sie die Rue Alcide de Gaspéri wieder auf einen Grünstreifen durch die Gärten. An der etwas größeren Wiese gehen Sie rechts, kurz vor der Straße links und auf der Rue du Luxembourg rechts zur Avenue du Huit Mai und links bis zu einem Kindergarten mit Pavillon auf der rechten Straßenseite.

Blanquefort

⇧ 26 m, 450 Ew.

Chai Saint-Joseph, 33290 Blanquefort, Adresse wird nur bei Reservierung genannt, 06 14 40 63 63 und 07 81 62 59 33, matthieu.fiquet@gmail.com und rosanne.fiquet@gmail.com, T @, HP gegen Spende, ganzjährig, Reservierung notwendig, direkt am Weg

TBM, ÖPNV Bordeaux

TER, regionale Verbindung Margaux – Blanquefort – Bordeaux

Blanquefort – Le Bouscat

8,1 km

Links neben dem Pavillon geht es diagonal über die Wiese weiter. Die Markierung ist hier etwas versteckt. Nach dem Parkplatz sehen Sie schon die größere D2 (Avenue du Général Charles de Gaulle). Folgen Sie ihr hinunter bis zum Kreisverkehr und dort links der Rue de la Forteresse, bis diese am Ende einen Linksbogen beschreibt und zur Rue de Guyenne wird. Nehmen Sie die erste Straße rechts und biegen Sie vor dem ersten Wohnblock rechts in die Grünanlagen ab.

Der Sport- und Spielplatz wird diagonal gequert und das umzäunte Schulgelände rechts bis zur Rue du Maréchal de Lattre de Tassygny umgangen. Sie gehen rechts zum Kreisverkehr, hier führt eine Sackgasse mit einem Weg in Verlängerung geradeaus durch bis zur Rue de Solesse. Dieser folgen Sie nach links wieder zu einem Kreisverkehr. Hier gehen Sie rechts auf die baumbesäumte D210 (Avenue du 11 Novembre). Folgen Sie ihr für etwa 2 km. Hier befinden Sie sich exakt unter der Einflugschneise des Flughafens von Bordeaux, Sie werden es bemerken. Am nächsten Kreisverkehr gehen Sie links, bleiben Sie auf der linken Straßenseite und wechseln Sie auf den Radweg hoch Richtung Bruges-Centre. Nach Überquerung der A630 kommen Sie zu den Häusern von Bruges.

Bruges ⇧ 20 m, 1.400 Ew.

SNCF, regionale Verbindung Bruges – Bordeaux

Die Avenue du Général de Gaulle führt geradeaus in das Geschäftszentrum von Bruges bis zur Avenue d'Aquitaine mit Versorgungsmöglichkeiten und stellt praktisch keinen Umweg dar. Der markierte Jakobsweg führt etwas links haltend auf der Avenue de l'Europe weiter bis zur ersten Ampel mit der aus dem Zentrum von Bruges kommenden Avenue d'Aquitaine. Folgen Sie ihr nach links für über 2 km immer geradeaus, der Name wechselt zwischendurch zu Avenue de Tivoli.

Le Bouscat ⇧ 10 m, 23.930 Ew.

Refuge du Bouscat, 4 Rue Blanqui, 33100 Le Bouscat, 06 71 80 50 41, contact@saint-jacques-aquitaine.com, www.saint-jacques-aquitaine.com, klassische Pilgerherberge mit 4 und 2 Pl in 2 Zi, Bettlaken inklusive, @, ÜF € 10, ganzjährig, Reservierung notwendig, direkt am Weg links nach dem Friedhof von Le Bouscat. Vorsicht bei der Adressensuche, es gibt auch eine Rui Blanqui im Zentrum von Bordeaux!

TBM, ÖPNV Bordeaux

Le Bouscat – Bordeaux 4 km

Am Kreisverkehr Rond-Point de Pèlerins mit einem Pilgerkollegen aus Metall auf der Grüninsel geht es leicht links immer noch auf der Avenue de Tivoli für weitere 800 m weiter. Der Boulevard Pierre 1er wird schräg gequert, der Name der Straße ändert sich von Avenue zu Rue de Tivoli, die Bebauung wird deutlich enger und die Fassaden historisch.Es tauchen hier erstmals die bekannten Bronzeplaketten am Boden auf, die nunmehr den Weg durch Bordeaux weisen.

Ihr Weg führt Sie geradeaus weiter, die Straße heißt erst Rue de l'Arsenal, dann Rue du Temps Passé und im Weiteren Rue Fondaudège.

Am Ende der Rue de l'Arsenal müssen Sie wegen Einbahnstraßen auf der Rue David Johnston kurz links, auf der Rue Matignon rechts und an den Trambahnschienen in der Rue Fondaudège leicht rechts versetzt auf der Rue Paulin 700 m weiter bis zur Rue Capdeville. Links erreichen Sie nach 250 m die Basilique Saint-Seurin.

Die Häuser in diesen Vierteln sind alt und erzählen von vergangenen Zeiten und dem unverkennbaren Wohlstand zu damaliger Zeit. Die von rechts einbiegende Straßenbahn ist Ihr Zeichen, kurz darauf biegt der Jakobsweg rechts auf die Rue du Dr Albert Barraud ab. Kurz vor deren Ende erreichen Sie auf der Rue de la Concorde nach links den kleinen Park Place des Martyrs de la Résistance mit der Basilika Saint-Seurin mit Ursprüngen aus dem 11. Jh. Am spitz zulaufenden Ende geht es weiter zur Rue Judaique und auf dieser links bis zum Place Gambetta. Überqueren Sie diesen diagonal, durchschreiten Sie die klassizistische Porte Dijeaux und wenden Sie sich unmittelbar danach rechts in die Rue des Remparts. Die Kathedrale Saint-André von Bordeaux mit Ihrem seitlichen Eingang werden Sie nicht übersehen. Holen Sie sich Ihren verdienten Pilgerstempel, Sie haben das Zentrum von Bordeaux erreicht.

Bordeaux

BANK ⇧ 10 m, 261.000 Ew.

Office de Tourisme Bordeaux, 12 Cours du XXX Juillet, 33000 Bordeaux, ☏ 05 56 00 66 00, über die Homepage, www.bordeaux-tourisme.com, Mo-Sa 9:00-18:30, So und Feiertage 9:30-17:00, 100 m nördlich der Oper am Place de la Comédie

Gîte communal Maison du Pèlerin, 28 Rue des Argentiers, 33000 Bordeaux, ☏ 05 56 48 11 63, 06 47 67 50 14, contact@bordeauxcompostelle.fr, www.bordeauxcompostelle.com, 12 Pl in Schlafkojen unter altem Gewölbe, @, Ü € 13, 16. März-03. November, Reservierung notwendig, am frei stehenden Turm neben der Kathedrale nach Osten in die kleine Rue du Loup, 500 m bis zum Place du Palais und dann links

Basilika Saint-Seurin

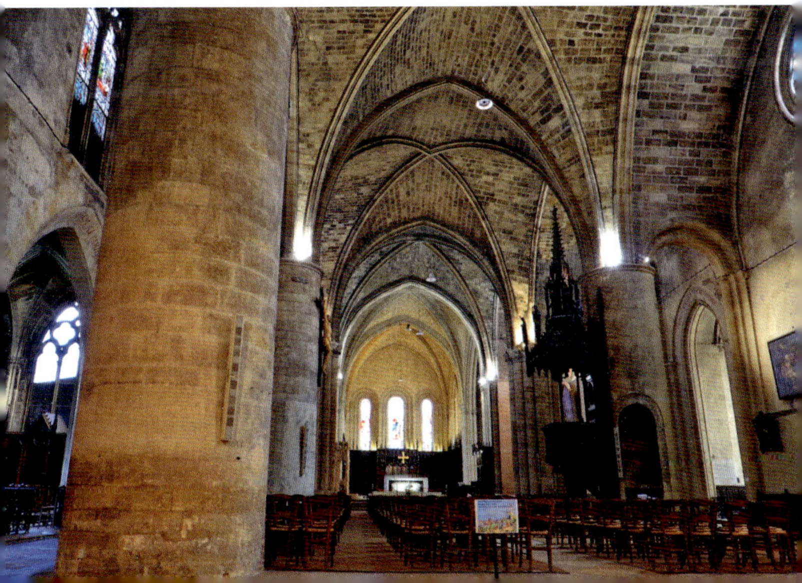

Central Hostel Bordeaux, 2 Place Saint Projet, 33000 Bordeaux, 05 57 83 61 63, contact@centralhostel.fr, www.centralhostel.fr, modernes Hostel in zentraler Lage mit Schlafsälen und Privatzimmern, @, Abendessen, Frühstück, Ü ab € 26, ganzjährig, Reservierung notwendig, am frei stehenden Turm neben der Kathedrale nach Osten in die kleine Rue du Loup, nach 200 m in die Rue Sainte-Catherine links

♦ Auberge de Jeunesse Hostel 20, 20 Rue Borie, 3330 Bordeaux, 06 65 52 16 80, contact@hostel20-bordeaux.com, www.hostel20-bordeaux.com, Schlafsaal, , Frühstück € 2, Ü € 25-40, ganzjährig, von der Kathedrale auf der Cours d'Alsace et Lorraine an die Garonne und am Westufer 2 km nach Norden bis zu Rue Borie

TBM, ÖPNV Bordeaux

SNCF, überregionale Verbindung TGV Paris – Tours – Poitiers – Bordeaux; TER, regionale Verbindung Saintes – Pons – Bordeaux; TER, regionale Verbindung Bordeaux – Dax – Bayonne – Hendaye/Irún

✝ Cathédrale Saint-André, 13. und 14. Jh. Der Bau überrascht mit einem Seiteneingang am Querhaus, der von zwei Türmen überragt wird und als Hauptportal mit reichlich Schmuck ausgestattet wurde. Ein Turm über dem zentralen Vierungspunkt und Türme an der Westfront fehlen dagegen – eine absolute Besonderheit in der Konzeption, die sich auch im prächtigen Innenraum ablesen lässt. Über Mittag ist die Kirche meist geschlossen, die Zeiten wechseln je nach Saison, ein Pilgerstempel ist am Infotisch erhältlich.

♦ Place Pey Berland, www.cathedrale-bordeaux.fr

✝ Basilique Saint-Seurin, 11.-13. Jh., später mehrfach erweitert und umgestaltet. Die Kirche war seit jeher die erste Anlaufstation für Pilgernde auf dem Weg nach Santiago. Das Alter des ursprünglich romanischen Baus lässt sich noch an den mächtigen Säulen des Hauptschiffes ablesen. Hier finden Sie einen ruhigen Ort der Besinnung, im Gegensatz zum belebten Innenraum der Kathedrale Saint-André. Eine vorgelagerte Krypta beherbergt Steinsarkophage und ist zu besichtigen.

♦ Place de Martyrs de la Résistance, www.saintseurin.info

⌘ Tour Pey Berland, 15. Jh. Noch ungewöhnlicher als die Kathedrale Saint-André ist der nebenan stehende Turm, als Glockenturm konzipiert und von einer goldenen Marienstatue gekrönt. Man kann ihn besteigen und wird mit einem phänomenalen Blick über die Kathedrale und die Dächer von Bordeaux belohnt.

⌘ Miroir d'Eau. Ein Wasserspiegel auf 3.450 m² schwarzem Granit wird im Sommer zum Anziehungspunkt, Kinder haben Ihren Spaß und die Stufen an der Garonne laden zum Verweilen ein und bieten einen schönen Blick über den Fluss.

♦ Place de la Bourse, zentral am Ufer der Garonne

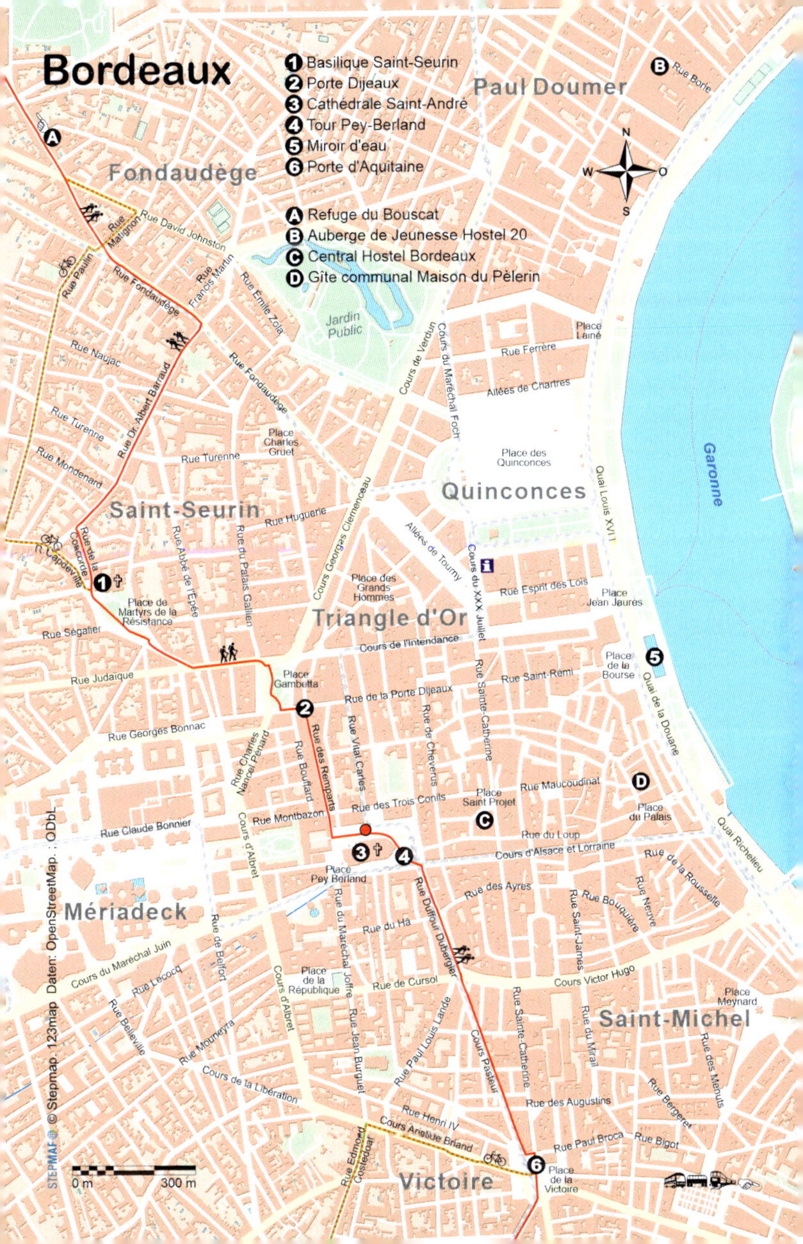

Bordeaux
1 Basilique Saint-Seurin
2 Porte Dijeaux
3 Cathédrale Saint-André
4 Tour Pey-Berland
5 Miroir d'eau
6 Porte d'Aquitaine
A Refuge du Bouscat
B Auberge de Jeunesse Hostel 20
C Central Hostel Bordeaux
D Gîte communal Maison du Pèlerin
Paul Doumer
Fondaudège
Saint-Seurin
Quinconces
Triangle d'Or
Mériadeck
Saint-Michel
Victoire
Garonne
Jardin Public
Place des Quinconces
Place Lainé
Place Charles Gruet
Place des Grands Hommes
Place Jean Jaurès
Place de la Bourse
Place Gambetta
Place Saint Projet
Place du Palais
Place Pey Berland
Place de la République
Place Meynard
Place de la Victoire
Place de Martyrs de la Résistance
Rue Borie
Rue David Johnston
Rue Matignon
Rue Paulin
Rue Fondaudège
Rue Francis Martin
Rue Emile Zola
Rue Naujac
Rue Dr. Albert Barraud
Rue Turenne
Rue Mondenard
Rue Huguerie
Rue de la Concorde
R. Capdeville
Rue Abbé de l'Epée
Rue du Palais Gallien
Cours Georges Clemenceau
Cours de Verdun
Cours du Maréchal Foch
Rue Ferrère
Allées de Chartres
Quai Louis XVIII
Allées de Tourny
Cours du XXX Juillet
Rue Esprit des Lois
Cours de l'Intendance
Rue Ségalier
Rue Judaïque
Rue de la Porte Dijeaux
Rue Saint-Rémi
Quai de la Douane
Rue Georges Bonnac
Rue Charles Nancel Pénard
Rue Bouffard
Rue des Remparts
Rue Vital Carles
Rue de Cheverus
Rue Sainte-Catherine
Rue Maucoudinat
Rue des Trois Conils
Rue Montbazon
Rue Claude Bonnier
Cours d'Albret
Rue du Loup
Cours d'Alsace et Lorraine
Quai Richelieu
Rue de la Rousselle
Rue des Ayres
Rue Bouquière
Rue Neuve
Rue Saint-James
Rue du Hâ
Rue Duffour Dubergier
Rue du Maréchal Joffre
Rue de Belfort
Cours du Maréchal Juin
Rue Lecocq
Rue de Cursol
Cours Victor Hugo
Rue Jean Burguet
Rue Paul Louis Lande
Cours Pasteur
Rue du Mirail
Rue des Menuts
Rue Belleville
Rue Mouneyra
Cours de la Libération
Rue des Augustins
Rue Bergeret
Rue Henri IV
Cours Aristide Briand
Rue Paul Broca
Rue Bigot
Rue Edmond Costedoat
0 m
300 m
STEPMAP © Stepmap, 123map Daten: OpenStreetMap, ODbL

Bordeaux ist eine außergewöhnliche Metropole, lebendig und pulsierend, traditionell und international. Die zahllosen Cafés und Restaurants mit Speisen aus der ganzen Welt sind alle im Außenbereich bestuhlt und im Sommer sitzt gefühlt die komplette Stadt im Freien und genießt die lauen Temperaturen des Südens. Auf Ihrem Jakobsweg durch Bordeaux bekommen Sie einen hübschen Querschnitt der Bebauung präsentiert. Ganze Viertel mit Wohnhäusern der vergangenen Jahrhunderte werden ergänzt durch supermoderne Architektur. Durch die Innenstadt zu schlendern wird nie langweilig. Immer wieder tauchen interessante Gebäude auf, man wird durch pittoreske Plätze und Straßenszenen überrascht, mal quirlig und mal leise. Und plötzlich kommt man aus einer Gasse und steht an der gewaltigen Garonne, wo einem die repräsentativen Fassaden am Flussufer die Größe und Bedeutung der Stadt wieder klarmachen. Wenn Sie einen Tag Pilgerpause benötigen, ist Bordeaux eine gute Wahl und die Gîte in der Rue des Argentiers die perfekte Basis dafür. Hier bekommen Sie auch alle Informationen zur Stadt, deren Auflistung den Rahmen dieses Buches sprengen würde.

Bordeaux – Gradignan 9,4 km

Versorgen Sie sich schon in Bordeaux, spätestens aber in Gradignan mit aller Verpflegung, die Sie für die Strecke bis Barp brauchen. Sie werden bis dorthin nichts mehr finden.

Der Weg aus Bordeaux heraus ist einfach. Sie gehen an dem gotischen Turm neben der Kathedrale Saint-André am Place Pey Berland auf der Rue Duffour Dubergier nach Süden. Folgen Sie den Trambahnschienen der Linie B bis zum Place de la Victoire mit dem unübersehbaren Triumphbogen Porte d'Aquitaine und dem etwas obskuren, gedrehten Obelisken. Hier befand sich im Mittelalter das Hospital Saint-Julien. Pilgerinnen und Pilger fanden hier Unterkunft, wurden gepflegt und sammelten sich für ihre Weiterreise Richtung Santiago. Eine bronzene Tafel am Boden markiert den offiziellen Beginn des Jakobsweges aus der Stadt.

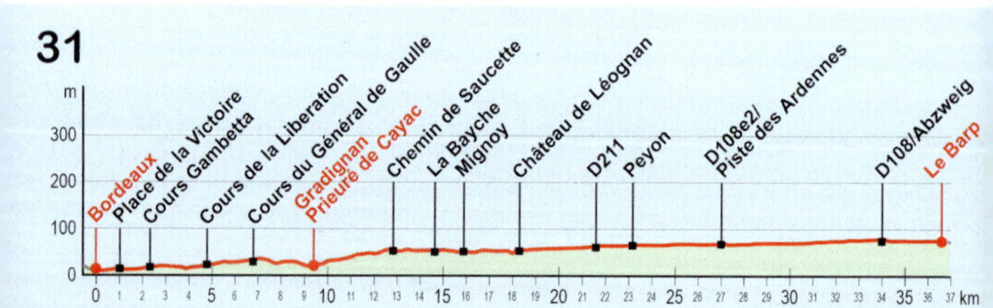

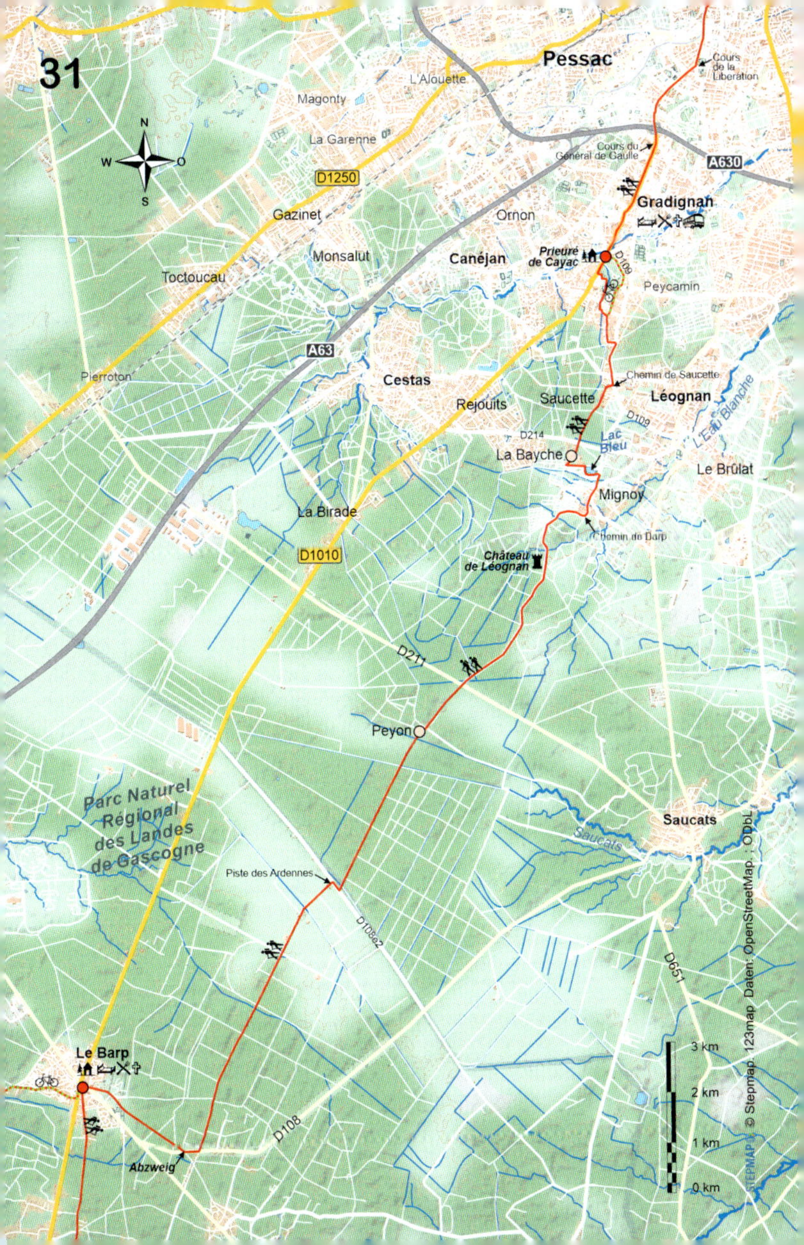

31
N
W
O
S
Pessac
L'Alouette
Magonty
La Garenne
Cours de la Libération
Cours du Général de Gaulle
A630
D1250
Gazinet
Ornon
Gradignan
Monsalut
Toctoucau
Canéjan
Prieuré de Cayac
D109
Peycamin
A63
Pierroton
Cestas
Rejouits
Saucette
Chemin de Saucette
Léognan
D109
D214
La Bayche
Lac Bleu
L'Eau Blanche
Le Brûlat
Mignoy
Chemin du Barp
La Birade
D1010
Château de Léognan
D211
Peyon
Parc Naturel Régional des Landes de Gascogne
Saucats
Saucats
Piste des Ardennes
D108e2
D651
Le Barp
3 km
2 km
1 km
0 km
D108
Abzweig
© Stepmap 123map Daten: OpenStreetMap, ODbL

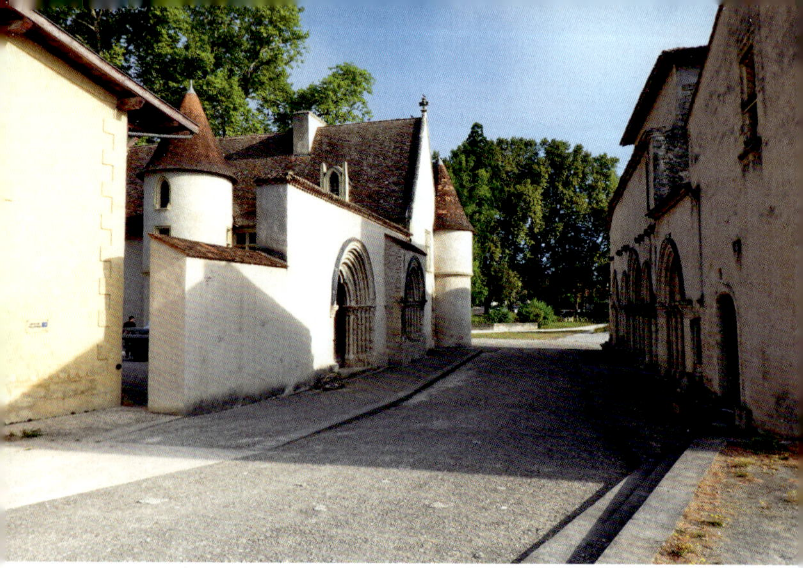

Prieuré de Cayac

Mit dem Fahrrad müssen Sie, wieder wegen Einbahnstraßen, rechts auf dem Cours Aristide Briand 350 m bis zur Rue Edmond Costedoat fahren. Sie wird zur Rue de Saint-Genès und heißt 1,2 km weiter ab dem Boulevard George V Rue de la Liberté und dann Rue Jean Iriquin. Halten Sie sich am Ende links und Sie haben den Cours Gambetta, die offizielle Strecke, wieder erreicht.

Sie folgen den Trambahnschienen nun für 3 km, anfangs auf dem Cours de l'Argonne und in der Folge dem Cours Gambetta und Cours de la Libération. Hier zweigen die Schienen nach rechts ab, Sie gehen jedoch geradeaus weiter, immer dem Cours de la Libération folgend, bis über die Autobahn. Außer dem Straßennamen ändert sich nichts, gehen Sie nun auf dem Cours du Général de Gaulle ebenfalls geradeaus weiter bis hinein in das Zentrum von Gradignan. Hier finden Sie alle Versorgungsmöglichkeiten. Und noch einmal geht es auf der gleichen Straße weiter, bis die Prieuré de Cayac mit ihren markanten Türmchen (siehe Titelbild) das Ende des Ortes markiert. Sie sind wieder auf dem Land.

Gewöhnen Sie sich spätestens ab hier daran, bei der Planung Essen und Trinken immer miteinzubeziehen. In dieser Gegend – Les Landes, zwischen Gradignan und Dax – liegt der Wald am Wegesrand meistens zu weit seitlich, um noch Schatten zu spenden. Sie werden die nächsten Tage gnadenlos in der prallen Sonne wandern – den ganzen Tag. Trinkwasserbrunnen gibt es nicht, Sie können nur die Bewohnerinnen und Bewohner entlang des Weges danach fragen. Trinken Sie, was in Sie hineinpasst, und füllen Sie Ihre Flaschen auf, wo immer sich die Gelegenheit bietet. Zu Essen müssen Sie für den ganzen Tag dabeihaben – auch Ihr Abendessen. Der Energieriegel für den kleinen Durchhänger zwischendurch sollte auch nicht fehlen. Nicht in jeder der wenigen Ortschaften können Sie auch einkaufen. Bedenken Sie auch die Wochenenden! Zudem kann es immer vorkommen, dass der einzige Laden weit und breit wegen Urlaub oder Sonstigem gerade dann geschlossen hat, wenn Sie gerne einkaufen möchten. Das gleiche gilt für Restaurants. Hier kann es richtig eng werden!

Gradignan

BANK

21 m, 25.700 Ew.

Halte pèlerin du Prieuré de Cayac, 1 Rue de Chartrèze, 33170 Gradignan, 06 82 00 88 94, cayac.compostelle@gmail.com, www.gradignan-compostelle.fr, 10 Pl, seit Jahrhunderten Pilgerstation und nicht zu übersehen, @, ÜF € 10, ganzjährig, im Winter ausschließlich mit Reservierung notwendig, direkt am Weg

TBM, ÖPNV Bordeaux

Gradignan – Le Barp 27,2 km

Sie fahren am Kreisverkehr an der Prieuré de Cayac links auf die D109 (Rue de Canteloup), folgen ihr etwa 1 km und fahren dann der D109 (Route de Léognan) rechts folgend bis zum Kreisverkehr vor Léognan.

Am Kreisverkehr neben der Prieuré gehen Sie den Cours de Général de Gaulle etwa 400 m entlang bis zum kleinen Écomusée de la Vigne. Hier führt ein kleiner Pfad links um eine Sporthalle herum und nach einem Zaun direkt vor dem Museum links in den Wald. Folgen Sie dem Weg bis zur nächsten Straße, der Rue de Chaut, und nach ihrer Überquerung durch das Wäldchen bis zur Rue de Catoy. Gehen Sie hier links, dann rechts und am Ende dem Linksbogen folgend bis zum Kreisverkehr an der D109. Diese bringt Sie rechts zu einem weiteren Kreisverkehr am Ortsanfang von Léognan. Kurz danach zweigt rechts der Chemin de Saucette ab und führt hinaus zu einem größeren Waldgebiet. Achten Sie auf den Verkehr, hier wird schnell gefahren, obwohl die Straße nicht so groß ist. Die Wegeführung wurde hier geändert, bleiben Sie geradeaus auf der Straße. An der D214 gehen Sie geradeaus, auf dem Chemin du Peych scharf links und rechts um den Badesee Lac Bleu herum. Ein Kiosk lädt zur Pause ein. Halten Sie sich an der Straße rechts, an der Verzweigung in Mignoy noch einmal rechts und folgen dem Chemin de Bûcherons und Chemin de Barp entlang des Waldrandes aus dem Ort heraus. Am ersten Eingangstor zum Gelände des Château de Léognan bleiben Sie weiter links auf der Straße, passieren das Schloss und folgen der kleinen, verlassenen Straße die nächsten 3,5 km bis zur kreuzenden D211 und gehen weiter geradeaus. Hier bekommen Sie einen ersten Eindruck des nun folgenden Landstriches Les Landes und was es heißt, diesen zu Fuß zu durchqueren. Nach dem kleinen Weiler Peyon endet der Teerbelag. 3,7 km später endet der Weg an der D108e2. Hier gehen Sie rechts und an den wenigen Häusern auf der Piste des Ardennes links. 6,6 km und zwei leichte Richtungsänderungen später (kein Witz!) erreichen Sie die querende D108 (Avenue de Sauternais). Hier wird wieder schnell gefahren! Nach rechts führt sie direkt nach Le Barp. Sie nehmen aber nach 350 m den Weg rechts, der parallel dazu bis in den Ort und an die Kirche im Zentrum führt.

Le Barp 74 m, 5.600 Ew.

Halte Pèlerin de Le Barp, 20 Avenue de Gascogne, 33114 Le Barp, 07 82 43 76 02, cayac.compostelle@gmail.com, www.gradignan-compostelle.fr, 8 Pl in 2 Zi, geräumig und modern mit Garten, Küche mit Vollausstattung, ÜF € 10, ganzjährig, Reservierung notwendig, direkt am Weg, 100 m vor der Kirche links

♦ Accueil pèlerin Elisa Vigne, 31 Rue de la Forêt, 33114 Le Barp, 05 56 88 63 96, 06 41 32 36 17, elisabette.vigne@ardoiz.fr, ehemaliger Reitklub im Grünen mit 4 Pl in 2 Zi, max. 5 km, @, ÜF € 15, April-Oktober, vor Le Barp auf dem ersten Teer des Ortes rechts in die Rue de la Forêt

Le Barp – Belin-Béliet 13,2 km

Mit dem Rad nehmen Sie auf der D1010 (Avenue des Pyrénées) 300 m südlich der Kirche rechts den Chemin de Tutou und folgen ihm sich am Kreisverkehr links haltend aus dem Ort. Wieder auf Teer halten Sie sich leicht links auf der Piste #25 de la Victoire bis hinein nach Argilas. Folgen Sie der Route d'Argilas nach Salles. Nach der Schule quert ein reiner Radweg, fahren Sie links bis Belin-Béliet und am Ortsende rechts auf der Route de Bertrine bis zur D110. Das südliche Ortszentrum läge jetzt rechts von Ihnen.

Direkt südlich der Kirche geht es auf der Rue de Castor wieder Richtung Süden weiter. Am Rand der Häuser von Castor führt ein Schotterweg geradeaus weiter. Nach etwa 1,7 km müssen Sie einen abzweigenden Feldweg nach links und nach 1,5 km wieder einen nach rechts nehmen. 5 km schnurgerade sandige Piste liegen vor Ihnen, ehe eine Trafostation mit Strommast anzeigt, dass Sie nach links abbiegen dürfen. Nehmen Sie den ersten Abzweig gleich rechts, folgen Sie dem Weg durch die Senke mit Bach hoch zur D3 (Rue du Stade) und dieser rechts in den ersten Teil der etwas zerfaserten Ortschaft Belin-Béliet. Am Kreisverkehr erwartet Sie ein großer Supermarkt, greifen Sie zu.

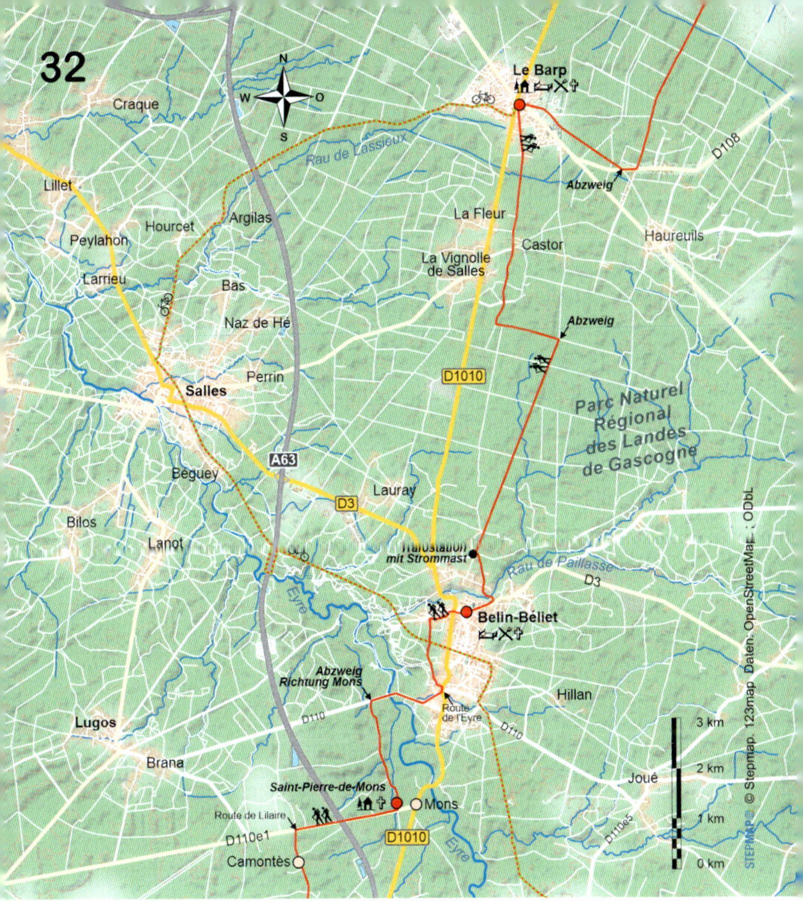
32
N
W
O
S
Le Barp
Craque
Rau de Lassieux
D108
Abzweig
Lillet
Hourcet
Argilas
La Fleur
Peylahon
Castor
Haureuils
La Vignolle de Salles
Larrieu
Bas
Naz de Hé
Abzweig
Perrin
D1010
Salles
Parc Naturel Régional des Landes de Gascogne
A63
Beguey
Lauray
D3
Bilos
Lanot
Trafostation mit Strommast
Rau de Paillasse
D3
Eyre
Belin-Béliet
Abzweig Richtung Mons
Hillan
Route de l'Eyre
Lugos
D110
D110
3 km
2 km
Brana
Joué
Saint-Pierre-de-Mons
Mons
1 km
Route de Lilaire
D110e1
D110e5
D1010
Eyre
Camontès
0 km
© Stepmap. 123map. Daten: OpenStreetMap ; ODbL

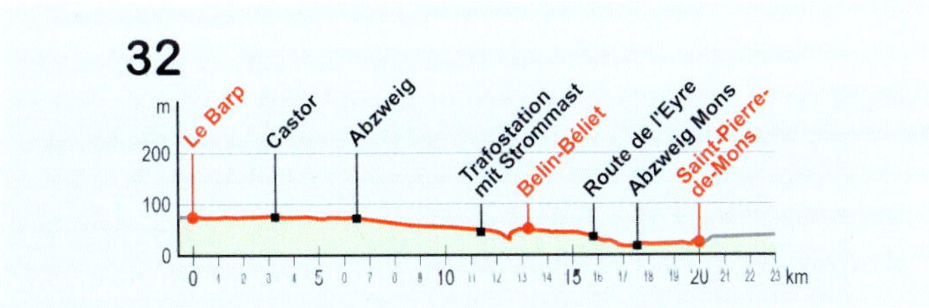
32
m
200
100
0
Le Barp
Castor
Abzweig
Trafostation mit Strommast
Belin-Béliet
Route de l'Eyre
Abzweig Mons
Saint-Pierre-de-Mons
0
5
10
15
20
km

Belin-Béliet

32 m, 5.700 Ew.

Hotel Restaurant La Cabane, 42 Route de Bordeaux, 33830 Belin-Béliet, 09 70 35 77 58, lacabane558@orange.fr, www.hotel-lacabane.com, @, Abendessen im Restaurant, Frühstück, Ü DZ ab € 70, ganzjährig, am Kreisverkehr mit Tankstelle und Supermarkt am Ortsanfang geradeaus bis zu D1010 und 1 km rechts nach Norden

Belin-Béliet – Mons

6,8 km

Der Jakobsweg führt links auf der Rue du Stade zur Kirche, dahinter folgen Sie links der Avenue du Graoux und gehen nach 500 m auf dem Chemin des Champs du Graoux wieder links aus dem Ort in den Wald. Durch den Reiterhof und die anschließenden Häuser folgen Sie leicht der auffällig angebrachten Markierung und landen schließlich nach 2 km an der D1010 (Avenue Aliénor) und dem südlichen Ortskern von Belin-Béliet mit Bars, Restaurants, einer Bäckerei und anderem Kommerz – aber eben keinem Supermarkt mehr.

Fahren Sie auf der D110 (Route de Joué) links und nach 350 m auf der kleinen Straße rechts Richtung Boutox. Nach 3,6 km zweigt links die Route de Meynieu ab und trifft auf die D110e5. Fahren Sie rechts, die Nummer wechselt zu D134 und trifft 2,3 km nach dem kleinen Weiler Biganon wieder auf den offiziellen Weg nach Moustey.

Keine 100 m südlich der Kirche zweigt rechts die D110 (Route de l'Eyre) zwischen den Häusern ab. Sie gehen dann am Stoppschild rechts und nach 1,2 km links Richtung Mons. Ein gelbes Schild gibt an, dass es 12,4 km bis Le Muret Bourg sind. Unvermittelt tut sich eine Lichtung auf und gibt den Blick auf die Église Saint-Pierre-de-Mons frei.

Das erste Haus rechts ist die Pilgerherberge. Die wehrhaft wirkende Kirche sollten Sie sich nicht entgehen lassen. Sie ist einfach gehalten, aber nicht zuletzt die uralten Grabsteine davor zeugen von ihrer langen Geschichte als Pilgerstation mit Beginn im 11. Jh. Zudem spendet der Wasserhahn herrlich kühles Trinkwasser.

Mons

24 m, 800 Ew.

Gîte d'Étape communal à Mons, 2002 Route de Mons, 33830 Belin-Béliet, 05 56 88 00 06 (Mairie), 06 83 88 44 71 (wenn das Rathaus geschlossen ist), www.belin-beliet.fr/les-gites-communaux, 6 Pl in 2 Zi, Ü € 10, ganzjährig, auf einer Lichtung im Wald an der mittelalterlichen Kirche Saint-Pierre-de-Mons, direkt am Weg

Mons – Lilaire 7,0 km

Die südlich der Lichtung von Mons kreuzende D110e1 bringt Sie rechts über die A63, die Route de Lilaire dahinter links nach 4,7 km an die paar Häuser des gleichnamigen Weilers.

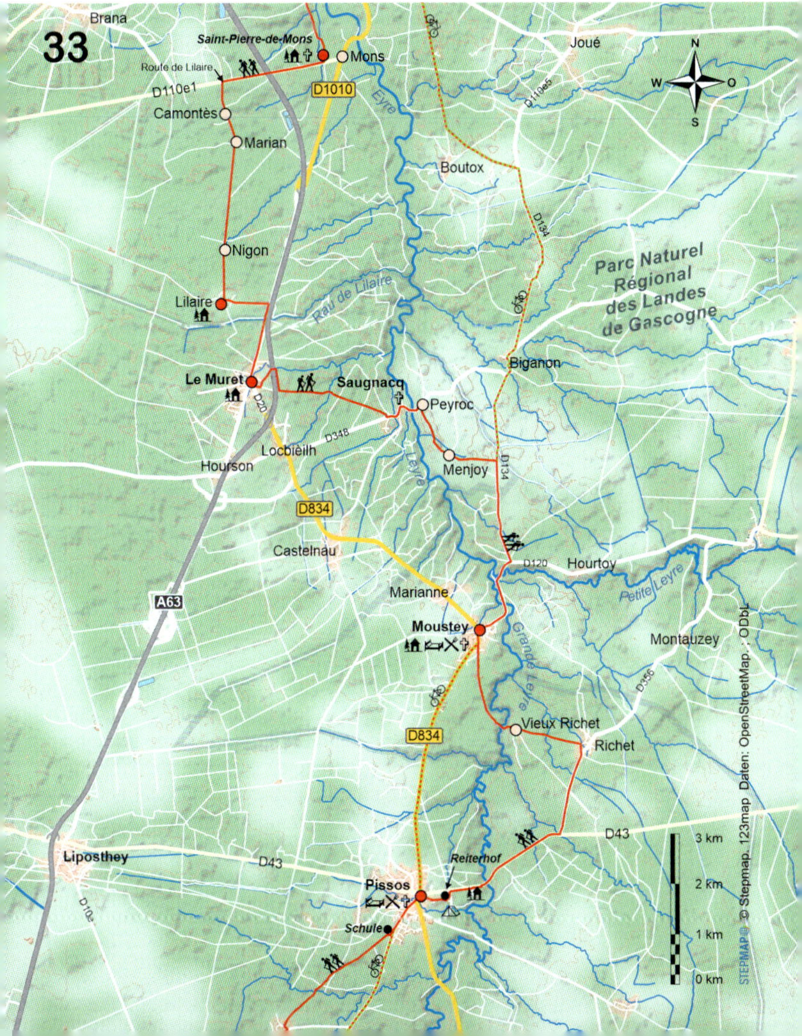

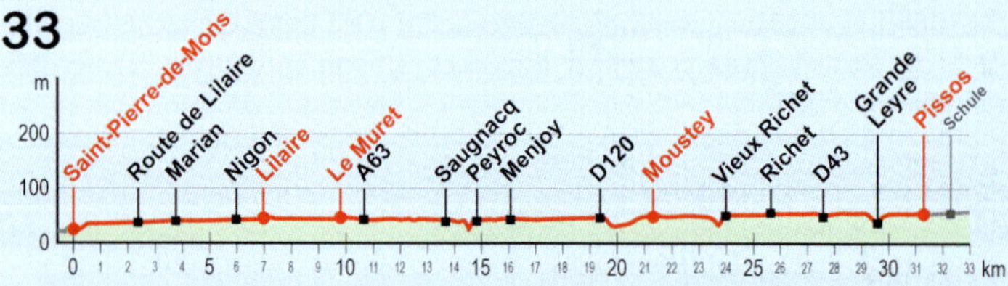

Lilaire

🏠 ⇧ 45, 50 Ew.

🏠 Accueil pèlerin Entre Cerfs et Chevreuils, 113 Route de Lilaire, 33830 Belin-Béliet, 📱 06 47 53 91 33, ✉ hugues.baratoux@wanadoo.fr, 13 Pl, Pool, 🚗 max. 15 km, T @, Abendessen gegen Spende, Frühstück gegen Spende, HP gegen Spende ab € 25, ganzjährig, direkt am Weg

Lilaire – Le Muret 2,8 km

Gehen Sie links bis zur Autobahn und rechts auf der Straße davor hinein nach Le Muret.

Le Muret

🏠 ⇧ 45 m, 1.100 Ew.

🏠 Gîte Municipale Le Muret, Route de Bayonne, 40410 Le Muret, ☎ 05 58 09 61 18 (Mairie, Mo-Fr 9:00-12:00 und 13:30-17:00), 4 Pl in 2 Zi, einfach, Mikrowelle, Ü € 10, ganzjährig, im Zentrum direkt am Weg neben ehem. Hotel

Le Muret – Moustey 11,5 km

Direkt am ehemaligen Hotel und dem Rathaus im Ort zweigt die D20 von der Hauptstraße links Richtung Mont de Marsan und Moustey ab. Gehen Sie dann den Chemin du Bas de Bos links, durch den Tunnel unter der A63 hindurch, gleich danach für 500 m wieder rechts und auf dem ersten Feldweg links in den lichten Wald. Suchen Sie sich auf dieser Sandpiste die jeweils härteste Spur, auf der Sie am wenigsten einsinken. Nach dieser Prüfung wieder auf Teer gehen Sie links hinunter bis zur Kirche von Saugnacq, auf der D348 weiter über den Fluss La Leyre und vor dem ersten Haus von Peyroc rechts. Diesem Weg folgen Sie 2,5 km bis zur kleinen D134 und dieser nach rechts bis zu D120. Seien Sie vorsichtig, wenn Sie nun rechts bis Moustey gehen, hier wird schon mal schnell um die Kurven gebrettert und die Straße ist nicht so breit.

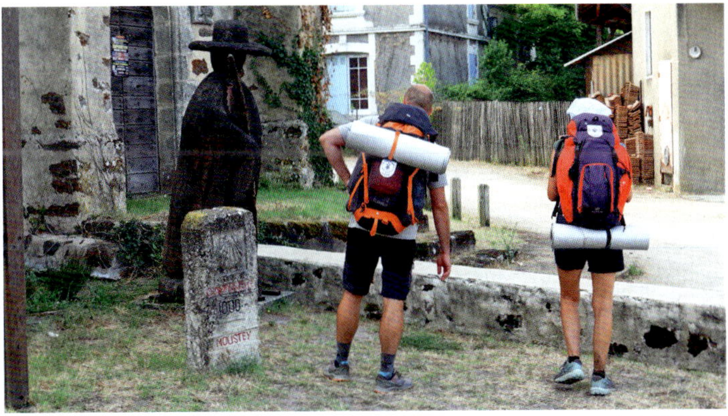

Nur noch 1.000 km

Moustey 50 m, 670 Ew.

Relais équestre Arial de Lavigne, 237 Chemin de Lavigne, 40410 Moustey, 05 58 07 75 60, 06 80 92 03 59, tarisnaturloisir@aol.com, www.taristourisme.net, Bettlaken € 3,50, Übernachtung im Tipi, max. 5 km, T @, Frühstück € 8, Ü € 18-22, Tipi € 13,50, ganzjährig, auf der D120 1 km vor Moustey links ab Richtung Lavigne

Chambres d'Hôtes Au Grillon Dort, 17 Avenue Cousseau de Labarthe, 40410 Moustey, 05 58 07 71 86, 06 78 59 51 30, info@augrillondort.com, www.augrillondort.com, max. 15 km, @, ÜF EZ € 35, ÜF DZ € 55, ÜF 3-Bett-Zi € 80, ganzjährig, Reservierung 24h vorab, im Ort am Weg

Moustey – Pissos 10,0 km

An einer der beiden Kirchen erwartet Sie ein Pilger mit einer interessanten Marke – noch 1.000 km bis Santiago de Compostela. Ultreia!

Fahren Sie auf der D834 (Route de Mon de Marsan) nach Süden bis zum Zentrum von Pissos.

Nach den Kirchen gehen Sie links nach Süden und am Knick der D834 (Avenue Cousseau de Labarthe) geradeaus auf der Route de Richet bis zu den paar Häusern von Vieux Richet. Die Straße biegt hier nach rechts ab, Sie nicht. Sie gehen geradeaus durch bis Richet, auf der Rue de la Tuilerie gleich am Ortsanfang rechts und auf der D356 nach Süden bis zur D43.

Gehen Sie rechts, aber lassen Sie sich nicht überfahren. Direkt nach der Brücke über die La Grande Leyre bietet sich links ein schöner Badeplatz im Flüsschen, der Jakobsweg führt auf der Straße weiter. Nach der langen Kurve können Sie dankenswerterweise links auf einen parallelen Weg im lichten Wald ausweichen.

An einem Reiterhof macht er einen Schlenker links um ein Gebäude herum und bringt Sie geradewegs zur Kirche in das Zentrum von Pissos.

Pissos 52 m, 1.500 Ew.

Gîte municipal de la Petite Tauleyre, 1170 Route de Sore, 40140 Pissos, 05 58 04 41 40 (Mairie), mairie@pissos.fr, sejour-pissos.fr, 4 Pl, T, Ü € 11, ganzjährig, Reservierung in der Mairie, 1 km vor dem Ort direkt am Weg

Camping municipal de l'Arriu, 525 Chemin de l'Arriu, 40410 Pissos, 05 58 04 41 40, tourisme@pissos.fr, sejour-pissos.fr, Campingplatz im Wald gelegen, Ü Zelt 1 P. € 9,50, 01. Juli-15. September, am Reiterhof vor dem Ort links

Pissos – Labouheyre 16,2 km

Von der Hauptkreuzung im Ort führt die D834 (Route de Sabres) nach Süden. Am Rathaus gehen Sie rechts auf der D43 (Route de Daugnague) am Supermarkt vorbei und hinaus bis zur schon am Waldrand stehenden Schule.

Folgen Sie auf dem Rad der D34 nach Süden und nach Daugnague an der nächsten Kreuzung nach einer Brücke der Route de Tire Oreille rechts. Nach 4 km haben Sie am Stoppschild an der schräg herankommenden D10e den Fußweg wieder erreicht und fahren links Richtung Labouheyre.

Direkt dahinter führt ein Weg rechts in den Wald und gleich wieder links nach Südwesten bis in den Weiler Escoursol. Eine Picknickbank lädt zum Verweilen ein. Checken Sie Ihren Wasservorrat für den nächsten Abschnitt und gehen Sie links

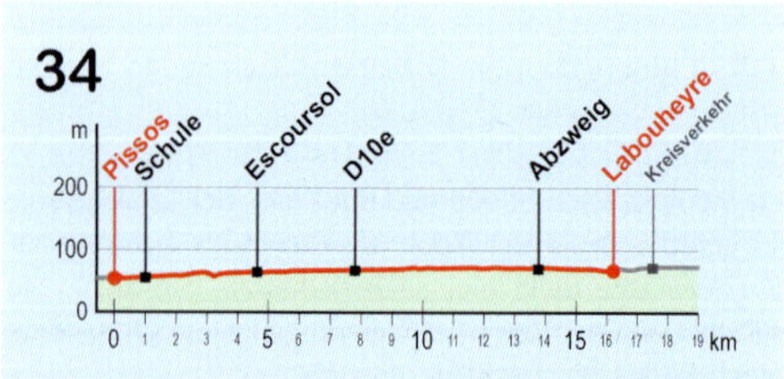

und wieder rechts, bis die Straße vor dem Wald abbiegt. Die Piste geradeaus ist die Ihre – für die nächsten 9 km bis vor Labouheyre. Der Belag wechselt an der D10e zu Teer. Nach einer

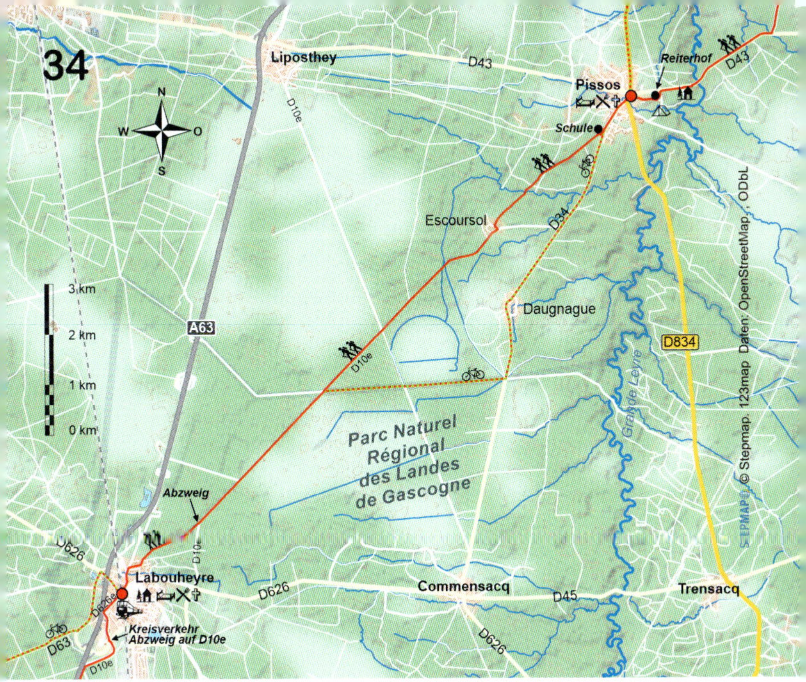

gefühlten Ewigkeit meditativen Geradeausgehens zweigt in einem Linksbogen der D10e eine etwas kleinere Straße rechts ab. Als Hinweis mag das Lkw-Verbotszeichen helfen, die kleine weiß-rote GR-Markierung ist darunter angebracht. In Labouheyre angekommen nehmen Sie die erste Straße, die Rue des Ombreyes, nach rechts und die Rue Pierre et Marie Curie nach links bis zur Kirche. Zwei Straßen hinter der Kirche nach links kommen Sie in das Ortszentrum. Zum Weitermarsch müssen Sie geradeaus durch bis zur Bahnunterführung auf der rechten Seite wandern.

Labouheyre

BANK ⇧ 69 m, 2.730 Ew.

L'Abri du Pèlerin, 17 Rue Jacques Berque, 40210 Labouheyre, 06 80 02 66 67 und 06 75 96 32 99, 2 Pl, @, Ü € 25, Ü 2 P. € 45, April-September, mitten im Ort

♦ La Coque de Maripas, 245 Route de Commensacq, 40210 Labouheyre, 06 07 69 37 48, contact.lacoquedemaripas@gmail.com, www.lacoquedemaripas.fr, nur in Ausnahmefällen, T @, Frühstück gegen Spende, Ü € 30, ganzjährig, Reservierung notwendig, 300 m von der Kirche

🛏 Hébergement Pèlerin Château Arnaudin, 281 Rue Lucette Moreau, 40210 Labouheyre, 📱 06 73 17 97 84, ✉ chateauarnaudin@gmail.com, 🖥, HP € 45, 🚪 ganzjährig, westlich der Bahnlinie, nahe der Ortsmitte

♦ Au Fil de Leyre, 1234 Route de Commensacq, 40210 Labouheyre, 📱 06 17 53 65 75, ✉ aufildeleyre40@gmail.com, Halbpension mit allem Drum und Dran, 🖥 € 5, @, Frühstück € 5, Ü € 30, HP € 45, 🚪 April-November, auf Route de Commensacq nach Osten, 1,5 km vom Weg

🚆 TER, regionale Verbindung Bordeaux – Dax

Forêt des Landes

An der Bahnunterführung in Labouheyre steht etwas seltsam postiert eine Säule mit dem Abbild von Nicolas Bremontier (1738-1809). Dieser begann 1788 damit, am Strand lange Palisaden aufzustellen. Daraus entstanden 10 m hohe Dünen, die bepflanzt wurden und damit erst den Schutz bildeten, um die gewaltigen Seekiefernwälder dahinter anlegen zu können. Die Einteilung der Felder, Straßen und Wege entstand natürlich auf dem Reisbrett. Daher gibt es hier so viele Abschnitte, die über Kilometer schnurgerade verlaufen. Das ganze Gebiet der Kiefernwälder ist ein einziges großes Brandrisiko, entsprechend ist Feuermachen und natürlich auch Grillen komplett verboten. In heißen Sommern gibt es hier häufig Waldbrände, die durchaus zu Sperrungen führen können. Dann ist es als Vorstufe zur vollständigen Sperrung nur bis 14:00 Uhr erlaubt, sich in den gesperrten Teilen aufzuhalten. Mitunter ist das Betreten komplett verboten. Sogar die A63 von Bordeaux nach Bayonne wurde schon tageweise gesperrt. Die tagesaktuellen Informationen hierzu erfragen Sie bei Bedarf am besten in den örtlichen Tourismusbüros. Auch die Pilgerherberge Maison du Pèlerin in der Rue des Argentiers in Bordeaux ist hierzu aktuell informiert und gibt gerne Auskunft.

Labouheyre – Onesse-Laharie 23,4 km

✋ Füllen Sie reichlich Wasser und Vorräte auf, es wird wieder eng damit.

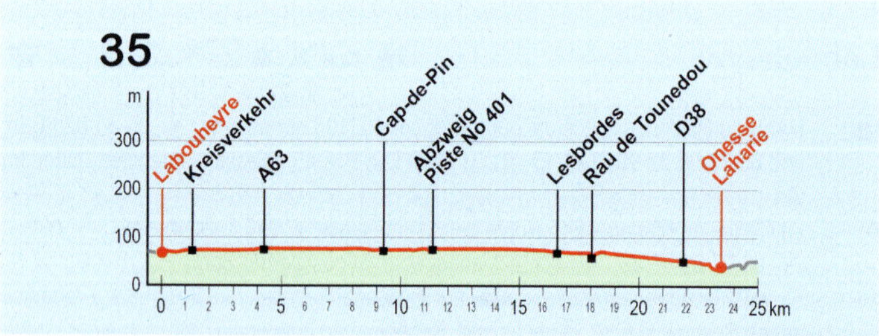

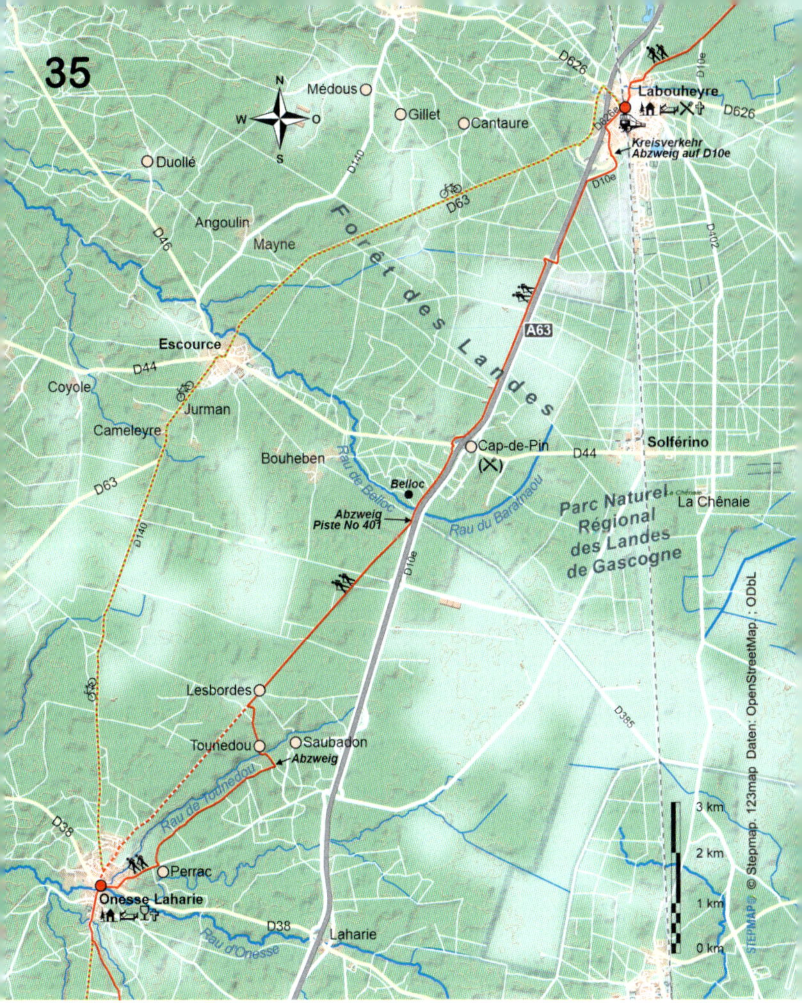

Erkundigen Sie sich im Sommer nach möglichen Wegsperrungen, Infos zu Forêt des Landes.

Gehen Sie auf der Rue Brémontier unter der Bahnstrecke hindurch und auf der D626e (Rue de Gouveia) links weiter.

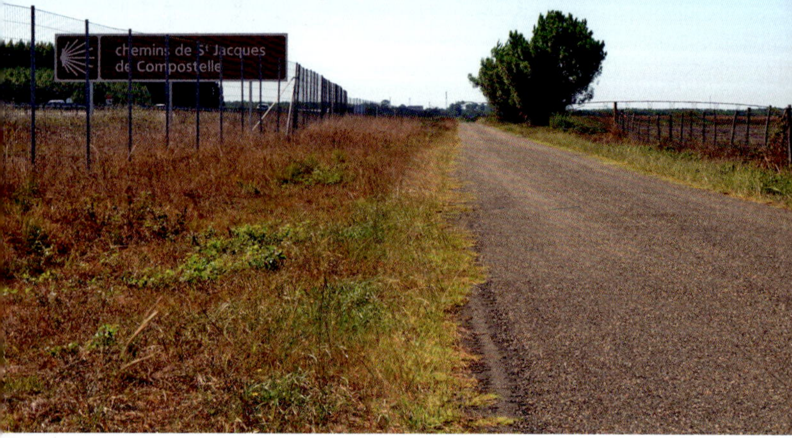

Auch das gehört dazu

🚲 Mit dem Rad nehmen Sie die Rue de Petit-Landau nach rechts und nach der Autobahn die D63 (Route d'Escource) links. Noch vor dem Schwung hoch zur Autobahnauffahrt zweigt die Straße rechts ab. An ihrem Ende in Escource fahren Sie rechts und auf der D63 (Route de Mézos) links. Nach 2,6 km zweigt die D140 links ab und führt weiter bis nach Onesse-Laharie.

Die Straße führt nach einer S-Kurve zu einem Kreisverkehr. Hier beginnt genau gegenüber die etwas kleinere D10e (Route de Beroute) und führt im Bogen an die A63 heran. Nach 2 km überqueren Sie die Autobahn und gehen auf der anderen Seite weiter. 4,5 km weiter befindet sich an der Ausfahrt Cap-de-Pin auf der Ostseite der Brücke einen Truckstop und ein Restaurant, auf der Westseite kurz danach ebenfalls noch ein Restaurant. An Samstagen und Sonntagen hat hier aber alles geschlossen! Nochmals 2 km weiter zweigt eher unvermittelt eine der Ihnen mittlerweile hinlänglich bekannten Sandpisten schräg rechts ab. Sie heißt Piste No 401. 5,5 km am Stück warten diesmal auf Sie, ehe Sie die weit auseinanderliegenden Häuser von Lesbordes erreichen.

Hier haben Sie zwei Möglichkeiten.

↳ Die einfache Variante: Sie gehen die letzten 5 km geradeaus auf der Straße durch bis zur D38 (Route de Mimizan) mitten in Onesse-Laharie. Das ist an einem solchen Tag weit weniger anstrengend als die offizielle Route und ich kann Ihnen diese Wegführung hier nur klar empfehlen.

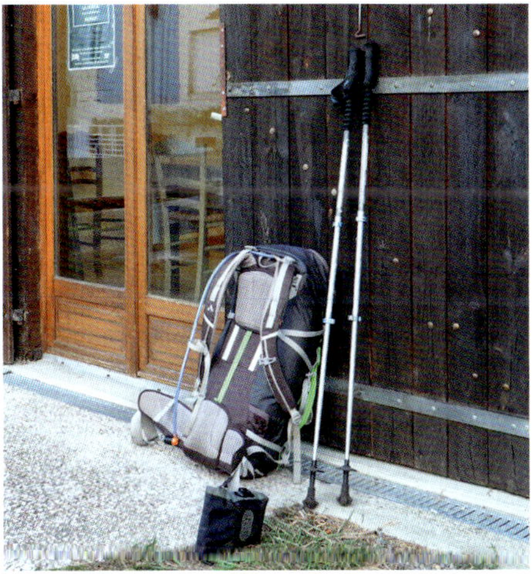

Angekommen

Die offizielle Route führt nach dem letzten Haus von Lesbordes links in ein Aufforstungsgebiet mit viel Sand und einem sehr schlecht beschilderten und schwierig zu findenden Weg. Zudem werden Sie Naherfahrungen mit fiesem Stechginster machen. Der blüht zwar hübsch in Gelb, sticht aber gewaltig in Wade und Oberschenkel. Wenn Sie diesen Weg dennoch wählen, gehen Sie am Ende des Zaunes rechts und folgen Sie dem etwas kurvigen Weg in der Naht von zwei Pinienaufforstungen für etwa 800 m. Die unterschiedlichen Pflanzrichtungen der Baumreihen dienen hier als einzige Orientierung. Am Ende erreichen Sie ein paar Häuser im Nirgendwo, folgen dem Weg nach unten bis zu einer riesigen Platane und queren, sich hier rechts haltend, einen kleinen Bach. Er plätschert verführerisch, Sie kommen jedoch nicht an das Wasser heran. 350 m weiter zweigt der erste Weg rechts ab. Halten Sie sich nach 3,5 km leicht links, bis Sie wieder eine Teerstraße erreichen. Geradeaus würde es nach Perrac gehen, Sie gehen rechts und auf der D38 nochmals rechts hinein nach Onesse-Laharie bis zur Kreuzung mit der D140. Die Herberge und ein kleiner Lebensmittelladen sind gleich links, ein Tabakladen mit Getränkekühlschrank und Snacks 100 m weiter geradeaus.

Onesse-Laharie ⌂ 🛏 🍷 🚉 ✝ ⇧ 37 m, 1.010 Ew.

⌂ Gîte communale La Forge, 35 Route de Mimizan, 40110 Onesse-Laharie, 📱 Nummer an der Gîte, der Code für den Schlüsselkasten wird dann mitgeteilt, 6 Pl, neu, großzügig, voll ausgestattete Küche, Ü € 10, ganzjährig, nur ohne Reservierung, zweites Haus rechts in der Rue de la Gare

🛏 Accueil Pèlerin M. et. Mme Fournié, 14 Place du Roundéou, 40110 Onesse-Laharie, ☎ 05 58 07 33 23, 📱 06 23 32 41 55, fourniejeanfrancois02051959@gmail.com, T @, Abendessen € 10-12, ÜF € 25, ganzjährig, ab Ortsmitte an der Kreuzung der D38 und D140 auf der Route de Mimizan nach Westen, rechts in die Rue Lous Tucs

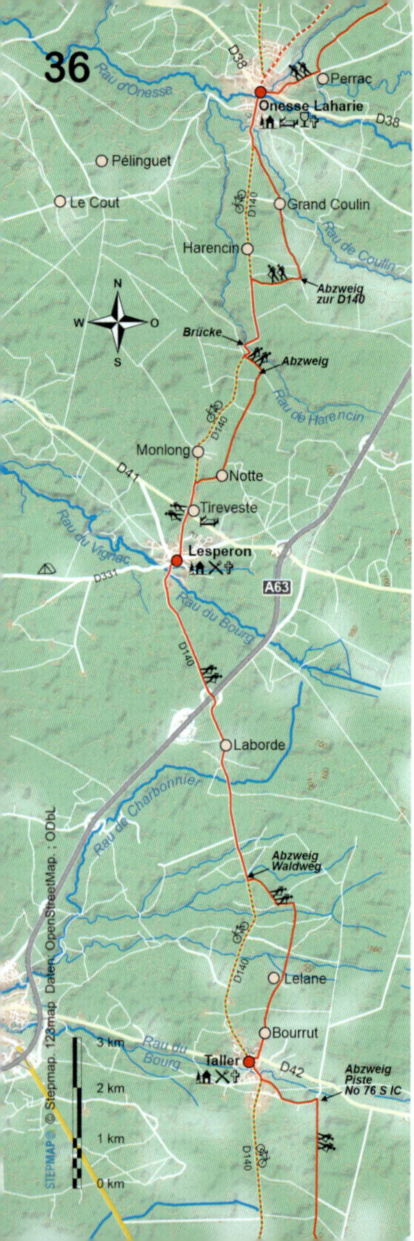

Onesse-Laharie – Lesperon 13,0 km

🚲 Die D140 nach Süden bringt Sie geradewegs nach Lesperon.

Ab der Gîte an der zentralen Kreuzung in Onesse-Laharie führt der Jakobsweg auf der D140 Richtung Lesperon nach Süden weiter. Nach 1,2 km und einer S-Kurve nach oben zweigt links ein Waldweg ab. An einer kleinen Siedlung gehen Sie rechts und auf dem Impasse de Coulin geradeaus weiter. An einer weiteren Kreuzung mit fünf abgehenden Wegen halten Sie sich auf dem rechten der beiden Wege am Waldrand fast geradeaus. Nach 100 m müssen Sie rechts abbiegen und kommen zurück zur D140, der Sie links folgen. Nach der S-Kurve und Brücke über das Tälchen hinweg gehen Sie – oben angekommen – auf dem ersten Waldweg nach links und auf dem ersten Weg wieder rechts. Folgen Sie ihm 3 km und die D140 bringt Sie direkt nach Lesperon. Am Ende rechts sehen Sie schon die Kirche mit ihrem Wehrturm und das gegenüberliegende Restaurant mit Pausenterrasse.

Lesperon

BANK ✝ ⇧ 71 m, 1.050 Ew.

Halte Pèlerin Gîte Municipal, Place Saint Pierre, 40260 Lesperon, ☏ 05 58 89 60 08 (Mairie), mairie@lesperon.fr, 5 Pl im Schlafsaal, Ü € 6, ganzjährig, nur ohne Reservierung, zentral an der Mairie

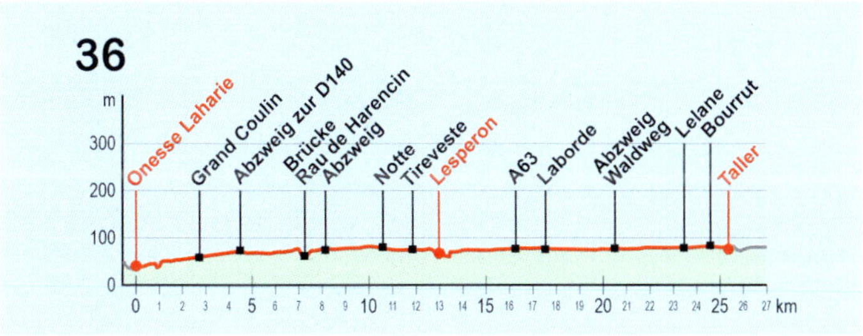

Chambre d'hôtes Manoir de Tireveste, 32 Route de Caillaou, 40260 Lesperon, ☏ 05 58 89 62 40, 06 81 02 91 68, contact@manoirdetireveste.com, www.manoirdetireveste.com, mit beheiztem Pool von Mai-Oktober, evtl. wenn möglich, @, Abendessen € 27 inklusive Wein, ÜF DZ € 62-92 (nach Saison und Belegung), ganzjährig, Reservierung notwendig, im OT Tireveste, 500 m vor Ortsmitte direkt am Weg an der Kreuzung der D140 und D41

Camping le Laha, 3000 Route de Linxe, 40260 Lesperon, ☏ 05 58 89 60 15, 06 18 96 36 49, campinglelaha@orange.fr, www.lelaha.com, Mobilehome, Pool, Zelte ohne eigenes Bad, Lebensmittel, ab der Kirche in Lesperon, @, Abendessen (Snack) € 12, Frühstück € 7, Camping Ü 1 P. € 14, Ü 2 P. € 18, HP ab € 29, Ü Zelt ab € 29, April-September, nach der Kirche rechts auf D331 für 3 km

Lesperon – Taller 12,4 km

Die D140 bringt Sie nach Süden geradewegs nach Taller.

Folgen Sie der Straße einfach weiter aus dem Ort geradeaus, nach 3 km über die Autobahn und nach weiteren 4 km geht es links auf einem Waldweg wieder hinein in die Pinien. Seien Sie aber aufmerksam, eine Markierung ist nur an einem Baum fast schon im Weg angebracht. Am Ende des Weges im Wald müssen Sie links und den nächsten Weg wieder rechts gehen, der final an einem Hof zur geschotterten Waldstraße wird. Gehen Sie hinein nach Taller, auf der D42 (Rue de la Croix Saint-Marc) rechts und das Rathaus mit Pilgerherberge erwartet Sie am zentralen Kreisverkehr des kleinen Ortes.

Taller 80 m, 600 Ew.

Halte Pèlerin Gîte communal, Rue de la Croix Saint-Marc, 40260 Taller, ☏ 05 58 09 41 48, Nummer wechselnd, hängt an der Tür aus, Mikrowelle, Ü € 10, ganzjährig, nur ohne Reservierung, neben der Mairie an der D42/D140

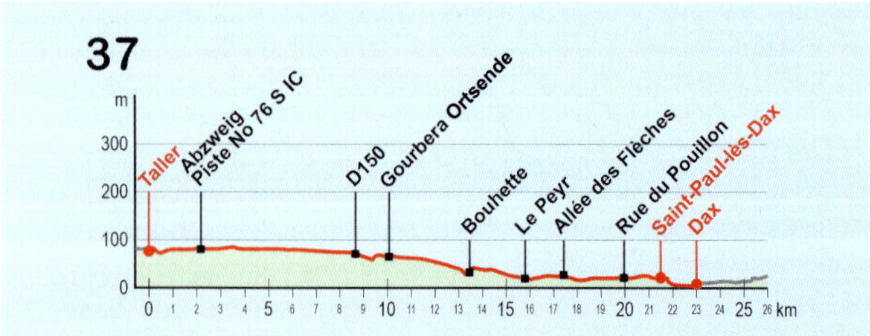

Ziemlich schräg erscheint einem der Salle des Réunions, die Versammlungshalle, mitten im Ort. Man erwartet dort in Frankreich im Nirgendwo einfach keinen allein stehenden Bau im Jugendstil mit der verzierten Eingangsfront und großen Rundbogenfenstern an der Seite. 1910 wurde er gebaut, man sieht ihm das Alter etwas an.

Taller – Saint-Paul-lès-Dax 21,5 km

🚲 Fahren Sie auf der D140 6,5 km nach Süden bis zur D150, dort links nach Gourbera und in der Ortsmitte auf der D342 rechts bis zur D947. Nach 3 km Richtung Süden erreichen Sie den Kreisverkehr an der Umgehungsstraße vor Saint-Paul-lès-Dax.

Die D140 ist zunächst erneut Ihr Begleiter, heißt hier Rue de Compostelle und führt links der Salle des Réunions aus dem Ort. Nach 500 m gehen Sie bitte links den Chemin des Caminayres 600 m bis zur Teerstraße durch und auf dieser nach links bis zur ersten Kreuzung. Hier geht es scharf rechts, fast zurück, auf eine glatt geschotterte Straße. Sie heißt Piste No76 S IC. Ab hier gehen Sie im Prinzip immer geradeaus.

Nach 2,5 km knickt der Weg ganz zart mal nach links und mal nach rechts. Aber im Prinzip gehen Sie nochmals 3,5 km geradeaus. An einer Teerstraße angekommen wenden Sie sich zweimal links und erreichen die Kirche in Gourbera. Zu Essen oder Trinken gibt es hier nichts.

Gourbera ✝ 🚌 ⇧ 67 m, 380 Ew.

🚌 TRANSLANDES, A Saint-Paul-lès-Dax

Gehen Sie weiter und über den Kreisverkehr hinaus auf der D150 (Route de Buglose) bis zum Ortsendeschild. Hier beginnt rechts wieder eine teilweise fiese

Sandpiste, doch Sie haben es bald geschafft. Halten Sie sich am ersten Abzweig links und an der nächsten Kreuzung ebenfalls, bis Sie wieder an einer Teerstraße durch den Wald ankommen, wo Sie rechts abzweigen. Nach 2,3 km kommen Sie zuerst an den paar Häusern von Bouhette vorbei und nach einem Rechtsknick an einen Bauernhof. Direkt dahinter müssen Sie links gehen, um ein paar weitere Gebäude in einer S-Kurve herumgehen und im Wald einmal dem Weg nach links folgen. An der Hütte gehen Sie links vorbei weiter. Nach einem weiteren kleinen durchquerten Wäldchen möchten die Anwohnenden nicht gestört werden. Sie müssen links und zweimal rechts um ein Feld außen herumgehen und sich kurz vor dem Hof wieder nach links wenden.

Nach 1,5 km geradeaus und zwei überquerten Kreuzungen erreichen Sie eine solide Teerstraße und die Allée des Flèches. An deren Ende gehen Sie auf Teer rechts bis zum Kreisverkehr, links über die nördliche Umgehungsstraße von Saint-Paul-lès-Dax (D824) und auf der D947 (Avenue Pierre Bênoit) durch bis zum nächsten Kreisverkehr. Hier haben Sie das erste Mal wieder eine vernünftige Versorgungsmöglichkeit. Nach rechts auf der Rue du 22 Août 1944 und der Rue du Pouillon links ziehen Sie sich endgültig wieder aus dem starken Verkehr zurück und weichen auf Nebenstrecken aus.

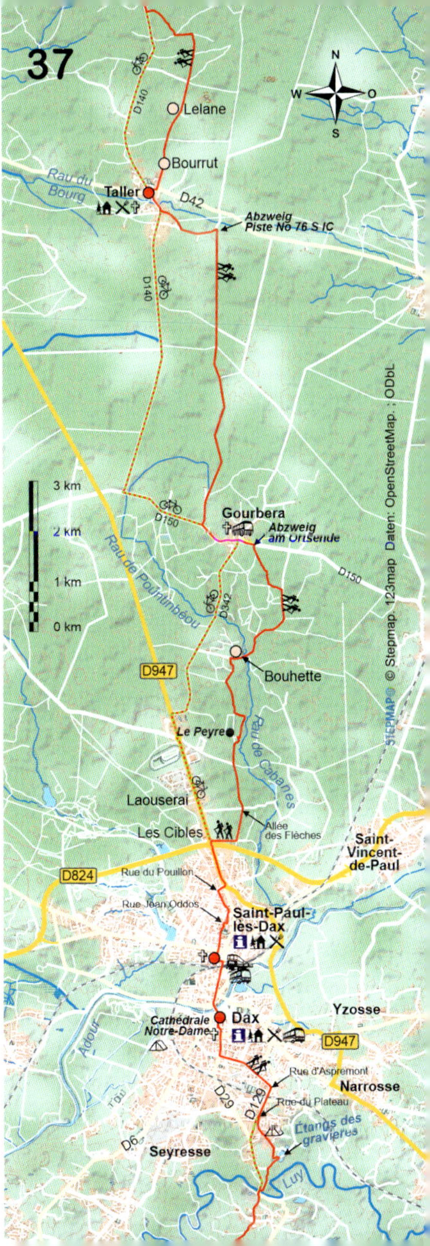

Gehen Sie bis zum Beginn der Sackgasse an der Rue du 14 Juillet durch, kurz rechts und auf der Rue Jean Oddos links weiter hinein nach Saint-Paul-lès-Dax bis zur Kirche Saint-Paul de Saint-Paul-lès-Dax. Kurz vorher rechts finden Sie einen kleinen Marktplatz mit Brunnen, ein paar Läden und einer Bar/Café.

Saint-Paul-lès-Dax

⇧ 15 m, 13.400 Ew.

Office de Tourisme Saint-Paul-lès-Dax, 68 Avenue de la Résistance, 40990 Saint-Paul-lès-Dax, 05 58 56 86 86, über die Homepage, www.dax-tourisme.com, April-Juni Mo-Sa 10:00-13:00 und 14:00-18:00, Juli-Oktober 9:30-12:30 und 14:00-18:00, November-März Mo-Fr 14:00-18:00, am Beginn der Rue Victor Hugo 100 m nach links

Halte Pèlerins Refuge Paroissial, 17 Rue Gambetta, 40990 Saint-Paul-lès-Dax, 05 58 91 58 93, relais-spld@orange.fr, 8 Pl in 2 Zi, , gegen Spende, 1. April-15. November, direkt an der Kirche Saint-Paul von Saint-Paul-lès-Dax

TRANSLANDES, ÖPNV Saint-Paul-lès-Dax/Dax

TER, regionale Verbindung Bordeaux – Dax – Bayonne

Saint-Paul-lès-Dax – Dax 1,5 km

Die Rue Gambetta an der Kirche bringt Sie nach links zur D947 (Avenue de la Liberté), der Hauptverbindung zwischen den beiden Stadtteilen an den Seiten der Adour. Folgen Sie ihr rechts nach Süden bis über den Fluss Adour. Die Fußgängerzone beginnt schräg links hinter dem kleinen begrünten Bereich am Place de la Fontaine Chaude mit der Thermalquelle in römischem Stil – die Source de la Néhe. Willkommen in Dax.

Dax

⌘ ⇧ 7 m, 21.000 Ew.

Office de Tourisme Dax, 11 Cours Foch, 40100 Dax, über die Homepage, www.dax-tourisme.com, April-Juni Mo-Sa 10:00-13:00 und 14:00-18:00, Juli-August täglich 10:00-18:00, September-Oktober 9:30-12:30 und 14:00-18:00, November-März Mo-Fr 14:00-18:00, an der Adour-Brücke rechts und auf dem Cours Foch links

Hotel Restaurant Le Vascon, 11 Place Fontaine Chaude, 40100 Dax, 05 58 56 64 60, contact@hotel-levascon.fr, hotel-levascon-dax.fr, einfaches 2-Sterne-Hotel, T @, Abendessen ab € 15 im Restaurant, Frühstück € 9, Ü € 60, Ü DZ € 65, ganzjährig, direkt am Place de la Fontaine im Zentrum

Hotel De Jouvence, 18 Rue de La Fontaine Chaude, 40100 Dax, 05 58 90 16 46, contact@hoteldejouvence.fr, www.hoteldejouvence.fr, sehr sauber, Wäscheservice, @, HP € 69-75 (nach Saison), ganzjährig, am Place de Le Fontaine Chaude rechts, mitten im Zentrum

Camping Le Bascat, Rue de Jouandin, 40100 Dax, ☏ 05 58 56 16 68, infolebascat@orange.fr, www.campinglebascat.com, sehr ruhiger Platz im Westen von Dax, T @, Preis auf Anfrage, März-Oktober, am Kreisverkehr nach der Brücke den Fußweg an der Adour bis zur Bahn, am Parkplatz links auf die Rue du Père Perboyre, rechts unter der Bahn durch, am Ende links in die Rue du Bascat und am Ende in die Rue du Jouandin rechts bis zum Ende, 2 km

♦ Camping L'Orée du Bois, 20 Route des Chasseurs, 40100 Dax, ☏ 09 70 35 56 01, www.campingdeloreedubois.fr, kleiner Familienplatz mit Übernachtung im Studio, Ü Zelt € 6, Ü Studio ab € 45 (nach Saison und Belegung), März-November, auf der Route de Plateau die dritte Straße links, 200 m vom Weg

TRANSLANDES, ÖPNV Saint-Paul-lès-Dax/Dax

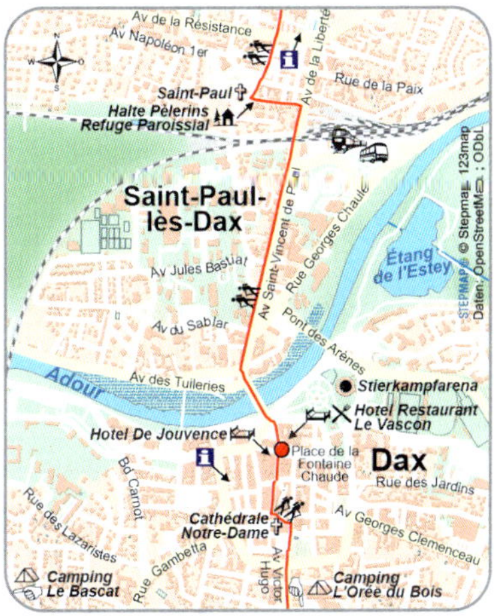

Dax ist heute hauptsächlich als Kurstadt bekannt. Eine Legende erzählt von dem Hund eines römischen Legionärs, der durch den Schlamm der Adour von seinem Rheuma geheilt wurde. So habe man die gesunde Wirkung der benachbarten heißen Quellen entdeckt. Daraus entstand noch in diesen Zeiten ein reger Kurbetrieb, der sich bis heute gehalten hat und die wirtschaftliche Grundlage der Stadt bildet. Das römische Bauwerk um den zentralen Thermalbrunnen am Place de la Fontaine Chaude wurde im 19. Jh. durch einen auf alt gemachten Neubau ersetzt. Die Stadt ist auch für eine der wenigen Stierkampfstätten in Frankreich berühmt. Die Arena wurde 1913 in ihrer heutigen Form erbaut. Sie finden sie nordöstlich der Thermalquelle direkt an der Adour. Jedes Jahr im August befindet sich die Stadt während der einwöchigen „Feria", wie das Stierkampfspektakel genannt wird, im absoluten Ausnahmezustand.

Dax – Saint-Pandelon 6 km

Am Place de la Fontaine Chaude beginnt die Rue des Pénitents, wird zur Rue de Borda und führt bis zur Rue Saint-Vincent und etwas links davon zum Place de la Cathédrale. Hier finden Sie auch den römischen Legionär mit seinem Hund als Standbild. Die Kirche wurde in der heutigen Form 1755 fertiggestellt. Gehen Sie

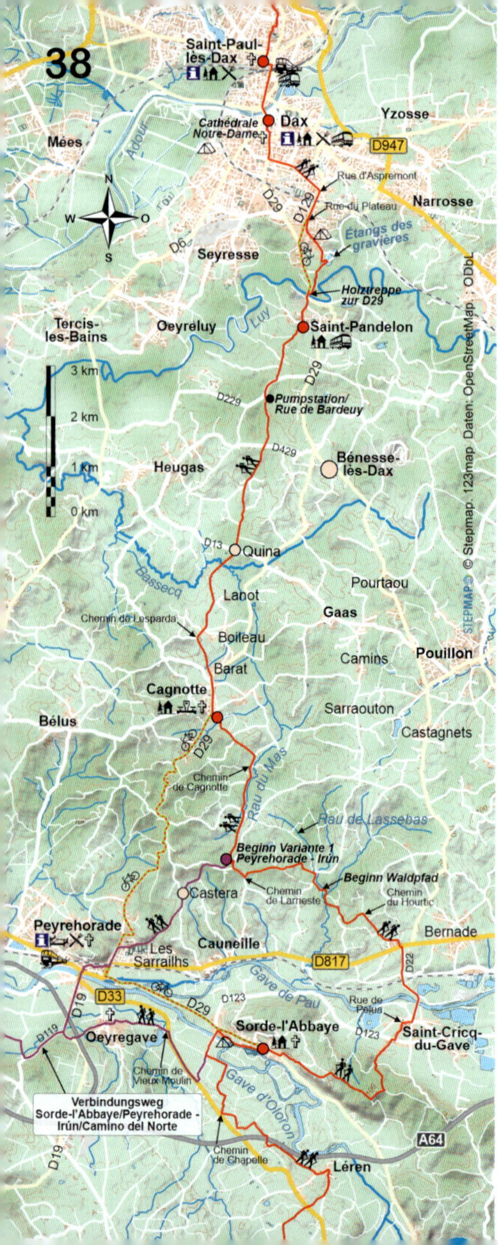

links von ihr auf der Rue de l'Évêché und später Avenue Victor Hugo etwa 600 m weiter und auf der Avenue Francis Planté für 1,4 km links bis zum Kreisverkehr an der D129 (Rue d'Aspremont). Hier biegen Sie nach rechts ab, folgen nach 700 m der Rue du Plateau nach schräg links und nach 350 m der Route des Artificiers nochmals nach links.

🚲 Mit dem Rad bleiben Sie auf der D129 (Rue d'Aspremont) bis zur D29 und halten sich links bis zur Brücke vor Saint-Pandelon.

Gehen Sie bis zum Ende des Teerbelages durch und im Anschluss auf einem Grasweg bis zum ersten Teich. Dieser wird linksherum umrundet, auf der Straße müssen Sie rechts weiter. Nach 300 m folgen Sie dem Weg nach links und kurz darauf wieder einem Grasweg rechts bis zur D29. Eine schmale und ziemlich rutschige Holztreppe führt zu ihr nach oben. Steigen Sie über die Leitplanke, gehen Sie nach links über die Brücke und auf der anderen Seite nach oben hinein nach Saint-Pandelon bis zum zweiten Kreisverkehr.

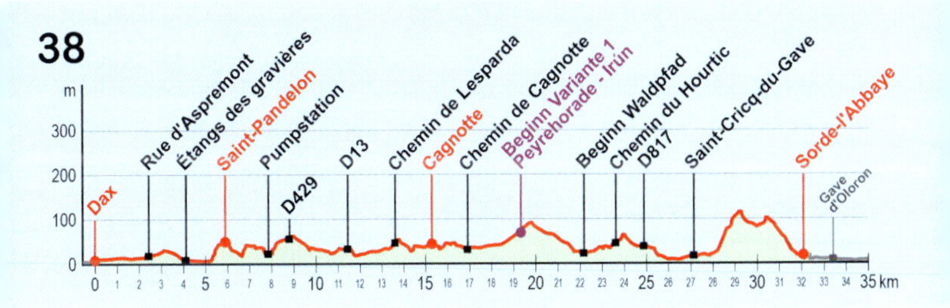

Saint-Pandelon 51 m, 720 Ew.

Halte pèlerin Gîte municipal, Route du Bourg, 40180 Saint-Pandelon, 05 58 98 72 66 (Mairie), mairie@saint-pandelon.fr, 6 Pl in 2 Zi, @, Ü € 10, April-Oktober, am zweiten Kreisverkehr in Saint-Pandelon links Richtung Kirche und Rathaus

TRANSLANDES, E Dax

Saint-Pandelon – Cagnotte 9,3 km

Die Route de la Vieille Côté führt geradeaus wieder aus dem Ort nach unten in den Wald. An der ersten Verzweigung halten Sie sich links auf der größeren Straße und folgen ihr bis zum Ende an der D229. Gehen Sie rechts und nach 400 m zu einer kleinen Pumpstation links ab auf die Rue de Bardeuy. Die D429 wird überquert und bei klarem Wetter können Sie hier über den Wäldern zum ersten Mal einen Hauch von Pyrenäen erspähen. Nach 2,5 km kreuzen Sie in einer kleinen Siedlung die D13.

Nach 1,3 km halten Sie sich rechts und 1 km weiter an einer Verzweigung mit Verkehrsinsel links auf dem Chemin de Lesparda, der bis zur D29 führt. Das Zentrum von Cagnotte liegt rechts und beginnt mit einem ersten Peloteplatz auf der rechten Seite. Am Rathaus gibt es einen Brotspender und einen Backautomaten für Pizza. Kurz nach dem Rathaus weist ein Schild zur Abtei aus dem 11. Jh. nach links unten.

Cagnotte 48 m, 760 Ew.

Gîte d'étape pèlerin municipal, Chemin de Compostelle, 40300 Cagnotte, 05 58 73 02 47 (Mairie), mairie@cagnotte.fr, 11 Pl, gemütlich am Ortsrand in der Wiese, Schlüssel in der Gemeinde abholen, , gegen Spende, ganzjährig, Reservierung notwendig, direkt nach der Grundschule rechts, direkt am Weg

Cagnotte – Sorde-l'Abbaye 16,8 km

🚲 Fahren Sie auf der D29 (Route de Peyrehorade) nach Süden aus dem Ort und etwa 7 km bis zum Bahnübergang an der D817. 200 m nach den Gleisen führt die D29 links nach Sorde-l'Abbaye und zur davorliegenden Brücke über die Gave.

Zwischen Waschhaus und Kirche geht es rechts auf dem Chemin de Compostelle weiter und am Ende auf der Route Pelaouque (oder auch Route de Cagnotte genannt) rechts. Wieder am Ende gehen Sie kurz links und keine 100 m danach am Waldrand rechts ab auf einen mitunter recht dreckigen Feldweg. Etwa 1 km weiter im nächsten Waldstück gibt es eine Verzweigung des Jakobsweges.

↳ Beachten Sie die Möglichkeit, von hier über Peyrehorade Richtung Westen nach Irún an den Beginn des Camino del Norte zu wechseln. Die Wegbeschreibung finden Sie im Kapitel „Verbindung Via Turonensis → Camino del Norte (Sorde-l'Abbaye/Peyrehorade – Bayonne – Hendaye/Irún)" in diesem Buch. Für diese Variante gehen Sie hier geradeaus und folgen der genannten Beschreibung.

Die Via Turonensis über Sorde-l'Abbaye Richtung Saint-Palais und Saint-Jean-Pied-de-Port zweigt hier ab und führt auf einem wirklich kleinen Pfad links nach oben ins Gestrüpp, an der Schneise wieder links und am Feldrand am Gasleitungspfosten mit gelbem Blechdächlein wieder rechts nach oben bis zur Straße. Gehen Sie hier rechts, am Ende an den Häusern links und nach 300 m nach leichtem Bergab wieder scharf links auf den Chemin de Larrieste. Dieser wird zum Schotterweg, macht ein paar Knicke und nach 2 km erreichen Sie eine Querstraße. Gehen Sie rechts und nach 200 m wieder links auf einen bequemen Feldweg. Am Haus müssen Sie links hoch in den Wald und am Abzweig nach rechts auf einen kleinen Waldpfad nach unten. Gleich nach einer kleinen Brücke geht es rechts, der Pfad verengt sich teilweise auf Schulterbreite. Wieder auf Schotter geht es rechts weiter, an einem Haus vorbei und dann geradeaus auf den Chemin du Hourtic. Folgen Sie der Straße bis zur D817 mit kleineren Industriehallen, queren Sie sie leicht links versetzt und gehen Sie auf der D22 geradeaus über die Bahngleise, dann rechts haltend über die Gave de Pau und hinein nach Saint-Cricq-du-Gave.

Die D22 biegt nach links ab, Sie gehen kurz rechts Richtung Sorde l'Abbaye und nach dem Rathaus noch vor dem Schulhof auf der rechten Seite nach links in die Rue de Pelua. Am Ende an der D123 müssen Sie kurz rechts und auf der nächsten Straße nach links wandern. Noch einmal geht es hoch in den Wald. Folgen Sie der Forststraße, die sich leicht nach oben schlängelt, für 800 m, biegen Sie dann rechts ab und am Wegesende nochmals rechts. Wieder auf Teer erreichen Sie die ersten Häuser und auf der D29 nach rechts die Kirche mit Kloster – das Zentrum von Sorde-l'Abbaye.

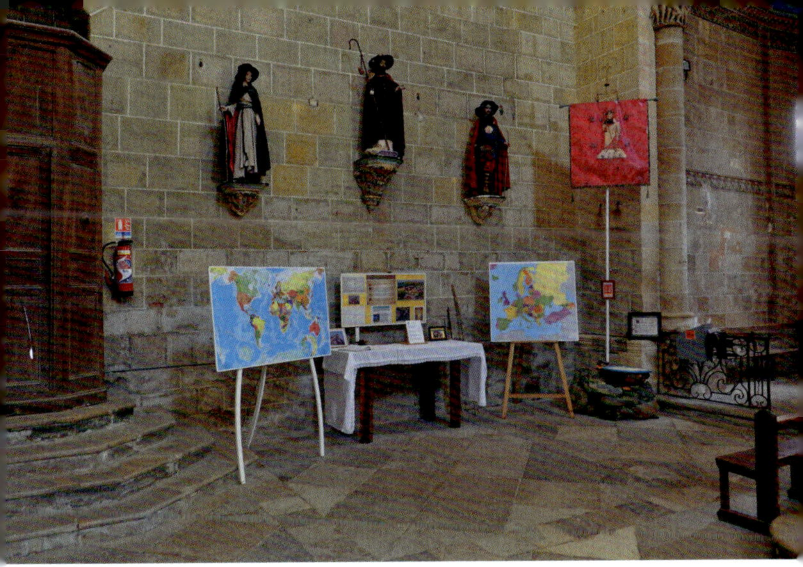

In der Kirche von Sorde-l'Abbaye

Sorde-l'Abbaye ⛺ ✝ ⌘ ⇧ 15 m, 620 Ew.

Halte pèlerin Gîte communal, 92 Rue Juzan, 40300 Sorde-l'Abbaye, ☏ 05 58 73 82 41 (Gîte) und 05 58 73 04 83 (Mairie), mairie@sordelabbaye.fr, 12 Pl, großzügig, gemütlich, mit Schuhtrockner!, T @, Abendessen, Frühstück, gegen Spende, 15. März-31. Oktober, rechts neben der Kirche am Kriegerdenkmal in die Rue Juzan, an dem Knick am Ende rechts

Camping La Galupe, 242 Route du Camping, 40300 Sorde-l'Abbaye, ☏ 05 58 73 04 83 (Mairie), mairie@sordelabbaye.fr, kleiner, sehr grüner Platz in Flussnähe, Ü € 8,20, 01. Juni-30. September, westlich von Sorde-l'Abbaye vor der Brücke, direkt am Weg

✝ Besuchen Sie am Morgen vor Ihrer Weiterreise die Kirche der Abtei. Sie öffnet um 7:00 Uhr und bietet noch im Dunkeln oder im Morgenlicht einen beeindruckenden Ort der Ruhe und Sammlung für einen stimmungsvollen Start in den Tag. Einen Umweg müssen Sie dazu ja nicht machen. Die Räumlichkeiten der Abtei selbst sind weitgehend leer, doch die Lage und Konzeption mit Anlegestelle und in den Untergrund getriebenen Lagerräumen auf Wasserhöhe am Fluss sind schon einzigartig und sehenswert. Unbedingt ansehen sollten Sie sich die Bodenmosaiken aus römischer Zeit, die perfekt erhalten und restauriert im Nebengebäude auf dem Gelände gezeigt werden.

♦ Place de l'Église

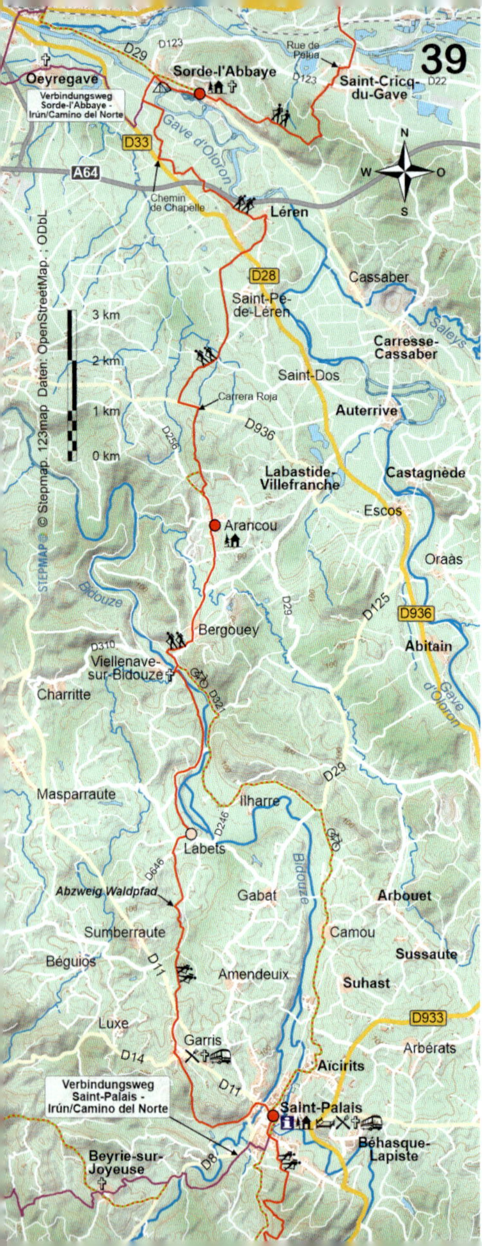

➩ Beachten Sie die Möglichkeit, von Sorde-l'Abbaye Richtung Westen nach Irún an den Beginn des Camino del Norte zu wechseln. Die Wegbeschreibung finden Sie im Kapitel „Verbindung Via Turonensis ➔ Camino del Norte (Sorde-l'Abbaye/Peyrehorade – Bayonne – Hendaye/Irún)" in diesem Buch.

Sorde-l'Abbaye – Arancou 15,2 km

An der Westseite der Kirche gehen Sie auf dem Chemin du Lavoir zur Gave, rechts am Wasser entlang und kommen an ein Torhaus. Hier war früher das Pilgerhospital. Am Campingplatz müssen Sie rechts vorbei und die Straße hoch bis zur D123 mit der Brücke über den Fluss, den Sie überqueren. Der zweite Weg nach links nach 400 m führt geradeaus am Feld entlang. Gehen Sie dann auf dem ersten Weg nach rechts und kurz vor der D33 an den Häusern links auf der Route de la Chapelle wieder bis kurz vor die D33. Hier gehen Sie auf dem Chemin du Cout noch einmal links und der Straße am Ende nach rechts folgend können Sie die A64 überqueren. Kurz danach beginnt nach links ein Weg an der Autobahn entlang.

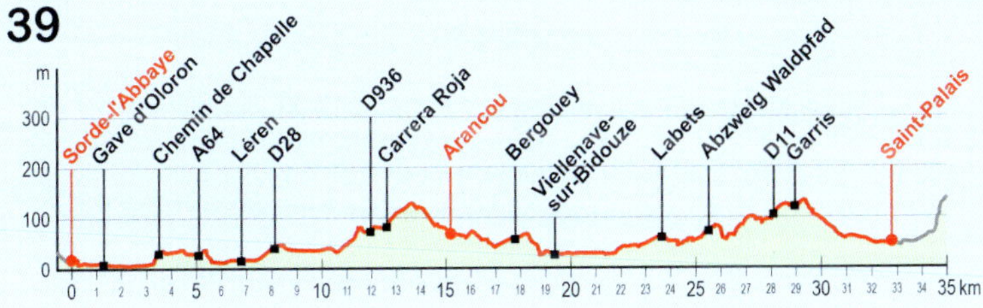

Am Ende gehen Sie bei den Häusern von Léren links und im Ort rechts. Sie halten sich zweimal rechts, überqueren die D28 und folgen oben in den Feldern der Teerstraße nach links. Der Belag wechselt zu Schotter, dann wieder zu Teer und wieder zu Schotter, bis der Weg an der D936 endet. Gehen Sie hier auf dem Grünstreifen nach links und überqueren Sie die Straße nach 500 m vorsichtig. Hier wird schnell gefahren. Der Weg gegenüber heißt Carrera Roja, ein eindeutiges Zeichen, dass Sie das französische Baskenland betreten haben. Das zweite Zeichen ist, dass es ab Sorde-l'Abbaye bis an die Pyrenäen zunehmend hügeliger wird, aber auch interessanter.

🚲 An der nächsten Querstraße fahren Sie rechts zur D256 und auf dieser links nach Arancou.

Nach Kreuzen der nächsten Querstraße folgen Sie dem Weg an den paar Stauden nach rechts zur D256 und dieser hügelan bis Arancou. Die Gîte communal Bourthaire an der Kreuzung ist nicht zu übersehen.

Arancou — ⇧ 65 m, 170 Ew.

Gîte communal Bourthaire, 16 Chemin du Berié, 64270 Arancou, ☎ 05 59 38 31 59, 📱 06 34 04 04 68, 💻 www.gitepaysbasque.fr, baskisches Bauernhaus aus dem 13. Jh., innen großzügig, Angebot an Lebensmitteln für Pilgernde vorhanden, @, Küche komplett eingerichtet, Abendessen per Lieferservice € 10, aber erst ab 5 Personen, Frühstück € 3, Ü € 10, ganzjährig, mitten am Ort direkt am Weg

Arancou – Saint-Palais 17,6 km

Auf der D256 geht es geradeaus weiter aus dem Ort und nach 2,5 km hinein nach Bergouey-Viellenave-sur-Bidouze bis zum Rathaus. Rechts erreichen Sie ein Wegkreuz und folgen dem Chemin de Cimetière am Friedhof vorbei und unten wieder links bis zur D256, der Sie rechts folgen.

Die Brücke über die Bidouze bildet mit der alten Église Saint-Jacques-le-Majeur de Viellenave aus dem 13. Jh. ein hübsches Emsemble. Werfen Sie einen lohnenden Blick in das Innere des Gebäudes.

Mit dem Rad kommen Sie besser auf der Nordseite der Bidouze auf der D321 Richtung Ilharre voran. Die D321 quert nach 2,4 km die Bidouze, Sie fahren aber auf dieser Seite weiter bis zur D246 und nach links durch Ilharre bis zur D29. Folgen Sie dieser rechts nach Süden bis in das Zentrum von Saint-Palais.

Vor der Kirche führt links ein Weg nach unten an die Bidouze heran und in der Flussaue 1,7 km weiter. Eine kleine Teerstraße führt geradeaus weiter und den Hügel hoch. Am nächsten Abzweig links gelangen Sie hinein nach Labets.

Umrunden Sie den Peloteplatz am Ende und folgen Sie der Straße rechts hinunter. Nach 300 m zweigt die D646 links ab – Richtung Saint-Palais oder Donapaleu, wie der Ort auf Baskisch heißt. Die Jakobsmuschel ist hier schon auf dem offiziellen Straßenschild zu sehen. Am nächsten Abzweig müssen Sie vor dem Anstieg links der Straße mit etwas moderaterem Anstieg folgen. Nach einer leichten Rechtskurve zweigt rechts ein Weg ab bis zum Waldrand. Dort müssen Sie links den Waldpfad hoch.

Dem Ziel nahe

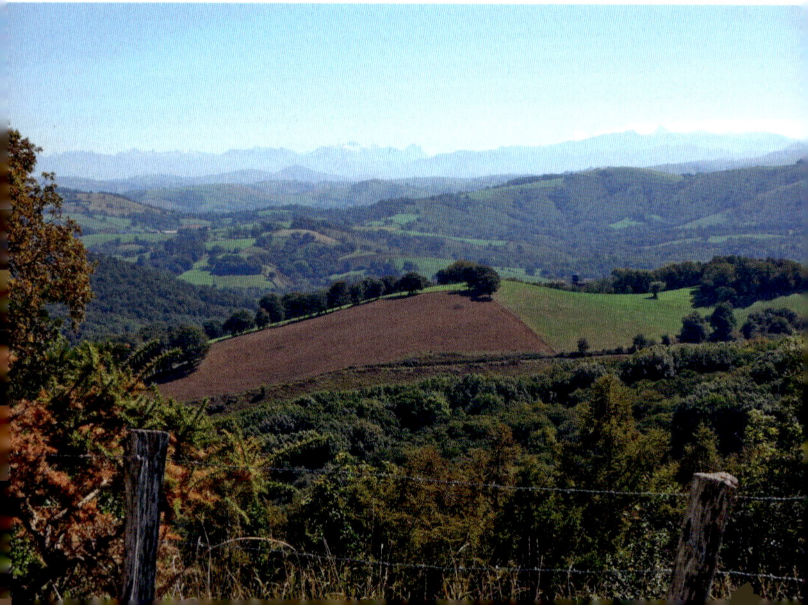

Den folgenden Slalom durch den hügeligen Wald kann man kaum beschreiben, ist aber als GR weiß-rot ganz brauchbar markiert. Halten Sie dennoch Ihre Augen offen und achten Sie auf Ihren Tritt. Bei Regen kann es hier kolossal glitschig werden.

Der Abstieg im Wald folgt eher einem leichten Linksbogen, unten geht es nochmals nach links. Wenn Sie wieder Höhe gewonnen haben und auf einem festeren Forstweg angekommen sind, gehen Sie rechts und dann etwas unvermittelt noch einmal links hoch. Oben halten Sie sich einmal rechts und folgen dem Weg bis zur breiten D11. Gehen Sie links bis zur Ortseinfahrt von Garris und queren Sie die Straße erst hier in die gegenüber beginnende Straße.

Garris

⇧ 60 m, 280 Ew.

TXIK TXAK, 11 Saint-Palais + Bayonne

Die Häuser entlang der Straße vermitteln einen Eindruck der bevorzugten Farbgebung im ganzen Baskenland: Weiß, Rot und Grün. Im Ort biegt die Straße nach links zur Kirche ab, Sie gehen aber sich rechts haltend nach unten weiter und drüben am Gegenhang wieder bis zur unvermeidlichen Pelotemauer hoch. Genau gegenüber beginnt links des etwas zurückversetzten Hauses ein kleiner geteerter Weg, folgen Sie nicht der Sackgasse nach rechts unten! Dem hübschen Weg durch Feld und Wald können Sie 2,5 km blind vertrauen und wieder auf Teer erreichen Sie nach links den ersten Kreisverkehr und Supermarkt am Ortsanfang von Saint-Palais. Die D11 (Avenue de Garris) bringt Sie direkt ins Zentrum des Ortes. Die Rue Thiers öffnet sich zum Place de l'Hôtel de Ville, Bars und Cafés säumen den Straßenrand.

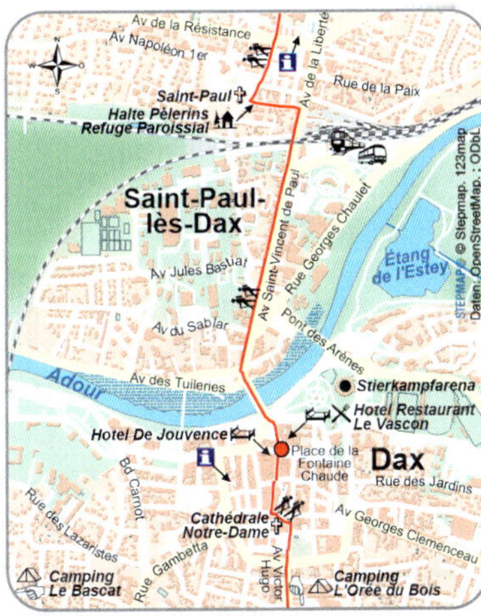

Saint-Palais

⇧ 45 m, 1.840 Ew.

Office de Tourisme Saint-Palais, 55 Avenue de Gibraltar, 64120 Saint-Palais, ☏ 05 59 65 71 78, saintpalais@otpaysbasque.com, www.en-pays-basque.fr, Mo-Fr 10:00-12:00 und 14:00-18:00, vom Hauptplatz auf der Rue de Gambetta bis kurz vor die Herberge Refuge des Franciscains

Refuge des Franciscains, 2 Impasse du Prieuré, 64120 Saint-Palais, 07 68 97 75 25, caminopa@hotmail.com, zentral in ehemaligem Kloster, 17 Pl in etwas engen Schlafsälen und 10 Pl in DZ, die klar zu bevorzugen sind, , Frühstück, Ü € 9, in DZ € 14, April-Oktober, 200 m vom Zentrum, direkt am Weg

♦ Gîte Soretant, Ludovic Duployé, 2 Avenue Frédéric de Saint-Jayme, 64120 Saint-Palais, 06 10 10 73 97 und 09 73 67 88 27, lduploye@hotmail.fr, 5 Zi in zentralster Lage, € 3, **T** @, Abendessen € 12, Ü € 24, ganzjährig, direkt am Hauptplatz vor der Bidouze rechts

Hotel Restaurant du Midi, 11 Place du Foirail, 64120 Saint-Palais, 05 59 56 65 70 64, contact@hoteldumidi64120.fr, www.hoteldumidi64120.fr, Abendessen im Restaurant à la carte, Frühstück € 8, Ü DZ 1-2 P. ab € 67, ganzjährig, westlich parallel zur Hauptstraße Rue Thiers

TXIK TXAK, 11 Bayonne, 10 Saint-Jean-Pied-de-Port

Beachten Sie die Möglichkeit, von Saint-Palais Richtung Westen nach Irún an den Beginn des Camino del Norte zu wechseln. Die Wegbeschreibung finden Sie im Kapitel „Verbindung Via Turonensis + Via Lemovicensis + Via Podiensis → Camino del Norte (Saint-Palais – Hendaye/Irún)" in diesem Buch.

Saint-Palais

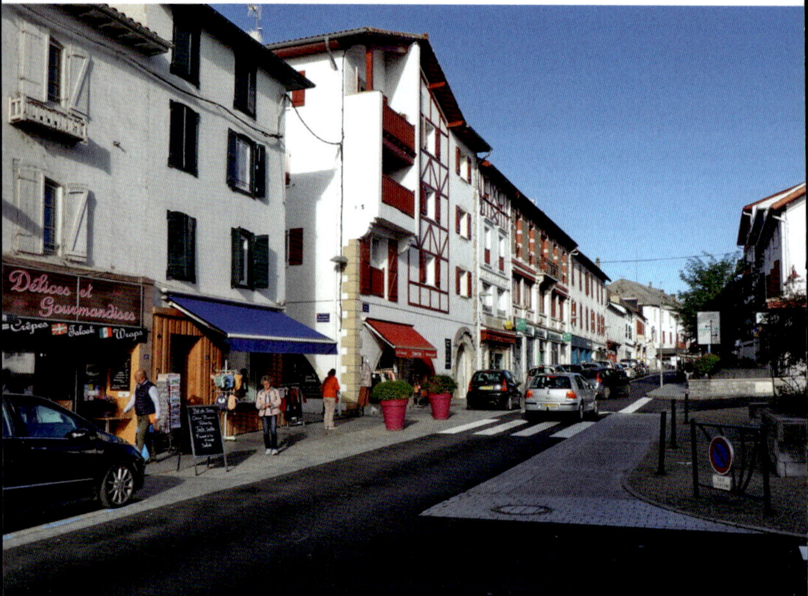

Saint-Palais – Harambeltz 8,3 km

🚲 Nehmen Sie mit dem Rad nicht die Rue Gambetta (Einbahnstraße), sondern eine Straße weiter östlich die Rue du Palais de Justice. Diese wird zur D302 (Route de Gibraltar), der Sie aus dem Ort und an der Stèle de Gibraltar vorbei bis zur D933 folgen können. Diese bringt Sie über Larcevau und Saint-Jean-le-Vieux nach Saint-Jean-Pied-de-Port.

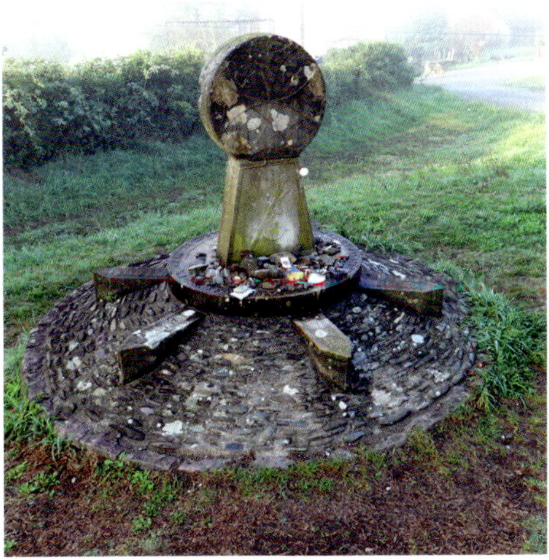

Stèle de Gibraltar

Vom Place de l'Hôtel de Ville geht rechts die Rue Gambetta ab. Folgen Sie ihr um die Linkskurve und nehmen Sie die zweite Straße nach rechts, die Rue Mont Saint-Sauveur. An deren Ende kurz links finden Sie einen ziemlich steilen Anstieg rechts den Hang hoch, der schon geriffelt betoniert wurde. Etwas rutschig kann es dennoch werden. Am Abzweig oben halten Sie sich rechts und erreichen in einem Linksbogen durch mehrere Weidezäune eine Wiese. Sie werden für den Anstieg belohnt. Eine beeindruckende Skulptur gemacht aus schwarzen Baumstämmen markiert einen fantastischen Aussichtspunkt auf die Pyrenäen. Ein wunderbarer Ort, um durchzuatmen und ein wenig zu verweilen. Der Weg führt rechts an der Skulptur vorbei in Falllinie den Hügel hinunter. An der Straße rechts und der nächsten links gehend erreichen Sie einen weiteren Markstein des Jakobsweges – die Stèle de Gibraltar.

⌘ Die Stèle de Gibraltar wirkt fast ein wenig unscheinbar links am Wegesrand, steht aber symbolisch für das Zusammenfinden der Jakobswege aus Vézelay über die Via Lemovicensis, aus Le Puy-en-Velay über die Via Podiensis und natürlich Ihre Via Turonensis aus Paris. So ganz historisch ist diese Stele nicht. Errichtet wurde sie 1964 und die Steinskulptur selbst stammt von einem baskischen Friedhof in der Nähe.

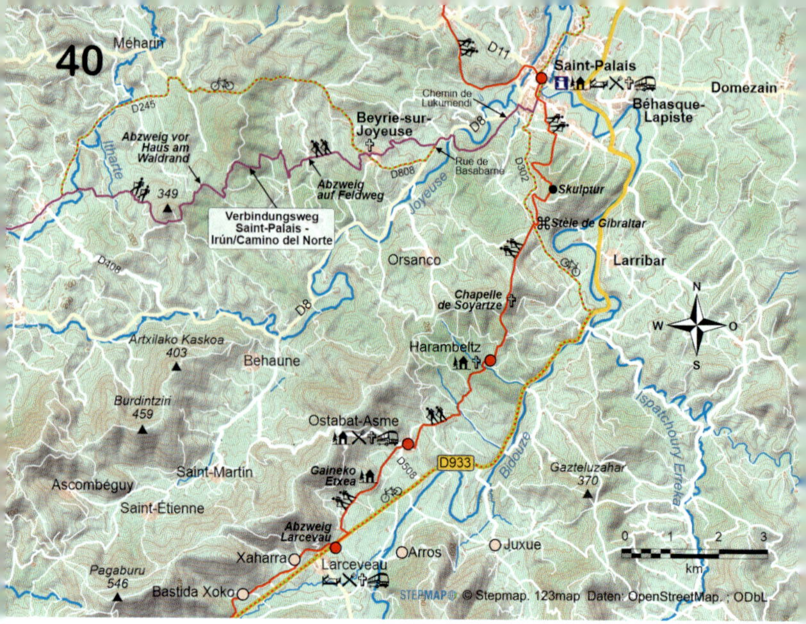

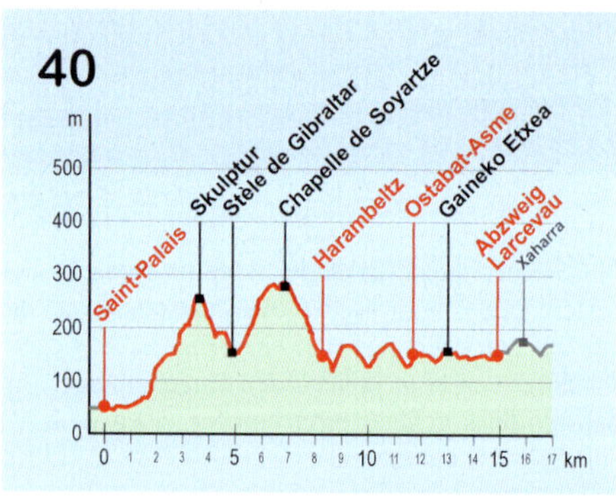

Sie folgen der Straße rechts nach unten und auf der anderen Seite der Querstraße dem Schotterweg geradeaus den Hügel hoch, dort wartet eine weitere herrliche Aussichtsplattform und ein Pilgertreffpunkt – die Chapelle de Soyartze. Hier hat man endgültig das Gefühl, in den Pyrenäen angekommen zu sein. Nebenbei gesagt gibt es hier auch einen Trinkwasserbrunnen oder besser: einen Wasserhahn an der linken Seite der Kapelle.

Ab hier ist der Jakobsweg so gut ausgeschildert, dass sich eine exakte Beschreibung kaum mehr lohnt. Die wichtigsten Infos seien dennoch zusammengefasst. Gehen Sie an der Kapelle vorbei den Hügel wieder geradeaus hinunter, ein kurzes Stück auf einem geteerten Weg, bis in den kleinen Weiler Harambeltz.

Harambeltz

150 m, 10 Ew.

Gîte Etchetoa, Marie, Quartier Harambeltz, 64120 Ostabat-Asme, 07 66 02 40 10, marie.etchetoa@laposte.net, www.etchetoa.com, 12 Pl in 3 Zi, urgemütlich in einem alten Haus, T @, Abendessen € 17, Frühstück € 5, Ü € 17, HP € 37, Ü im eigenen Zelt € 5, Bettwäsche € 7, ganzjährig, an der Kapelle von Harambeltz, direkt am Weg

Früher stand hier ein wichtiges Pilgerhospital, allein die Kapelle aus dem 12. Jh. ist davon noch übrig.

Harambeltz – Ostabat-Asme 3,4 km

Nach dem Ort geht es rechts den Weg nach unten, über einen Bach und oben links weiter. Ein kleines Tälchen wird noch geradeaus durchschritten und Sie erreichen die Teerstraße nach Ostabat-Asme, ein weiteres Pilgerzentrum schon zu mittelalterlichen Zeiten. Kurz vor der Kurve zweigt der Wanderweg links ab und führt an das untere Ende des Dorfes. Auf der ersten Straße rechts hoch kommen Sie in die Ortsmitte.

Ostabat-Asme

164 m, 200 Ew.

Gîte Aire-Ona, Mme Irigoin, 64120 Ostabat-Asme, 06 33 65 77 15, gite.aire-ona@live.fr, www.aireona-gite-ostabat.fr, 12 Pl in 4 Zi, sauber und modern, € 5, T € 5, @, Frühstück € 5, Ü € 20, Bettwäsche € 4, 15. April-15. Oktober, links neben der Kirche

♦ Gîte d'étape Maison Ospitalia, 64120 Ostabat-Asme, 05 59 37 83 17, 06 10 04 65 75, 10 Pl in 3 Zi, einfach, in einem alten Bauernhaus, @, Ü € 15, April-Oktober, kurz vor dem Anstieg hinauf ins Dorf rechts

♦ La Ferme Gaineko Etxea, 64120 Ostabat-Asme, 05 59 37 81 10, 06 72 73 78 56, contact@ostabat-compostelle.fr, www.ostabat-compostelle.fr, 19 Pl in 6 Zi + 14 Pl im Schlafsaal, Pool, „der Baskisch singende Wirt", € 5, T € 5, @, Lunchpaket € 6,50, HP Schlafsaal € 38-39, HP Zi € 60-70, HP 2 P. Zi € 96, April-Oktober, 1 km nach dem Ort direkt am Weg kurz rechts hoch

TXIK TXAK, 10 Saint-Jean-Pied-de-Port + Saint-Palais

Ostabat-Asme – Larcevau 3,2 km

Links des Rathauses geht es aus dem Ort und kurz danach rechts auf eine kleine Teerstraße. Der Weg führt über Felder, durch einige Gatter und am Ende nach links an die D933. Gehen Sie rechts und entfliehen Sie dem Verkehr vor dem ersten Haus von Larcevau wieder nach rechts.

Larcevau

156 m, 430 Ew.

Hotel Restaurant Espellet, Route Nationale, Le Bourg, 64120 Larceveau, 05 59 37 81 91, contact@hotel-restaurant-espellet.fr, www.hotel-restaurant-espellet.fr, 2-Sterne-Hotel, 20 Zi, gemütlich, lokale Küche mit reichhaltigem Abendessen, , Abendessen € 14-32, Frühstück € 8, Lunchpaket € 6, HP ab € 56, HP 2 P. ab € 98, Februar-Dezember, auf der D933 geradeaus in den Ort bis zum zentralen Kreisverkehr

TXIK TXAK, 10 Saint-Jean-Pied-de-Port + Saint-Palais

Larcevau – Mongelos 7,5 km

Der Weg verläuft jetzt parallel zur D933, einmal tatsächlich direkt durch einen gekiesten Hof, ist aber perfekt beschildert. Vor einem steilen Anstieg müssen Sie links durch ein weiteres Gatter flach um den Berg an der D933 herumgehen und 500 m weiter wieder parallel zur Straße auf einem Wiesenweg weiter, um abermals an der Straße zu landen.

Am alten Croix de Galzetaburu kreuzen Sie die D933 vorsichtig. Sie durchwandern nun den Ort Gamarthe ✞.

Gerade aus dem Ort weiter gelangen Sie an der D933 nach Mongelos.

Mongelos

230 m, 170 Ew.

Chambre d'hôtes Domaine de Schiltenea, 511 Chemin d'Église, 64220 Ainhice-Mongelos, 05 59 37 22 56, albanne.t.sandras@gmail.com, 2 Zi, € 3, @ , Abendessen € 20, Lunchpaket € 8, ÜF € 45, Ü 2 P. DZ € 80, Ü im eigenen Zelt € 8, ganzjährig, Reservierung notwendig, über die D933 geradeaus hinweg durch den Ort, nach 100 m rechts

TXIK TXAK, 10 Saint-Jean-Pied-de-Port + Saint-Palais

Mongelos – Larraldeborda 1,5 km

Gehen Sie an der D933 nach Westen und wieder links ab. Nach 600 m müssen Sie rechts und nach 250 m links etwas nach oben, um nach 400 m die Unterkunft zu erreichen.

Chambre d'hôtes Iturria, 705 Lakarrako errepidea Larralde Borda, 64220 Gamarthe, 07 66 39 24 02, valessential@gmail.com, www.chambres-hotes-iturria.com, Tipi mit 3-5 Pl und Cabane mit 3 Pl, von Saint-Jean-Pied-de-Port für € 5, gratis, T gratis, @, HP Tipi oder Cabane 1 P. € 69, 2 P. € 117, 3 P. € 162, 4 P. € 204, 5 P. € 225, April-Oktober, 3 km nach der Kirche von Gamarthe direkt am Weg

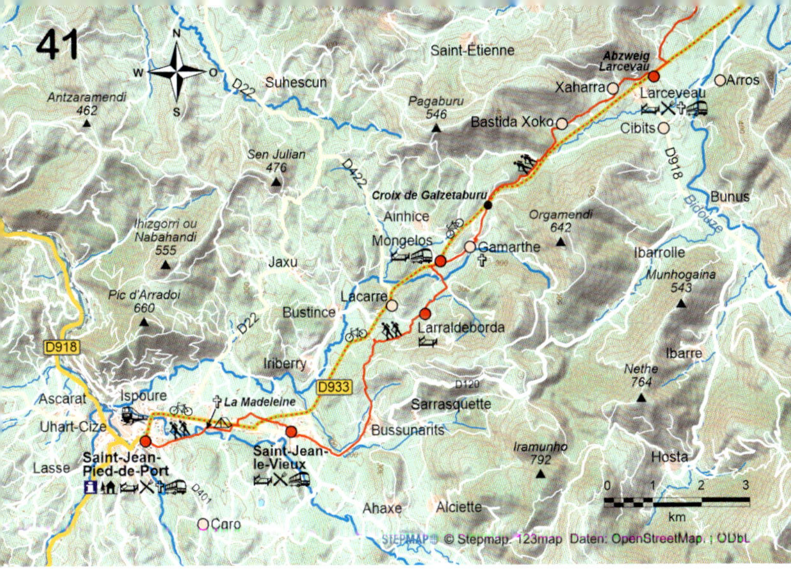

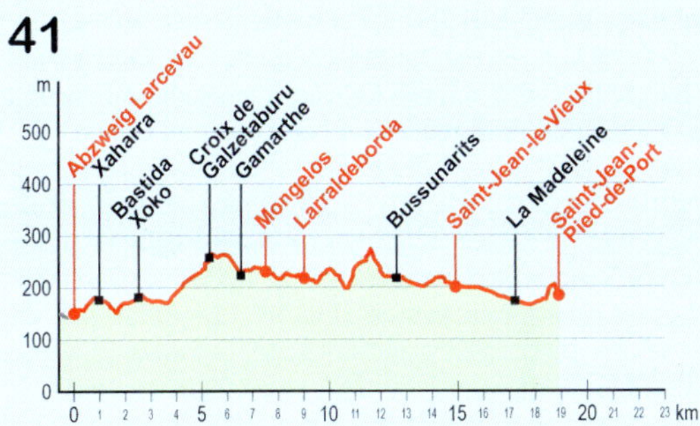

Larraldeborda – Saint-Jean-le-Vieux 5,9 km

Sie folgen der Straße für 450 m, biegen links nach oben ab und nehmen nach weiteren 1,2 km vor einem Weiderost einen Schotterweg fast im 180°-Winkel nach links. Nach Durchwandern des Ortes Bussunarits erreichen Sie schließlich Saint-Jean-le-Vieux.

Saint-Jean-le-Vieux

⇧ 200 m, 850 Ew.

Hotel Restaurant Mendy, 11 Route d'Iraty, 64220 Saint-Jean-le-Vieux, 05 59 37 11 81, contact@hotel-mendy.com, www.hotel-mendy.com, 2-Sterne-Hotel, 15 Zi, hoher Standard, @, Abendessen im Restaurant, Ü ab € 65, HP ab € 70 (nach Saison und Belegung), April-Dezember, am zentralen Platz des Ortes, direkt am Weg

TXIK TXAK, 10 Saint-Jean-Pied-de-Port + Saint-Palais

Saint-Jean-le-Vieux – Saint-Jean-Pied-de-Port

4,0 km

Am Ende des Marktplatzes mit Hotel und Bars führt der Weg links weiter, unter der D933 hindurch, zweimal links und bei den nächsten Häusern links zur D933 zurück. Gehen Sie kurz rechts und an der nächsten Querstraße links darüber hinweg. Nach rechts und am Campingplatz vorbei liegt links die Église de la Madeleine am Weg – klein, romanischen Ursprungs und durchaus einen Blick wert. Hier links und über die D401 steigt der Weg am Hang leicht an und endet an der Porte Saint-Jacques, seit jeher das Pilgertor in die Altstadt von Saint-Jean-Pied-de-Port.

Halten Sie inne und klopfen Sie sich auf die Schulter. Sie haben den längsten der vier großen Jakobswege in Frankreich durchwandert. Meine herzliche Gratulation. Für Ihren Weiterweg über die Pyrenäen nach Santiago de Compostela wünsche ich Ihnen von Herzen das Beste. Glauben Sie an sich und Ihre Fähigkeiten. Dass Sie die Pyrenäen und den Camino Francés ebenfalls bewältigen können, haben Sie sich auf der Via Turonensis schon bewiesen. Ultreia.

Saint-Jean-Pied-de-Port

BANK ⇧ 175 m, 1.600 Ew.

Office de Tourisme Saint-Jean-Pied-de-Port, 14 Place du Général de Gaulle, 64220 Saint-Jean-Pied-de-Port, 05 59 37 03 57, saintjeanpieddeport@otpaysbasque.com, www.en-pays-basque.fr, Mo-Sa 10:30-12:30 und 14:00-18:00, an der D933 mitten im Ort

Refuge Municipal, 55 Rue de la Citadelle, 64220 Saint-Jean-Pied-de-Port, 32 Pl, ganzjähriger Anlaufpunkt für eine Übernachtung, @, Mikrowelle, ÜF € 12, ÜF DZ € 30, ganzjährig, keine Reservierung, in der Hauptgasse vor der Brücke

♦ Accueil Paroissial Kaserna, 43 Rue d'Espagne, 64220 Saint-Jean-Pied-de-Port, 05 59 37 65 17, jcisard@hotmail.fr, 14 Pl, Crédentiale erhältlich, @, HP € 20, 05. April-31. Oktober, in der Hauptgasse nach der Brücke

♦ Gîte Beilari, 40 Rue de la Citadelle, 64220 Saint-Jean-Pied-de-Port, 05 59 37 24 60, 06 30 02 86 67, info@beilari.info, www.beilari.info, 14 Pl in 2 Zi, sauber, geräumig, familiär, Lunchpaket € 4, HP € 40, 16. März-25. Oktober, in der Hauptgasse vor der Brücke

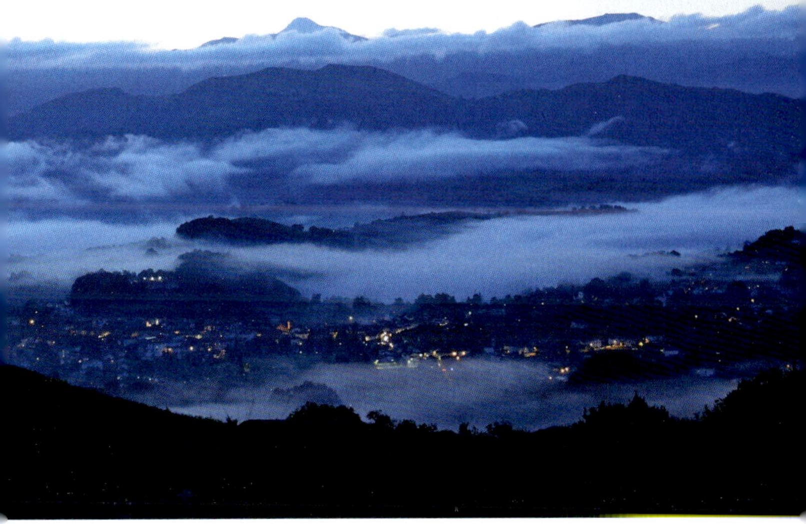

Saint-Jean-Pied-de-Port am Morgen

Gîte Makila, 35 Rue de la Citadelle, 64220 Saint-Jean-Pied-de-Port, 06 63 10 13 46, pantxoe@gmail.com, 16 Pl, mit Bettwäsche, € 5, **T** € 3, @, ÜF € 25-28, ÜF DZ € 60-70, 01. März-25. Oktober, in der Hauptgasse vor der Brücke

- Gîte Esteban Etxea, 29 Rue de la Citadelle, 64220 Saint-Jean-Pied-de-Port, 06 38 22 80 05 und 06 62 18 53 87, esteban.etxea@yahoo.com, 12 Pl im Schlafsaal, 2 Zi, mit Bettwäsche, € 3, **T** € 2, @, Mikrowelle, Abendessen € 14, Frühstück € 5, Lunchpaket € 8, Ü im Schlafsaal € 20, Ü DZ 1-2 P. € 59, Ü Zi 3 P. € 75, März-November, in der Hauptgasse vor der Brücke
- Gîte Le Lièver et la Tortue, 30 Rue de la Citadelle, 64220 Saint-Jean-Pied-de-Port, 06 63 62 92 35 und 06 59 13 52 25, gite.lelievreetlatortue@gmail.com, 12 Pl im Schlafsaal, 1 Zi, mit Bettwäsche, € 3, **T** € 3, @, Abendessen € 14, Frühstück € 5, Ü € 20, Ü DZ € 55, Ü Zi 3 P. € 75, April-Oktober, in der Hauptgasse vor der Brücke
- Gîte Ultreïa, 8 Rue de la Citadelle, 64220 Saint-Jean-Pied-de-Port, 06 80 88 46 22, gite.ultreia@vertesmontagnes.fr, www.ultreia64.fr, 15 Pl in Schlafsälen und Zi, € 4, **T** € 4, @ , Frühstück, Ü € 25, Ü DZ € 60-75, Zi für 1-4 P. € 110, 15. März-31. Oktober, in der Hauptgasse vor der Brücke
- Gîte Chemin vers l'Étoile, 21 Rue d'Espagne, 64220 Saint-Jean-Pied-de-Port, 05 59 37 20 71, 06 14 06 92 77, eric.viotte@gmail.com, 54 Pl in Schlafsälen, @ , Abendessen € 17, Frühstück € 7, Ü € 21 im Schlafsaal, Ü € 24 in 2- bis 4-Bett-Zi, 01. Januar- 07. November, in der Hauptgasse nach der Brücke

Gîte Izaxulo, 2 Avenue Renaud, 64220 Saint-Jean-Pied-de-Port, 06 84 33 12 05, josefernandez58@sfr.fr, 16 Pl in Schlafsälen und Zi, € 3, T € 3, @, Frühstück € 5, Ü € 20, Ü DZ € 75, April-Oktober, nach dem Jakobstor die erste Straße rechts und über die D933 gleich rechts

♦ Gîte-Bar-Brasserie Zuharpeta, 5bis Rue Zuharpeta, 64220 Saint-Jean-Pied-de-Port, 05 59 37 35 88, 06 21 30 03 05, gitezuharpeta@laposte.net, www.gitezuharpeta.com, 15 Pl im Schlafsaal und 4 Zi, @, Abendessen € 18, Frühstück € 6, Lunchpaket € 5, ÜF € 29 im Schlafsaal, ÜF DZ 1-2 P. € 78, März-Oktober, am Ende der Rue d'Espagne rechts

♦ Gîte Compostella, 6 Route d'Arnéguy, 64220 Saint-Jean-Pied-de-Port, 06 21 37 18 31, gitecompostella@sfr.fr, www.alberguescaminosantiago.com, 14 Pl, einfach, @, Frühstück € 6, Ü € 18, Ü DZ € 50, 15. März-15. November, der D933 am Kreisverkehr nach rechts folgen, am Abzweig der D918

Hotel Restaurant Itzalpea, 5 Place du Trinquet, 64220 Saint-Jean-Pied-de-Port, 09 81 88 38 26, hotelitzalpea@gmail.com, www.itzalpea.com, @, Abendessen ab € 20, Ü EZ € 65-89, Ü DZ € 89, HP ab € 89, März-Oktober, an der D933, nahe nördlichem Ortsanfang

♦ Central Hotel, 1 Place de Gaulle, 64220 Saint-Jean-Pied-de-Port, 05 59 37 00 22, contact@centralhotel64.com, www.centralhotel64.com, 3-Sterne-Hotel, @, Abendessen € 25-49, Frühstück € 12,50, Ü € 90-120, Ü DZ € 98-140, April-November, an der D933, direkt vor der Brücke

♦ Hotel-Restaurant des Pyrénées, 19 Place de Gaulle, 64220 Saint-Jean-Pied-de-Port, 05 59 37 01 01, hotel.pyrenees@wanadoo.fr, www.hotel-les-pyrenees.com, 4-Sterne-Hotel, @, Ü ab € 110, HP ab € 145, ganzjährig, an der D933, gegenüber der Touristeninformation

Hotel des Remparts, 19 Place Floquet, 64220 Saint-Jean-Pied-de-Port, 06 76 12 28 58, über die Homepage, www.hoteldesremparts.fr, 2-Sterne-Hotel, @, Frühstück, Ü ab € 70, Ü DZ ab € 75, ganzjährig, am Kreisverkehr der D933 nach der Brücke rechts, nach 50 m rechts

TXIK TXAK, 10 Saint-Palais

TER, regionale Verbindung Saint-Jean-Pied-de-Port – Bayonne

Spanien: Jakobsweg Camino Francés von Raimund Joos, Conrad Stein Verlag, Band 23, ISBN 978-3-86686-424-5, € 16,90

Rückreise von Saint-Jean-Pied-de-Port

Zur Abreise mit öffentlichen Verkehrsmitteln finden Sie unter ☞ Reise-Infos von A-Z – An- Abreise alle Informationen.

Verbindungen von der Via Turonensis, Via Podiensis und Via Lemovicensis nach Irún zum Camino del Norte

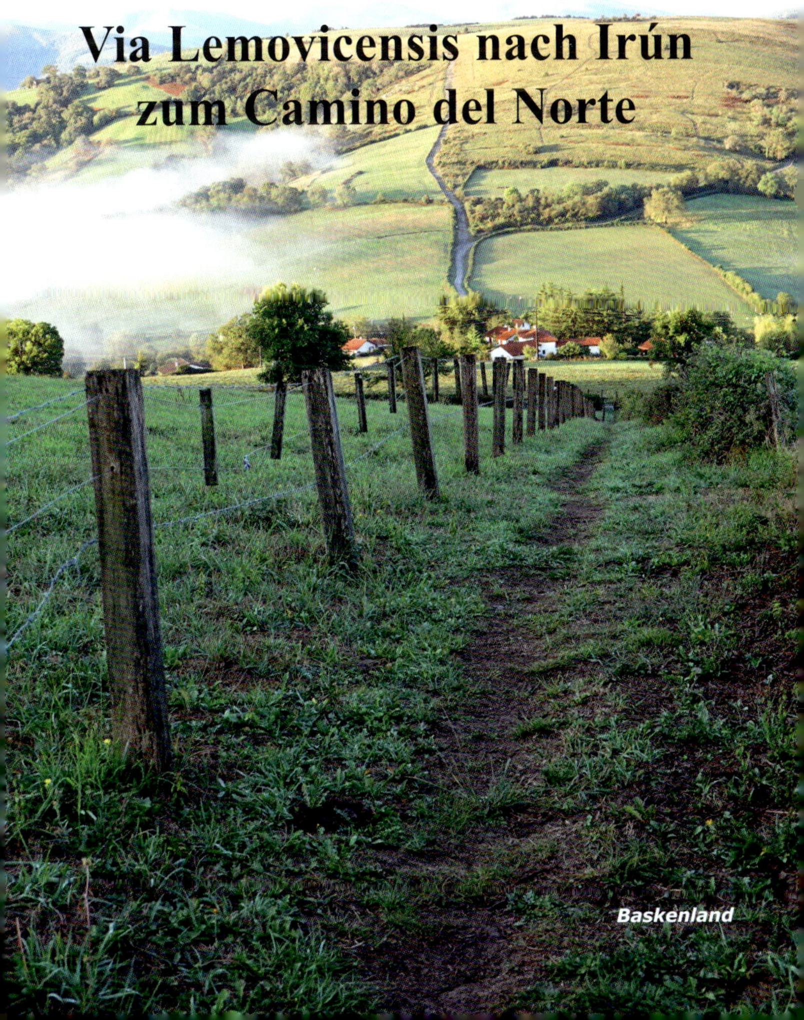

Es bestehen mehrere Verbindungen von der Via Turonensis an den Anfang des Camino del Norte, der an der französisch-spanischen Grenze in der Stadt Irún beginnt. Der französische Grenzort ist Hendaye und liegt auf der anderen Seite des Grenzflusses Bidasoa genau gegenüber.

Die gesamte Via Podiensis und Via Lemovicensis finden Sie in folgenden Büchern beschrieben:

- **Frankreich: Jakobsweg Via Podiensis** von Harmut Engel, Conrad Stein Verlag, Band, 128, ISBN 978-3-86686-748-2, € 17,90
- **Frankreich: Jakobsweg Via Lemovicensis** von Randolf Fügen, Conrad Stein Verlag, Band 166, ISBN 978-3-86686-647-8, € 16,90

Via Turonensis → Camino del Norte

Der sicherlich einfachste Übergang von der Via Turonensis zum Camino del Norte beginnt in Sorde-l'Abbaye an der Gaves d'Oloron, die 10 km weiter westlich in die aus Dax kommende Adour mündet und in Bayonne in den Atlantik fließt. Der Weg folgt im Prinzip dem Fluss bis Bayonne und führt dann in Küstennähe über Saint-Jean-de-Luz nach Süden. Sie können an zwei Stellen kurz hintereinander die Via Turonensis verlassen, je nachdem, wo Sie übernachten. Die Beschreibung der kleinen Alternative ist der Beschreibung des Hauptweges vorangestellt.

Via Turonensis + Via Lemovicensis → Camino del Norte

Es gibt eine Verbindung in Ost-West-Richtung von Saint-Palais über Hélette, Itxassou, Espelette, Saint-Pée-sur-Nivelle und Ascain nach Irún oder Saint-Jean-de-Luz. Dieser Weg führt quer durch das hügelige französische Baskenland, ist schön zu gehen, aber konditionell etwas anspruchsvoller als die eher flache Via Turonensis. Da Sie aber schon ein paar Tage auf Ihrem Weg trainiert haben, sollte auch das kein Problem darstellen.

Via Podiensis → Camino del Norte

Die Via Podiensis von Le Puy-en-Velay kommend führt etwas südöstlich an Saint-Palais vorbei. Entweder Sie zweigen kurz nach Aroue auf einem markierten Weg nach Nordwesten ab oder Sie gehen die wenigen Kilometer von der Stèle de Gibraltar nach Norden bis Saint-Palais.

Verbindung Via Turonensis → Camino del Norte (Sorde-l'Abbaye/Peyrehorade – Bayonne – Hendaye/Irún)

Variante 1 über Peyrehorade – Hastingues 6,2 km

Gehen Sie an dem Trennpunkt der Wege nach Sorde-l'Abbaye oder Peyrehorade nicht links den Pfad hoch, sondern im Wald geradeaus weiter. Kreuzen Sie die Querstraße und gehen Sie weiter, bis Sie bei ein paar Häusern wieder eine Straße erreichen. Halten Sie sich weiter südwärts, am nächsten Abzweig rechts und an der D29 links. Gleich nach dem Bahnübergang rechts auf der Rue Lembarry und der Rue des Ortolans rechts und dann links erreichen Sie das Zentrum von Peyrehorade mit Kirche und Einkaufsmöglichkeiten.

Peyrehorade

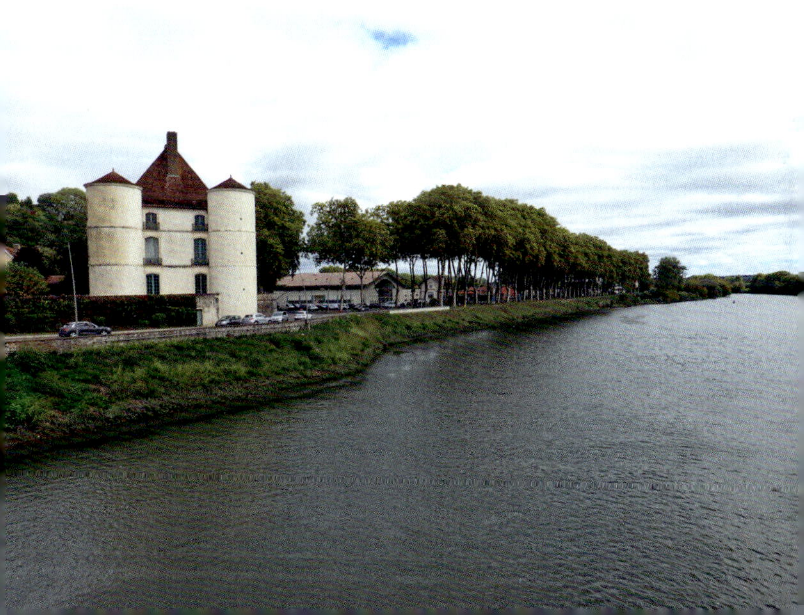

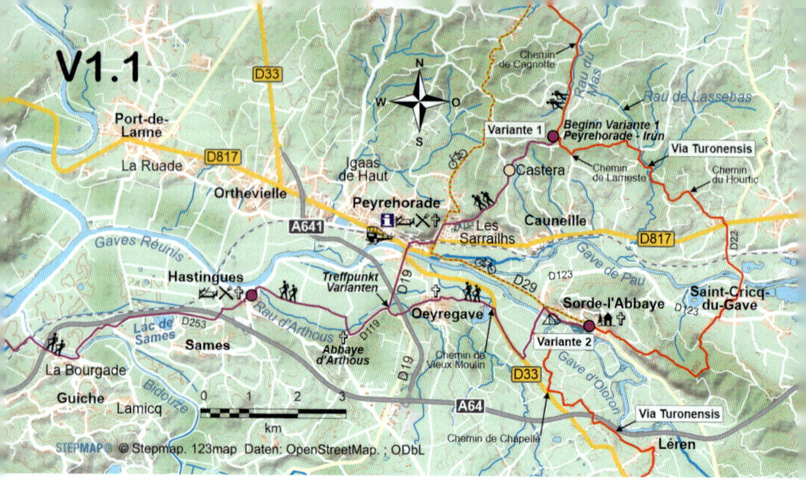

V1.1 Variante 1

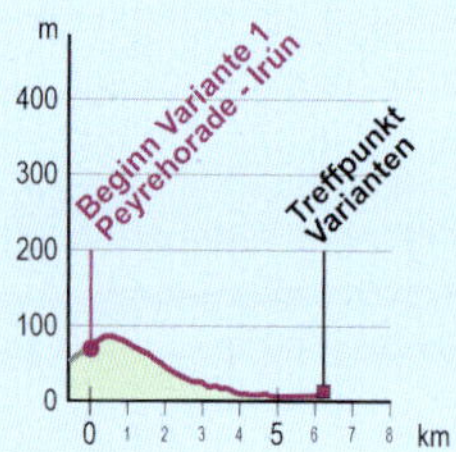

V1.1 Variante 2

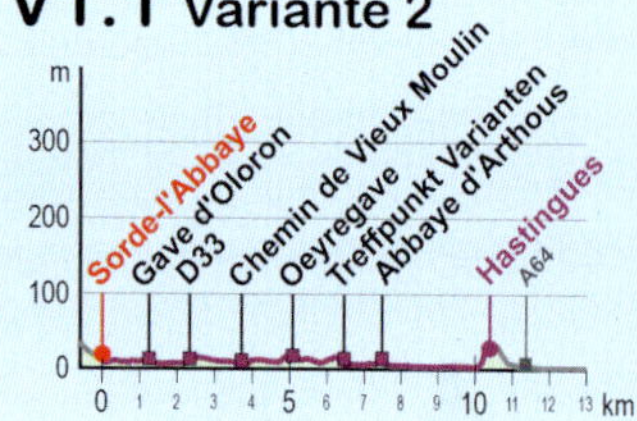

Peyrehorade

ℹ 🛏 ✕ ☕ 🍷 🛒 BANK ✝ 🚆 ⇧ 6 m, 3.660 Ew.

ℹ Office de Tourisme Peyrehorade, 147 Allée des Évadés, 40300 Peyrehorade, ☏ 05 58 73 00 52, über die Homepage, 💻 www.lavalleedukiwi.com, @ September-Juni Di-Fr 9:30-12:30 und 14:00-17:00, Juli-August Mo-Sa 9:30-13:00 und 14:30-18:00, So 10:00-13:00, an der Gaves Réunis, 200 m östlich der Brücke

🚆 TER, regionale Verbindung Peyrehorade – Urt – Lahonce – Bayonne

Am Ende des Platzes links durch die Rue Léo Lepeyre und rechts in die Rue Alsace Lorraine kommen Sie zur Brücke über die Gaves Réunis, die Sie überqueren. Nach der Autobahn zweigt rechts die D119 zum Kloster Abbaye d'Arthous ab, die beiden alternativen Wege führen zusammen weiter.

Weiterweg ☞ Sorde-l'Abbaye – Hastingues

Variante 2 über Sorde-l'Abbaye – Hastingues 10,4 km

An der Westseite der Kirche gehen Sie auf dem Chemin du Lavoir zur Gave, rechts am Wasser entlang und kommen an ein Torhaus. Hier war früher das Pilgerhospital. Am Campingplatz müssen Sie rechts vorbei und die Straße hoch bis zur D123 mit der Brücke über den Fluss. Direkt nach der Brücke trennen Sie sich von der Via Turonensis. Gehen Sie geradeaus und an der D33 nach rechts auf der Route de Oeyregrave.

☝ Seien Sie sehr vorsichtig und verwenden Sie nur den Grasstreifen seitlich der Straße.

Nach 1,3 km zweigt links der Chemin de Vieux Moulin Richtung Oeyregrave ✝ ab, das Sie nach 1,2 km erreichen.

Direkt nach dem Friedhof führt die kleine, geteerte Rue de la Fontaine links oberhalb des ersten Hauses in den Ort. Die gelb-blaue Markierung weist nach rechts hinunter und sofort danach wieder nach links aus dem Ort. Nach der Autobahn gehen Sie rechts und die nächste Straße (D119) links zur Abbaye d'Arthous.

Die romanische Kirche des Klosters ist unbedingt einen Blick wert, das Kloster steht nach Renovierung ebenfalls zur Besichtigung offen. Vor dem Kloster rechts nach unten und auf dem Chemin du Bimi links kommen Sie weiter nach Hastingues. Gehen Sie entgegen der Einbahnstraße links hoch und auf der ersten Straße rechts hoch in den Ort.

Hastingues 🛏 ✕ ✝ ⇧ 30 m, 580 Ew.

🛏 Le Château d'Estrac, 43 Place du Général de Monsabert, 40300 Hastingues, ☎ 05 58 73 12 20, ✉ contact@estrac.fr, 💻 www.chateau-destrac.fr, Zi mit 2 Betten, Abendessen mit der Familie, in den Ferien und an Wochenenden des Öfteren belegt, 🚗 ab Peyrehorade, wenn nötig, 🖥 @, HP € 20, 🚪 ganzjährig, Reservierung notwendig, rechts neben dem Rathaus gegenüber der Kirche oben im Ort

Hastingues – Urt 14,3 km

Geradeaus durch den Ort erreichen Sie nach dem Durchgang durch die Reste der Befestigungsanlagen ein Wegkreuz, umrunden es linksherum und verlassen den Ort auf der Côte de Lilot nach unten. Am Ende gehen Sie auf der D253 links über die Autobahn und der Straße folgend bis Guiche ⌘.

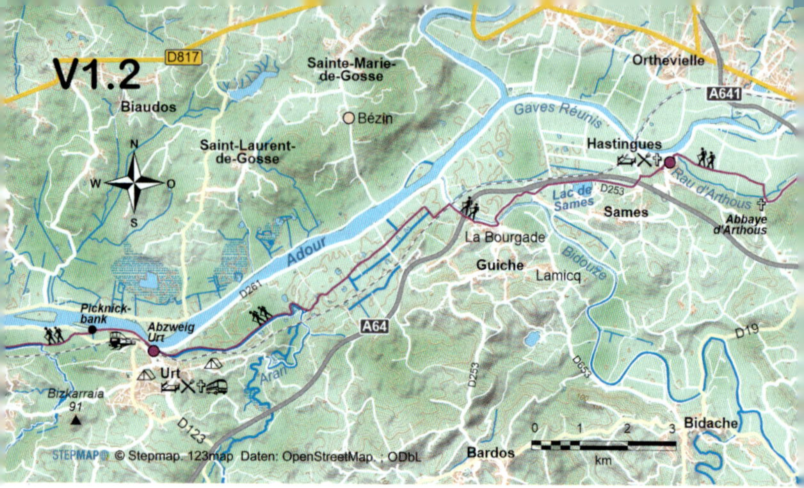

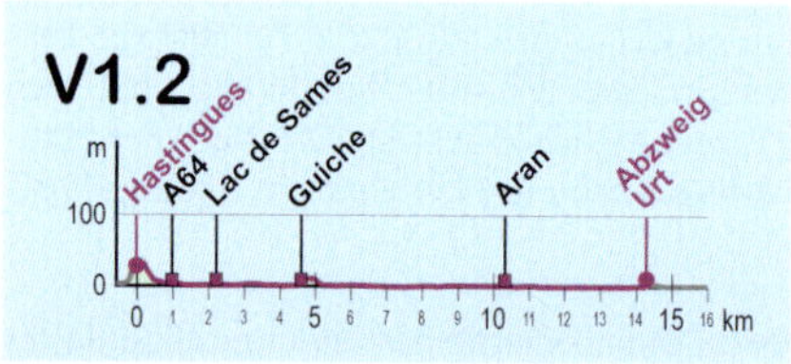

Nach der Brücke am Ortseingang können Sie rechts an der Bidouze entlanggehen, diesmal unter der A64 hindurch, und nach der Eisenbahnunterführung links. An der ersten Straße rechts und dann dem Weg nach links folgend geht es 3,5 km geradeaus bis an die Aran heran. ↳ Zum Camping Ferme 4 Chenes müssen Sie hier links, der Jakobsweg führt rechts und am nächsten Abzweig gleich wieder links weiter bis zu einer Bahnlinie direkt an der Adour. Hier ist der Abzweig, ↳ um nach Urt hinaufzugehen.

Urt ⇧ 40 m, 2.300 Ew.

Auberge de l'Estanquet, 12 Rue du Marché, 64240 Urt, ☏ 05 59 56 94 90, aubergedelestanquet@orange.fr, www.aubergedelestanquet.com, @, Abendessen im Restaurant, ÜF 1-2 P ab € 65 (nach Saison und Belegung), ganzjährig, an der Brücke der D261 über den Adour-Zufluss L'Aran geradeaus über die Bahn, links den Chemin du Bac hoch zur D123 und links bis zum großen Parkplatz im Ort, 500 m von der Adour

Camping Etche Zahar, 175 Allée de Mesples, 64240 Urt, ☏ 05 59 56 27 36, www.etche-zahar.fr, Preis auf Anfrage nach Saison und Belegung, April-Oktober, an der Brücke der D261 über den Adour-Zufluss L'Aran geradeaus über die Bahn, links den Chemin du Bac hoch zur D123, dort links, am Kreisverkehr rechts auf die D257 (Allée de Genevois), an der Kreuzung nach links und links in die Allée de Mesples, 1 km von der Adour

⛺ Camping la Ferme des 4 Chênes, 101 Chemin de Paylan, 64240 Urt, ☎ 05 59 56 21 51, ✉ contact@fermedes4chenes.fr, 💻 www.fermedes4chenes.fr, @, Preis auf Anfrage nach Saison und Belegung, 🚪 ganzjährig, noch vor der Aran links über eine kleine Brücke, an der A64 rechts und der Straße bis zum Campingplatz folgen

🚌 TXIK TXAK, 12 Lahonce + Bayonne

🚆 TER, regionale Verbindung Peyrehorade – Urt – Lahonce – Bayonne

Urt – Bayonne 16,9 km

Sie gehen noch vor der Bahn rechts an der hier wahrlich mächtigen Adour entlang, unter der Straßenbrücke über den Fluss hindurch und so lange weiter, bis der Schotterweg an einer kleinen Barriere und einer Picknickbank nach links abbiegt. Der Weg geradeaus würde zum Pfad. Folgen Sie dem Weg also nach links und über die D261 hinweg, bis Sie wieder am Ufer der Adour landen, wo Sie sich links halten. Wenn sich die D261 vom Ufer löst, bleiben Sie an der Straße am Fluss und erreichen auf Höhe eines Seitenarmes links den Abzweig der D161 (Avenue de l'Abbaye) hoch nach Lahonce.

Lahonce ✝ ⌘ 🚌 ⇧ 38 m, 2.460 Ew.

🚌 TXIK TXAK, 12 Urt - Lahonce - Bayonne

Peloteplatz in Lahonce

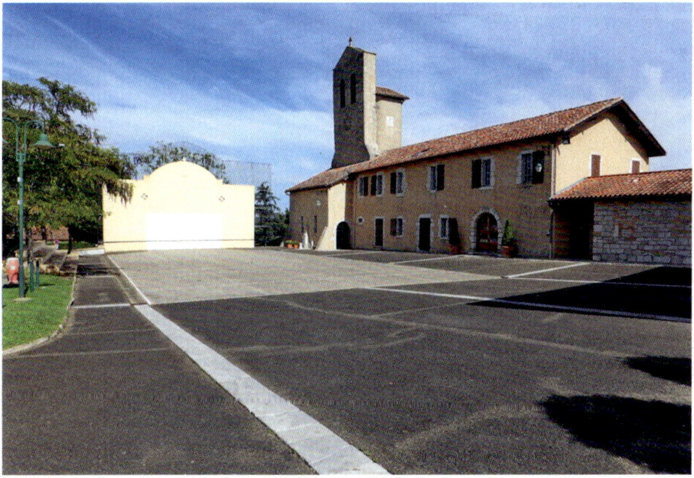

Nach der Kirche und dem Kloster nehmen Sie rechts den Chemin Barandéguy und halten sich links hinunter bis zu einem Kreisverkehr. Gehen Sie links und wieder geradeaus nach unten. Direkt nach einer Bahnlinie müssen Sie wieder links abbiegen und können nun wieder bis zur Adour durchgehen. Folgen Sie dem Fuß- und Radweg direkt am Ufer nach links bis hinein nach Bayonne.

Nach der ersten unübersehbaren Befestigungsmauer im Stile Vaubans auf der linken Seite nehmen Sie die Rue de Ravignan und gehen kurz vor der mächtigen Église Saint-André rechts. Die Zeit für den Blick in das Innere des monumentalen Baus sollten Sie sich nehmen. In gerader Verlängerung der Seitenflanke der Kirche führt die Rue Marengo direkt in das Zentrum von Bayonne. Nach der Brücke über die hier mündende Nive finden Sie den ersten Supermarkt zur Versorgung und natürlich auch die Bars und Cafés auf den Plätzen. Gehen Sie noch geradeaus auf der Rue Port des Castets die Fußgängerzone durch die beeindruckenden Fachwerkhäuser bis zum Ende hoch und Sie sehen links schon die Apside der Cathédrale Notre-Dame de Bayonne.

Bayonne

BANK ⇧ 1 m, 52.000 Ew.

Office de Tourisme Bayonne, 25 Place des Basques, 64100 Bayonne, ☎ 05 59 46 09 00, info@visitbayonne.com, www.visitbayonne.com, Januar und November Di-Fr 14:00-17:30, Februar-März und Dezember Mo-Sa 9:30-13:00 und 14:00-17:30, April-Juni Mo-Sa 9:30-13:00 und 14:00-18:30, Juli-August Mo-Sa 9:30-18:30, So 10:00-13:00, an der Nive zur Brücke an der Mündung, links auf dem Place Charles de Gaulle bis zur Allée Paulmy, links im Park

Saint Esprit in Bayonne

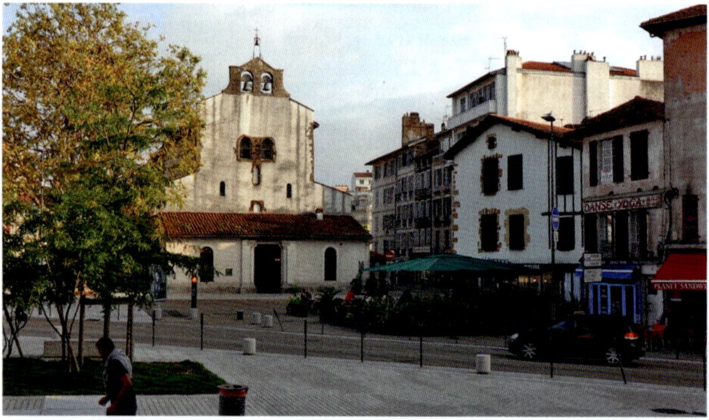

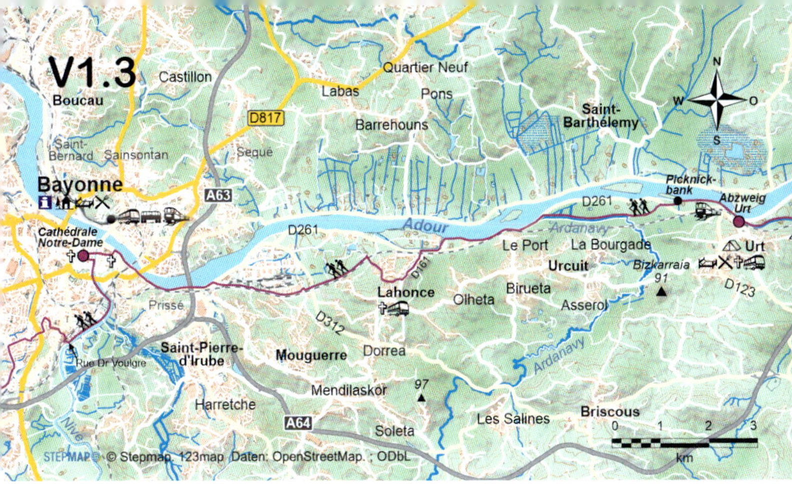

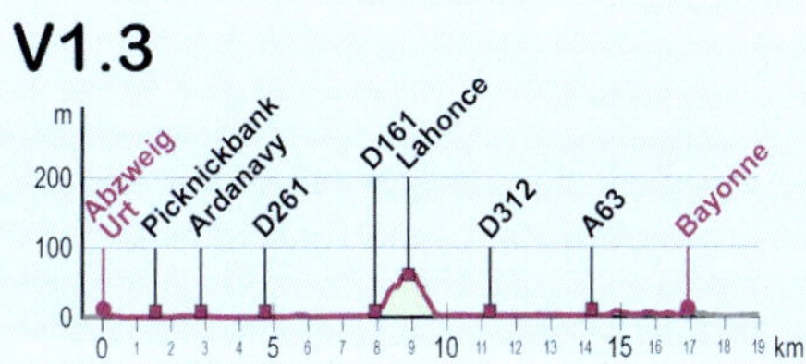

Refuge Saint-Jacques, 7 Rue Gosse, 64100 Bayonne, ☏ 05 59 25 71 33, 12 Betten in neuer Herberge, ÜF € 10, April-Oktober, an der Ostseite der Kathedrale auf der Rue d'Espagne nach Süden, links in die Rue Poisonnerie und wieder rechts

TER, regionale Verbindung Bordeaux – Dax – Bayonne – Bidart – Saint-Jean-de-Luz – Urrugne – Hendaye; TER, regionale Verbindung Peyrehorade – Urt – Lahonce – Bayonne

TXIK TXAK, ÖPNV Bayonne, 12 Lahonce + Urt, 11 Saint-Palais

Bayonne – Bidart 15,6 km

Von der Kathedrale in Bayonne gehen Sie wieder hinunter an die Nive, bleiben auf der Westseite und gehen 2,5 km an ihr entlang Richtung Süden. Die Straße endet für den Autoverkehr, ein Ortsendeschild markiert die Stadtgrenze von Bayonne und die Rue Dr Voulgre zweigt nach rechts oben ab. Sie folgen ihr über die Bahnlinie, queren oben die Avenue du 8 Mai 1945 geradewegs in die kleine Rue Achille Zo und treffen schräg auf die Avenue Georges Hérelle. Diese macht zwei

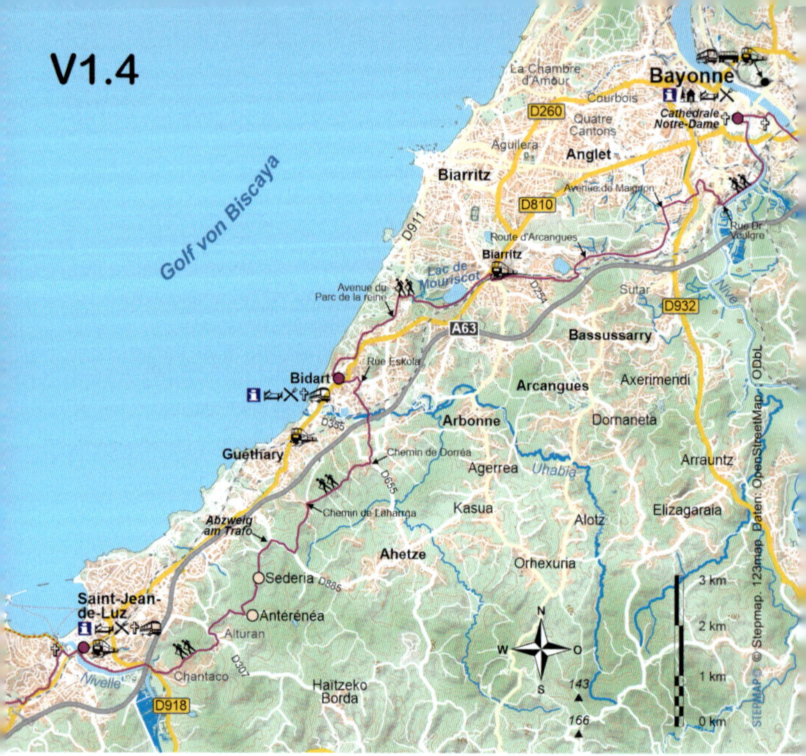

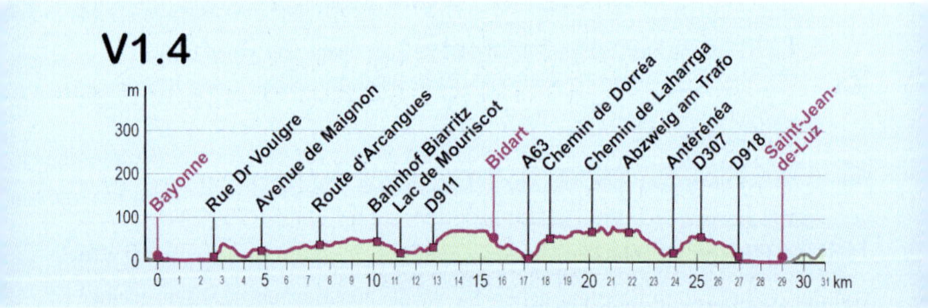

Biegungen und trifft auf den Chemin de Lestanquet, dem Sie nach links folgen, bis Sie eine Schnellstraße D932 unterqueren können. Am Kreisverkehr geht es links auf der Route d'Aritxague weiter und am nächsten Kreisverkehr noch einmal links auf der Avenue de Maignon bis zum nächsten Kreisverkehr. Gehen Sie hier rechts auf der Rue du Colonel Melville Lynch, die am Kreisverkehr mit Namen Labordotte leicht rechts haltend zur Route de Pitoys wird. Folgen Sie dieser für 1,5 km. Der Kreisverkehr, an den Sie stoßen, ist namenlos, die Route d'Arcangues führt links weiter. Die Beschilderung ist perfekt ausgeführt und nicht zu übersehen. Folgen Sie der Straße in einigen Kurven bis über die Bahnlinie. Die Straße wird zum Chemin de l'Hydro, dann zur D254 (Rue Luis Mariano) und endet am gleichnamigen Kreisverkehr nach dem Bahnhof von Biarritz. Gehen Sie rechts über die Gleise und dahinter scharf links auf der Rue des Mouettes an einem kleinen See Lac de Mouriscot vorbei bis zu ihrem Ende. Auf dem Weg halten Sie sich links, folgen der schräg ankommenden Straße und wenden sich an der D911 (Avenue de Biarritz) für 1 km nach links. Wieder zwischen Wohnhäusern befindet sich an einer sehr weitläufigen Kreuzung rechts eine Verkehrsinsel mit dem Schild „Avenue du Parc de la reine". Hier gehen Sie rechts, am Ende die Avenue des États Unis weiter und dann links die Rue Tutilenia. Sie gehen den Weg an deren Ende durch bis zu einem Kreisverkehr und rechts auf der Corniche de la Falaise weiter, immer der Straße folgend. Nach einer Spitzkehre in die Rue de la Madeleine treffen Sie an einem Platz mit Läden und Restaurants auf das Zentrum von Bidart.

Bidart ⇧ 55 m, 7.200 Ew.

Office de Tourisme Bidart, Rue Erretegia, 64210 Bidart, ☏ 05 59 54 93 85, über die Homepage, www.bidarttourisme.com, Juli-August Mo-Sa 9:00-19:00, So 9:00-13:00, September Mo-Sa 9:00-18:00, So 9:00-13:00, Oktober-Juni Mo-Fr 9:00-12:30 und 14:00-17:00, Sa 9:00-12:00, am Ende Rue de la Madeleine im Zentrum von Bidart auf der Rue Erretegia 50 m nach links

Auberge Koskenia, Place Sauveur Atchoarena, 64210 Bidart, ☏ 05 59 52 70 25, contact@aubergekoskenia.com, www.aubergekoskenia.com, modernes, individuelles Hostel mit Schlafsaal und Zimmern, @, Abendessen im Restaurant, Frühstück im Restaurant, Ü ab € 47 im Schlafsaal, Ü DZ ab € 99, nach Saison und Belegung, ganzjährig, am Ende der Rue de la Madeleine auf den Platz, an der linken Seite, direkt am Weg

Sunêlia Berrua, Rue Berrua, 64210 Bidart, ☏ 05 59 54 96 66, contact@camping-berrua.com, www.berrua.com, mit Pool, @, Abendessen im Restaurant, Frühstück im Restaurant, Ü im eigenen Zelt ab € 20, Ü Mobilheim ab € 43 nach Saison und Belegung, April-Oktober, rechts um die Kirche und auf der Rue Berrua ca. 650 m weiter, 100 m nach der Rue Eskola

TXIK TXAK, 46 Bayonne – Bidart

Bidart – Saint-Jean-de-Luz 13,3 km

Rechts vor der Kirche führt die Rue de l'Église um den Friedhof herum. Gehen Sie über die D810, dann sich links haltend auf der Rue Berrua nach unten und im Rechtsbogen bis zur Kreuzung mit kleiner Verkehrsinsel und der rechts abzweigenden Rue Eskola. Folgen Sie dieser. Nach 300 m geht links der Chemin de Biskarena ab und wird zum Chemin d'Errotaberria. Folgen Sie ihm über die Bahnlinie und unter der Autobahn hindurch. Bei den nächsten Häusern geht man kurz links und rechts auf dem Chemin de Tipitoenea weiter. An der nächsten Straße, der D655, gehen Sie rechts, am zweiten Abzweig (Chemin de Dorréa) wieder rechts und weiter auf dem Chemin de Dorréa noch einmal rechts. Nach 1,7 km treffen Sie auf den Chemin de Laharrga, gehen links, am Ende an der D855 für 600 m nach rechts und an einem kleinen Trafowürfel links in die Sackgasse. Folgen Sie der Teerstraße für 3 km bis zur D307 und wieder links hoch zu einer kleinen Siedlung. Sie folgen dem Chemin de Chantaco nach rechts. Dieser mündet nach 1,8 km in die D918 am Ufer der Nivelle. Bleiben Sie nach der Autobahn links auf der Promenade Alfred Pose direkt am Fluss, bis Sie die Brücke am Hafenbecken von Saint-Jean-de-Luz erreichen. Die Altstadt ist vorne rechts.

Uferpromenade in Saint-Jean-de-Luz

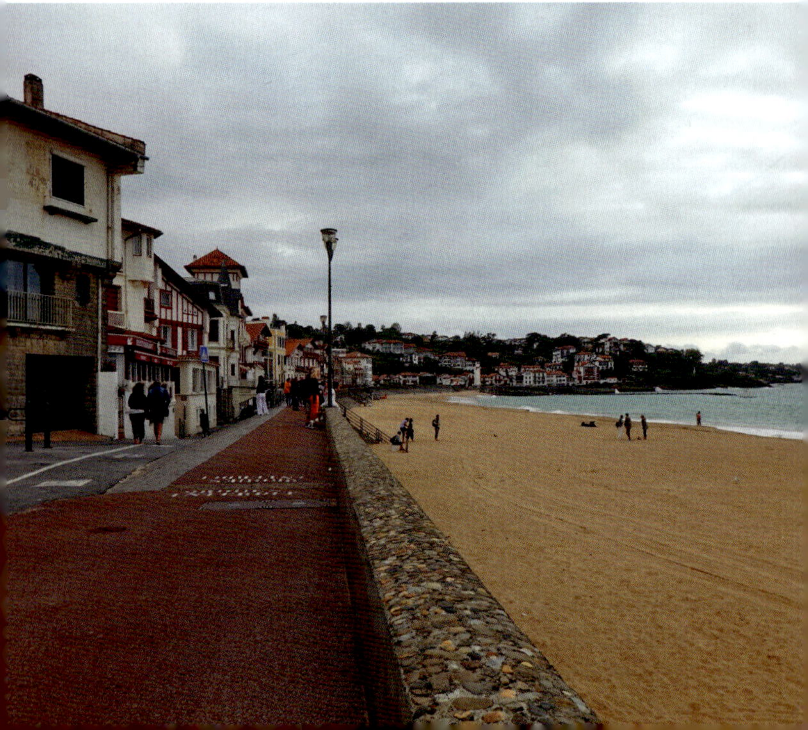

Saint-Jean-de-Luz

⇧ 3 m, 14.300 Ew.

Office de Tourisme Saint-Jean-de-Luz, 20 Boulevard Victor Hugo, 64500 Saint-Jean-de-Luz, ☏ 05 59 26 03 16, saintjeandeluz@otpaysbasque.com, www.saint-jean-de-luz.com, Juli-August Mo-Sa 9:30-13:00 und 14:00-18:30, So 10:00-13:00, April-Juni und September Mo-Sa 9:30-12:30 und 14:00-18:00, So 10:00-13:00, Oktober Mo-Sa 9:30-12:30 und 14:00-18:00, November-März Mo-Sa 9:30-12:30 und 14:00-17:30, an der Brücke im Hafen geradeaus und die nächste rechts

Accueil Pèlerins Saint-Elisabeth, 5 Impasse Saint-Jacques, 64500 Saint-Jean-de-Luz, ☏ 05 59 23 01 92, jl.lamarque.64@gmail.com, April-Oktober, kommunale Pilgerherberge mit 10 Betten in einem Schlafsaal, Mikrowelle, Frühstück auf Anfrage, Ü € 12, an der Brücke geradeaus und auf den Boulevard Victor Hugo nach rechts, nach 200 m in die Rue Joseph Garat nach links bis zur Rue Saint-Jacques, nach 220 m rechts am Kopfende der kleinen Gasse in den Impasse Saint-Jacques, 400 m vom Weg entfernt

TXIK TXAK, 49 Ascain – Saint-Pée-sur-Nivelle – Espelette

TER, regionale Verbindung Bordeaux – Dax – Bayonne – Saint-Jean-de-Luz – Hendaye

Saint-Jean-de-Luz – Urrugne 5,4 km

Der Weg durch das Hinterland über Urrugne nach Hendaye ist teilweise mit dem Rad absolut unpassierbar. Fahren Sie besser schon in Saint-Jean-de-Luz nach dem Hafenbecken auf der D912 (Quai Maurice Ravel) bis zum Meer und folgen Sie der Straße bis zur Strandpromenade von Hendaye.

Gehen Sie nach Querung der Brücke rechts, am Ende des Parkplatzes links in den Chemin de Saint Jacques und werfen Sie am Ende nach rechts einen Blick in die typisch baskische Kirche Saint Vincent, die so ganz anders ausgestattet sind, als Sie sie normalerweise kennen. Von der Kirche zurück geht es rechts auf der Rue Agorette weiter. Halb links führt die Rue Jules Paquier bergan und wird zur Rue Evariste Baignol.

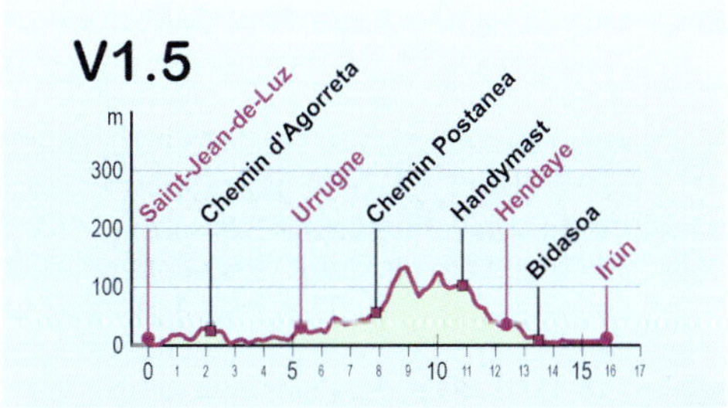

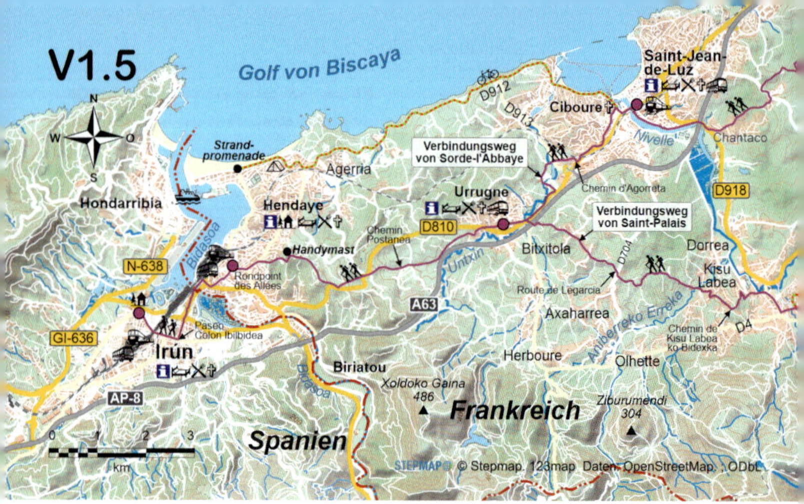

Am weißen Kreuz auf der linken Seite geht es noch einmal geradeaus weiter, dann rechts in die Rue Loperena und ein paar Meter auf der D810 (Rue Paul Gelos) ebenfalls nach rechts, bis schräg rechts die Rue de Kafartenea leicht ansteigt. Am Ende gehen Sie links und rechts eine kleine Treppe zur Straße und Brücke über die Bahnlinie hinauf.

Direkt anschließend nehmen Sie rechts den Chemin d'Agorreta, folgen der S-Kurve, queren die D913 und gehen am Ende auf der Route de Socca links bis zur D810. Folgen Sie ihr nach rechts bis zum Kreisverkehr und halten Sie sich rechts auf der Rue Bernard de Coral und geradeaus hinein bis nach Urrugne. Hier ist noch eine baskische Kirche direkt am Platz, die Sie sich unbedingt anschauen sollten. Zudem können Sie sich hier in der Sonne stärken.

Urrugne

BANK ⇧ 32 m, 10.400 Ew.

Office de Tourisme Urrugne, Place René Soubelet, 64122 Urrugne, ☏ 05 59 54 60 80, urrugne@otpaysbasque.com, www.en-pays-basque.fr, April-Juni und September Mo-Fr 9:00-12:30 und 14:00-17:30, Sa 9:00-12:30, Juli-August Mo-Sa 9:00-12:30 und 14:00-18:00, So 9:00-12:30, Oktober-März Mo-Fr 9:00-12:30 und 14:00-17:30, gegenüber der Kirche mitten im Ort

Oberge Maité, 1 Rue Clément Laurencena, 64122 Urrugne, ☏ 05 59 24 95 50, contact@obergemaite.fr, www.obergemaite.fr, @, Abendessen im Restaurant, Frühstück € 10, Ü DZ ab € 85, ganzjährig, gegenüber der Kirche mitten im Ort

TXIK TXAK, 43 Urrugne – Saint-Jean-de-Luz

Urrugne – Hendaye 7,1 km

Vor dem Ort kam der Übergang von Saint-Palais von der Via Lemovicensis und Via Podiensis hinzu. Es geht auf der Rue Jean Fourcade geradeaus aus dem Ort, über die D810 hinweg, kurz parallel zu ihr und dann auf der Vieille Route d'Espagne leicht links ab. Nach knapp 2 km queren Sie am Carrière Harrobia die kreuzende Straße und gehen kurz danach nicht links hoch, sondern auf dem Chemin Postanea am Feldrand unten geradeaus weiter. Folgen Sie ihm bis hoch zu D810 und links zum Kreisverkehr. Gegenüber in der kurzen Stichstraße führt ein Weg vor dem Industrietor rechts nach unten und am Ende noch mehr zugewuchert kurz rechts hoch, um in einen schmalen Pfad zwischen Gesträuch und Weidezaun an einem Hof zu enden. Hier kurz links kommt an der D810 der GR 10 mit weiß-roter Markierung hinzu. Gehen Sie auf dem Schotterweg parallel zur D810 weiter, über einen Hügel leicht rechts hinab und unten links bis zur Kreuzung vor einem großen Handymast. Die Markierung des GR 10 zweigt hier rechts ab, gehen Sie sowohl für den Weg nach Hendaye-Zentrum als auch hinüber nach Irún hier aber links und die nächste Straße gleich wieder rechts hinunter. Am ersten Kreisverkehr am Ende des Chemin d'Agoretta gehen Sie leicht links auf der Rue des Réservoirs zum nächsten Kreisverkehr und rechts auf der Rue Hapetenia und Rue d'Irandatz bis zum Rondpoint des Allées.

↳ Um in das Zentrum von Hendaye zu gelangen, wenden Sie sich hier rechts und gehen praktisch immer geradeaus an das Ufer der Bidasoa und hinaus bis zum Jachthafen. Hier gibt es eine kleine Fähre hinüber nach Hondarribia, aber nicht nach Irún.

Hendaye

⇧ 3 m, 17.600 Ew.

i Office de Tourisme Hendaye, 67 bis Boulevard de la Mer, 64700 Hendaye, ☎ 05 59 20 00 34, ✉ über die Homepage, 💻 www.hendaye-tourisme.fr, November-März Mo-Fr 9:00-12:30 und 14:00-18:00, Sa 9:00-12:00 und 14:00-17:30, April-Mai und Oktober Mo-Fr 9:00-12:30 und 14:00-18:00, Sa 9:00-12:30 und 14:00-18:00, Juni und September Mo-Fr 9:00-12:30 und 14:00-18:30, Sa 9:00-12:30 und 14:00-18:00, So 10:00-12:30, Juli-August Mo-Sa 9:00-13:00 und 14:00-19:00, So 10:00-13:00 und 15:00-18:00, an der Atlantikpromenade 100 m nördlich des einzigen direkt am Wasser gebauten Gebäudes

Centre Bella Vista, Rue Goyara, 64700 Hendaye, ☎ 05 59 70 58 51, ✉ contact@cbe-horizon.fr, 💻 www.cbe-horizon.fr, Aufnahme von Pilgernden in einer sozialen Organisation, Abendessen € 15, Frühstück € 5,90, Ü € 20, ganzjährig, Reservierung notwendig, an der Promenade zum Jachthafen rechts auf der Rue des Alisiers und Rue des Cédres bergan, nach der Bahnlinie auf der Avenue de Lissardy weiter und rechts in die Rue Goyara, 1 km ab der Promenade

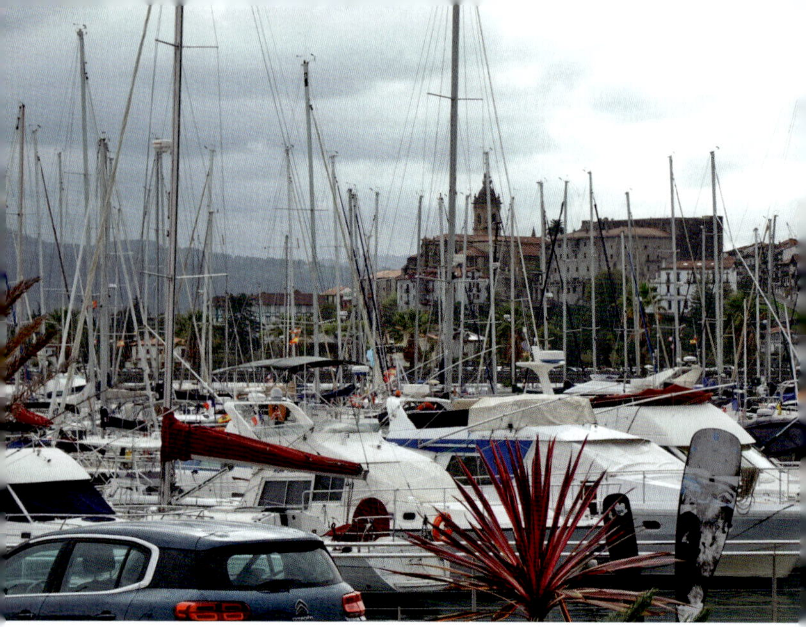

Im Hafen

⛺ Camping Alturan, Chemin de la Côté, 64700 Héndaye, ☎ 05 59 20 04 55, camping.alturan@orange.fr, www.camping-alturan.com, @, Preis auf Anfrage nach Saison und Belegung, Juni-September, 700 m östlich der Touristeninfo von der Atlantikpromenade der Rue de la Côté und dem Chemin de la Côté folgen, 300 m vom Strand

TXIK TXAK, 31 Irún

TER, regionale Verbindung Bordeaux – Dax – Bayonne – Bidart – Saint-Jean-de-Luz – Urrugne

Hendaye – Irún 3,5 km

Um direkt nach Irún und zur Pilgerherberge zu kommen, gehen Sie links auf der Rue de Santiago bis zum zweiten Kreisverkehr, dann rechts bis an die Mauer der Bahnhofsanlagen und auf der Avenue d'Espagne links auf der Fußgängerbrücke über den Grenzfluss Bidasoa zwischen Frankreich und Spanien. Gehen Sie in Spanien auf der Avenida de Iparralde geradeaus durch bis zum Paseo Colon Ibilbidea, der Hauptgeschäftsstraße von Irún, dort rechts bis über die Eisenbahn und in Verlängerung den Ondaribi'ko Karika 500 m bis zu einem großen Kreisverkehr. Hier sehen Sie schon die Herberge aus roten Mauerziegeln in der Straße rechts.

Irún

20 m, 62.400 Ew.

Irún, Jardines Luis Mariano 3, 20302 Irún, +34/943 020 732, über die Homepage, www.bidasoaturismo.com, Mo 15:30-19:00, Di-Sa 10:00-13:30 und 15:30-19:00, am Paseo Colon Ibilbidea 300 m rechts

Albergue de peregrinos de Irún, Calle Lesaka 1, 20301 Irún, +34/640 361 640, irunsantiago@yahoo.es, www.irunsantiago.com, 60 Betten in 3 Schlafsälen, , Übernachtung + Frühstück gegen Spende, Februar-November, neu, groß und geräumig, Pilgerausweis erhältlich, am Weg

TXIK TXAK, 31 Hendaye

TER, regionale Verbindung Hendaye – Irún

Irún

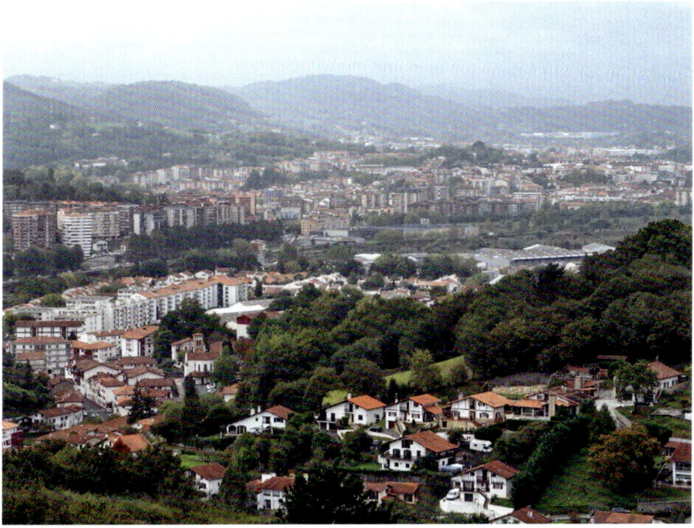

Verbindung Via Turonensis + Via Lemovicensis + Via Podiensis → Camino del Norte (Saint-Palais – Hendaye/Irún)

Saint-Palais – Hélette 25,1 km

Vom Place de l'Hôtel de Ville geht rechts die Rue Gambetta ab. Folgen Sie ihr um die Linkskurve und nehmen Sie gleich danach die Rue du Palais de Justice nach rechts. Nach 300 m rechts auf der Rue de Capilla (Karrika Berria) kommen Sie an die etwas befahrene D8 (Rue du Bois de la Ville), der Sie nach links 200 m folgen, bis der deutlich ruhigere Chemin de Lukumendi sich links parallel dazu etwas abhebt.

🚲 Mit dem Rad folgen Sie der D8 und fahren an der Rue de Basabarne vorbei. Am nächsten Abzweig, 400 m dahinter, führt die D808 (Route du Bourg) nach Beyrie-sur-Joyeuse. Halten Sie sich nach 650 m an einer Verzweigung mit zwei Straßen und zwei Hofeinfahrten ganz links auf der Route de Bordibarre. Nach 1,5 km halten Sie sich wieder links und folgen der Straße bis zum Ende an der D245. Fahren Sie links und gleich nach 200 m auf der D245 wieder links bis Armendarits.

Steh auf, sei Du

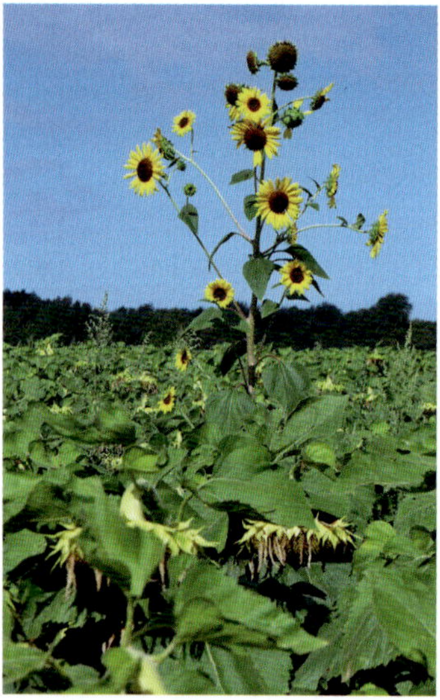

Wieder an der D8 gehen Sie 500 m nach links und rechts auf die Rue de Basabarne. Der Weg ist als Liaison – Verbindung – in gelb und blau markiert und zeigt über Pfeile auch die Richtung an. Etwas verbesserungswürdig ist die Markierung jedoch an einigen Stellen. Am ersten Abzweig gehen Sie auf dem Chemin da Latsa in die Sackgasse geradeaus und nach 400 m nach einer Rechtskurve links einen Feldweg in Serpentinen hoch in den kleinen Ort Beyrie-sur-Joyeuse ✝.

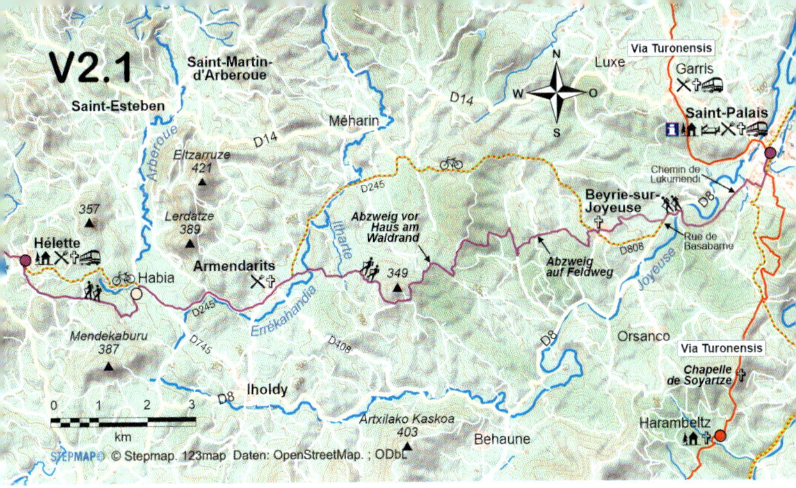

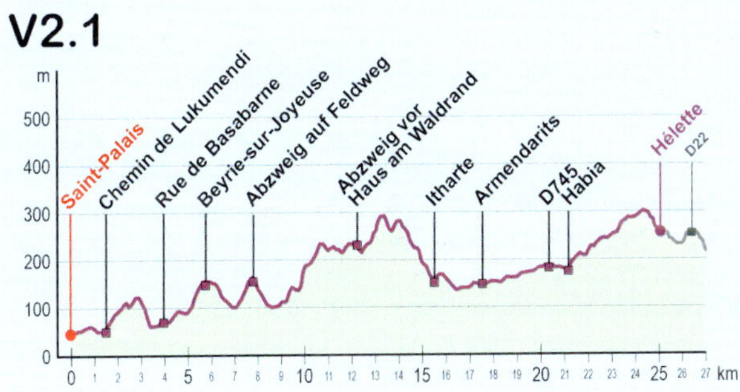

Vor dem ersten Haus zweigen Sie offiziell rechts ab und kommen links an die Kirche. Diagonal über den kleinen Platz führt der Chemin d'Elissatia zwischen den Häusern hinaus. Am Ende wenden Sie sich rechts und nach 100 m links auf die Route d'Urrutia. Nach 2 km geht es gegenüber einer landwirtschaftlichen Blechhalle links einen kleinen, schlammigen Weg zwischen Gehölz nach unten. An der Straße müssen Sie 600 m nach rechts gehen und dann scharf links durch ein Gatter nach oben und durch Feld und Wald bis zur nächsten Querstraße. Gehen Sie links und nach 600 m auf einer kleinen Teerstraße nach rechts oben bis zum Ende des Waldes auf der linken Seite. Die Straße würde 50 m weiter an einem einzelnen Haus enden. Am Waldrand führt links ein Weg daran entlang.

Folgen Sie dem Weg um die Rechtskurve entlang des Waldes und links weiter, immer am Waldsaum entlang. Nach einem kurzen Stück im Wald gehen Sie geradeaus an einem einzelnen Hof vorbei und kurz dahinter rechts. Am Ende des Weges gehen Sie rechts weiter und durch etliche Kurven nach dem kleinen Bach Itharte geradeaus hoch zu einem Bauernhof, direkt links daran vorbei und oben auf der Straße rechts bis zur D245, die links hinein nach Armendarits ✕ 🛏 ✝ führt.

Sie verlassen den Ort weiter auf der D245, die kurz darauf rechts Richtung Hélette abzweigt, und folgen ihr 3,5 km bis zur D745.

🚲 Fahren Sie rechts und auf der D245 durch bis Hélette.

Gehen Sie rechts Richtung Hélette und nach 750 m an einem Bushäuschen auf dem Chemin d'Ithurburua links nach Habia. Am Abzweig müssen Sie geradeaus hoch, dann quasi mitten durch drei Höfe hindurch und am Waldrand in einer scharfen Linkskurve der Straße nach rechts hoch. Nach Umrundung des Hügels gehen Sie an der Straße leicht links weiter und halten sich kurz darauf zweimal rechts. Der Weg endet an einer Straßengabelung. Gehen Sie nicht dem Schild Richtung Hélette folgend rechts nach, sondern links davon in die kleine Straße mit dem Durchfahrt-verboten-Schild und bis hinein nach Hélette und gerade durch zum Platz mit Pelotewand, Restaurant und Kramerladen.

Hélette

🏠 ✕ ☕ 🛏 📯 ✝ 🚌 ⇧ 260 m, 720 Ew.

🏠 Gîte d'étape Pausa Lekua, 15 Madarieta Karrika, 64640 Hélette, ☎ 05 59 37 61 65 (Mairie), 📱 05 59 37 62 99 (wenn das Rathaus nicht erreichbar ist), neue Gîte mitten im Ort, Preis auf Anfrage, 🚪 April-Oktober, direkt am Ortsanfang rechts gegenüber der ersten Bar

🛏 ✕ Restaurant Idioinia, Quartier Plaza, 64640 Hélette, ☎ 05 59 37 62 99, 3 Zi, Abendessen im Restaurant, Preis auf Anfrage, 🚪 ganzjährig, Reservierung notwendig, mitten am Hauptplatz rechts neben der Pelotewand

🚌 TXIK TXAK, 15 Cambo-les-Bains (Anschluss an TER)

Hélette – Itxassou 17,7 km

Links hinter der Pelotewand führt eine kleine Gasse hinaus zu Friedhof und Kirche, die Sie links umrunden, und dahinter folgen Sie dem Chemin de Garralda endgültig aus dem Ort. Überqueren Sie die Brücke nach links und gehen Sie durch bis zur befahrenen D22. Auf dieser müssen Sie nach rechts und können erst nach 1,2 km links zwischen einer Weide einem Weg nach Basoita dem Verkehr entfliehen.

🚲 Mit dem Rad müssen Sie weiter bis zur Straße links zurück nach Basoita.

Der Abzweig ist nicht markiert, aber die Straße steigt vorher schnurgerade an und wird oben wieder flach von alten Bäumen gesäumt – kurz danach zweigt der Weg ab. Im Ort kommen Sie an die Hauptstraße, der Sie links nach Süden und in einer scharfen Kurve wieder nach Westen folgen.

🚲 Bleiben Sie auf dieser Straße bis zur D252 und fahren Sie links nach Macaye.

An der Verzweigung gehen Sie links auf dem Altzuetako Bidea, am Ende auf dem Kurutzaldeko Bidea nach links und direkt gegenüber der Hofeinfahrt biegen Sie rechts auf den Feldweg ab.

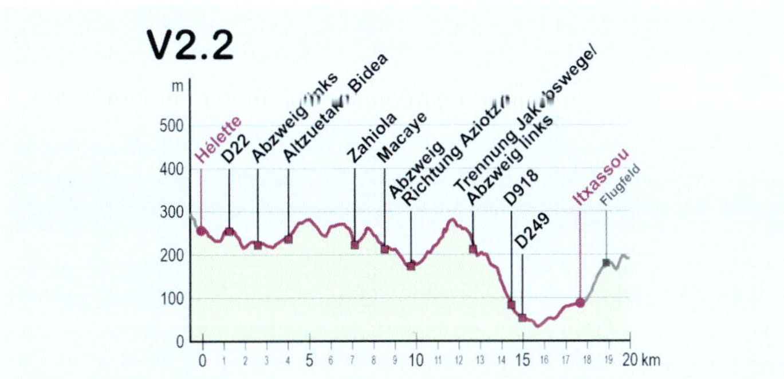

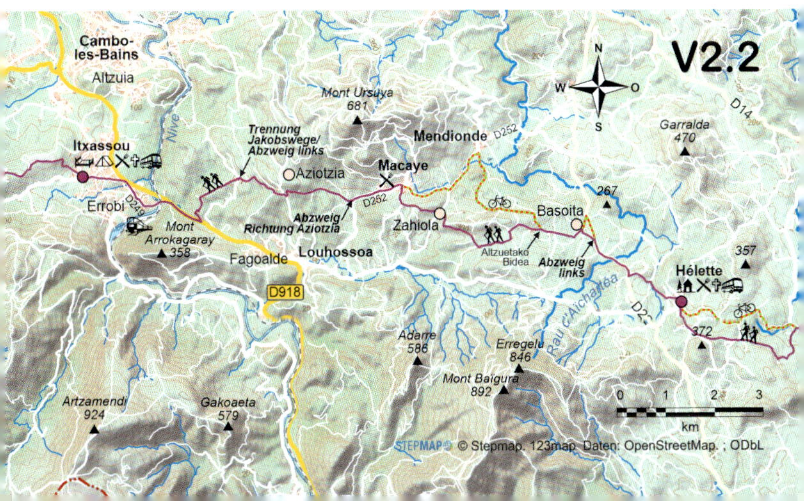

Nach 800 m gehen Sie an einer Wegekreuzung rechts auf freies Feld und den Hügel hinauf. Sie erreichen die vier Häuser von Zahiola, gehen links und über die Kreuzung geradeaus weiter nach oben.

Ab der Kreuzung am Ende der Straße wird es etwas verwirrend. Ab hier verläuft ein weiterer Jakobsweg in Gegenrichtung auf der gleichen Strecke. Dieser ist ebenfalls mit den kleinen Pfeilen mit Jakobsmuschel markiert, sie haben aber einen weißen Hintergrund. Und es gibt ab und an auch die gelb-blauen Streifen zu sehen. Sie folgen weiter den Pfeilen mit gelbem Hintergrund. Seien Sie achtsam.

Es geht rechts weiter bis zur D252 in Macaye.

Gehen Sie links hinüber in den zweiten Ortsteil mit einem weiteren Restaurant und wieder aus dem Ort. Nach 600 m steigt nach rechts eine Straße bergan, der Aziotzteko Bidea. Nach 1,7 km führt eine Serpentine im Wald an einen Abzweig, halten Sie sich rechts Richtung Aziotzia und am nächsten Abzweig links.

Nach weiteren 1,2 km gehen Sie durch die ersten Höfe hindurch und folgen am nächsten Abzweig der Serpentine nach links unten, nicht dem Jakobswegpfeil nach rechts. Die beiden parallelen Jakobswege trennen sich hier wieder.

Kurz darauf nehmen Sie den Chemin d'Halkeia nach rechts und folgen ihm hinunter bis zur massiv befahrenen D918. Sie müssen hier auf dem Grasstreifen neben der Straße 800 m nach rechts wandern und dann entgegen der Einbahnstraße links auf die D249 gehen. Nach der Nive treffen Sie auf die ersten Häuser der weit verzweigten Ortschaft Itxassou.

Gehen Sie auf dem Errobiko Errebidea geradeaus und am Ortsendeschild vorbei, bis die D249 die D918 touchiert. Hier gehen Sie links weiter, wieder hinein in den Ort und kommen nach dem Kreisverkehr in eines der Zentren von Itxassou mit Einkaufsmöglichkeiten und Restaurants. Die Pelotewand darf auch hier nicht fehlen.

Itxassou

BANK ⇧ 85 m, 2.200 Ew.

Camping Hiriberria, 64250 Itxassou, ☎ 05 59 29 98 09, hiriberria@wanadoo.fr, www.hiriberria.com, Zeltplatz mit Hütten und Schwimmbad, die Hütten so früh wie möglich reservieren, T @, Ü Zelt 1 P. € 10, Ü Hütte für 2 P. € 30 p. P., März-Oktober, an der D918, 250 m nördlich des einzigen Kreisverkehrs, Einfahrt rechts

TXIK TXAK, 59 Cambo-les-Bains (Anschluss an TER)

TER, regionale Verbindung Bayonne – Itxassou – Saint-Jean-Pied-de-Port

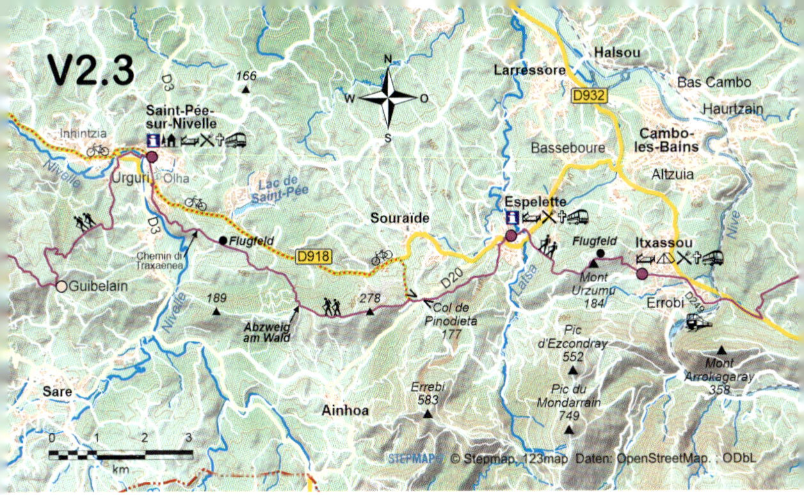

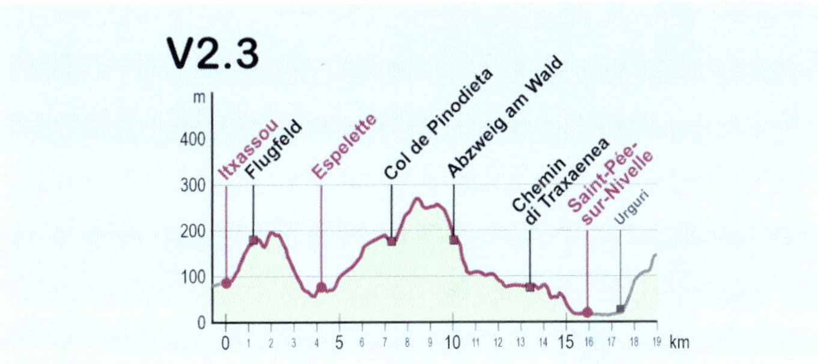

Itxassou – Espelette 4,2 km

Am Ende des Platzes zweigt rechts der Urzumuko Bidea in Richtung Flugfeld Ursumu ab. Gehen Sie in mehreren Windungen hinauf und an dem Fliegerdenkmal vorbei bis zum Hangar des Flugfeldes. Folgen Sie der kleinen Straße nach unten. Der Weg ist als GR 8 Richtung Condechengogaïna ausgeschildert. Gehen Sie an den Häusern vorbei, nach links und der Straße durch die Kurve folgend geradeaus hinein nach Espelette. Kreuzen Sie die D918 und gehen Sie am Ende auf dem Elizaldeko Bidea links hinauf, vorbei am Tourismusbüro links oben in der Burg und bis in die oftmals von Touristinnen und Touristen überlaufene Fußgängerzone von Espelette.

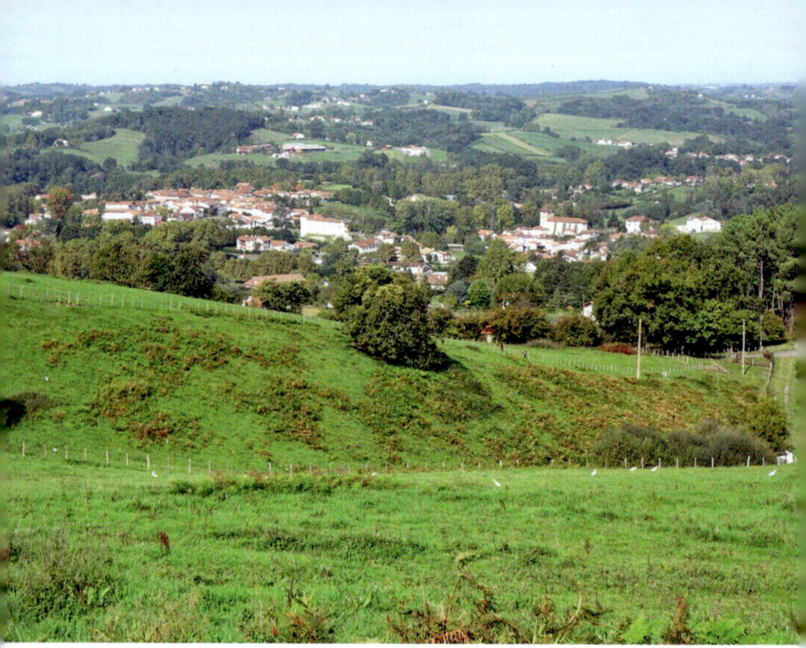

Espelette

Espelette

⇧ 33-749 m, 2.040 Ew.

Office de Tourisme Espelette, Karrika Nagusia, 64250 Espelette, ☏ 05 59 93 95 02, espelette@otpaysbasque.com, www.en-pays-basque.fr, April-Juni und September Mo-Fr 9:00-12:30 und 14:00-17:30, Sa 9:00-12:30, Juli-August Mo-Sa 9:00-12:30 und 14:00-18:00, So 9:00-12:30, Oktober-März Mo-Fr 9:00-12:30 und 14:00-17:30, von der Plazako Karrika links hoch zur Burg

Gîte d'Andy Le Sauce, 120 Zubiburuko Karrika, 64250 Espelette, 06 71 05 20 04, 3 Zi, ÜF € 25, ganzjährig, Reservierung notwendig, an der Plazako Karrika kurz vor dem Ortszentrum, direkt am Weg rechts

TXIK TXAK, 59 Cambo-les-Bains (Anschluss an TER), 49 Saint-Pée-sur-Nivelle – Ascain – Saint-Jean-de-Luz

Piment d'Espelette

Sie werden vielleicht in manchem Restaurant Frankreichs schon den Namen Espelette gelesen haben. Der Pfeffer aus dieser Region wird, analog zu Weinen einer bestimmten Region, strengstens auf Qualität und Herstellungsmethoden überwacht.

Die roten Schoten werden von Hand gelesen und hängen zum Trocknen traditionell an den Häuserwänden der Produzierenden. Er eignet sich hervorragend zum Marinieren von Fleisch und natürlich auch als Würzmittel in allen anderen Speisen.

Espelette – Saint-Pée-sur-Nivelle 11,7 km

Gehen Sie in der Fußgängerzone an der Kreuzung von Karrika Nagusia und Xerri Karrika auf Letzterer nach Süden, an einem Parkplatz vorbei und auf dem Xuriki-ko Bidea rechts. Am Ende eines weiteren Parkplatzes führt links ein Weg im Gras zu einer Fußgängerbrücke über die D918. An der nächsten Querstraße nehmen Sie leicht links versetzt den Oilakineko Bidea aus dem Ort. Dieser knickt nach 600 m am Ende nach rechts ab und führt nun 1,5 km weiter bis an die D20 heran. Der Punkt nennt sich Col de Pinodieta und Sie treffen auf den Jakobsweg Voie de Baztan von Bayonne nach Saint-Jean-Pied-de-Port. Kreuzen Sie die D20 und gehen Sie im Ort nach einem grasbewachsenen Wasserreservoir auf dem Harrobiko Bidea links nach oben auf den Hügel.

Vor Saint-Pée-sur-Nivelle

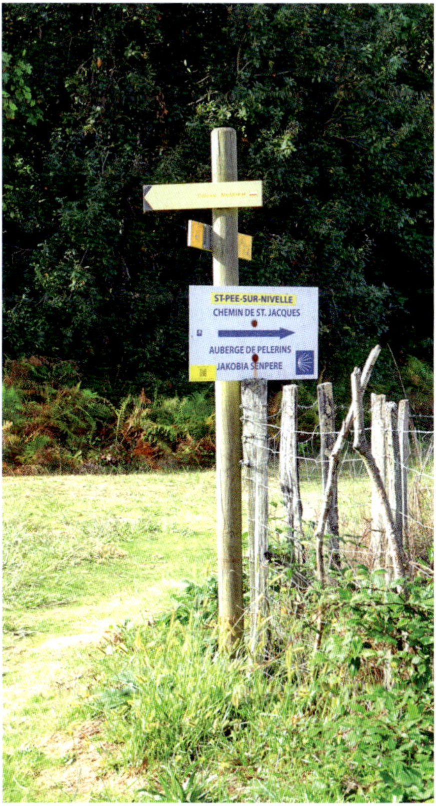

🚲 Fahren Sie geradeaus weiter bis zur D918 und auf dem verbreiterten Seitenstreifen links bis zum Kreisverkehr an der Kreuzung mit der D3 am Ortsanfang von Saint-Pée-sur-Nivelle.

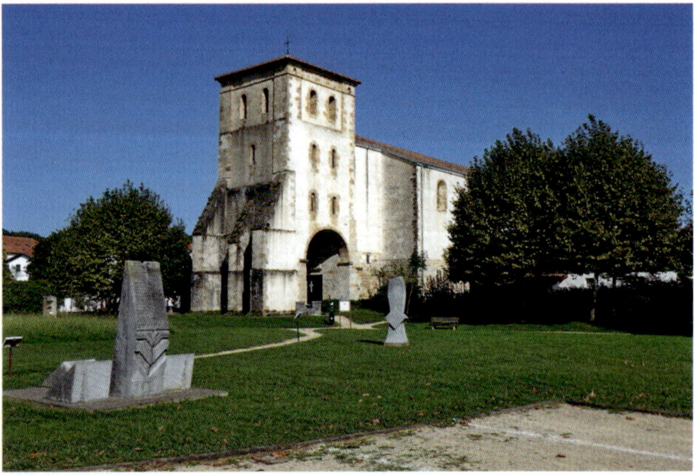

Die Kirche in Saint-Pée-sur-Nivelle

Nach 2,5 km immer geradeaus zweigt am Beginn des Waldes ein anfangs ziemlich steiler Weg nach rechts unten ab. An dem Bauernhof nehmen Sie links die Straße, halten sich an der Verzweigung links und folgen dem Weg für 2 km. Nach dem Flugfeld für Motorgleitschirmflüge mit Windhose auf der grünen Blechhalle kommen Sie zu ein paar Häusern am Wegesrand und gehen danach links in die Sackgasse namens Chemin di Traxaenea. Folgen Sie diesem immer weiter und gegen Ende nach unten durch die Häuser bis zum großen Kreisverkehr an der Kreuzung von D918 und D3. Es gibt Bänke und einen Trinkwasserhahn. Geradeaus über die Kreuzung hinweg und rechts an der Tankstelle und Supermarkt vorbei gelangen Sie direkt in das Ortszentrum von Saint-Pée-sur-Nivelle.

Saint-Pée-sur-Nivelle

BANK ⇧ 75 m, 7.040 Ew.

Office de Tourisme Saint-Pée-sur-Nivelle, Place du Fronton, 64310 Saint-Pée-sur-Nivelle, ☏ 05 59 54 11 69, saintpeesurnivelle@otpaysbasque.com, www.en-pays-basque.fr, April-Juni und September Mo-Fr 9:00-12:30 und 14:00-17:30, Sa 9:00-12:30, Juli-August Mo-Sa 9:00-12:30 und 14:00-18:00, So 9:00-12:30, Oktober-März Mo-Fr 9:00-12:30 und 14:00-17:30, am Chemin Karrika zwischen Rue de l'Église und Rue Butrun mitten im Ort, kurz nach der Herberge rechts

Gîte des Pèlerins de Saint Jacques de Compostelle, 9 Chemin Karrika, 64310 Saint-Pée-sur-Nivelle, ☏ 05 59 59 04 38, gut ausgestattete Gîte im Zentrum, , Preis auf Anfrage, April-Oktober, Reservierung notwendig, direkt an der D918 rechts vor dem Rathaus

TXIK TXAK, 49 Espelette + Ascain – Saint-Jean-de-Luz

⌘ L'Eccomusée de la Pelote et du Xistera Pilotari, das Museum zur baskischen Nationalsportart Pelote. Die Spielfelder mit den charakteristischen Mauern finden Sie in jeder Ortschaft. Wer mehr dazu wissen will, ist hier am richtigen Platz.

♦ Place du Fronton, Rue Karrika, Mo-Fr 9:00-11:30 und 14:00-16:30

Saint-Pée-sur-Nivelle – Ascain 10,3 km

Der einfachste Weg nach Ascain beginnt im Ortszentrum auf der D918 (Rue Ibarbidea) nach links Richtung Westen. Etwa 1,5 km nach dem dritten Kreisverkehr geht an einer Bushaltestelle links der Chemin Karrika Zaharra ab. An der Verzweigung nach 2 km halten Sie sich links auf der gleichnamigen Straße und erreichen das Zentrum von Ascain.

Gläubiges Baskenland

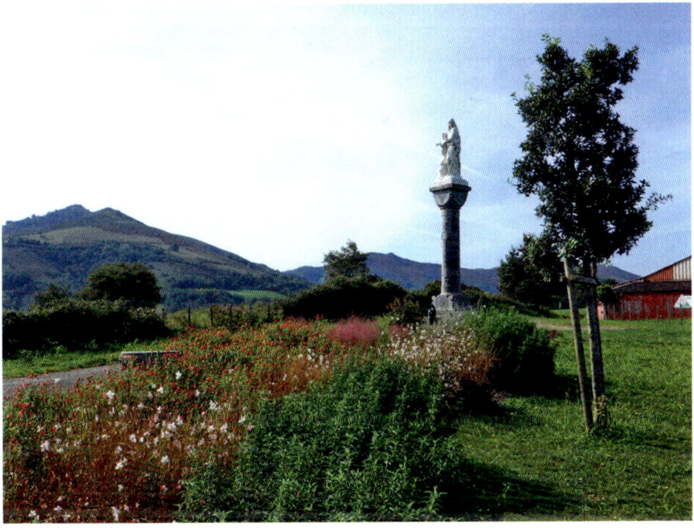

Kurz vor der Kreuzung des Chemin Karrika am Beginn der D3 geht links die Nebenstraße Rue Butrun ab und überquert mit einer kleinen Brücke die Nivelle. Gehen Sie rechts zurück zum Ufer der Nivelle und daran weiter. Nach einem Linksbogen gehen Sie durch die Straßenunterführung, danach links und wieder rechts auf dem Chemin Urguri hinaus und hügelan. Halten Sie sich an der Verzweigung links und dann zweimal rechts hinauf. An der nächsten Verzweigung mit Verkehrsinsel der mittlerweile geschotterten Straße gehen Sie links und am Ende der Straße rechts leicht bergan. Den Anstieg des GR auf den Hügel lassen Sie links liegen und folgen der Straße bis zu einer großzügigen Verzweigung mit Hinweistafel und einem herrlichen Panorama. Folgen Sie dem rechten Weg und den Serpentinen links bis hinunter nach Ascain. Die Route d'Arraioa bringt Sie direkt zum zentralen Platz von Ascain mit Läden, Restaurants, Kirche und Peloteplatz.

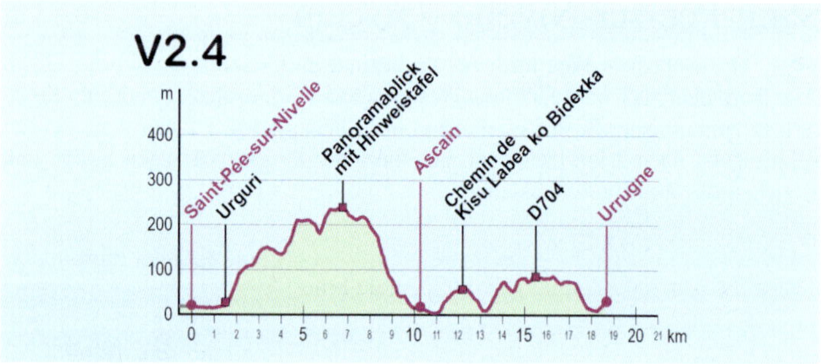

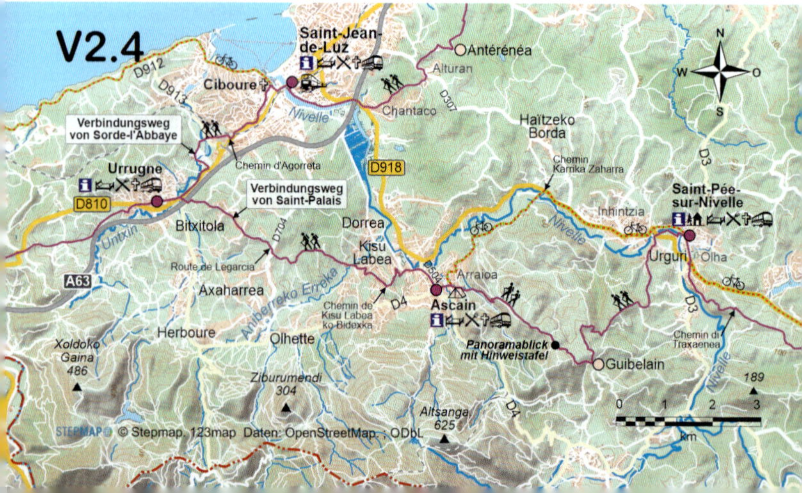

Ascain 20 m, 4.200 Ew.

Office de Tourisme Ascain, 23 Rue Oletako Bidea, 64310 Ascain, 05 59 54 00 84, ascain@otpaysbasque.com, www.en-pays-basque.fr, April-Juni und September Mo-Fr 9:00-12:30 und 14:00-17:30, Sa 9:00-12:30, Juli-August Mo-Sa 9:00-12:30 und 14:00-18:00, So 9:00-12:30, Oktober-März Mo-Fr 9:00-12:30 und 14:00-17:30, gegenüber der Kirche

Gîte Belchenia, 37 Rue Oletako Bidea, 64310 Ascain, 06 09 46 56 20, Gîte für 12 Personen, Unterkunft nur wenn gerade komplett frei ist, auf Anfrage, Frühstück auf Anfrage, Ü € 20, ganzjährig, Reservierung notwendig, gegenüber der Kirche links, zentral im Ort

♦ Hotel Alaia, 40 Route d'Arraioa, 64310 Ascain, 05 59 47 04 72, contact@hotelresidencealaia.fr, www.residence-hotel-alaia.fr, nettes und ruhiges Hotel mit reichlichem Frühstück, @, ÜF DZ ab € 59, ganzjährig, Reservierung notwendig, 200 m vor dem Zentrum direkt am Weg links

Camping Chourio, Route d'Arraioa, 64310 Ascain, 05 59 54 06 31, keine Hütten, nur eigenes Zelt, Preis auf Anfrage, Mai-September, 300 m vor dem Zentrum direkt am Weg links

TXIK TXAK, 49 Saint-Jean-de-Luz + Saint-Pée-sur-Nivelle – Espelette

Ascain – Urrugne 8,4 km

Gehen Sie von der Kirche auf der D504 (Rue Ernest Fourneau) nach Norden bis zum Kreisverkehr.

Wenn Sie nach Saint-Jean-de-Luz möchten, können Sie hier auf der D504 nach Norden über den Fluss gehen und dann immer der D918 nach links folgen, bis Sie nach 5 km hinter der Autobahnunterführung am Rande der Stadt links an der Promenade Alfred Pose den Hafen erreichen. Es geht, doch schön ist der Weg bis dahin nicht.

Hübscher und deutlich ruhiger ist es, wenn Sie nach links auf der Route de Ciboure weitergehen. Sie touchieren noch einmal die Nivelle und gehen dann an einem Abzweig mit einer markanten, quasi im Teer stehenden Platane links auf der Chemin d'Harginenea ko Bidexka in Serpentinen nach oben, bis der Chemin de Kisu Labea ko Bidexka nach rechts abzweigt. Halten Sie sich am kleinen Kreisverkehr links und am nächsten Abzweig rechts. Unten überqueren Sie leicht links versetzt den Bach und folgen dem Chemin de Gaineko Borda für 1 km. Hier halten Sie sich links weiter nach unten und am nächsten Abzweig bleiben Sie rechts. Sie kommen mit leichtem Schwung nach oben schräg an der D704 (Route de Ciboure) an und queren diese in die Route de Legarcia. Folgen Sie ihr hinunter und gehen Sie rechts unter der Autobahn hindurch.

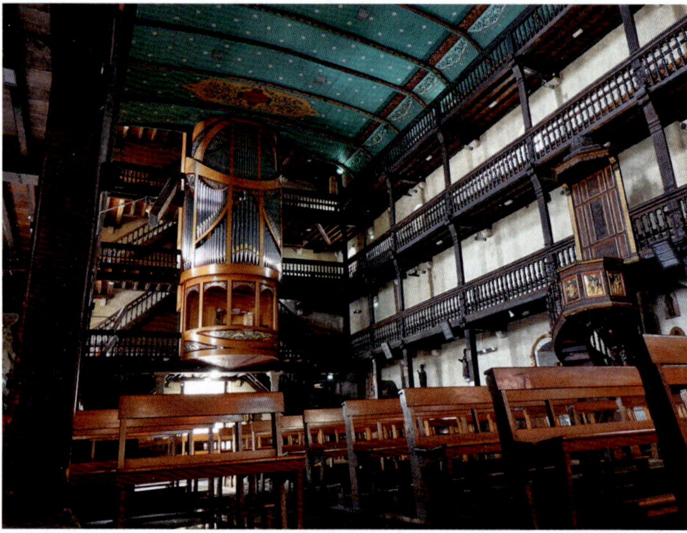

Ein typischer Kirchenraum im Baskenland

Am Kreisverkehr gehen Sie linksherum und erst die zweite Straße, die Rue Bernard de Coral, hinein bis zur Kirche von Urrugne. Werfen Sie unbedingt einen Blick hinein und trinken Sie einen Kaffee in der Sonne.

Ab hier wandern Sie nach der Beschreibung im Kapitel „Verbindung Sorde-l'Abbaye/Peyrehorade – Bayonne – Hendaye/Irún" von Urrugne bis nach Hendaye bzw Irún am Beginn des Camino del Norte.

📖 **Spanien: Jakobsweg Küstenweg** – Camino de la Costa und Camino del Norte und beliebte Varianten von Raimund Joos, Conrad Stein Verlag, Band 71, ISBN 978-3-86686-405-4, € 19,90

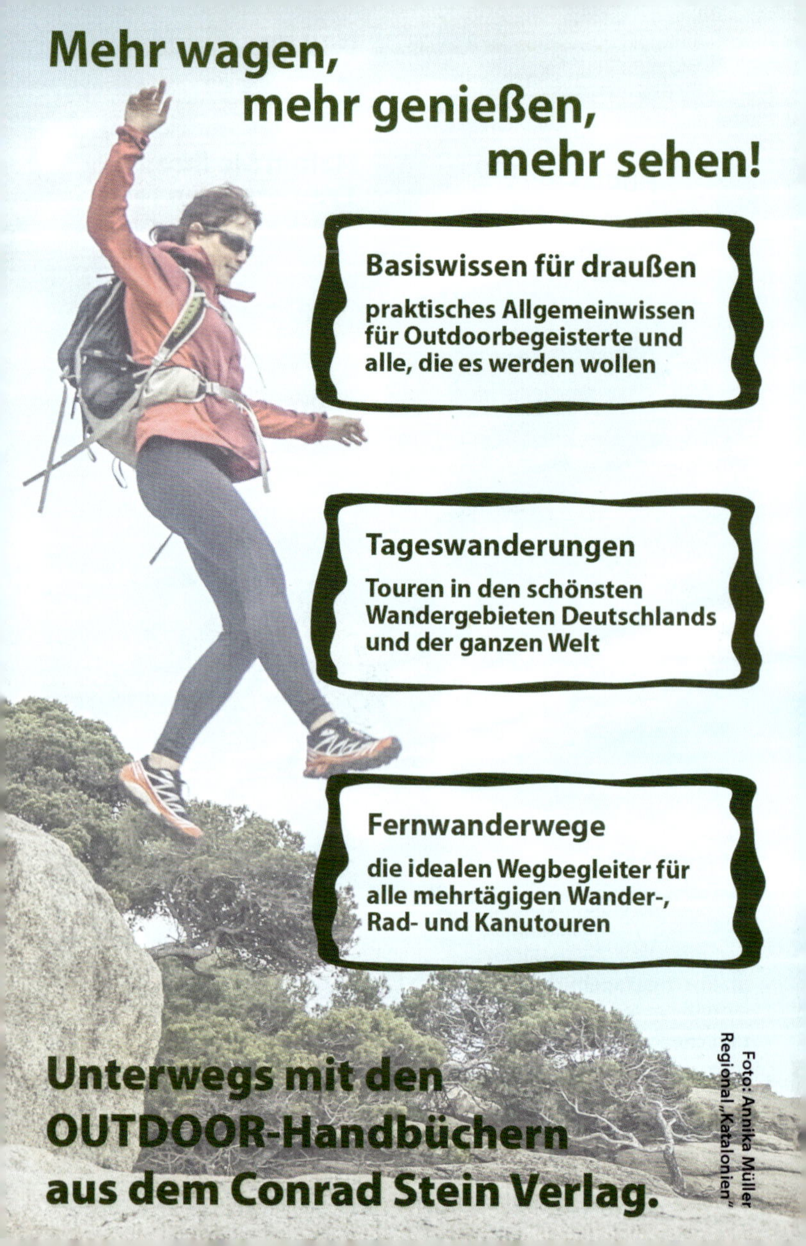

Foto: Annika Müller Regional „Katalonien"

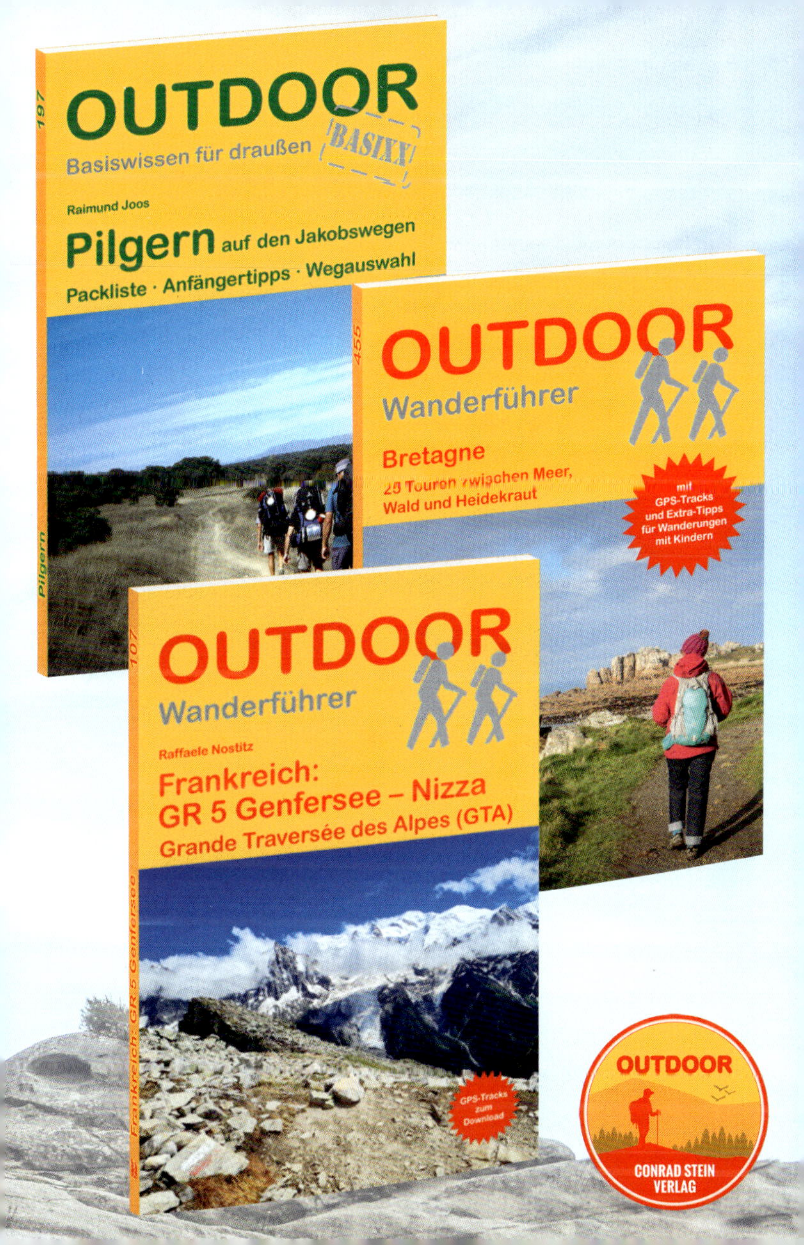
197
OUTDOOR
BASIXX
Basiswissen für draußen
Raimund Joos
Pilgern auf den Jakobswegen
Packliste · Anfängertipps · Wegauswahl
Pilgern
455
OUTDOOR
Wanderführer
Bretagne
25 Touren zwischen Meer, Wald und Heidekraut
mit GPS-Tracks und Extra-Tipps für Wanderungen mit Kindern
107
OUTDOOR
Wanderführer
Raffaele Nostitz
Frankreich:
GR 5 Genfersee – Nizza
Grande Traversée des Alpes (GTA)
GPS-Tracks zum Download
Frankreich: GR 5 Genfersee
OUTDOOR
CONRAD STEIN VERLAG

Index

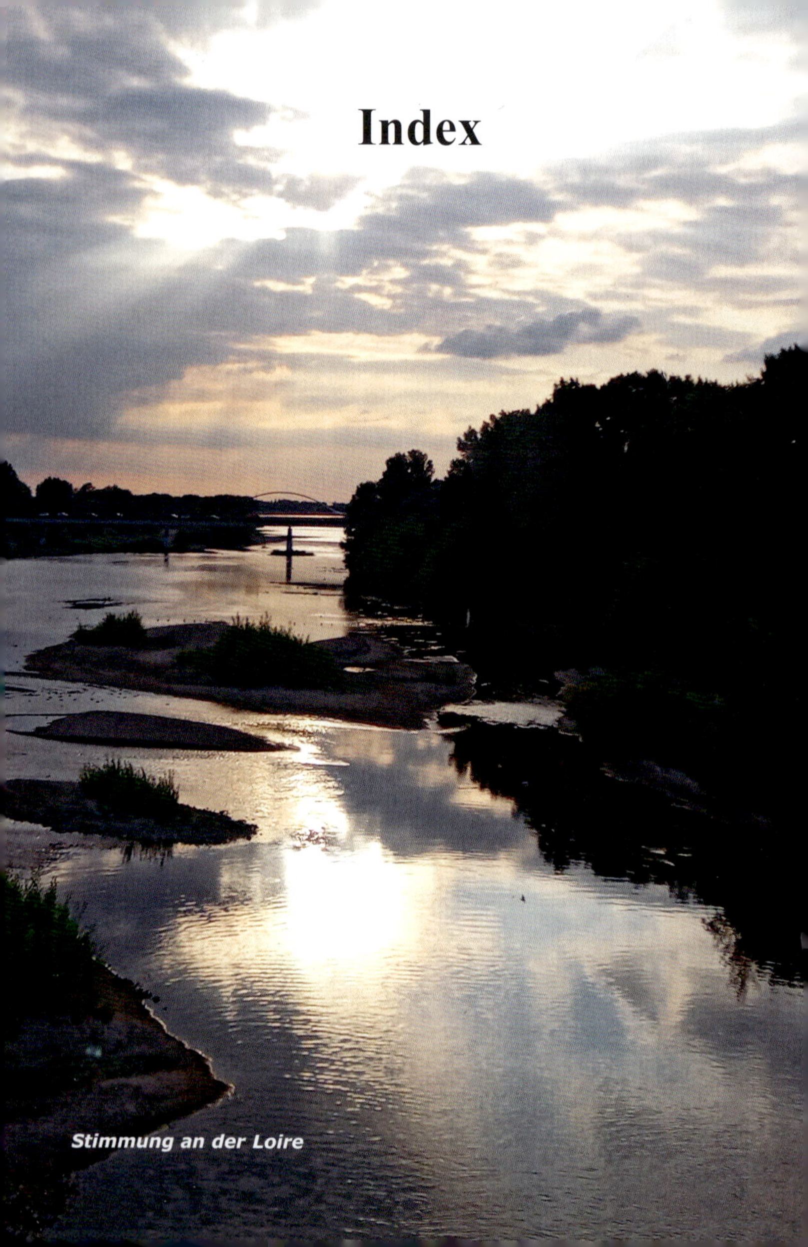

Stimmung an der Loire